KB213005

원효의 논리사상과 判比量論

부록: 판비량론과 같은 글씨체의 필사본

김성철

도서
출판 오타쿠

머리글

원효(元曉, 617-686)는 그 법명이 의미하듯이 한국불교의 새벽을 연 분이었다. '원효'라고 하면 대개 '해골 물 일화'와 '요석공주와의 사랑'을 떠올리며, 그의 사상은 화쟁(和諍)에 있다고 한다.

『서유기』의 주인공 삼장법사 현장(玄奘, 602-664)이 15년간의 인도 유학 생활을 마치고 당으로 돌아와 불전을 번역하면서 명성을 날리던 시절, 원효는 후배 의상(義湘, 625-702)과 함께 그 문하에서 공부하기 위해서 당나라 장안을 향하였다. 처음에는 육로(陸路)를 택했는데(650년) 고구려의 순라군에게 체포되었다가 탈출하였고 십여 년이 지나서 해로(海路)를 택하여 다시 입당(入唐)을 시도하였다(661년). 길을 가던 중 날이 저물고 비가 억수같이 쏟아지자 인근의 동굴로 몸을 피했다. 마치 감실(龕室)에서 자듯이 숙면을 한 다음 아침에 깨어 보니, 그 동굴은 시체와 해골이 가득한 무덤이었다. 비는 그치지 않았고, 길은 진흙탕이 되어 있었기에 어쩔 수 없이 하루를 더 묵게 되었는데, 이틀째 밤에는 그 동굴 속에 귀신이 있는 것 같이 느껴지고 모든 게 괴이하게 보였다. 그러자 원효는 "어젯밤에 잘 때는 부처님을 모신 감실처럼 편안했는데, 오늘 밤에는 귀신의 집에 신세를 지는 것 같아서 불편하구나."라고 탄식하였다. 원효는 이런 체험을 계기로 "마음이 일어나니 세상만사가 일어나고, 마음이 사라지니 감실과 무덤에 차이가 없어진다."라는 사실을 알게 되었고, "삼계가 다 마음이고, 만법이 다 마음인데, 어찌 [내 마음 밖에서] 따로 구하겠는가? 나는 당에 들어가지 않겠다."라고 읊조리면서 발길을 돌려 신라로 돌아왔다[찬녕(贊寧, 919-1002)의 『송고승전』]. '해골 물' 일화는 송(宋)의 혜홍(慧洪, 1071-1128)이 저술한 고승 일화집인 『임간록(林間錄)』에 추가되어 있다.

　이렇게 당나라 유학의 염(念)을 접은 원효는 이후 10년이 지난 671년에 『판비량론(判比量論)』을 탈고한다. 『판비량론』은 문자 그대로 '비량을 비판하는 논서'인데, 비량이란 삼단논법과 같은 추론을 의미한다. 『판비량론』에서 원효는 불교적 인식논리학인 인명학(因明學) 이론에 근거하여, 현장이 인도 유학 시절 무차(無遮) 대회에 참석하여 제시함으로써 명성을 날렸던 몇 가지 비량의 타당성을 비판하고, 인명학의 난제(難題)를 해결하기 위해서 새로운 비량을 제시하기도 하였다. 일반적으로 원효를 화쟁(和諍)의 사상가라고 부르지만, 『판비량론』의 원효는 이와 달리 철저한 논쟁가였으며, 그 비판 대상은 현장과 그 제자들이었다. 원효와 함께했던 의상 역시 장안에 도착한 후 애초에 목적했던 자은사(慈恩寺)의 현장이 아니라, 화엄종의 지상사(至相寺) 지엄(智儼, 602-668)의 문하로 들어갔다. 원효와 의상 모두 현장의 신(新) 불교에 대해서 호의적이지 않았다.

　한 승려가 다음과 같은 노래를 부르며 거리를 배회하였다. "누가 자루 없는 도끼를 주겠는가? 내가 하늘을 받칠 기둥을 깎을 텐데." 원효였다. 여기서 자루 없는 도끼는 여성의 성기를 상징한다. 그 의미를 간파한 태종 무열왕은 관리들을 시켜서 원효를 찾게 하였다. 그때 원효는 남산에서 내려와 요석궁 인근의 문천교를 건너고 있었는데, 자신을 찾는 관리들을 보고선 일부러 물에 빠져 옷을 흠뻑 적셨다. 관리들은 원효를 요석궁으로 모시고 간 후 옷을 말려준다는 핑계로 하룻밤을 묵게 했다. 요석궁에는 백제와의 전쟁에서 남편을 잃은 요석공주가 기다리고 있었다. … 승려로서 가장 위중한 음계(淫戒)를 범한 원효는 승복을 벗고서 요석궁을 나왔고, 스스로 소성거사(小姓居士)라고 부르면서 민중교화의 보살행을 시작했다. 소성이란 신분(姓)이 가장 미천하다(小)는 뜻이다. 스님으로서 음행의 중죄를 지은 '가장 못난 놈'이라는 자조적 작명이었다. 법흥왕과 그 왕비인 파도(巴刀)부인, 진흥왕과 왕비 사도(思道)부인의 출가에서 보듯이 신라의 불교는 왕과 귀족의 종교였고, 스님은 최고의 엘리트였다. 원효의 파계는 이러한 신라 사회에서 승려와 민중 사이에 높이 쌓인 신분의 장벽을 부수고, 온 백성에게 불교를 전하기 위한 고육책이었다. 고승으로 추앙받던 원효는 '치밀하게 기획한 파계'를 통해 자신의 얼굴에 먹칠함으로써 못난 민중들과도 낄낄거리며 어울릴 수 있게 되었다.

그러던 어느 날 원효는 크고 괴상한 모양의 표주박을 두드리며 춤을 추는 광대를 만났다. 그 모양 그대로 악기를 만들어서. 그 이름을 '무애(無碍)'라고 지었다. 무애란 "어디에도 걸림이 없는(무애) 사람은 단박에 생사를 초월한다(一切無礙人一道出生死)." 는 『화엄경』의 경문에서 유래한다. 그 후 원효는 온 마을을 다니며 '무애'를 두드리고 춤을 추고 노래하면서 불교를 전하였다. 이로 인해 하층민을 포함한 온 백성이 부처님의 명호를 알게 되었다[일연(一然, 1206-1289), 『삼국유사』].

흔히 원효 사상의 핵심이 일심(一心)과 화쟁(和諍)과 무애(無碍)에 있다고 한다. 그러나 일심은 『대승기신론』의 사상이지 원효의 고유 사상은 아니며, 『판비량론』에서 보듯이 원효는 화쟁가가 아니라 치열한 논쟁가이기도 했다. 승과 속을 초월하고, 지계(持戒)와 범계(犯戒)를 넘나들었던 원효의 삶에 대해 무애라고 평할 수 있겠지만, 요석궁에서 바라이죄(波羅夷罪)를 범한 후에는 속인으로 돌아갔다는 점에서 원효의 무애는 무차별한 무애가 아니었다. 원효 사상의 특징에 대해서는 앞으로 보다 정밀한 연구가 이루어져야 할 것이다.

한편 원효의 인간적 면모를 보면 자존감이 대단했으며, 자비의 화신이었고, 논리적 사유에 뛰어난 분이었다고 평할 수 있다.『금강삼매경』의 주석을 의뢰받고서 원효는 "옛날에 백 개의 서까래를 고를 때는 참석하지 않았지만, 오늘 아침 대들보 하나를 올리는 일은 오직 나만 할 수 있구나."라고 외쳤다. 하늘을 찌르는 자신감이었다. 파계를 예고하고 실천하여 스스로 얼굴에 먹칠한 후 승복을 벗고서 민중 속에 들어가 불교를 전한 인생 후반의 삶은 대자비심의 발로였으며, 현존하는 저술 가운데 『판비량론』과『인명입정리론기(因明入正理論記)』에서 논리적 사유에서 그 누구보다 탁월했던 원효의 모습을 엿볼 수 있다.

필자는 2003년에 『원효의 판비량론 기초 연구』(지식산업사)를 출간하였는데 10여 년이 지나 절판되었다. 주변의 많은 분이 책을 구입하는 방법에 대해 문의하기에 출판사에 연락을 드려서 한 차례 다시 발간한 적이 있다. 그러나 얼마 후 다시 절판되었기에 또다시 연락을 드리긴 했지만, 몇 년이 지난 지금까지 모든 서점에서 계속 품절 상태에 있다. 종이책 출판이 사양길로 접어든 디지털 시대에 출판사에 경제적으로 거의 보탬이 안 되는 전문학술서의 출간을 계속 요청하는 것도 도리가 아닌 것 같아서 고심하다가, 독자의 요청을 무시할 수도 없었기에 필자의 『판비량론』 관련 논문에 『인명입정리론기』 관련 논문들을 모두 취합하여 이렇게 한 권의 책으로 묶게 되었다.

이 책의 내용과 비교하기 위해서 2003년에 출간했던 『원효의 판비량론 기초 연구』의 목차를 소개하면 아래와 같다.

시작하며 : 〈판비량론〉과 연구사
제1부 판비량론 분석을 위한 기초
  1장 현존 자료와 교정본
  2장 〈판비량론〉에서 거론되는 사인들
제2부 산일부 연구
  현존 자료 분류
  1장 현장의 유식비량과 그에 대한 원효의 비판
  2장 승군비량에 대한 현장의 비판과 원효의 개작
제3부 완전부 연구1 – 유식학과 관련된 잘못된 비량 비판
  1장 호법의 〈식의 4분설〉에 대한 원효의 비판 : 제8절
  2장 제8식의 존재증명 : 제9절
  3장 아뢰야식의 구유소의와 구유소의근에 대한 원효의 비판 : 제10절
  4장 오성각별설 비판에 대한 원효의 재비판 : 제13절
제4부 완전부 연구2 – 인명학의 여러 문제에 대한 고찰
  1장 구구인 중 제5구인이 부정인임을 논증함 : 제11절
  2장 상위결정인이 부정인임을 논증함 : 제12절
제5부 결손부 연구
  1장 정토의 체는 드러나지 않는다는 조망에 대한 비판 : 제7절
  2장 아집, 법집에 대한 논파와 관계된 논의 : 제14절
  3장 쌍근은 유는 같으나 상은 다르다는 설에 대한 논파 : 단편잔간
맺으며 : 〈판비량론〉에 대한 종합적 고찰
부록1 〈판비량론〉의 원문과 국역 및 일역
부록2 범한 대역 〈인명입정리론〉

   이 가운데 밑줄 친 부분은 이 책에 실린 논문[1] 또는 번역과 일부 중복되지만, 2005년과 2017년에 일본학자들이 새롭게 공개한 필사본의 초서체를 해서체로 복원하고 그 내용을 번역, 분석한 '⑫ 오치아이 소장 『판비량론』 필사본의 교정과 분석' 및 '⑬ 『판비량론』 신출 필사본의 해독과 유식비량 관련 단편의 내용 분석'의 두 편은 새로운 논문이고, '⑤ 『판비량론』 필사자의 정체' 역시 이 책을 출간하면서 새롭게 쓴 글이다. 또 '⑦ 불교논리학의 흐름과 『판비량론』의 논쟁학', '⑧ 『판비량론』을 통해 본 원효의 논리사상', '⑮ 『판비량론』에서 보이는 원효와 규기의 논쟁', '⑯ 원효의 『판비량론』에서 배우는 학문의 자세' 등의 네 편은 『원효의 판비량론 기초 연구』 출간 이후에 쓴 논문이지만, 불교 관련 각종 학술단체의 요청으로 대중에게 발표하기 위해서 쓴 계몽적 논문들이다. 그 소재와 내용이 일부 중복되지만, 다양한 취지에서 『판비량론』에 접근한다는 점에서 난해한 『판비량론』의 이해를 위해 도움이 될 것 같기에 이들 논문 모두를 이 책에 실었다. 또, 『원효의 판비량론 기초 연구』에서는 한자를 그대로 표기했는데, 이 책에서는 보다 많은 독자가 부담 없이 읽을 수 있도록, 과도할 정도로 많은 한자를 괄호 속에 넣거나 그 발음을 함께 적었다.

   이 책을 편집하면서, 혹시나 『판비량론』의 새로운 단편을 발견할 수 있지 않을까 하는 기대에서 일본과 중국의 여러 웹사이트에 들어가서 초서체 필사본들을 검색하다가 『판비량론』과 서체가 같거나 닮은 필사본 사진을 여럿 발견하였다. 내용을 분석해 보니

---

1) ⑨ 원효의 『판비량론』 제9절에 대한 재검토 ; ⑩ 원효 저 『판비량론』 제10절의 의미분석 ; ⑪ 원효 저 『판비량론』의 대승불설 논증 ; ⑭ 원효 저 『판비량론』의 산일부 연구.

『판비량론』은 아니었지만, 이들 모두 『판비량론』의 필사자가 쓴 문서일 것이라는 확신이 들었다. 일본의 웹사이트에서 발견한 단편은 유식학(唯識學) 관련 저술이고, 중국의 웹사이트에서 찾은 문서는 둔황의 막고굴 장경동에서 발견된 필사본으로, 현장 문하의 정안(淨眼)이 저술한 『인명입정리론약초(因明入正理論略抄)』와 『인명입정리론후소(因明入正理論後疏)』였다. 『인명입정리론약초』는 문궤(文軌)가 지은 『인명입정리론소』의 주석으로 추정된다. 하나의 두루마리에 이들 두 문서가 이어져 있는데 펼치면 그 길이가 총 14m에 달하며, 『판비량론』 필사본과 유사한 초서체 한자가 가득하다. 행(行)과 글자 수를 세어 보면 『약초』는 총 446행 12,478자이고, 『후소』는 508행 13,364자에 달하는 방대한 분량이다. 앞으로 『판비량론』의 초서체 해독을 위한 좋은 참고 자료로 쓰일 수 있기에, 일본 웹사이트에서 발견된 세 장의 단편과 함께 묶어서 '『판비량론』과 같은 글씨체의 필사본'이라는 제목을 달아 이 책 말미에 부록으로 실었다.

열린 종교관을 가졌던 신학자로 불교에 해박했던 연세대 한태동 교수께서는 우리 문화 가운데 세계에 내놓을 수 있는 자랑거리로 한글과 상감청자, 그리고 『판비량론』의 셋을 꼽았다. 지금부터 4, 50년 전, 대학생불교연합회 초청 특강에서 하신 말씀이었다고 한다. 사실 그렇다. 『판비량론』의 원효는 『서유기』의 주인공 삼장법사 현장의 학문을 능가하였다. 현장이 인도 유학 중 만법유식을 증명하기 위해 작성했던 유식비량(唯識比量)의 타당성을 비판하였고[이 책 p.227], 대승이 불설(佛說)임을 논증하기 위해 작성한 추론식을 수정하였으며[p.236], 상위결정(相違決定)의 추론식에 사용된 인(因)이 부정인(不定因)에 속한다는 점을 현대적인 소거법(消去法)으로 증명하였다[p.203]. 원효는 현장이 소개한 인명학 이론을 공부하여 이에 통달한 후, 도리어 현장의 학문을 비판하는 기상천외한 일을 벌였던 것이다. 『판비량론』은 논쟁의 책이기에 승패와 우열이 명확하다. 모두 원효의 '승(勝)'이었다. 원효는 동아시아 사상계에서 단연 챔피언의 자리에 올랐다. 『판비량론』이 세계에 자랑할 우리의 사상적 보물일 수 있는 이유다.

　원효의 저술이 100여 부, 240여 권에 달한다고 하지만 현존하는 것은 20여 가지에 불과하다. 원효는 화엄, 법화, 반야, 열반, 정토, 여래장, 율, 중관, 유식, 인명 등 불교 교학 전 분야에 걸쳐 저술을 남겼는데, 불교적 인식논리학인 인명학 관련 저술로 『판비량론』 이외에 『인명입정리론소(因明入正理論疏)』와 『인명입정리론기(因明入正理論記)』가 있다. 두 가지 모두 현장이 번역한 『인명입정리론』에 대한 주석으로 그 전체가 전하지는 않지만, 일본 법상종의 승려 선주(善珠, 723-797)가 저술한 『인명론소명등초(因明論疏明燈抄)』에서 인용된 모습으로 12가지 단편을 모을 수 있다. 선주의 『인명론소명등초』는 규기(窺基, 632-682)가 저술한 『인명입정리론소』에 대한 주석이다. 즉, 현장이 번역 소개한 불교 인식논리학 입문서인 『인명입정리론』의 복주(複註)다. 그런데 선주는 자신이 인용하는 원효의 주석이 『인명입정리론소』와 『인명입정리론기』 가운데 어느 것인지 명기하고 있지 않다. 2018년 여름, 동국대 불교학술원에서 한글본 『한국불교전서』의 제작을 기획하면서 필자에게 이들 12가지 단편의 번역을 의뢰했는데, 나중에 책이 출간될 경우 그 제목을 달아야 하겠기에 이들 단편이 『기

(記)』인지 『소(疏)』인지 판별할 방법을 모색하다가 하나의 아이디어가 떠올랐다. 원효의 저술 가운데 『대승기신론』에 대한 주석으로, 『대승기신론소』와 『대승기신론별기』가 있는데, 이 두 주석을 비교하여 '소'와 '별기'의 차이점, 또는 특징이 파악되면 『인명입정리론』에 대한 원효의 주석이 '소'인지 '기'인지 알아낼 수 있을 것 같았다. 그래서 2018년 여름방학 중에 컴퓨터 앞에 앉아서 한글프로그램을 띄워놓고서 『대승기신론』과 『소』, 『별기』의 원문을 좌우로 병치하여 그 문장을 대조할 수 있도록 편집하는 작업을 하였다. 첫 페이지를 화면 캡처하여 소개하면 다음과 같다.

5 대승기신론과 원효의 소 별기, 회본 대조

원쪽부터 『기신론』, 『기신론소』, 『기신론별기』, 『소별기회본』의 네 가지 문서를 차례대로 병치하였다. 『기신론』의 원문은 붉은색으로 표기하였고, 『소』와 『별기』를 대조하여 '똑같은 문장'이 있으면 연두색으로 칠하여 드러나게 하였다. 그리고 우측의 『회본』

은 참조용이기에 별도의 처리는 하지 않았다. 이런 식으로 총 18 3쪽에 달하는 대조본을 편집하면서 『소』와 『별기』의 문장을 비교해 보았다. 이를 통해서 알게 된 것은 '별기'는 '소'를 제작하기 위한 초고(草稿)라는 점이었다. 원효는 같은 의미의 문장도 '소'에 적을 때에는 운율이 맞게 글자 수를 조정하였다.

이렇게 '『기신론소』와 『별기』의 대조본 편집'이라는 지난(至難)한 작업을 하던 중에 전혀 예기치 않은 곳에서 『인명론소명등초』에 인용된 12가지의 단편이 『인명입정리론기』일 수밖에 없다는 사실을 알게 되었다. 여러 불전목록집을 대조해 보니 선주가 『인명론소명등초』를 저술할 당시 일본에는 『인명입정리론기』만 유통되고 있었기 때문이다. 본서에 실린 첫 논문, '① 원효의 『인명입정리론』 주석과 그 특징'에서 이에 대한 상세한 설명을 볼 수 있을 것이다. 근 두 달에 걸친 작업이 도로(徒勞)가 되었지만, 이왕 시작한 일이었기에 원효와 『기신론』을 연구하는 후학들에게 도움을 줄 수 있을 것 같아서 대조본 제작을 끝까지 마무리하여 전자책으로 출간하였다. 무료로 배포하고 있으며 Google Books나 필자의 Daum 카페 게시판에서도 다운로드 할 수 있다. 게시판 주소는 아래와 같다.

https://cafe.daum.net/buddhology/UAEl/12

『판비량론』과 마찬가지로 『인명입정리론기』에서도 우리는 논리적이고 창의적이며, 논쟁적인 원효의 모습을 만날 수 있다. 이 책에 실린 필자의 여러 글을 통해 화쟁(和諍)뿐만 아니라 논쟁의 솜씨 또한 뛰어나며, 번득이는 창의성으로 인명학의 난제를 절묘하게 해결하는 원효의 새로운 면모가 우리 사회에 널리 알려지기 바란다.

머리글을 마무리하면서 지식산업사 김경희 사장님께 감사의 말씀을 드리고자 한다. 2001년 창립한 '우리말로 학문하기' 모임에서 『우리말 철학사전』을 기획하면서 '무(無)' 개념의 원고 집필을 필자에게 의뢰하였다. 『우리말 철학사전』은 동서양의 중요한 철학 개념을 논문의 형식으로 설명하는 사전이었다. 각 연구자가 작성한 원고를 대중 앞에서 발표한 후 열 편 내외의 논문이 모이면 한 권의 책으로 묶어서 시리즈 형식으로 발간하였는데 그 출판을 지식산업사에서 전담하였다. 이때 『원효의 판비량론 기초 연구』의 원고가 완성되었다. 필자가 잘 아는 불교계의 출판사를 찾아가서 원고를 보여드린 후 출판이 가능한지 여쭈었는데, 내용을 검토해 보시더니 고개를 절레절레 흔들면서 출판이 곤란하다고 하였다. 책 속에 『판비량론』 초서체 필사본의 사진 파일이 들어가야 하기에 편집도 쉽지 않겠지만, 그 내용이 극도로 난해하여 상업성과는 거리가 먼 전문서적이었기 때문이었다. 동국대 경주캠퍼스 교수로 부임한 직후 열정을 다하여 작성한 원고인데 그대로 묵힐 수 없어서, 고민하다가 '우리말로 학문하기' 모임에서 뵈었던 김경희 사장님께 원고를 보여드렸다. 김 사장님께서는 며칠 동안 원고를 검토하신 후 기꺼이 출판을 맡아주셨다. 원효 사상의 전모를 파악하고자 할 때 『판비량론』에 대한 이해가 필수적이지만, 초서체 필사본의 난독성과 그 내용의 난해성으로 인해 국내외에서 제대로 된 복원본이나 번역이나 연구가 거의 없었는데, 필자의 책이 출간되자 국내외 불교학계는 물론이고 문헌학이나 국어학 등 관련학계의 여러분들이 호평을 해주셨다. 2004년 대한민국학술원의 우수학술도서 선정, 제19회 불이상(학술) 수상 등 이 책 출간 이후 필자에게 좋은 일들이 많이 생겼다. 상업성과는 다소 거리가 멀더라도 인문, 사회 분야에서 의미 있고 가치 있는 전문서적을 선별하여 꿋꿋하게 출판해주시는 지식산업사가 아니었다면, 이 책의 원고는 아마 아직도 방 한구석에 처박혀 있을지도 모른다. 그 후 20년이 지났다. 최근에 인터넷 서점에 들어가서 검색해 보니 2021년 1월 이후 『원효의 판비량론 기초 연구』가 품절 상태에 있다. 중고책방에 간혹 올라와 있지만, 가격이 정가의 배가 넘는다. 수요가 많다는 얘기다. 언젠가 『원효의 판비량론 기초 연구』가 서점에 다시 진열될 수 있기 바란다.

정년퇴임을 앞두고 그동안 필자가 발표했던 논문들을 주제별로 묶어서 단행본으로 발간하는 작업을 하고 있다. 『용수의 중관논리의 기원』(2019), 『역설과 중관논리 - 반논리학의 탄생』(2019), 『공과 윤리 - 반야중관에 대한 오해와 이해』(2021), 『선불교의 뿌리 - 인도 중관학과 동아시아 삼론학』(2021), 『사회 속의 불교는, 불교 속의 사회를』(2022) 등이 그런 책들이다. 이 책도 이런 논문 모음집 가운데 하나다. 올해 안에 『불교적 심신의학과 생명윤리』, 『체계불학 - 신념체계로서의 불교학』이라는 제목으로 두 권의 논문 모음집을 더 발간할 예정이다.

불교의 사상적 핵심은 연기(緣起)와 공(空)에 있다. 그 어떤 것도 홀로 존재하는 것은 없으며 모든 것은 의존적으로 발생한다는 가르침이다. 학문의 세계도 마찬가지다. 배우고 공부하는 과정도 그렇지만, 연구에 몰두할 수 있으려면 세속의 일에서 누군가의 도움을 받아야 한다. 감사한 일이 아닐 수 없다. 이 책의 저술에 공덕이 있다면, 이 위태로운 세상에서 필자가 연구에 전념할 수 있도록 배려하고 조언해주는, '진리와 정의(正義)의 도반(道伴)', '참으로 상서로운 꽃', 길상화(吉祥華)의 몫이다.

2022년 10월 1일
용산 우거에서 도남 김성철 합장 정례
龍山 寓居　　　圖南 金星喆 合掌 頂禮

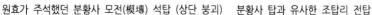

원효가 주석했던 분황사 모전(模塼) 석탑 (상단 붕괴)　　분황사 탑과 유사한 조탑리 전탑

차 례

제1부
원효의 논리사상
인명입정리론기
因明入正理論記

원효의 『인명입정리론』 주석과 그 특징

국문초록

불전목록집을 보면 『인명입정리론』에 대한 원효의 주석으로 『인명입정리론기』(이하 『기』)와 『인명입정리론소』(이하 『소』)의 두 가지가 있었음을 알 수 있지만, 어느 것도 현존하지 않고, 일본의 선주가 저술한 『인명론소명등초』(이하 『명등초』)에 그 일부만 인용된 모습으로 전해온다.

『명등초』에서 총 12가지 단편이 취합되는데, 본고에서는 먼저 이들이 원효의 『기』와 『소』의 두 저술 가운데 어디에서 유래한 것인지 추정해 보았다. 11세기-12세기에 일본에서 저술된 『동역전등목록』이나 『주진법상종장소』에는 원효의 『기』만 등재되어 있다. 『소』는 의천의 『신편제종교장총록』에 등재되어 있다. 18세기에 일본의 흥륭이 저술한 『불전소초목록』에서도 『소』라는 제명이 보이긴 하지만 이는 의천록에서 옮겨 적은 것으로 생각된다. 따라서 일본에서 『소』는 유통되지 않았다고 볼 수 있으며 『명등초』에 실린 원효의 주석을 『기』라고 특정해도 좋을 것이다.

　우리는 원효의 주석에서 다음과 같은 다섯 가지 특징을 추출할수 있다. ①조어(造語)의 독창성, ②규기의 이론에 대한 비판, ②추론식에서 실례의 창의적 고안, ④인명학 이론의 체계적인 정리, ⑤술어(術語)의 의미에 대한 명료한 해석이다. 본고에서는 이 가운데 ①, ②, ③을 여실히 보여주는 단편 4가지를 예로 들어 원효적 주석의 특징을 조명하여 다음과 같은 결론을 얻었다.

① 원효는 『인명입정리문론』 서두에 실린 유오타(唯悟他)와 유자오(唯自悟)라는 문구를, '유타'와 '유오', '유자'와 '유오'의 신조어로 분석하여 '유(唯)'의 의미를 명료하게 드러내는데, 이는 다른 인명가에게서 볼 수 없는 해석이다. 또 "소리는 상주한다."는 주장명제에서 술어인 상주함을 의미하는 한역어인 '恒住堅牢性(항주견뢰성)'을 다른 인명가들은 '항, 주, 견뢰성'으로 끊어 읽는데 원효만은 '항주, 견, 뢰성'으로 독특하게 끊어 읽는다. 이는 '주'라는 단어의 모호성을 없애기 위한 의도적 고안으로 보인다.

② 규기는 『인명대소』에서 "삼매의 마음은 모두 현량이다."라는

견해를 피력한 적이 있는데, 원효는 "소작성판(所作成辦)의 경지가 되어 영상을 초월하면 비로소 현량의 지견이 된다."라는 『유가사지론』의 문구를 근거로 이를 비판한다.

③ 『인명입정리론』에서 세간상위의 추론식으로 제시하는 "회토(懷兎)는 달이 아니다. 존재이기 때문에."의 실례로 원효는 "마치 창문과 같이"라는 문구를 고안한다. 한지를 바른 창문에 갖가지 그림이 그려져 있을 때, 그 그림이 창문이 아니듯이, 달에 있는 회토의 모습은 달이 아니라는 것이 입론자의 생각이리라는 것이다. 원효의 고안을 통해 우리는 입론자가 이런 추론식을 제시하게 된 그 나름대로 합리적 이유를 알게 된다.

이상에서 보듯이 원효의 주석은 규기의 이론에 대해 비판적이었을 뿐만 아니라, 설명에서 명료하고 조어나 실례의 고안에서 창의적이었다.

Ⅰ. 『인명론소명등초』에 인용된 원효 주석의 정체

『인명입정리론』과 『인명정리문론』이 현장에 의해 번역, 소개되자 동아시아 불교계에서 인명학, 즉 불교인식논리학에 대한 연구가 본격적으로 시작되었다. 신라의 원효 역시 인명학 연구자 가운데 하나였다. 동아시아의 불교문헌 목록집들을 조사해보면 원효의 저술 가운데 인명학, 즉 불교인식논리학과 관련된 것으로 『인명입정리론소(疏)』와 『인명입정리론기(記)』 그리고 『판비량론(判比量論)』의 세 가지가 있었음을 알 수 있다. 『판비량론』은 『인명입정리론』의 논리학과 오류론에 입각하여 현장의 학문을 비판하고 인명학의 난제를 해결하는 저술로, 그 필사본의 일부가 세상에 알려지면서 1967년 이를 해서체로 복원하고 번역하여 출간한 후키하라쇼신(富貴原章信)의 연구 이후 국내외에서 여러 편의 논문과 학술서가 발간되었다.2) 또 최근 들어 새로운 필사본 단편들이 속속 발견되었고 이에 대한 후속 연구도 이어지고 있다.3) 원효의 『인명입정리론소』와 『인명입정리론기』는 『인명입정리론』에 대한 주석으로 현존하지 않지만, 그 일부라고 추정되는 문구 몇 가지가 일본 추소사(秋篠寺)의 승정(僧正) 선주(善珠, 723-797)의 『인명론소명등초(因明論疏明燈抄)』(이하 『명등초』)에 인용되어 있다. 그런데 『판비량론』과 달리 『인명입정리론소』와 『인명입정리론기』의 경우 학계에서 그 제목만 거론할 뿐이었고, 그 내용에 대한 실질적인 연구가 이루어진 바 없다. 이들 두 저술의 제목이 실려 있는 불전목록집은 총 네 가지인데 그 저자와 함께 등재 맥락을 소개하면 다음과 같다.4)

---

2) 이에 대해서는 김성철, 『원효의 판비량론 기초연구』(서울: 지식산업사, 2003), pp.22-25 참조.

3) 김성철, 「오치아이 소장 『판비량론』의 교정과 분석」, 『불교학보』 제74집(서울: 동국대학교 불교문화연구원, 2016). ; 김성철, 「판비량론 신출 필사본의 해독과 유식비량 관련 단편의 내용 분석」, 『한국불교학』 제84집(서울: 한국불교학회, 2017). ; 김영석, 「원효 『판비량론』의 새로운 발굴 : 고토미술관 및 미츠이기념미술관 소장본을 중심으로」, 『불교학보』 제81집(서울: 동국대학교 불교문화연구원, 2017). ; 岡本一平, 「新出資料 梅渓旧蔵本 : 元曉撰 『判比量論』 断簡について」, 『불교학보』 제83집(서울: 동국대학교 불교문화연구원, 2018).

4) 이 가운데 A, B, C는 趙明基, 『新羅佛敎의 理念과 歷史』(서울: 新太

A. 영초(永超, 1014-1096), 『동역전등목록(東域傳燈目錄)』: "因明入正理論三卷(基)"⁵⁾이라고 기술한 후 『인명입정리론』의 주석서를 나열하다가 원효의 주석으로 "同論記一卷(元曉神泰靖邁明覺三德造疏皆三藏時也云云)"⁶⁾이라고 쓴다.

B. 의천(義天, 1055-1101), 『신편제종교장총록(新編諸宗敎藏總錄)』: "因明論 疏三卷 窺基述"⁷⁾이라고 기술한 후 『인명입정리론』의 주석서를 나열하다가 원효의 주석으로 "疏一卷 判比量論一卷 已上 元曉述"⁸⁾이라고 쓴다.

C. 장준(藏俊, 1104-1180), 『주진법상종장소(注進法相宗章疏)』: "因明入正理論疏三卷(在序) 大乘基撰"⁹⁾이라고 기술한 후 『인명입정리론』의 주석서를 나열하다가 원효의 주석으로 "同論記一卷 元曉"¹⁰⁾라고 쓰고 있다.

D. 흥륭(興隆, 1691-1769)¹¹⁾, 『불전소초목록(佛典疏鈔目錄)』: "因明入正理論疏鈔目錄"이라는 항목 아래 주석서를 나열하다

陽社,1962), pp.97-102에서 D는 閔泳珪 編, 「新羅章疏錄長編」, 『韓國佛敎學研究叢書』 55卷(고양: 불함문화사, 2003)에서 소개한다.

5) 『東域傳燈目錄』 卷1(『大正藏』55, p.1159c).
6) 앞의 책, p.1160a.
7) 『新編諸宗敎藏總錄』 卷3(『大正藏』55, p.1175c).
8) 앞의 책, p.1176a.
9) 『注進法相宗章疏』 卷1(『大正藏』55, p.1143b).
10) 앞의 책, p.1143b.
11) 흥륭은 정체불명의 인물로 103부, 790권의 저서가 있었다고 하지만, 그 저술 가운데 현존하는 것은 3종뿐이다. 흥륭의 저술은 천태, 화엄, 구사, 유식, 율, 선, 정토와 실담에 대한 연구서 등 불교와 관련된 것도 많고 불교 이외에 일본의 국학과 신도에 관한 것도 있다. 『국학자전기집성』에서는 일본의 국학자 가운데 하나로 소개한다. 太田久紀, 「興隆, 『成唯識論操觚篇』について」, 『印度學佛教學研究』 24卷 2号(東京: 日本印度學佛教學研究會, 1976), pp.620-624.

가 "疏一卷 元曉述(소일권 원효술)"이라고 쓰고 있다.[12]

이 가운데 의천의 『신편제종교장총록』과 흥륭의 『불전소초목록』에서는 『인명입정리론』에 대한 원효의 주석으로 『인명입정리론소』(이하 『소』)를 들고, 장준의 『주진법상종장소』와 영초의 『동역전등목록』에서는 『인명입정론기』(이하 『기』)를 든다.[13] 그런데 이들 네 가지 목록집에 실린 『인명입정리론』 주석서의 이름과 순서를 대조해 보면, 장준의 『주진법상종장소』는 영초의 『동역전등목록』를 거의 그대로 옮겨 적은 것이고, 흥륭의 『불전소초목록』은 의천의 『신편제종교장총록』을 거의 그대로 옮겨 적은 후 일본 승려들의 저술을 중심으로 100여 편의 목록을 추가한 것임을 알 수 있다.

앞에서 언급했듯이 선주는 『명등초』를 저술하면서 간혹 원효의 설명을 인용한다. 『명등초』는 『인명대소(因明大疏)』라고도 불리는 규기(窺基, 632-682)의 『인명입정리론소』(이하 『인명대소』)에 대한 해설서로, 말하자면 『인명입정리론』의 복주(複註)다. 선주는 '논(論)'이라는 말로 먼저 『인명입정리론』의 문장을 기술한 후, 이어서 '술왈(述曰)'이라는 어구로 『인명대소』에 실린 규기의 해설을 한 단락씩 제시하고, 이어서 '문(文)'이라고 표기하면서 그에 대한 자신의 견해를 피력하는데, 자신의 주석인 '문' 가운데 간혹 '효운(曉云)'이나 '효법사운(曉法師云)' 또는 '효사운(曉師云)'이라

---

12) 『佛典疏鈔目錄』(『日仏全』1, pp.227b-228a).

13) 조명기의 목록에는 의천록과 장준록과 영초록의 세 가지 목록이 소개되어 있고, 민영규는 의천록과 영초록의 두 가지만 소개하면서 의천록에 『記』가 실려 있다고 잘못 소개한다.

는 말로 원효의 주석 일부를 그대로 인용하며, 이런 문장들이 『인명입정리론』에 대한 원효의 주석서에서 발췌한 것으로 짐작된다. 『명등초』에서 선주가 『판비량론』의 문구도 인용하지만, 그 때에는 '효법사 판비량중(曉法師 判比量中)'이나 '판비량운(判比量云)'이라는 어구로 출처를 특정(特定)하기에, 『인명입정리론』에 대한 원효의 주석과 명확히 구별된다.

『명등초』에서는 『인명입정리론』에 대한 원효의 주석이 총 12가지 발견되지만, 『판비량론』을 인용할 때와 달리 선주는 그 출처를 밝히지 않는다. 그러면 이들 가운데 어떤 것이 『기』의 인용이며, 어떤 것이 『소』에서 유래할까? 아니면 둘 중 어느 하나의 인용인가? 결론은, 이들 주석 모두 『기』의 인용으로 짐작된다. 왜냐하면 선주가 『명등초』를 저술할 당시 일본에서는 원효의 『소』가 유통되었던 것 같지 않기 때문이다. 그 이유는 다음과 같다.

상기한 목록집 4가지 가운데 의천의 『신편제종교장총록』을 제외한 3가지는 일본에서 저술된 것인데, 이른 시기인 서력기원후 11-12세기에 저술된 영초와 장준의 목록집에는 『인명입정리론』에 대한 원효의 주석으로 『기』만 수록되어 있다. 다른 한 가지인 『불전소초목록』은 일본의 국학자 홍륭이 18세기에 저술한 것인데, 새로운 저술이 아니라 의천의 『신편제종교장총록』에 실린 인명학 관련 불전목록들을 거의 그대로 복사한 것으로 그 가운데 원효의 『소』가 수록되어 있다. 의천의 『신편제종교장총록』 전체의 목록과 홍륭의 『불전소초목록』 중에서 『인명입정리론』의 주석서가 열거되어 있는 부분을 대조하면 '표1'과 같다.14)

---

14) 원문은 줄 간격 없이 촘촘히 적혀 있지만, 양자의 비교를 위해서 누락된 부분은 빈 줄로 남겨놓았고, 원효의 저술은 밑줄을 그으며 진하게

표1 - 의천록과 흥륭록 대조

의천록 - 新編諸宗教藏總錄15)	흥륭록 - 佛典疏鈔目錄16)
• 因明論	○ 因明入正理論疏鈔目錄
疏三卷 窺基述	大疏三卷 窺基述
纂要一卷 惠沼續	纂要一卷 惠沼述
義斷一卷	
二量章一卷 已上 慧沼述	前記二卷 智周述
記二卷 智周述	後記二卷 智周述
	演密鈔七卷 繼倫述
演密鈔七卷 繼倫述	鈔八卷 雲儼述
鈔八卷 雲儼述	義樞鈔十二卷 敬田述
義樞鈔十二卷(或七卷)	補闕鈔一卷 敬田述
補闕鈔一卷 已上 敬田述	義雄鈔七卷 澄淨述
義雄鈔七卷(或有九卷之本與此亦有不同) 澄淨述	義曦鈔六卷 惠智述
義曦鈔六卷 科二卷 惠智述	科一卷 惠智述
	古今鈔補正衡二卷 福善述
古今鈔補正衡二卷 福善述	集玄手鈔三卷 懷雅述
集玄手鈔三卷 懷雅述	演密手記三卷 義深述
演密手記三卷 義深述	手鏡二卷 惠深述
手鏡二卷 惠深述	備闕手鏡三卷(上國沙門達述)
備闕手鏡三卷(但云上國沙門達述不見上字或云達瑜伽是)	略鈔二卷 從隱述
略鈔二卷 從隱述	要略記二卷 惠素述
要略記二卷 惠素述	逐難略釋一卷 本真述
逐難略釋一卷 本真述	備闕略鈔二卷 悟真述
備闕略鈔二卷 悟真述	洞祕研精鈔七卷 元盛述
洞祕研精鈔七卷 科三卷 元盛述	科三卷 元盛述
精正鈔八卷 科三卷 義幽述	精正鈔八卷 義幽述
	科三卷 義幽述
疏一卷	疏一卷 元曉述
判比量論一卷 已上 元曉述	判比量論一卷 元曉述
疏二卷 文軌述	疏二卷 文軌述
疏一卷 靖邁述	疏一卷 靖邁述
	疏 唐淨眼述
	疏 唐神泰述
	疏 唐文備述
	疏 唐靈雋述
	疏 唐汴周述
	疏 唐勝莊述
	疏 新羅憬興述
	古迹記一卷 太賢述
• 古迹記一卷 太賢述	이후 103권의 저술을 더 열거하는데 일본 승려들의 것이 대부분이다.

여기서 보듯이 흥륭의 목록집 앞부분은 의천록과 거의 동일하

표시하였다.

15)『新編諸宗教藏總錄』 앞의 책, pp.1175c~1176a.
16)『佛典疏鈔目錄』, 앞의 책, pp.227b~228a.

며, 이에 덧붙여 당과 신라 그리고 일본 승려들의 저술 100여 권
을 추가하여 제작한 것이다. 의천록에서 '義曦鈔六卷 科二卷 惠
智述(의희초육권 과2권 혜지술)'과 같이 기록된 한 저자의 두 저
술을 '義曦鈔六卷 惠智述 / 科一卷 惠智述(의희초육권 혜지술 /
과1권 혜지술)'과 같이 나누어 기록한다는 점이 다르고, 누락되어
있는 것은 의천록 서두에 실린 '義斷一卷(의단일권)과 二量章一
卷 已上 慧沼述(이량장 일권 이상 혜소술)'이라는 목록 한 가지
뿐이다.[17] 다른 문헌들의 경우 서명과 순서 모두 의천록과 일치
한다.

또, 의천록에는 『인명입정리론』의 주석으로 24명의 저술 27가
지가 수록되어 있는데, 이를 상기(上記)한 영초의 『동역전등목록』
및 장준의 『주진법상종장소』에 수록된 목록들과 비교해 보면 규
기의 『인명대소』, 원효의 『판비량론』, 문궤의 『소』, 정매의 『소』,
태현의 『고적기』 등 5가지 저술만 이 두 문헌에서 보일 뿐이기
에, 나머지 22가지 저술들은 이 두 목록집의 제작 시기인 11-12
세기에 일본에서 유통되지 않았음을 알 수 있다. 그런데 갑자기
홍륭의 시대인 18세기에 의천록에 수록된 인명학 문헌들이 일본
에서 일거에 출현했을 리는 없다. 따라서 홍륭의 『불전소초목록』
에 원효의 『소』가 수록되어 있긴 하지만, 홍륭이 『소』를 목격했
거나 그 존재를 알았기 때문에 수록한 것은 아니라 의천록을 그
대로 옮겨 쓰면서 수록된 것이리라.

---

17) 이 목록 바로 앞의 문헌이 '纂要一卷 惠沼述'으로 『大日本仏教全書
』 제1권 p.227의 좌측 하단의 마지막 줄에 실려 있고, 그 바로 뒤의 문
헌 목록인 '前記二卷 智周述'이 p.228의 우측 상단의 첫 줄에 실려 있
기에 1900년대 초에 불서간행회(仏書刊行会)에서 『大日本仏教全書』를
제작하면서 집자공(集字工)의 실수로 누락된 것일 수 있다.

또 『인명대소초』의 저자이기도 한 장준은 영초의 『동역전등목록』에 실린 『인명입정리론』의 주석서 목록을 『주진법상종장소』에 그대로 옮겨 적었지만, 그 외에 정안(淨眼)의 『인명입정리론소』와 수원(修圓)의 『삼의전집초(三義箋集抄)』, 그리고 저자미상의 『이공량집(二空量集)』의 세 가지 문헌을 추가하였다. 『동역전등목록』에는 없지만 자신이 그 존재를 알고 있거나 보았던 문헌들이리라. 만일 장준의 시대에 일본에서 원효의 『소』가 유통되고 있었다면 인명학에 정통했던 장준이기에 이를 주석서 목록에 포함시켰을 것이다. 그러나 장준의 목록집에도 원효의 『疏』는 보이지 않고 『記』만 수록되어 있다.

일본에서 11세기에 저술된 영초의 목록집에 『기』만 수록되어 있었다는 점, 인명학에 정통한 장준이 12세기에 저술한 목록집에서도 『기』만 수록한다는 점, 18세기에 흥륭이 저술한 『불전소초목록』에 유일하게 『소』의 이름이 보이긴 하지만, 이는 의천록을 그대로 옮겨 쓴 것이기에 일본에 『소』가 유통되고 있었다는 증거일 수는 없다는 점 등에 근거할 때 『명등초』에 인용된 원효의 주석을 『인명입정리론기』라고 특정(特定)해도 좋을 것이다.

Ⅱ. 원효의 『인명입정리론』 주석의 내용과 특징

앞 장에서 말했듯이 선주의 『인명론소명등초』에서 『인명입정리론』에 대한 원효의 주석으로 총 12가지 단편을 찾을 수 있는데,

이들 각 단편에서 다루는 내용을 요약하면 다음과 같다.

① '유오타(唯悟他)'와 '유자오(唯自悟)'의 의미[18]

② 삼매(三昧)의 마음은 현량(現量)인가?[19]

③ 삼지작법(三支作法) 추론식의 주장[宗]에 대한 정의[20]

④ '불의 뜨거움'에 대한 추론이 상부극성(相符極成)의 오류를 범하지 않는 이유[21]

⑤ 『인명정리문론』의 제4 게송에 대한 풀이[22]

⑥ '인(因)의 삼상(三相)'을 충족하는 추론식의 예시[23]

⑦ 실례를 유(喩)라고 번역한 이유[24]

⑧ 삼지작법의 추론식에서 이유[因, 인]를 종법(宗法)이라고 부르는 까닭[25]

⑨ 삼지작법의 추론식의 실례[喩, 유]에서 동질적 주제에 대한 진술[26]

⑩ 삼지작법의 추론식의 실례에서 배제관계에 대한 진술[27]

---

18) 『因明論疏明燈抄』 卷1(『大正藏』68, pp.221b-c).

19) 앞의 책, pp.221c-222a.

20) 앞의 책, 卷2, pp.253b-c.

21) 앞의 책, p.262b.

22) 앞의 책, p.270c.

23) 앞의 책, p.271c.

24) 앞의 책 卷3, p.285b-c.

25) 앞의 책 卷3, p.303a. 이에 이어지는 "顯立因法必須言故者 對敵說因 必須言故 不爾便非顯宗所以 前者欲顯同品定有等者 前指法中擧二因者 顯遍不遍皆有正因 三相異故 別顯二因."라는 문장은 규기의 『因明入正理論疏』 卷2(『大正藏』44, p.113a)의 문구 가운데 '顯立因法必須言故.'에 대해 선주가 설명하는 문장으로 『因明入正理論記』의 일문(逸文)이 아니다.

26) 『因明論疏明燈抄』 卷3, 앞의 책, p.303c.

27) 앞의 책, pp.303c-304a.

⑪ 사인(似因) 가운데 세간상위(世間相違)의 오류[28]
⑫ 사인 가운데 여섯 가지 부정인(不定因)[29]

　선주의 『인명론소명등초』는 『인명입정리론』을 주석한 규기의 『인명대소』를 다시 주석한 복주(複註)인데 선주가 인용하는 원효의 주석에는 대부분 규기의 주석과 상반되거나, 그 누구의 주석에서도 볼 수 없는 독창적인 내용이 실려 있으며, 그 성격에 따라서 이는 다음과 같이 다섯 가지로 분류할 수 있다.

　1. 조어(造語)의 독창성 - ①, ③, ⑤
　2. 자은(慈恩) 규기(窺基)의 이론에 대한 비판 - ②
　3. 삼지작법에서 실례의 창의적 고안 - ④, ⑪
　4. 인명학 이론의 체계적인 정리 - ⑧, ⑫
　5. 술어(術語)의 의미에 대한 명료한 해석 - ⑥, ⑦, ⑨, ⑩

　지면(紙面)의 제약으로 이 가운데 1, 2, 3에 한하여 대표적인 것 몇 가지를 선별하여 그 의미를 분석하고 규기의 주석과 비교함으로써 원효 주석의 특징을 조명해 보기로 하겠다.[30] 그 몇 가지는 '1.조어의 독창성의 ①과 ③', '2. 자은 규기의 이론에 대한 비판', 그리고 '3. 삼지작법에서 실례의 창의적 고안의 ⑪'이다.

---

28) 앞의 책, p.313a).
29) 앞의 책, 卷4, p.355a-b.
30) 나머지 단편 8가지의 번역과 내용에 대해서는 동국대학교 불교학술원에서 원효전서 번역사업의 일환으로 출간할 '『인명입정리론기』의 번역과 해제'를 참조하기 바란다.

1. 조어의 독창성

(1) '유오타(唯悟他)'와 '유자오(唯自悟)'의 의미

『인명입정리론』의 서두는 다음과 같이 시작한다.

> 능립과 능파 및 사이비 [능립과 능파]는 오직 다른 이를 알게 하는 것[유
> 오타]이며, 현량과 비량 및 사이비 [현량과 비량]은 오직 스스로의 앎을 위
> 한 것[유자오]이다. 이와 같은 것이 [앞으로 벌일] 여러 논의들의 핵심을
> 모두 포괄한다.31)

여기서 『인명입정리론』의 저자 샹까라스와민(Śaṅkarasvāmin, 商羯羅主)은 이 문장을 통해 앞으로 다룰 내용을 개관하는데 이를 정리하면 다음의 표2와 같다.

산스끄리뜨 원문과 대조하면, 'A.유오타(唯悟他)'는 'parasaṃvide'의 번역이고, 'B.유자오(唯自悟)'는 'ātmasaṃvide'의 번역임을 알 수 있다. 이 두 단어에서 'para'는 '다른 이, 타인'을 의미하며 'ātma'는 '자기, 스스로'를 의미하며, 'sam'은 강조의 의미를 갖는 접두사이고32), 'vide'는 '앎'을 의미하는 명사 'vid'의 위격(爲格,

---

31) 『因明入正理論』 卷1(『大正藏』32, p.11b), "能立與能破 及似唯悟他 現量與比量 及似唯自悟 如是 總攝諸論要義."(sādhanaṃ dūṣaṇaṃ caiva sābhāsaṃ parasaṃvide/ pratyakṣam anumānaṃ ca sābhāsaṃ tv ātmasaṃvide// iti śāstrārthasaṃgrahaḥ// '논증'이나 '논박'이란 것은 잘못[된 논증이나 논박]과 함께 타인의 앎을 위한 것이지만, '현량'이나 '비량'은 잘못[된 현량이나 비량]과 함께 자신의 앎을 위한 것이다. 이 상이 [본] 논서의 목적에 대한 개요(槪要)이다.)

32) "sometimes it intensifies the meaning of the simple root, and may be translated by 'very'", Apte Sanskrit Dictionary의 sam 항목 설명 (b). http://www.aa.tufs.ac.jp/~tjun/sktdic/(검색일자: 2018.10.16).

Dative)이다. 현장은 'para'를 타(他) 'ātma'를 자(自), 'vid'를 오(悟)로 번역하였고, sam의 의미를 드러내기 위해 유(唯)라는 말을 덧붙였을 것으로 짐작된다.

표2 - 『인명입정리론』의 소재

眞量, 似量　　　　　　　　爲自, 爲他	참[眞]		잘못[似]	
	용어	의미	용어	의미
A.유오타[오직 다른 이를 알게 하는 것]	ⓐ능립	올바른 추론식	ⓒ사능립	잘못된 추론식
	ⓑ능파	잘못된 추론식	ⓓ사능파	잘못된 논파
B.유자오[오직 스스로의 앎을 위한 것]	ⓔ현량	올바른 현량	ⓔ사현량	잘못된 현량
	ⓕ비량	올바른 현량	ⓕ사비량	잘못된 비량

규기는 이 문장을 주석하면서 다음과 같이 말문을 연다.

> 첫 게송에서 담송(談頌)은 하나가 있고, 앎을 드러내는 것은 두 가지가 있으며, 논(論)의 문구는 넷이 있고, 그 뜻을 밝힘은 여덟 가지가 있다. 게송하나와 네 문구는 문장을 보면 알 수 있고, '다른 이의 앎'과 '스스로의 앎'은 논에서 각각 구별하여 드러내며, '네 가지 참'과 '네 가지 잘못'이기에 여덟 가지 뜻이 된다.[33)

'能立與能破　及似唯悟他　現量與比量　及似唯自悟(능립여능파 급사유오타 현량여비량 급사유자오)'라는 첫 게송은 오언체(五言體)의 네 가지 문구로 이루어져 있는데, 그 내용을 보면 'A.유오타'와 'B.유자오'의 두 가지로 구별하여 '앎[悟, 오]'을 드러내고,

---

33) 窺基, 『因明入正理論疏』 앞의 책, p.93a, "談頌有一　彰悟有二　論句有四　明義有八　一頌四句　文矚可知　悟他自悟　論各別顯　四眞四似　即爲八義."

그 가운데 '참'인 것은 ⓐ능립, ⓑ능파, ⓔ현량, ⓕ비량의 네 가지
이고, '잘못'인 것은 ⓒ사능립, ⓓ사능파, ⓔ사현량, ⓕ사비량의 네
가지여서, 이 게송 하나에 총 여덟 가지 뜻이 담겨 있다는 설명이
다. 곧이어 규기는 ⓐ능립에서 ⓕ사비량에 이르기까지 여덟 가지
술어(術語, technical term)들 각각의 의미에 대해 해설한 후,[34]
이 여덟 가지 술어들과 관련하여 다시 '옛날의 해석과 현재 해석
의 공통점과 차이점을 밝히고, 여덟 가지 술어들의 의미에서 공통
점과 차이점을 구별해내며, 그 본질과 현상의 공통점과 차이점을
풀이하는 것[35]으로 주석을 종결한다. 선주는 『명등초』에서 여덟
가지 술어의 의미에 대한 규기의 해석 가운데 ⓓ사능파에 대한
해석을 설명하면서 원효의 주석을 인용하는데 이는 다음과 같다.

(원효는 [다음과 같이] 말했다.) A.'오직 다른 이를 알게 하는 것'[이라는
말]은 두 가지 의미를 담고 있다. 첫째는 ①'오직 다른 이'[라는 의미]이고,
둘째는 ②'오직 알게 하는 것'[이라는 의미]다.
①'오직 다른 이[唯他]'라고 말한 것[의 의미는 다음과 같다]. [능립과 능
  파는] 무릇 주장하든 논파하든, 참이든 거짓이든 오직 논적의 이론을
  대할 때 제시하는 것이지, 홀로 있는 곳에서 내세우는 것이 아니기에
  '오직 다른 이'라고 말하는 것이다.
②'오직 알게 하는 것[唯悟]'이라고 말한 것[의 의미는 다음과 같다]. 능립
  이나 능파에서 참이나 거짓 여부는 그 까닭이 있는데, 오직 '앎이 있는
  것'을 '참[眞]'이라고 말하고 '앎이 없는 것'을 '거짓[似]'이라고 말하는
  것이지, '이치에 합당함'이나 '이치에 어긋남'을 의미하는 것이 아니다.
  그런 까닭[은 다음과 같다]. '거짓'이라고 해서 반드시 어긋난 것만은
  아니고, '참'이라고 해서 반드시 합당한 것만은 아니다.

34) 앞의 책, pp.93a-93c.
35) 앞의 책, p.93c, "辨此八義略以三門 一明古今同異 二辨八義同異 三
  釋體相同異."

예를 들어서 불제자가 승론사(勝論師)에 대해서 "소리는 무상하다."라고
말하는 것은, 상부극성(相符極成)[36]의 오류를 범하여 사립종(似立宗)
이지만 이치에는 합당한데, 무상의 도리는 대승과 소승에 공통되기 때
문이다. 또 불제자가 성론사(聲論師)에 대해서 "소리는 생멸한다."고
내세우는 경우 여기서 사용한 법(法)[37]과 유법(有法)[38]은 '양측 모두
인정하는 것[극성, 極成]'이라서 오류가 없지만, 이치에는 어긋나서 소
승에서는 통하지 않는다. 짐작컨대, '말에 집착하는 무리들이 참된 소립
을 설한다고 들으면 "실제로 소립이 있다."고 말하다가, 거짓된 소립을
보면 다시 "소립이 아예 없다."고 말하는 것'을 논파하기에 '오직 알게
하는 것'이라는 말이 증익과 손감의 집착 양쪽 모두를 제거한다고 설하
는 것이다. '말이 끊어진 이치'에는 구분이 있을 수 없겠지만 '말에 집착
하는 미혹'에는 경중(輕重)이 있기 때문이다.

B. '오직 스스로의 앎'이란 것도 역시 두 가지 의미를 갖는다.

③ '오직 스스로[唯自]'라는 것[의 의미는 다음과 같다]. 오직 홀로 있는 곳
에서 스스로 의미를 찾을 때 [현량과 비량이라는] 이 두 가지 인식방법
에 의지하여 옳고 그름을 가린다. 그 다음에 다른 이를 [알게 하기] 위
하여 '주장, 이유, 실례'[로 이루어진 추론식]을 세우는 것이지, 논적의
이론을 대하여 바야흐로 두 가지 인식을 생각하는 것이 아니기 때문에
'오직 스스로'라고 말한다.

④ '오직 앎[唯悟]'이란 것[의 의미는 다음과 같다]. 오직 미혹한 단계로부
터 비로소 알려고 할 때에만, 이러한 [현량과 비량의] 두 가지 인식방법
에 의지하여 중重한 미혹에서 벗어날 수 있다. '말이 끊어진 이치'가 아
닌 것은 이와 같이 오직 두 가지 인식방법의 인식대상이다. 따라서 '오
직 앎'이라고 말한다.[39]

---

36) 相符極成: 『인명입정리론』의 오류론에서 말하는 '주장[宗]의 오류' 가
운데 하나. 토론하는 양측 모두 인정하는, 너무나 당연한 주장을 내세
우는 오류. 예를 들어서 "소리는 귀에 들린다."와 같은 주장. "相符極成
者 如說聲是所聞", 『因明入正理論』 앞의 책, p.11c.

37) dharma(성질). 주장명제[宗]의 술어로, 여기서는 '생멸함.'

38) dharmin(성질을 가진 것). 주장명제[宗]의 주어로, 여기서는 '소리.'

39) 『因明論疏明燈抄』 앞의 책, pp.221b-c, "(曉云) 唯悟他者 即含二義
一者唯他 二者唯悟 言唯他者 夫立破之來 若眞若似 唯對敵論時申 非

인용문에서 원효는 A.유오타를 ①유타(唯他)와 ②유오(唯悟)로
분석하고, B.유자오를 ③유자(唯自)와 ④유오(唯悟)로 분석하여 이
네 가지 조어(造語) 각각의 의미에 대해 해설하는데 요점은 다음
과 같이 정리된다.

A.유오타 - 오직 다른 이를 알게 하는 것[즉 남을 설득하기 위한
　앎인 위타비량(爲他比量)].

①유타 - '논적이 있을 때'만 추론식을 제시한다는 점을 의미한
　다.

②유오 - 추론식의 제시는 '알리기 위한 것'이기에 타당성 여부와
　무관하다는 점을 의미한다.

B.유자오 - 오직 스스로의 앎을 위한 것[즉 자신이 파악하기 위
　한 앎인 현량(現量)과 위자비량(爲自比量)].

③유자 - 홀로 있을 때 스스로 어떤 이치를 추구할 때 현량과 비
　량에 의지한다는 점을 의미한다.

④유오 - 말이 끊어진 이치를 자각할 때가 아니라, 오직 미혹에
　서 벗어나 무엇을 알려고 할 때에만, 현량과 비량을 사용한다는
　점을 의미한다.

爲獨處所設 故曰唯他 言唯悟者 能立能破 眞似所由 唯有悟曰眞 無悟
曰似 非是當理乖理之義 所以爾者 似未必乖 眞不必當 如佛弟子 對勝
論師 云聲無常 卽相符過 是似立宗 而於理當 無常道理通大小故 又佛
弟子 對聲論師 立聲生滅 是法有法 極成無過 而於理乖 不通小乘 恐破
執言之徒 聞說眞立 卽謂 實有所立 見似立又 卽謂 空無所立 故說 唯
悟之言 雙遣增減執也 絶言之理 無有分濟 執言之迷 有輕重故 唯自悟
者 亦有二義 唯自者 唯於獨處 自尋義時 依此二量 簡釋是非 然後爲他
立宗因喩 非對敵論 方思二量 故曰唯自 言唯悟者 唯從迷位 始欲悟時
依此二量 得離重迷 非絶言理 唯如二量之所量也 故言唯悟."

위타비량의 삼지작법은 논적인 '타인에 대해서'만[唯] 작성한다는 점에서 '유타'이고, 능립과 능파는 물론이고 이치에 어긋난 사능립과 사능파도 포함되기에 '타당성' 여부가 아니라 '앎'만[唯, 유]을 의미한다는 점에서 '유오'다. 위자량(爲自量)인 현량과 위자비량의 경우 홀로 있으면서[唯] 무엇을 알고자 할 때 작동하기 때문에 '유자'이고, 미혹에서 벗어나려고 할 때에만[唯] 사용이기에 '유오'이다. 앞에서 산스끄리드 원문과 대조해 보았듯이, 유(唯)가 'sam'의 번역어일 수 있기에 원효의 분석은 원래의 의미와도 어긋나지 않는다.

유오타와 유자오의 '유'에서 한정(限定)의 의미를 드러내어 이렇게 네 가지로 분석하고 조어하여 해설하는 것은 규기의 『인명대소』는 물론이고40) 다른 주석서41)에서도 볼 수 없는 독특하고 창의적인 방식으로 이를 통해 유오타와 유자오의 의미가 더욱 정교하게 드러난다.

⑵ 『인명정리문론(因明正理門論)』의 제4 게송에 대한 풀이

---

40) 규기의 경우 '唯'자를 제거하고 '悟他'와 '自悟'를 떼어내어서 설명한 적은 있어도 唯他와 唯悟, 唯自와 唯悟로 造語하여 분석하지는 않았다. 또 唯를 限定의 의미로 보았던 원효와 달리 참[眞]의 의미로 보았다. 窺基, 『因明入正理論疏』 앞의 책, p.93b), "由況既彰 是非逯著 故從多分 功成勝負 彼此俱明 皆悟他也."; "能立 能破 皆能 悟他 似立 似破 不能 悟他 正與彼同 故此頌中 據其多分 皆悟證者 言唯悟他 不言自悟 又真立破 唯悟於他 似雖亦自 從真名唯."

41) CBETA 검색에 의한다. 文軌의 『因明入正理論序疏』 卷1(『卍續藏』53, p.681a), 智周의 『因明疏抄』(『卍續藏』53, p.873a)와 『因明入正理論疏後記』 卷上(『卍續藏』53, p.843c)등.

주장[宗], 이유[因], 실례[喩]로 이루어진 삼지작법의 추론식에서 '이유'는 세 가지 조건을 갖추어야 하는데 이를 '인(因)의 삼상(三相)'이라고 한다. 『인명입정리론』에서는 이에 대해 다음과 같이 설명한다.

> 이유에는 세 가지 조건이 있다. 그러면 세 가지 조건이란 무엇인가?
> ①주제에 소속된 성질인 점과, ②동질적 주제에 존재하는 점과, ③이질적 주제에는 결코 존재하지 않는 점이다.[42]

이 세 조건을 '인의 삼상'이라고 하는데 한역어로 변시종법성(遍是宗法性), 동품정유성(同品定有性), 이품변무성(異品遍無性)이라고 쓴다. 이런 세 가지 조건을 갖추지 못할 경우 사인(似因)이 된다. 사인에는 불성인(不成因), 부정인(不定因), 상위인(相違因)의 세 가지가 있다. 이 가운데 불성인은 변시종법성을 충족시키지 못하는 이유이고, 부정인과 상위인은 동품정유성이나 이품변무성을 충족시키지 못하는 이유다. 규기는 『인명입정리론』에서 열거하는 인의 삼상을 소개한 후 이에 대한 『인명정리문론』의 해설을 여러 차례 인용하면서 그 의미에 대해 자세하게 설명한다.

동품과 이품에서 '이유[因]'의 유무에 따라 부정인, 상위인, 정인(正因)을 구별할 경우 이유는 그 종류가 총 9가지가 된다. 이를 구구인(九句因)이라고 부르는데, 이에 대한 『인명정리문론』의 설명을 표로 정리하면 다음과 같다.

---

42) 『因明入正理論』 卷1(『大正藏』32, p.11b), "因有三相 何等爲三 謂 遍是宗法性 同品定有性 異品遍無性." (hetus trirūpaḥ/ kiṃ punas trairū pyam/ pakṣadharmatvaṃ sapakṣe sattvaṃ vipakṣe cāsattvam eva//).

표3 - 구구인의 분류

이품＼동품	변유(遍有)	변무(遍無)	역유역무(亦有亦無)
변유	(1)부정인	(4)상위인	(7)부정인
변무	(2)정인	(5)부정인	(8)정인
역유역무	(3)부정인	(6)상위인	(9)부정인

『인명정리문론』에서는 이런 아홉 종류의 이유를 갖는 추론식 아홉 가지를 열거하는데[43] 이 역시 정리하면 다음의 표4와 같다.

『인명정리문론』에서는 구구인(九句因) 각각을 갖는 추론식으로 이상의 9가지를 열거한 후 "이와 같은 아홉 가지는 두 가지 게송에 포함된다."[44]고 말하면서 두 수의 게송을 통해 각 추론식에 사용된 '주장명제의 술어' 아홉 가지와 '이유' 아홉 가지를 다시 모두 정리한다. 규기의 해석[45]에 근거하여 상기한 표의 번호를 해당 용어에 매겨서 두 수의 게송을 인용하면 다음과 같다.

①常②無常③勤勇　④恒⑤住⑥堅牢性　⑦非勤⑧遷⑨不變　由(1)所量等九
(1)所量(2)作(3)無常　(4)作性(5)聞(6)勇發　(7)無常(8)勇(9)無觸　依①常性等九

이를 번역하면 다음과 같다.

---

43) 『因明正理門論本』 卷1(『大正藏』32, p.2a), "謂立聲常所量性故　或立無常所作性故　或立勤勇無間所發無常性故　或立為常所作性故　或立為常所聞性故　或立為常勤勇無間所發性故　或非勤勇無間所發無常性故　或立無常勤勇無間所發性故　或立為常無觸對故　如是九種二頌所攝."
44) 『因明正理門論本』, 앞의 책, p.2a, "如是九種　二頌所攝."
45) 게송에 매긴 번호 가운데 ④, ⑤, ⑥에 대한 규기의 이해를 의미하며, 앞으로 이에 대해서 논의한다.

'①상(常), ②무상(無常), ③근용(勤勇)' 및 '④항(恒), ⑤주(住), ⑥견뢰성(堅牢性)' 및 '⑦비근(非勤), ⑧천(遷), ⑨불변(不變)'은 '⑴소량(所量)' 등의 아홉 가지로 말미암으며, '⑴소량(所量), ⑵작(作), ⑶무상(無常)' 및 '⑷작성(作性), ⑸문(聞), ⑹용발(勇發)' 및 '⑺무상(無常), ⑻용(勇), ⑼무촉(無觸)'은 '①상성(常性)' 등의 아홉 가지에 의지한다.

표4 - 구구인을 갖는 추론식

주장[宗]			이유[因]	
주어[有法]	술어[法]			
소리는 ~	①	상주한다[常].	⑴	인식대상이기 때문에[所量]
	②	무상하다[無常].	⑵	지어진 것이기 때문에[作]
	③	의지적 노력[勤勇]과 직결되어 있다.	⑶	무상하기 때문에[無常]
	④	상주한다[常]. 恒住	⑷	지어진 것이기 때문에[作性]
	⑤	상주한다[常]. 堅	⑸	귀에 들리기 때문에[聞]
	⑥	상주한다[常]. 牢性	⑹	의지적 노력과 직결되어 있기 때문에[勇發]
	⑦	의지적 노력과 직결되어 있는 것이 아니다[非勤].	⑺	무상하기 때문에[無常]
	⑧	무상하다[無常].	⑻	의지적 노력과 직결되어 있기 때문에[勇]
	⑨	상주한다[常].	⑼	만질 수 없기 때문에[無觸]

그런데 원효는 이 가운데 ④, ⑤, ⑥을 규기와 다르게 끊으면서 독특하게 조어한다. 『명등초』에 인용된 원효의 풀이를 번역, 인용하면 다음과 같다[이해의 편의를 위해 해당 용어에 위와 마찬가지로 원문자 번호를 붙인다].

(원효는 [다음과 같이] 말했다.) [『인명정리문론본』의 게송가운데] 제2구의 3가지 주장은 첫째 ④항상 ⑤머묾[恒住]이고, 둘째 ⑥견고함[堅]이고, 셋째 ⑥굳건함[牢性]이다. 이 세 가지가 모두 "소리는 상주한다."는 주장이다. [제3구의 3가지 주장인] ⑦의지적 노력이 아님[非勤]과, ⑧흘러감[遷]과 ⑨변치 않음[不變]'은 [『인명정리문론본』의 게송에서] 제3구의 3가

지 주장을 노래한다. 첫째인 ⑦노력이 아님[非勤]과 둘째인 ⑧흘러감[遷]은 무상(無常)의 다른 이름이며, 셋째인 ⑨변치 않음[不變]은 상주(常住)의 다른 이름이다.46)

원효는 '항주견뢰성(恒住堅牢性)'을 위와 같이 '항주, 견, 뇌성'으로 구분했지만, 선주에 의하면 규기와 원측(613-696년)과 정빈(定賓)은 모두 '항, 주, 견뢰성'으로 구분하였다고 하며,47) 신태(神泰)의 『이문론술기(理門論述記)』48)와 둔륜(遁倫, 道倫)의 『유가론기(瑜伽論記)』49)에서도 규기나 원측과 같이 '항'과 '주'를 구분하고 '견뢰성'을 하나의 단어로 취급하였다. 원효만 이렇게 독특하게 띄어 읽으며 해석했던 것이다.

그러면 이에 대한 산스끄리뜨 원문은 어떠했을까? 『인명정리문론』 전체의 산스끄리 원문은 남아있지 않지만, 이 게송은 『니야야 수뜨라(Nyāya Sūtra)』의 복주(複註)인 와짜스빠띠미슈라(Vācaspatimiśra, 900-980경)의 『니야야와룻띠까따뜨빠리야띠까(Nyāyavarttikatātparyaṭīkā)』에 인용되어 있는데 번역하면 다음과 같다.

①상주함과 ②무상함과 ③노력에서 발생함과 ④⑤⑥중간의 세 가지 상주함과 ⑦노력에서 발생함이 아님과 ⑧무상함과 ⑨상주함은 '인식의 대상이 됨' 등이 능립이다.50)

46) 『因明論疏明燈抄』, 앞의 책, p.270c, "(曉云) 第二句三宗者 一恒住 二堅 三牢性 此三竝是聲常之宗 非勤遷不變者 頌 第三句之三宗也 一非勤 二遷 是無常之異名 三不變 是常住之異名也."

47) 앞의 책, p.270c, "基測賓云 一恒 二住謂常住 三堅牢性."

48) 『理門論述記』卷1(『大正藏』44, p.87a).

49) 『瑜伽論記』卷13(『大正藏』42, p.597a).

50) Giuseppe Tucci, The Nyāyamukha of Dignāga: The Oldest Buddhist Text on Logic, after Chinese and Tibetan Materials (San Francisco: Chinese Materials Center, 1976[1930]), p.29 각주에서 재인용, "ni

여기서 보듯이 산스끄리뜨 게송에서 '항주견뢰성'에 해당하는 것은, '중간의 세 가지 상주함[madhyamatrika śāśvatāḥ]'이라는 문구다. 즉 '항주견뢰성'과 같이 상주함의 의미를 갖는 세 가지 단어가 게송에 있는 것이 아니다. 또 이 게송 앞에 실린 산문(散文)으로 된 설명에서 구구인의 실례로 9가지 추론식을 예로 들 때에 ④, ⑤, ⑥의 세 가지 추론식의 주장명제를 모두 똑같이 "혹은 상주한다고 입론한다[或立為常]"[51]라고 기술하고 있을 뿐, 게송 속의 '항주견뢰성'라는 문구는 찾아볼 수 없다. 그러면 번역자 현장은 어째서 이렇게 『인명정리문론』의 산스끄리뜨 원문과 무관한 한역문을 창안한 것일까? 이는 한문의 오언체(五言體) 시송(詩頌)의 글자 수에 맞추기 위해서였을 것으로 짐작된다. 즉 ④, ⑤, ⑥의 주장명제에서 연이어 3회 되풀이 되는 '상(常)'을 다섯 글자로 표현하기 위해서 현장은 '항주견뢰성'이라는 새로운 문구를 고안하였을 것이다. 따라서 이 문구를 규기와 같이 '항, 주, 견뢰성'으로 끊어 읽든 원효와 같이 '항주, 견, 뇌성'으로 끊어 읽든 원문과 대조하여 그 시비를 가릴 수는 없다. 다만 현장이 이 다섯 글자를 어떤 방식으로 세 가지 개념으로 구분하면서 '상주함'을 의미하는 용어로 사용한 것인지만 문제가 될 뿐이다.

그런데 현장이 번역한 불전은 물론이고 한문 대장경 전체,[52] 더 나아가 중국의 일반사회에서도[53] '견뢰'는 하나의 단어로 사용

---

tyānitya prayatnauttha madhyamatrika śāśvatāḥ ayatnānityanityaś ca prameyatvādisādhanāḥ."

51) 『因明正理門論本』, 앞의 책, p.2a, "或立為常所作性故 或立為常所聞性故 或立為常勤勇無間所發性故."

52) 전자불전 검색 프로그램인 'CBETA 2016'에서 堅牢는 1838회 출현하는 것으로 검색된다.

53) 外典에서 堅牢의 용례를 찾아 소개하면 다음과 같다: 漢나라 王符(8

되며 그 의미는 '단단하여 쉽게 부서지지 않음'이다. 따라서 '견뢰성'을 하나의 단어로 취급하는 규기나 원측, 신태 등의 해석이 번역자 현장의 의도에 부합하는 것일 수 있다. 그러면 원효는 어째서 이런 상식을 무시하고 '항주, 견, 뇌성'으로 독특하게 조어하여 주석한 것일까? 중국에서 견뢰가 하나의 단어로 사용된다는 점을 원효가 몰랐기 때문일까? 그건 아닐 것이다. 그러면 그 이유는 무엇일까?

주장명제 ④에 대해서 (4)는 상위인, 주장명제 ⑤에 대해 (5)는 부정인, 주장명제 ⑥에 대해서 (6)은 상위인의 사인인데, 그 의미를 드러내면서 원효적 조어와 규기의 조어를 비교해 보자.

표5 - '恒住堅牢性'에 대한 원효와 규기의 해석 비교

		원효	규기
상위인	④주장	소리는 영원히 머문다[恒住].	소리는 영원하다[恒].
	(4)이유	(4)지어진 것이기 때문에	
부정인	⑤주장	소리는 단단하다[堅].	소리는 머문다[住].
	(5)이유	(5)귀에 들리기 때문에	
상위인	⑥주장	소리는 굳건하다[牢].	소리는 견고하다[堅牢].
	(6)이유	(6)의지적 노력과 직결되어 있기 때문에	

여기서 (4)와 (6)의 상위인의 경우 주장명제의 술어로 원효는 '항주'와 '뇌'를 사용했고, 규기는 '항'과 '견뢰'를 사용했지만 '항주'와 '항', '뇌'와 '견뢰'의 의미가 유사하기에, ④와 ⑤에서 원효와

5-163년경)의 『潛夫論·務本』, "物以任用爲要 以堅牢爲資."; 唐나라 白居易(772-846)의 『簡簡吟』, "大都好物不堅牢 彩雲易散琉璃脆.", https://baike.baidu.com/item/%E5%9D%9A%E7%89%A2/995256?fr=aladdin(검색일자: 2018.10.21)

규기 사이에 의견이 달랐다고 볼 수 없다. 그러나 '귀에 들리기 때문에'라는 (5)의 부정인에서 주장명제의 술어로 원효가 사용한 단단함[堅]과 규기가 사용한 머묾[住]은 의미가 크게 다르다. (5)의 부정인은 동품변무, 이품변무의 불공부정인(不共不定因)이다. 즉 같은 경우의 실례도 찾을 수 없고, 다른 경우의 실례도 찾을 수 없는 부정인인데, 이 인(因)이 부정인인 점은 다음과 같은 문답을 통해 검증된다.

원효의 추론식
동품 변무: 단단한 것 가운데 귀에 들리는 것이 있는가? - 없다.
이품 변무: 단단하지 않은 것 가운데 귀에 들리는 것이 있는가? - 없다.

규기의 추론식
동품 변무: 머물러 있는 것 가운데 귀에 들리는 것이 있는가? - 없다.
이품 변무: 머물러 있지 않은 것 가운데 귀에 들리는 것이 있는가? - 없다.

여기서 원효가 사용한 '단단한 것'을 의미하는 '견'이나 '굳건함'을 의미하는 '뇌성'은 의미가 분명하다. 그러나 '머묾'을 의미하는 '주'는 '상주(常住)' 또는 '항주(恒住)'와 같이 앞에 수식어를 수반해야 의미가 보다 확실해진다. 원효가 '항, 주, 견뢰'가 아니라 '항주, 견, 뢰성'으로 조어한 취지가 이에 있을 것이다. 즉 주장명제의 술어 세 가지 모두 명료한 의미를 갖도록 하기 위함이었을 것이다.

2. 자은(慈恩) 규기(窺基)의 학설에 대한 비판

규기는 『인명입정리문론』 서두에서 나열하는, 인명학의 여덟 가지 술어(術語) 가운데 다섯 번째의 것인 현량(現量)에 대해 다음과 같이 설명한다.

> 다섯째는 현량이다. 행상(行相)이 움직임이나 흔들림에서 벗어나 있고, 갖가지 경계를 뚜렷하게 증명하며, 직접적으로 깊이 그 자체에 합치하기 때문에 현량이라고 이름한다. (대상을 파악하는 행상은 움직이지도 않고 흔들리지도 않아서 인(因)이 비추는 경계를 따르기에 헤아리지도 않고 따지지도 않으며 분별심에서 벗어나, '비춤'은 앞의 경계에 부합하고, '밝힘'은 그 자체에만 국한되기에 현량이라고 이름한다. 그렇지만 두 가지 종류가 있는데, 첫째는 삼매의 단계이고, 둘째는 산란한 마음이다. <u>삼매의 마음은 맑디맑아서 대상이 모두 밝게 증득되어 어떤 법을 대상으로 삼아도 모두 현량이라고 이름한다.</u> 일체의 산란한 마음은 만일 대상에 친밀하면 그윽하게 자체를 얻어서 이 또한 모두 현량이다.)[54]

여기서 규기는 현량의 종류를 '삼매의 마음으로서의 현량'과 '산란한 마음으로서의 현량'의 두 가지로 구분한다. 그리고 '삼매의 마음으로서의 현량'은 그 대상이 무엇이라고 하더라도 모두 현량이라고 말한다. 그런데 원효는 다음과 같이 이와 상반된 주장을 한다.

> (묻는다. 삼매에 들어간 의식은 모두 현량인가, 현량 아닌 것이 있는가? 답한다. 원효 법사는 [다음과 같이] 말했다.) <u>모든 삼매의 마음이 다 현량이</u>

---

54) 窺基, 『因明入正理論疏』, 앞의 책, p.93b, "五者現量 行離動搖 明證眾境 親冥自體 故名現量(能緣行相 不動不搖 因循照境 不籌不度 離分別心 照符前境 明局自體 故名現量 然有二類 一定位 二散心 定心澂湛 境皆明證 隨緣何法 皆名現量 一切散心 若親於境 冥得自體 亦皆現量)."

라는 것[에 대해 설명해 보겠다]. <u>이런 뜻은 옳지 않다.</u> [이를] 알 수 있는
까닭[은 다음과 같다]. [이는] 『유가사지론』에서 삼매의 대상을 밝히면서
[다음과 같이] 말하는 것과 같다. 첫째는 '분별이 있는 영상'을 대상으로
삼고, 둘째는 '분별이 없는 영상'을 대상으로 삼으며, 나중에 드디어 할 일
을 다 하면 영상을 초월하여 '앞의 대상들' 중의 유와 무의 분별에 대해서
현량의 지견이 생긴다.55) 이 문장으로 말미암아, "비록 삼매의 마음에 들
어가도 앞의 유분별영상 등은 현량이 아니고, 영상을 초월하면 비로소 현
량의 지견知見이 된다."는 점을 안다.56)

여기서 원효가 "이런 뜻은 옳지 않다[此義不然]."고 말문을 열
면서 비판의 대상으로 제시하는 "모든 삼매의 마음이 다 현량[一
切定心 皆現量]"이라는 생각은 앞에서 인용했던 규기의 주장과
다르지 않다. 규기는 "삼매의 마음은 맑디맑아서 대상이 모두 밝
게 증득되어 어떤 법을 대상으로 삼아도 모두 현량이라고 이름한
다[定心澄湛 境皆明證 隨緣何法 皆名現量]."라고 주장했기 때문
이다. 원효는 현장은 물론이고57) 규기에 대해서도 비판적이었다.
예를 들어 『판비량론』에서 『인명정리문론』에 등장하는 '일향리(一
向離)'의 의미를 해석할 때 원효가 규기와 상반된 의견을 제시한

<hr/>

55) 『瑜伽師地論』卷26(『大正藏』30, p.427a-c), "云何 遍滿所緣境事 謂
復四種 一有分別影像 二無分別影像 三事邊際性 四所作成辦 … 云何
所作成辦 謂修觀行者 於奢摩他毘鉢舍那 若修若習若多修習為因緣故
諸緣影像所有作意皆得圓滿 此圓滿故便得轉依 一切麁重悉皆息滅 得轉
依故超過影像 即於所知事有無分別 現量智見生."
56) 『因明論疏明燈抄』, 앞의 책, pp.221c-222a, "(問 入定意識 皆是現量
為有非現耶 答 曉法師云) 一切定心 皆現量者 此義不然 所以得知 如
瑜伽論 明三摩地所緣中云 一者緣有分別影像 二者緣無分別影像 後方
所作成就 超過影像 所知事中 有無分別 現量知見生 由此文知 雖入定
心 而前有分別影等 非是現量 超過影像 方爲現量知見."
57) 『판비량론』 전체가 현장의 학문을 비판하는 내용으로 이루어져 있다.
김성철, 앞의 책 참조.

데서 볼 수 있듯이[58] 원효는 규기의 학문에 대해 비판적이었다. 따라서 위에 인용한 주석에 실린 원효의 논의 역시 "삼매의 마음은 모두 현량"일 뿐이라고 보았던 규기의 견해를 비판하기 위한 것이었으리라.

이어서 원효는 『유가사지론』에서 "첫째는 '분별이 있는 영상'을 대상으로 삼고, 둘째는 '분별이 없는 영상'을 대상으로 삼으며, 나중에 드디어 할 일을 다 하면 영상을 초월하여 '앎의 대상들' 중의 유와 무의 분별에 대해서 현량의 지견이 생긴다."고 말한다고 하면서, 자신의 견해를 뒷받침하는 경전적 근거를 대는데, 『유가사지론』에서 해당 문구들을 찾아보면 이는 제26권에 실린 4가지 '대상[所緣, 소연]들'[59] 가운데 변만소연경사(遍滿所緣境事)에 대한 긴 설명을 축약한 것임을 알게 된다.

변만소연경사[두루하고 가득 참으로써 대상이 되는 것들]는 4가지로 구분된다. 첫째는 유분별영상(有分別影像), 둘째는 무분별영상(無分別影像), 셋째는 사변제성(事邊際性), 넷째는 소작성판(所作成辦)이다. 이들 네 가지 대상에 대해 변만[두루하고 가득 참]이라고 부르는 이유는 이 네 가지가 모든 것에서 작용하고, 모든 대상의 영역에 포함되며, 과거와 미래와 현재의 부처님들께서 모두 가르치신 것이기 때문이다.[60] 또 이 네 가지 가운데 유분별영

---

58) 窺基는 一向을 一相으로 보아 一向離가 因의 三相 가운데 一相이 벗어나 있음을 의미한다고 본 만변, 원효는 이를 비판하면서 일향리는 '한결같이 벗어나 있음'을 의미하기에 '동품무, 이품무'인 불공부정인을 의미한다고 보았다. 김성철, 앞의 책, pp.324-326 참조.

59) 『瑜伽師地論』, 앞의 책, p.427a, "云何所緣 謂有四種所緣境事 何等為四 一者遍滿所緣境事 二者淨行所緣境事 三者善巧所緣境事 四者淨惑所緣境事."

60) 앞의 책, p.427c, "如是四種所緣境事 遍行一切 隨入一切所緣境中 去

상은 위빠샤나에서, 무분별영상은 사마타에서, 사변제성은 모든 일과 진실한 일에서, 소작성판은 인과상속(因果相屬)의 일에서 두루하기 때문이다.[61] 그런데 『유가사지론』에서는 이렇게 변만함을 성질로 갖는 네 가지 대상 가운데 소작성판에서 영상을 초월해야 비로소 현량이 된다고 설명한다.

> 소작성판이란 무엇인가? 말하건대, 관행을 닦는 사람이 샤마타와 위빠샤나에 대해서 혹은 닦고 혹은 익히고, 여러 차례 닦고 익힌 인연 때문에 갖가지 영상을 대상으로 삼아서 존재하게 된 作意가 모두 원만함을 얻는다. 이렇게 원만하기 때문에 문득 전의(轉依)를 얻게 되어 일체의 거칠고 무거운 것들이 모두 다 쉬고 사라지며, 전의를 얻기 때문에 영상을 초월하여 앞의 대상들의 유와 무의 분별에 대해서 현량의 지견이 생긴다.[62]

원효는 소작성판에 대한 설명 가운데 마지막의 문장을 근거로 삼아서 "비록 삼매의 마음에 들어가도 앞의 유분별영상 등은 현량이 아니고, 영상을 초월하면 비로소 현량의 지견知見이 된다는 점을 안다."고 말하는 것이다. 둔륜의 『유가론기』에 의하면 소작성판이란 무학도에 들어갔을 때를 의미한다. 즉, 아라한이 되어 무학도에 들어가서 할 일을 다 이루면 전환이 일어나서 원만한 무루의 경지를 깨닫게 되고, 영상을 초월하니 이는 곧 무루심이

來今世正等覺者共所宣說 是故說名遍滿所緣."

61) 앞의 책, "如是四種所緣境事 遍行一切 隨入一切所緣境中 去來今世正等覺者共所宣說 是故說名遍滿所緣 又此所緣遍毘鉢舍那品 遍奢摩他品 遍一切事 遍眞實事 遍因果相屬事 故名遍滿 謂若說有分別影像 卽是此中毘鉢舍那品 若說無分別影像 卽是此中奢摩他品 若說事邊際性 卽是此中一切事眞實事 若說所作成辦 卽是此中因果相屬事."

62) 앞의 책, "云何所作成辦 謂修觀行者 於奢摩他毘鉢舍那 若修若習若多修習爲因緣故 諸緣影像所有作意皆得圓滿 此圓滿故便得轉依 一切麁重悉皆息滅 得轉依故超過影像 卽於所知事有無分別 現量智見生."

고, 무영상이라고 둔륜은 설명한다.63) 이러한 설명에 근거할 때 소작성판이란 아라한의 오도송인 "아생이진 범행이립 소작이판 불갱수유(我生已盡 梵行已立 所作已辦 不更受有)"64) 또는 "아생이진 범행이립 소작이작 자지불수후유(我生已盡 梵行已立 所作已作 自知不受後有)"65)에서 소작이판(所作已辦) 또는 소작이작(所作已作)을 의미함을 알 수 있다. 즉 "나의 삶은 이미 다했다. 청정한 행은 이미 세웠고, 할 일을 이미 마쳤으니, 내생의 삶을 받지 않을 것을 나 스스로 안다."라고 번역되는 아라한의 오도송에서 '할 일을 이미 마침'이 소작성판이다. 이때 비로소 현량의 지견이 생긴다는 것이다.

이상의 내용을 다시 정리해 보자. 규기는 삼매의 상태에서는 무엇을 대상으로 삼아도 모두 현량이라고 설명하지만, 원효는 이를 부정하면서 아라한이 되어서 할 일을 다 마치고 영상을 초월해야 비로소 현량이 된다고 말한다. 여기서 승부를 가리지는 않겠지만, 확실한 것은 회통의 사상가 원효임에도 규기의 이론에 대해서는 가혹하였다는 점이다. 참고로 『명등초』의 저자 선주는 이렇게 규기와 원효의 이론을 모두 소개한 후 자신의 견해를 다음과 같이 제시하였다.

> 이제 이를 해결하여 다음과 같이 말한다. 삼매의 마음은 염념마다 거칠거나 미세함이 동일하지 않다. 앞의 영상을 대상으로 삼는 것[緣前影, 연전영] 등은 미세한 것 중의 거친 것이고, 초월한 다음에 유와 무의 분별에

---

63) 遁倫, 『瑜伽論記』 卷6(『大正藏』42, p.445b), "今至無學 所作成辨[辦] 得轉依 證圓無漏 超過影像 則無漏心 無影像也."
64) 『中阿含經』 卷22(『大正藏』1, p.570c) 外.
65) 『雜阿含經』 卷1(『大正藏』2, p.1a) 外.

대한 현량의 지견은 미세한 것 중의 미세한 것이다. 비록 거칠거나 미세함
에서 차이가 있지만, 모두 똑같이 현량이다. 따라서 온갖 삼매의 마음들은
어떤 법을 대상으로 삼아도 모두 현량이라고 이름하는 것은 저 논문과 위
배되지 않는다.66)

여기서 선주는 규기의 논지를 지지한다. 원효가 말하듯이 아라
한이 되어서 할 일을 모두 마친 다음에 영상을 초월하여 얻어지
는 현량은 '미세한 것 가운데 미세한 것'에 속하고, 유분별영상(有
分別影像)이나 무분별영상(無分別影像)과 같이 영상(影像)을 대상
[緣]으로 삼아 얻어지는 현량은 '미세한 것 중의 거친 것'이어서
거칡과 미세함의 차이는 있어도 규기가 말하듯이 삼매의 대상은
모두 현량이라는 것이다.

3. 삼지작법에서 실례의 창의적 고안

『인명입정리론』에서는 추론식에 실린 주장의 오류로 ①현량상
위(現量相違), ②비량상위(比量相違), ③자교상위(自敎相違), ④세
간상위(世間相違), ⑤자어상위(自語相違), ⑥능별불극성(能別不極
成), ⑦소별불극성(所別不極成), ⑧구불극성(俱不極成), ⑨상부극
성(相符極成)의 여덟 가지를 든다. 논적과 논주가 토론 또는 논쟁
을 할 때 어느 한 편이 추론식을 제시할 때, 그 추론식이 ①직접
지각인 현량에 어긋난 주장을 담고 있거나, ②추리인 비량, ③자
신이 소속된 학파의 가르침, ④일반인들의 상식, ⑤자신의 말 등

---

66) 『因明論疏明燈抄』, 앞의 책, p.222a, "今救之云 定心念念 麁細不同
緣前影等 是細中麁 超過已後 有無分別 現量知見 是細中細 雖麁細別
俱同現量 故諸定心 隨緣何法 皆名現量不違彼論."

에 어긋난 주장을 담고 있으면 이는 오류를 범하는 잘못된 추론식이다. 또 어느 한 편이 제시하는 주장명제에 실린 ⑥술어 또는 ⑦주어 또는 ⑧술어와 주어 모두를 상대방이 인정하지 않는 것이거나, ⑨원래 상대방이 인정하는 너무나 당연한 주장을 내세울 때에 그런 주장 역시 잘못된 주장이 되는 것이다.67) 이 가운데 '일반인들의 상식에 어긋난 주장'을 담고 있을 때 발생하는 ④세간상위의 오류에 대해 『인명입정리론』에서는 다음과 같이 설명한다.

> 세간상위란 것은 예를 들어서 "회토(懷兎)'68)는 '달'이 아니다. 존재이기 때문에"와 같은 것이다. 또 "사람의 정골(頂骨)은 청정하다. 생명체의 일부분이기 때문에. 마치 자개와 같이."와 같은 것이다.69)

이 설명에는 두 가지 추론식이 실려 있는데, 뒤의 추론식에는 삼지작법의 주장, 이유, 실례가 모두 담겨있지만, 앞의 추론식에는 주장과 이유만 제시되어 있을 뿐 실례가 누락되어 있다. 회토의 산스끄리뜨 원어는 śaśin으로 '토끼[śaśā, 兎, 토]를 품은 것[懷,

---

67) 이 문장에 매긴 원 번호는 앞의 문장에서 9가지 주장의 오류에 매긴 원 번호를 가리킨다.
68) 인도에서는 '달[月, candra]'을 '토끼를 품은 것[懷兎, śaśin]'이라고도 불렀다. 금성을 샛별이라고 부르는 것과 같이 달과 회토는 이음동의어(異音同義語)다. 그런데 위의 논의를 보면 원효는 회토를 원래의 의미인 '토끼를 품은 것'이 아니라 한자적(漢字的) 의미 중 하나인 '[달이] 품은 토끼'로 이해한 듯하다.
69) 『因明入正理論』, 앞의 책, p.11c, "世間相違者 如說 懷兎非月 有故 又 如說言 人頂骨淨 眾生分故 猶如螺貝"(lokaviruddho yathācandraḥ śaśī bhāvād iti/ śuci naraśiraḥkapālaṃ prāṇyaṅgatvāc chaṅkaśuktiv ad iti//세간에 모순되는 것은 예를 들어 "토끼를 갖는 것은 달이 아니다[주장(宗)]. 존재이기 때문이다[이유(因)]"라고 하는 것과 같으며, "남자의 두개골은 청정하다[주장(宗)]. 생명의 일부분이기 때문에[이유(因)]. 자개와 같이[실례(喩)]."라고 하는 것과 같다).

회]'이라는 의미다. 인명학 용어에서 법(法)인 dharma에 대해 dharmin을 유법(有法)이라고 번역하듯이 śaśin을 '토끼[śaśa]를 갖는 것[有兎, 유토]'이라고 번역할 수도 있으리라. 회토는 달(candra)과 이음동의어(異音同義語)로 금성을 샛별이라고 부르는 것과 같다. 우리나라에서도 그렇듯이 인도에서도 달에서 토끼의 모습이 보이기에 인도의 일반인들이 달에 대해 붙인 제2의 이름이 회토다. 그런데 어떤 논사가 그 의미를 오해하여 "회토는 달이 아니다."라는 주장을 내세울 때 이는 세간상위의 오류를 범하게 된다. 원효는 『인명입정리론기』에서 이런 주장이 담긴 추론식에 대해 다음과 같이 분석하고 설명한다.

> (원효 스님은 [다음과 같이] 말했다.) '회토'는 유법(有法)이다. "달이 아니다."는 법(法)이다. 법과 유법이 결합함으로써 주장[宗]이 된다. '존재이기 때문에'라고 말한 것은 이유[因]다. 그는 동유(同喩)를 설하여 "마치 창문[窓牖]과 같다."고 말한다. 이 논사(論師)의 생각을 말하면 다음과 같다. 달은 하늘의 구멍으로 허공이 없는 곳인데, '회토'는 그런 구멍에 그림을 그린 곳이기 때문에, "회토는 달이 아니다. 존재이기 때문에"라고 말한다. 그러나 세간에서는 모두들 "회토는 달이며, 달 그 자체는 허공이 아니다."라고 말한다. 따라서 [세간]상위[의 오류]인 것이다.[70]

먼저 원효는 '유법'과 '법', '주장'과 '인', '동유' 등과 같은 인명학 술어(述語, technical term)가 추론식의 어느 어구(語句)에 해당하는지 지목한다. 그 다음에 동유[同喩, 같은 경우의 실례]로서

---

[70] 『因明論疏明燈抄』卷3, 앞의 책, "曉法師云 如說懷兎者 是有法 非月者是法 法與有法 合以爲宗 言有故者 是因 彼說同瑜 言猶如窓牖 是師意言 月是天孔中空之無 懷兎是圖孔之處故言懷兎非月是有故 而諸世間 皆謂懷兎是月 月體非空 故相違也."

"마치 창문과 같다."는 문장을 제시하는데 이는 『인명정리문론』은 물론이고 다른 주석서에서 볼 수 없는 원효만의 창안인 듯하다. 규기 역시 이에 대해 설명하면서 실례를 제시하는데[71] 양자가 고안한 추론식을 비교하면 다음과 같다.

표6 - 세간상위 추론식의 실례 비교

	원효	규기
주장	회토는 달이 아니다.	
이유	존재이기 때문에	
실례	마치 창문과 같이	마치 해와 별 등과 같이

원효의 설명에 의하면, "회토는 달이 아니다."라는 잘못된 주장을 하는 논사(論師)는 허공이 실체이고 달은 하늘에 있는 구멍으로 본다. 벽에 뚫린 창문에 비유하면 벽은 하늘에 해당하고, 창문은 달에 해당한다. 그런데 여기서 말하는 창문[窓牖, 창유]은 현대의 투명한 유리창이 아니라, 한지(韓紙)를 바른 창일 것이다. 과거에는, 한지를 바른 창에 사군자와 같은 갖가지 그림을 그려놓기도 했다. 달에서 옥토끼가 떡방아를 찧는다는 전설적 묘사에서 보듯이, 달에서 토끼를 품은[懷兔] 모습이 보인다. 회토 역시 한지 창문의 그림과 마찬가지로 달에 그려진 그림이다. 그런데 회토가 달이 아닌 것은 한지로 된 창문에 그려진 그림이 창문이 아닌 것과 같다. 이렇게 해석할 때 '존재이기 때문에'라는 이유의 의미도 분명해진다. '하늘에 뚫어진 구멍으로서의 달'에 그려진 '실체로서의 그림'이 회토이기에 이는 창문이 아니라 별개의 존재인 것

---

71) 窺基, 『因明入正理論疏』 卷2, 앞의 책, p.115b.

이다. 마치 한지 창문에 그려진 그림이 창문이 아니라 별도의 존재이듯이 …. 원효는 세간상위의 오류에 빠진 주장을 내세우는 그 입론자의 관점, 생각, 세계관을 추적해 들어가서 그 실례로서 '창문'을 제시하는 것이다.

한편 원효와 달리 규기는 '마치 해와 별 등과 같이'를 실례의 문장으로 제시한다. 이를 풀이하면 "해와 별이 존재이기 때문에 달이 아니듯이, 회토 역시 존재이기 때문에 달이 아니다."라는 의미가 되는데, 이런 해석으로는 그 입론자가 회토를 어째서 존재로 보았는지 해명이 되지 않는다. 규기가 제시한 해와 달뿐만 아니라 존재하는 다른 모든 사물들을 실례로 들 수 있기 때문이다. 원효가 창안한 '창문'의 실례와 그에 대한 원효의 설명을 통해, 우리는 그 입론자가 어째서 '존재이기 때문에'를 이유로서 제시했는지 이해할 수 있다. '창문'의 실례는 논적의 추론식이 최대한의 논리성을 갖도록 보완해준 참으로 기발한 역지사지(易地思之)의 창안이었다.

III. 원효 인명학의 창의성과 논리성

『인명입정리론』에 대한 원효의 주석으로 『인명입정리론소』와 『인명입정리론기』의 두 가지가 있는데, 본고 제 I 장에서 분석했듯이 선주의 『인명론소명등초』에 인용되어 있는 원효의 주석들은 『인명입정리론기』에서 유래했을 것으로 추정된다. 왜냐하면 이른 시기인 기원 후 11-12세기에 제작된 불전목록집인 영초의 『동역전등목록』이나 장준의 『주진법상종장소』에는 원효의 『인명입정리론기』만 기록하고 있기 때문이다. 또 『인명입정리론소』의 경우 18세기에 활동했던 홍륭의 『불전소초목록』에 처음 그 제목이 보이긴 하지만, 이는 의천의 『신편제종교장총록』에서 옮겨 적은 것이기에 과거는 물론이고 18세기까지 『인명입정리론소』는 일본에서 유통되지 않았을 것으로 생각된다.

『명등초』에서 우리는 원효의 주석으로 총 12가지 단편을 추릴 수 있는데, 본고에서는 그 가운데 대표적인 것 4가지를 선택하여 그 내용을 번역하고, 규기의 주석과 비교해 봄으로써 원효적 주석의 특징을 살펴보았다.

먼저 앞 장, 제1절에서 보았듯이 원효는 조어(造語)에서 독창적이었다. 인명학에서 '남을 위한 앎'인 위타량(爲他量)을 의미하는 유오타(唯悟他)와, 자기를 위한 인식인 위자량(爲自量)을 의미하는 유자오(唯自悟)라는 문구에서 '유타'와 '유오', '유자'와 '유오'를 조어해 내어 '유(唯)'의 의미에 대해 섬세하게 분석하는 것은 규기는 물론이고 동아시아의 다른 어떤 인명가(因明家)에게서도 볼 수 없는 독특한 방식으로, 이를 통해 유오타와 유자오의 의미가 보다 명료하게 드러난다. 또 『인명정리문론』에서 열거하는 구구인(九句因)의 추론식 가운데 주장명제의 술어인 상주(常住)의 의미를 현장이 '恒住堅牢性(항주견뢰성)'이라는 번역어로 풀고 있는데, 규기는 물론이고 정빈과 신태, 신라의 원측과 둔륜 등 다른 인명가들 모두 이를 '항, 주, 견뢰성'으로 끊어 읽는 반면, 원효만은 '항주, 견, 뢰성'으로 끊어서 해석하였다. '견뢰'가 단단함을 의미하는 일반적 용어라는 점에 비추어 볼 때, 원효의 이런 조어는 이례적인 것이었다. 그러나 이는 "소리는 상주한다. 귀에 들리기 때문에."와 같은 '불공부정인(不共不定因)'을 갖는 추론식'의 의미

를 보다 명료하게 만들기 위한 원효의 전략적 조어였을 것으로
짐작된다.

또 인명학 이론에 근거한 논쟁서인 『판비량론』을 보면 원효가
현장은 물론이고 규기의 이론에 비판적이었다는 점을 알 수 있는
데, 앞장 제2절에서 보았듯이 『인명입정리론』에 대한 주석에서도
이런 태도는 마찬가지였다. 규기는 『인명대소』에서 "삼매의 마음
이 모두 현량"이라는 견해를 제시하였는데, 원효는 '할 일에 대해
힘씀을 이룩한[所作成辦, 소작성판] 아라한'의 경지가 되어야 "영
상을 초월하여 … 현량의 지견이 생긴다."는 『유가사지론』의 문구
를 근거로 들며 규기의 견해를 비판한다.

또 『인명입정리론』에서는 '주장의 오류' 중 세간상위의 오류에
빠진 추론식으로 "회토(懷兎)는 달이 아니다[주장]. 존재이기 때문
에[이유]."라는 예를 드는데, 원효는 이 추론식에 누락된 실례로
'마치 창문과 같이'라는 문장을 제시하고, 그 의미를 설명함으로
써, 입론자가 이런 추론식을 고안하게 된 이유를 논리적이고 명료
하게 드러낸다. 즉, 창호지에 그린 그림이 창문이 아니듯이, 달에
서 보이는 회토 역시 달이 아니라는 생각에서 그런 추론식을 제
시했으리라는 것이다.

이상에서 보듯이 인명학 이론에 대한 규기의 견해에 대해 비판
적이었다는 점과 다른 주석서 그 어디에서도 볼 수 없는 창의적
인 조어와 논리적인 고안을 통해 인명학 이론을 보다 명료하게
했다는 점이, 『명등초』에 인용된 『인명입정리론기』에서 보이는 원
효적 주석의 특징이다.

-『불교학보』 85집, 동국대 불교문화연구원, 2018

참고문헌

약호

『卍續藏』:『卍新纂大日本續藏經』, 東京：國書刊行會, 1975-1989.

『日仏全』:『大日本仏教全書』, 東京: 仏書刊行会, 1912-1922.

원전자료

『中阿含經』 卷22(『大正蔵』1).

『雜阿含經』 卷1(『大正蔵』2).

『瑜伽師地論』 卷26(『大正蔵』30).

『因明正理門論本』 卷1(『大正蔵』32).

『因明入正理論』 卷1(『大正蔵』32).

『瑜伽論記』 卷13(『大正蔵』42).

『理門論述記』 卷1(『大正蔵』44).

『因明入正理論疏』 卷2(『大正蔵』44).

『注進法相宗章疏』 卷1(『大正蔵』55).

『東域傳燈目録』 卷1(『大正蔵』55).

『新編諸宗教藏總録』 卷3(『大正蔵』55).

『因明論疏明燈抄』 卷1(『大正蔵』68).

『因明入正理論序疏』 卷1(『卍續藏』53).

『因明入正理論疏後記』 卷上(『卍續藏』53) .

『因明疏抄』(『卍續藏』53)

『佛典疏鈔目録』(『日仏全』1)

단행본

김성철, 『원효의 판비량론 기초연구』, 서울: 지식산업사, 2003.

閔泳珪 編, 「新羅章疏錄長編」, 『韓國佛敎學硏究叢書』 55卷, 고양: 불함문화사, 2003.

趙明基, 『新羅佛敎의 理念과 歷史』, 서울: 新太陽社, 1962.

太田久紀, 「興隆, 『成唯識論操觚篇』について」, 『印度學佛敎學 硏究』24卷 2号, 東京: 日本印度學佛敎學硏究會, 1976.

Tucci, Giuseppe. *The Nyāyamukha of Dignāga: The Oldest Buddhist Text on Logic, after Chinese and Tibetan Materials*, San Francisco: Chinese Materials Center, 1976[㊞1930].

논문

김성철, 「오치아이 소장 『판비량론』의 교정과 분석」, 『불교학보』 제74집, 서울: 동국대학교 불교문화연구원, 2016, pp.271-295.

김성철, 「판비량론 신출 필사본의 해독과 유식비량 관련 단편의 내용 분석」, 『한국불교학』 제84집, 서울: 한국불교학회, 2017, pp.215-247.

김영석, 「원효 『판비량론』의 새로운 발굴 : 고토미술관 및 미츠이기념미술관 소장본을 중심으로」, 『불교학보』 제81집, 서울: 동국대학교 불교문화연구원, 2017, pp. 93-115.

岡本一平, 「新出資料 梅渓旧蔵本 : 元曉撰 『判比量論』 断簡 について」, 『불교학보』 제83집, 서울: 동국대학교 불교문화연구원, 2018, pp.89-106.

웹사이트

Apte Sanskrit Dictionary, http://www.aa.tufs.ac.jp/~tjun/sktdic/(검색일자: 2018.10.16).

https://baike.baidu.com/item/%E5%9D%9A%E7%89%A2/995256?fr=aladdin(검색일자: 2018.10.21)

원효의 『인명입정리론기』
에 대한 일본 학승 젠주(善珠)의 평가*

한글요약

　일본 인명학의 대조(大祖)라고 불리는 젠주(善珠, 선주)의 『인명론소명등초』에는 12차례에 걸쳐 원효의 『인명입정리론기』가 인용되어 있다. 본 논문에서는 젠주가 이를 인용하는 맥락을 분석함으로써 원효의 논리사상에 대한 젠주의 평가를 조사해보았다. 『인

* 이 논문은 2019년 대한민국 교육부와 한국연구재단의 '인문사회분야 중견연구자지원사업'의 지원을 받아 수행된 연구임(NRF-2019S1A5A2A0 1042166).

명론소명등초』는 『인명대소(因明大疏)』라고도 불리는 규기의 『인
명입정리론소』에 대한 주석이다. 젠주는 『인명대소』를 주석하면서
여러 학승들의 견해를 인용하는데, 그런 인용문들 가운데서 원효
의 『인명입정리론기』 단편이 발견된다.

  인용 빈도를 조사해 보면 '문궤, 정빈, 혜소, 현응, 지주, 원효,
원측, 태현 …'의 순으로 순위를 매길 수 있다. 문궤의 경우 가장
많이 인용하는데[117회], 이는 규기가 『인명대소』에서 비판의 대
상으로 삼아 가장 많이 거론했기 때문이었다. 즉 어떤 학승의 인
용 빈도가 잦은 것은 젠주가 그에 동의했기 때문은 아니었다.

  원효의 『인명입정리론기』의 인용문으로 추정되는 12가지 단편
은 'A.권위 있는 이론으로서 인용하는 단편들'과 'B.규기의 해석과
다른데도 비판 없이 인용하는 단편들'과 'C.이견(異見)으로서 인
용한 후 비판하는 단편'의 셋으로 분류된다. 12가지 단편에 순서
대로 번호를 매길 때 A는 ④'불의 뜨거움'에 대한 추론이 상부극
성(相符極成)의 오류를 범하지 않는 이유, ⑥열반과 같은 상주법
은 발생하는 것이 아니라는 설명, ⑧삼지작법의 추론식에서 이유
[因]를 종법(宗法)이라고 부르는 까닭, ⑨삼지작법의 추론식의 실
례[喻]에서 '수동품언(隨同品言)'의 의미에 대한 해설, ⑫부정인의
일부에서 사용한 '해당함[轉]'이라는 개념에 의한 구구인 재해석
등을 소재로 삼는 다섯 가지이고, B는 ①'유오타(唯悟他)'와 '유자
오(唯自悟)'의 의미, ③삼지작법(三支作法) 추론식의 주장[宗]에
대한 정의, ⑤『인명정리문론』의 제4 게송에 대한 풀이, ⑦실례를
유(喻)라고 번역한 이유, ⑩삼지작법의 추론식의 실례에 대한 정
의인 원리언(遠離言)의 의미 분석, ⑪사종(似宗) 가운데 세간상위

(世間相違)의 오류 등을 소재로 삼는 여섯 가지이며, C에 속하는 단편은 ②"삼매(三昧)의 마음은 현량(現量)인가?"라는 물음에 대한 논의 한 가지뿐이다. 젠주에게 원효는 인명학의 권위자였다.

②의 경우 규기는 삼매의 마음이 모두 현량이라고 주장한 반면, 원효는 『유가사지론』의 경문을 근거로 삼아 유분별영상 등을 대상으로 삼는 삼매의 마음은 현량이 아니라고 반박했는데, 젠주는 이를 인용한 후 삼매의 마음에는 거친 것과 미세한 것이 있긴 하지만 모두 삼매에 속한다고 설명하면서 규기의 이론을 옹호하였다. 원효가 반박의 근거로 삼는 『유가사지론』에 의하면 유분별영상을 대상으로 삼는 삼매에는 부정관, 자비관, 연기관, 계분별관 수식관 등의 12가지가 있다. 그런데 이런 관법 수행에 들어가기 위해서는 언어적, 개념적 이해가 필요하고, 언어적, 개념적 사유는 현량이 아니라 비량의 일종이기에, 원효의 생각이 타당하다고 볼 수 있다.

Ⅰ. 들어가는 말

원효(元曉, 617-686)의 저술 가운데 인명학, 즉 불교논리학과 직접 관련된 것으로 『판비량론(判比量論)』, 『인명입정리론소(因明入正理論疏)』, 그리고 『인명입정리론기(記)』의 셋을 들 수 있다. 『판비량론』은 현장이 번역 소개한 『인명입정리론』의 오류론(誤謬論)에 근거하여 현장(玄裝, 602-664)의 학문을 비판하는 저술이다. 『인명입정리론소』와 『인명입정리론기』의 경우 모두 『인명입정리론』에 대한 주석인데 『인명입정리론소(疏)』는 현존하지 않는다.

원효의 『대승기신론소』와 『별기』의 차이에 비추어볼 때, 『인명입
정리론기(記)』는 초고(草稿), 『인명입정리론소(疏)』는 완성본이었
을 것으로 추정된다.[1] 『인명대소(因明大疏)』라고도 불리는 규기
(窺基, 632-682)의 『인명입정리론소』에 대한 주석인 젠주(善珠,
723-797)의 『인명론소명등초(因明論疏明燈抄)』에 『인명입정리론
기』에서 유래한 것으로 추정되는[2] 단편들 12가지가 인용되어 있
다.

　『판비량론』의 경우 1967년 필사본의 일부가 세상에 알려진[3]
이후 한국과 일본의 학자들에 의해 본격적으로 연구되어왔는데[4]
최근 들어 새로운 필사본들이 나타나면서 다시 연구의 붐이 일고
있다.[5] 이와 달리 『인명입정리론기』의 경우 연구 성과가 단 두

---

1) 『기(記)』가 초고, 『소(疏)』가 완성본이라고 보는 이유는 원효의 『대승
　기신론별기』와 『대승기신론소』의 차이점에 근거한다. 즉, 『대승기신론
　소』과 『대승기신론별기』의 내용은 대동소이하지만, 『소』에서 간간이 『
　별기』를 언급하기에 『별기』가 『소』보다 먼저 저술되었다는 점을 알 수
　있다. 또, 『소』에서는 『별기』의 문장을 4×4조 운율에 맞추어 수정한
　다. 김성철 편저, 『원효의 대승기신론 소 별기 대조』(서울: 오타쿠, 201
　9) 참조.
2) 이런 추정의 근거에 대해서는 '김성철, 「원효의 『인명입정리론』 주석과
　그 특징」, 『불교학보』 제85집(서울: 동국대학교 불교문화연구원, 2018),
　pp.36-39' 참조.
3) 神田喜一朗 編, 『判比量論』(東京: 便利堂, 1967).
4) 이에 대해서는 '김성철, 『원효의 판비량론 기초 연구』(서울: 지식산업
　사, 2003), pp.22-25 각주' 참조.
5) 김성철, 「오치아이 소장 『판비량론』의 교정과분석」, 『불교학보』 74집
　(서울: 동국대학교불교문화연구원, 2016), pp.271-295 ; 김성철, 「판비
　량론 신출 필사본의 해독과 유식비량 관련 단편의 내용 분석」, 『한국불
　교학』 84집(서울: 한국불교학회, 2017), pp.215-247 ; 김영석, 「원효 『
　판비량론』의 새로운발굴: 고토미술관및미츠이기념미술관소장본을중심으
　로」, 『불교학보』 제81집(서울: 동국대학교불교문화연구원), 2017, pp. 9
　3-115 ; 岡本一平, 「新出資料梅渓旧蔵本: 元暁撰 『判比量論』 断簡に
　ついて」, 『불교학보』 83집(서울: 동국대학교불교문화연구원, 2018), pp.

가지뿐이다.6) 이는 현존하는 자료의 양이 빈약하기 때문일 것이다. 『판비량론』이나 『인명입정리론기』와 관련하여 지금까지의 연구는 원문을 확정하고 번역하여 그 의미를 드러내는 작업에 치중되어 있었다. 후속 과제는 이들 저술을 인용했던 동아시아 학승들의 평가와 그런 평가의 타당성을 검토하는 일일 것이다. 보다 구체적으로 말하면 『판비량론』이나 『인명입정리론기』를 자신들의 저술에서 인용했던 신라의 태현(太賢)이나 당의 혜소(惠沼, 慧沼), 그리고 일본의 젠주나 쿠라토시(藏俊) 등이 이 두 가지 문헌을 인용하는 맥락과 이에 대한 이들의 평가, 그리고 그런 평가의 타당성 등에 대한 연구가 이어질 때 원효의 논리사상은 보다 명료하게 드러날 것이다. 본 논문에서는 이런 후속 연구의 일환으로 젠주의 『인명론소명등초』에 인용된 원효의 『인명입정리론기』 단편 12가지를 소재로 삼아 인용 맥락을 조사하고 그에 대한 젠주의 평가에 대해 분석해 보고자 하였다.

Ⅱ. 일본 인명학의 시조 젠주와 『인명론소명등초』

1. 젠주의 생애와 저술

89-106 등.
6) 福士慈稔, 「日本三論宗・法相宗にみられる海東仏教認識－法相宗の部－」, 『日本仏教各宗の新羅・高麗・李朝仏教認識に関する研究』 第2卷 下(山梨縣: 身延山大學 東アジア仏教研究室, 2012) ; 김성철, 「원효의 『인명입정리론』 주석과 그 특징」, 앞의 논문.

'일본불교의 건설자, 헤이안(平安) 불교의 선구자, 일본 유식(唯識)의 완성자, 일본 인명학(因明學)의 대조(大祖) ….' 일찍이 「젠주 승정(僧正)의 연구」라는 논문을 통해 젠주(善珠, 선주, 723-797)의 생애와 학문 전반에 대해 포괄적으로 연구한 쿠사카 무린(日下無倫, 1888-1951)이 젠주에 대해 부여한 별칭들이다.[7] 이와 더불어 옛 문헌에서 젠주를 '문수의 화현'[8] 또는 유식 법상종의 종조인 '자은(慈恩)의 후신'[9]이라고까지 부르며 숭경(崇敬)하였다는[10] 점으로 미루어 볼 때, 우리는 일본의 불교계에서 젠주가 차지하는 위상을 짐작할 수 있다.

젠주는 나라(奈良) 시대(710-794) 초에 태어나 헤이안(平安) 시대(794-1192) 초까지 생존했던 인물로 추조사(秋篠寺)의 창건자이기도 하다. 그 스승은 규기(窺基, 632-682)가 개창한 법상종(法相宗)의 법맥을 받은 겐보(玄昉, ?-746)였다. 법상유식종(法相唯識宗)의 일본 전래는 흥복사(興福寺)를 중심으로 한 북사(北寺) 전승과 원흥사(元興寺)를 중심으로 하는 남사(南寺) 전승으로 구분되는데 젠주는 북사 전승에 속했다.[11] 젠주가 태어난 나라 시대는 불교의 융성이 극에 달했던 시대였다. 동대사(東大寺)를 개창한 일본 화엄종의 확립자 료오벤(良辨, 689-774), 일본 최초의 승정 교오키(行基, 668-749), 일본 율종의 개조 칸마(鑑眞, 688-

---

7) 日下無倫, 「善珠僧正の研究」, 『佛教研究』 1卷, 2号(京都: 大谷大學佛教研究會, 1920), pp.100-101.

8) 『法相天台兩宗勝劣』, 日下無倫, 앞의 논문, p.100 참조.

9) 『成唯識論述記集成編』 卷1(『大正藏』67, p.6中).

10) 日下無倫, 앞의 논문, p.101.

11) 앞의 논문, p.127.

763) 등과 같은 수많은 고승들이 배출되었다. 그러나 겉모습만 화려할 뿐, 그 이면에는 '불자의 가면을 쓰고서 뒤로는 미신을 이용하여 자기의 욕망을 채우는 사이비 승려의 무리'가 적지 않았기에 연력(延曆) 4년[785년]에는 출가인이 본분에 어긋나는 행동을 하면 외국으로 추방한다는 황제의 칙령12)이 공포되기도 하였다.13) 젠주는 일본 불교계의 이런 퇴폐적 배경을 아랑곳하지 않고, 홀로 흥복사의 장경고(藏經庫)에 틀어박혀서 묵묵히 연구에 매진하여 일본 유식학과 인명학을 창설하고 완성하였다.14)

자은(慈恩) 규기가 개창한 법상종의 가르침은 제2조인 혜소(慧沼, 649-714)에게 전해졌고 이어서 제3조인 지주(智周, 668-723)로 전승되었는데, 젠주의 스승 겐보오는 716년 당에 입국하여 18년 동안 지주 문하에서 법상유식의 학문을 연마한 후 5천여 권의 각종 경론을 갖고서 735년 일본으로 귀국한다. 겐보오로부터 가르침을 받고 불전 연구에 매진한 젠주는 반야, 법화, 정토, 미륵, 유식, 계율, 인명, 중관 등 다양한 분야에서 왕성한 저술활동을 하였다. 『동역전등목록(東域傳燈目錄)』과 『제종장소록급증보(諸宗章疏錄及增補)』에 수록된 젠주의 저술목록을 종합하여 정리하면 다음과 같다.15)

①『반야심경유찬기(般若心經幽賛記)』, ②『법화경간심(法華經肝心)』, ③『

---

12) 『続日本紀』第38, 延曆四年 五月 己未 二十五, "勅曰 出家之人本事 行道 今見衆僧 多乖法旨 或私定檀越 出入閭巷 或誣称仏驗 誑誤愚民 非唯比丘之不慎教律 抑是所司之不勤捉搦也 不加厳禁 何整緇徒 自今 以後 如有此類 擯出外国 安置定額寺."
13) 日下無倫, 앞의 논문, p.100.
14) 앞의 논문, pp.100-101.
15) 앞의 논문, pp.129-131에 근거한 목록.

신원무량수경찬초(新院無量壽經賛抄)』, ④『[미륵경]상하양경소([彌勒經]
上下兩經疏)』, ⑤『약사본원경소(藥師本願經疏)』, ⑥『팔명경소(八名經疏)
』, ⑦『금강수명경소(金剛壽命經疏)』, ⑧『불공견색경소(不空羂色經疏)』,
⑨『최승유심결(最勝遊心決)』, ⑩『최승경제기(最勝經題記)』, ⑪『주범망경
약초(注梵網經略抄)』, ⑫『성유식론간심기(成唯識論肝心記)』, ⑬『성유식
론본분량결(成唯識論分量決)』, ⑭『유식증명기(唯識增明記)』, ⑮『[광]백론
[기]([廣]百論[記])』, ⑯『인명의초(因明義抄)』, ⑰『인명론[소]명등초(因明
論[疏]明燈抄)』, ⑱『법원림장기(法苑林章記)』, ⑲『법원의경(法苑義境)』,
⑳『미륵초(彌勒抄)』, ㉑『유식소서석(唯識疏序釋)』

　이상의 두 목록집에는 젠주가 총 21부를 저술한 것으로 기록되
어 있지만, 쿠사카 무린(日下無倫)에 의하면 현존하는 것은 위의
목록집에 실린 ⑤, ⑪, ⑬, ⑭, ⑰, ⑲, ㉑외에 『표무표장의경(表無
表章義鏡)』의 8가지뿐이다.16)

　그 제목으로 보아 이 가운데 ⑫, ⑬, ⑭와 ㉑은 유식학 관련 저
술이고, ⑯과 ⑰은 인명학, 즉 불교논리학 관련 저술임을 알 수
있다. 그리고 현존하는 문헌 가운데 ⑬과 ⑰에 원효의 『판비량론』
이 집중적으로 인용되어 있으며, 특히 본 논문에서 연구 소재로
삼는 『인명입정리론기』의 산일문 12가지는 모두 ⑰『인명론소명등
초』에서 추출한 것들이다.

2. 『인명론소명등초』의 서술 방식과 인용 태도

　현장이 샹까라스와민의 『인명입정리론』을 번역한 이후 많은 주
석서가 저술되었는데 가장 권위 있는 주석이 『인명대소(因明大

疏)』라고도 불리는 규기의 『인명입정리론소』였다. 『인명론소명등초』는 781년, 즉 젠주의 나이 59세 때의 저술로[17] 법상종의 사자상승(師資相承) 계보에서 증조부 격인 규기의 『인명대소』에 대한 주석이다. 즉, 『인명입정리론』에 대한 복주(複註)다. 『인명론소명등초』에서는 먼저 '文(문)'이라는 글자와 함께 '~至(지)…者(자)'와 같은 형식으로 『인명대소』의 문장 가운데 해설할 문단을 제시한 후 그 문단 내에 있는 구절이나 단어를 다시 거론하면서 그 의미에 대해 설명한다. 예를 들면 다음과 같다.

①文 問敵者不 至 亦無過也 者
②此問意云 敵者雖知瓶有無常 而猶未許聲有無常 何得以瓶而爲同品 此答意云 立敵共許瓶所作 彼此相似 故同品中 因爲正同 宗爲助同 立者本意立無常宗 生敵者故智擧於瓶 爲宗同品 亦無過也
③應師云 同法喩言 顯因隨逐同品處 有隨同品言 此言能顯因第二相同品有故
④今案此解 因隨宗處 故云隨同品 若爾云何 解同喩 云顯因同品決定有性 即案彼意 有因之處 宗必隨逐 豈因隨宗處名隨同品
⑤曉師云 同喩中言隨同品言者 隨言不不離離 即合擧能立因 隨宗同品合令不離 由不離故方得顯宗 若有時合 而有離者 不能因此而顯彼也 如雨必不離雲 故見雨定知有雲 雲未必合雨 故望雲不定知雨 此因亦爾 故必須隨[18]

설명의 편의를 위해, 단락을 나누어 원문자 번호를 매겨놓았는데, ①의 숨은 의미를 되살리면 "[앞으로 내가 해설할 『인명대소』

---

17) 稲谷祐宣, 「因明論疏明燈抄の說話について」, 『密教文化』 57号(高野山出版社: 高野山出版社, 1961), p.63.
18) 善珠, 『因明論疏明燈抄』 卷3(『大正藏』68, p.303下).

의] 글월[文]은 '問敵者不(문적자불)'에서 '亦無過也(역무과야)'까지[至]의 것[이다.]"라고 번역되는데, 규기의 『인명대소』에서 해당 문장을 찾아 생략한 부분을 모두 드러내면 다음과 같다.

問 敵者不解 聲有無常 何得以瓶 而爲同品 答 兩家 共許 所作同故 因正同品 立者所立 本立無常 故擧於瓶 爲宗同品 亦無過也[19]

'問敵者不'로 시작하여 '亦無過也'로 끝나는 위와 같은 긴 문장이 앞의 ①에서는 '文 ~至…者'의 틀 속에 압축되어 있는 것이다.[20] 이어지는 ②는 이 문장의 의미에 대한 젠주 자신의 해설이다. 이에 덧붙여 위에서 보듯이 '③應師云[응사운, 현응 스님이 말하기를] …'와 같이 다른 주석가의 견해를 인용, 소개한다. 그리고 경우에 따라서 ④에서 보듯이 '今案[금안, 지금 생각해 보니] …'와 같이 또는 '今救之云(금구지운), 今解云(금해운)' 등과 같이 말문을 열면서 다른 주석가의 견해에 대해서 젠주 자신의 평(評)을 달기도 한다. 그리고 '⑤曉師云[효사운, 원효 스님이 말하기를] …'에서 보듯이 여러 주석가들의 견해 가운데 하나로, 총 12곳에서 원효의 『인명입정리론기』를 인용하고 있는 것이다. 『인명론소명등초』에서 원효가 차지하는 비중을 가늠하기 위해 젠주의 인용 빈도를 조사하여 순서대로 정리하면 다음의 표와 같다.

---

19) 窺基, 『因明入正理論疏』(『大正藏』44, p.113中).
20) 면밀히 조사해 보면, 『인명론소명등초』 총6권 가운데 제1권에서는 규기의 『인명대소』의 해당 문장 전체를 모두 인용한 후 해설하며, 제2권 이후부터 '文 ~至…者'의 틀 속에 넣어 생략 인용한다. 단, 제1권의 『인명대소』 인용문 가운데 "文 大師行至究其源穴者"의 한 문장은만 예외다. 善珠, 『因明論疏明燈抄』(『大正藏』68, p.210中).

주석가	인용회수	인명학 관련 저술
문궤(文軌)*	117	인명론소(因明論疏), 이문론소(理門論疏)
정빈(定賓)	79	인명론소, 이문론소
혜소(惠沼/慧沼)	77	인명론찬요, 인명의단, 이량장, 인명론약찬
현응(玄應)	56	인명론소
지주(智周)	47	인명론소전기, 후기, 초략기
원효(元曉/判比量)*	24	인명론기, 인명론소, 판비량론
원측(圓測/西明)*	22	이문론소
태현(太賢/古迹)*	20	인명론고적기
벽법사(璧/壁法師)	15	인명론소
정안(淨眼)	11	인명론별의초, 인명론소, 이문론소
정매(靖邁)	7	인명론소, 인명론기,
신태(神泰)	7	인명론술기, 인명론소, 이문론술기
문비(文備)	4	인명론초, 이문론소
순경(順憬)*	3	인명론초
범법사(範法師)	2	인명론소, 이문론소
경흥(憬興)*	2	이문론의초
도증(道證)*	1	인명론소, 이문론소, 이문론초

*표는 신라승. 저술 표기에서 『인명입정리론』은 인명론, 『인명정리문론』은 이문론으로 축약21)

---

21) 『인명론소명등초』는 신수대장경 pp.201-435에 실려 있는데, 총 235 쪽 분량의 대작이기에 각 주석가의 인용회수를 조사할 때 '검색' 기능을 이용하였다. 예를 들어서 문궤를 인용하는 회수를 조사할 때, '文軌'라는 인명은 물론이고 '軌師, 文軌師, 文軌法師, 軌云, 軌法師'라는 단어의 출현 회수를 조사하여 인용회수를 산출하였다. 또 지주의 경우는 '智周'와 함께 지주가 저술한 『因明入正理論疏前記』, 『後記』등의 약칭인 '前記'와 '有記', '記云' 등을 함께 검색하여 인용 회수를 합산하였고, 원효를 인용하는 언급의 회수를 셀 때에는, '元曉'라는 단어 이외에 '曉師, 曉云, 曉法師' 그리고 이에 덧붙여 '判比量'이라는 단어까지 그 출현 회수를 합산하였다. 모든 계산에서 중복이 있을 경우 인용회수에서 감산(減算)하였다. ; '朴世圭(禪應), 『文軌의 『因明入正理論疏』에 관한 硏究』(서울: 동국대학교대학원박사학위논문, 2010년), pp.45-46' 에서도 인용 회수를 거론한다.

인용회수를 일별해 보면, 『인명론소명등초』에서 젠주가 가장 많이 인용하는 주석가는 문궤임을 알 수 있다. 그러나 젠주가 문궤를 추앙했거나 그의 이론을 지지했기 때문에 자주 인용한 것은 아니었다. 젠주가 문궤를 인용한 후 비판하는 문단 가운데 하나를 소개하면 다음과 같다.

①[앞으로 내가 해설할 『인명대소』의] 문장[文]은 '일체법중(一切法中)'에서 '명능별시(名能別是)'까지[至]의 것[이다.] '일체이의 등(一體二義 等)'의 의미는 다음과 같다.

②문궤 스님은 다음과 같이 말한다. "모든 법들은 두 가지를 갖는다. 첫째는 자성으로 색, 성, 향 등을 말한다. 둘째는 차별로 상주, 무상 등을 말한다. 자성은 두 가지 이름을 갖는데, 첫째는 유법이고 둘째는 소별이다. 차별은 두 가지 이름을 갖는데 첫째는 법이고 둘째는 능별이다."[22] 이상.

③여기서 문궤 스님의 생각은 오직 모든 법들의 '뜻과 이름'의 차별만 드러낼 뿐이며, 모든 법들의 '본성 그 자체'는 드러내지 못한다. 모든 법들의 자체는 원래 이름이나 말에서 벗어나 있는데, 사물에 대한 이해를 발생시키기 위해서 뜻으로써 이름을 세운다. 자성 등의 이름은 모두 이런 자체 위에 뜻으로써 이름을 세운 것이다. 따라서 『유가사지론』에서는 다음과 같이 말한다. "성립되는 것의 뜻에는 두 가지가 있다. 첫째는 [자성이고 둘째는][23] 차별이다."[24] 따라서 자성이란 것은 법 그 자체의 위에다 뜻으로써 이름을 세운 것임을 안다.

④여기서 『인명대소』 저자의 생각은 [법 그] 자체 위의 세 가지 이름을 나타내지만 모든 법들 그 자체를 드러낸다. [이와 달리] 문궤 스님의 생각은 자체 위의 한 가지 이름을 제시하고서 다시 두 가지 이름을 열어 보이는데

---

22) 文軌, 『因明入正理論疏』 卷1(『卍新續藏』53, p.682上).

23) [ ] 괄호 속의 내용이 원문에는 누락되어 있는데 藏俊의 『因明大疏抄』 卷7(『大正藏』68, p.469上)에 근거하여 다음과 같이 복원하여 번역한다. "所成立義有二 一[自性 二]差別."

24) 『瑜伽師地論』, 卷15(『大正藏』30, p.356下) 원문은 "所成立義有二種者 一自性 二差別所成立."

법 그 자체는 드러내지 못한다. 이런 <u>어리석은 생각[愚情]</u>으로 말미암아 "자성이란 모든 법들 그 자체이고 그에 대한 유법은 차별되는 것으로 자체 위에 지목된 이름이다."라고 말한다. 이미 이름으로 말미암아 자체에 대해 미혹한데 어떻게 사물에 대한 이해를 발생시키겠는가? 따라서 『인명대소』 저자에 의거하여 결정을 취함이 옳다.25)

　이는 모든 법들의 정체에 대한 논의다. 여기서 젠주는 논의의 소재가 되는 『인명대소』의 문장을 먼저 제시한 후[①], 그 문장 가운데 '일체이의 등(一體二義 等)'에 대해 설명하면서 먼저 이에 대한 문궤의 설명을 소개한다[②]. 이어서 이런 문궤의 설명은 옳지 않다고 비판[③]한 후, '어리석은 생각[愚情]'이라는 표현까지 사용하면서 문궤의 이론을 다시 비난한 후 규기의 이론에 지지를 보낸다[④].

　『인명론소명등초』에 문궤의 이론이 가장 많이 소개되어 있는 이유는 규기가 『인명대소』에서 문궤의 이론을 가장 많이 언급하며 비판했기 때문일 것이다. 규기는 신라승 원측에게도 그랬듯이, 문궤에 대해 경쟁의식이 있었고, 문궤의 학문을 경계하였다. 『인명입정리론』 산스끄리뜨 원문의 주장명제인 '종(宗)'에 대한 정의 가운데 'viśiṣṭaya'가 '차별위성(差別爲性)'으로 번역되어 있는데, 이는 문궤가 현장으로부터 친히 받은 가르침에 의한 번역이라고 한다. 그런데 규기는 자신도 현장으로부터 직접 가르침을 받았는데 이는 '차별성고(差別性故)'라고 번역하는 것이 옳다고 주장하면서 문궤에 대해 "인명학의 법칙을 노골적으로 위배하고 있을 뿐만 아니라 당나라와 산스끄리뜨의 방언에 어둡다."26)라고 비난

---

25) 『因明論疏明燈抄』 卷2(『大正藏』68, pp.241下-242上).
26) 窺基, 『因明入正理論疏』 卷上(『大正藏』44, p.100中).

한다.27)

또 젠주는 56회에 걸쳐서 많이 인용하는 현응(玄應) 역시 비판한다. 예를 들어서 본 절 서두에서 젠주의 서술방식을 설명하면서 소개했던 인용문은 삼지작법의 추론식의 실례[喩]에서 '동질적 주제[同品]'에 대한 정의(定義) 가운데 '수동품언(隨同品言)'이라는 한역어의 의미에 대한 설명과 논란이 실려 있는데, 젠주는 '③應師云(응사운)'이라고 말문을 열면서 현응(玄應)의 이론을 소개한 후, 곧이어 "④今案此解[금안차해, 이제 이런 해석에 대해 검토해보겠다.]"라고 하면서 현응의 이론을 비판한다.

또 젠주는 자신의 스승인 겐보에게 인명학을 가르쳤다는 당(唐)의 지주(智周)도 47회나 인용하고 있는데 지주의 『인명입정리론전기』의 한 구절을 인용한 후, "이런 해석은 허망하다. 뜻이 다름을 드러내고자 하지만 도리어 문장의 다름에 집착한다. 이런 게 무슨 이익이 있겠는가?"28)라고 비판한 후 자신의 의견을 피력한다. 따라서 『인명론소명등초』에서 누군가를 자주 인용한다는 것이 그에 대한 젠주의 신뢰를 의미하는 것이 아님을 알 수 있다.

Ⅲ. 『인명론소명등초』에 인용된 원효의 『인명입정리론기』

---

27) 이렇게 당나라 말에 서툴다는 비난과 함께 문궤가 서명사에 머물렀고 원측과 가까웠다는 점 등에 근거하여 많은 학자들이 문궤가 신라 승려일 것으로 추정한다. '박세규, 앞의 논문, pp.54-60'에서 이와 관련한 연구들을 모아놓았다.

28) 『因明論疏明燈抄』 卷1, 앞의 책, p. 215中.

『인명론소명등초』에는 원효의 『인명입정리론기』에서 유래했을 것으로 추정되는 단편 12가지가 인용되어 있는데 각 단편을 출현 순서로 나열하면서 그 주제를 소개하면 다음과 같다.[29]

① '유오타(唯悟他)'와 '유자오(唯自悟)'의 의미
② 삼매(三昧)의 마음은 현량(現量)인가?
③ 삼지작법(三支作法) 추론식의 주장[宗, 종]에 대한 정의
④ '불의 뜨거움'에 대한 추론이 상부극성(相符極成)의 오류를 범하지 않는 이유
⑤ 『인명정리문론』의 제4 게송에 대한 풀이
⑥ 열반과 같은 상주법은 발생하는 것이 아니라는 설명
⑦ 실례를 유(喩)라고 번역한 이유
⑧ 삼지작법의 추론식에서 이유[因, 인]를 종법(宗法)이라고 부르는 까닭
⑨ 삼지작법의 추론식의 실례[喩, 유]에서 '수동품언(隨同品言)'의 의미에 대한 해설
⑩ 삼지작법의 추론식의 실례에 대한 정의인 원리언(遠離言)의 의미 분석
⑪ 사종(似宗) 가운데 세간상위(世間相違)의 오류
⑫ 부정인의 일부에서 사용한 '해당함[轉, 전]'이라는 개념에 의한 구구인 재해석

---

29) 김성철, 「원효의 『인명입정리론』 주석과 그 특징」, 앞의 논문, pp.39 -40에서 인용. 이 가운데 ⑥, ⑨, ⑩, ⑫는 의미가 보다 명료하게 드러나도록 수정함 [⑪은 오타 수정] .

이런 12가지 단편의 내용과 선주가 이를 인용하는 맥락을 분석해 보면 이들 인용문은 다음과 같이 A, B, C의 세 가지 그룹으로 나누어진다.

A. 권위 있는 이론으로서 인용하는 단편들: 젠주가 규기나 자신의 해설을 뒷받침하거나 보완하는 이론으로서 인용하는 단편들로 위에 열거한 열두 가지 인용문 가운데 ④, ⑥, ⑧, ⑨, ⑫가 이에 해당한다.
B. 규기의 해석과 다른데도 비판 없이 인용하는 단편들: 『인명입정리론』의 특수 개념에 대한 원효의 설명이 규기의 주석과 전혀 다른데도 그 차이점을 언급하거나, 비판하지 않는다. ①, ③, ⑤, ⑦, ⑩, ⑪이 이에 해당한다.
C. 이견(異見)으로서 인용한 후 비판하는 단편: 규기의 해석과 다른 이론으로서 원효의 『인명입정리론기』의 문장을 인용한 후, 규기의 해석을 옹호하며 원효를 비판하는 단편으로 ②가 이에 해당한다.

그러면 이상과 같은 A, B, C의 분류에 따라서 열두 가지 인용문 각각의 내용을 분석하면서 젠주의 인용 의도를 확인해 보겠다.

1. 권위 있는 이론으로서 인용하는 단편들

(1) 단편 ④

단편 ④는 디그나가(Dignāga, 陳那[진나], 480-540경)의 『인명정리문론(因明正理門論)』에 실린 논란을 소재로 삼는다. 일반적인 삼지작법의 추론식에서는 '이유[因, 인]'인 능증(能證)의 '법'을 근거로 삼아서 '주장[宗, 종]' 명제에 있는 소증(所證)의 '법'을 증명하는 것이 통례인데, 연기의 존재로 불을 추론하고, 불의 존재로 뜨거움을 추론하는 예를 제시하면서, '유법(有法)'으로 '유법'이나 '법'의 존재를 증명하는 추론식의 작성이 가능하다는 잘못된 이론을 주장하는 사람들이 있다. 이들이 보기에 '연기'는 색깔이라는 성질[法]을 갖기에 유법(有法)에 해당하고 '불'은 뜨거움이라는 성질[법]을 갖기에 이 역시 유법에 해당한다. 따라서 연기를 보고서 불을 떠올릴 경우, '유법에 의해서 유법을 증명하는 꼴'이 된다.[30] 이를 추론식으로 기술하면 다음과 같다.

(추론식ⓐ)
(주장[宗]:) 저 멀리 보이는 연기[유법] 아래에 불[유법]이 있다.
(이유[因]:) 연기[유법]가 있기 때문에
(실례[喩]:) 마치 가까운 곳의 불과 같이

또 불을 보고서 뜨거움을 떠올릴 경우, 불은 '뜨거움을 갖는 유법'에 해당하고 뜨거움은 불의 성질인 '법'에 해당하기에 '유법에 의해서 법을 증명하는 꼴'이 된다.[31] 그래서 다음과 같은 추론식이 작성 가능하다.

(추론식ⓑ)

---

30) 『因明論疏明燈抄』 卷2, 앞의 책.
31) 『因明論疏明燈抄』 卷2, 앞의 책, pp.262上-262中.

(주장[宗]:) 불[유법]에는 뜨거움[법]이 있다.
(이유[因]:) 불[유법]이 있기 때문에
(실례[喩]:) 마치 가까운 곳의 불과 같이

  이상과 같은 생각의 토대 위에서 『인명정리문론』의 가상(假想) 논적은 "[추론식ⓐ에서와 같이] 만일 유법에 의해서 다른 유법을 증명하거나, 혹은 [추론식ⓑ에서와 같이] 그에 해당하는 법을 증명하는 경우 그 이치를 어떻게 설명해야 하는가?"[32]라고 의문을 제기하는 것이다. 위에 제시한 두 가지 추론식에서 보듯이 연기에 의해서 불을 증명[ⓐ]하거나, 혹은 불에 의해서 뜨거움을 증명[ⓑ]하는 두 가지 사례의 경우 "유법으로 유법을 증명하고, 유법으로 법을 증명하는 것 아닌가?"라는 물음이다.[33] 젠주는 이상과 같은 내용에 대해 설명하는 도중에, 원효의 『인명입정리론기』에서 발췌한 다음과 같은 문답을 인용한다.

    원효는 [다음과 같이] 말했다.
    질문: 누군가가 추론식을 세워서 다음과 같이 말한다.
    (추론식ⓒ) (주장[宗]:) 연기가 있는 이곳에 불이 있다.
    (이유[因]:) 연기가 나타나기 때문에
    (실례[喩]:) 마치 다른 '불이 있는 곳'처럼
    (추론식ⓓ)
    (주장[宗]:) 불이 있는 이곳에 [뜨거운] 촉감이 있다.
    (이유[因]:) 불이기 때문에
    (실례[喩]:) 마치 다른 불처럼
    이는 '두 곳에 있는 불과 [뜨거운] 촉감이 상응하여 주장이 된다는 점'을

---

32) 『因明正理門論』 一卷(『大正藏』32, p.7上), "若以有法立餘有法 或立 其法 如以烟立火 或以火立觸 其義云何"
33) 窺基, 『因明入正理論疏』, 卷上, 앞의 책, p.102下.

드러내는 것이다. 불의 [뜨거운] 촉감이 그대로 불의 [뜨거운] 촉감의 성질임을 내세우는 것이 아니다.

만일 그렇다면 ['불'과 '(뜨거운) 촉감'이] 유리(遊離)되어 있지 않다는 점을 [입론자와 적론자가] 함께 인정하는 것인데 어찌 상부(相符)[극성(極成)의 오류]가 아니겠는가?

답변: 멀리서 '연기' 등을 보거나 '마술사 주변의 불'을 본 것이 앎[量, 량]이 되기 때문이다. 예를 들어서 환술인이 불속을 밟고 다니더라도 그 발이 타지 않는데 누군가가 이를 보고서 "불에는 뜨거움이 없다."[고 생각할 수 있다.] 또 밥 짓는 [아궁이] 불 속의 쥐를 보고서 "불속에 뜨거움이 없다."[고 생각할 수 있다.] 이제 이런 것 등을 [시정하기] 위하여 추론식[比量, 비량]을 세워서 "불이 있는 곳에는 반드시 뜨거운 촉감이 있어야 한다[宗, 종]"는 등[因, 喩(인, 유)]을 말한다. 따라서 상부[극성의 오류]는 없다.[34]

이 인용문의 질문자는 다음과 같이 생각했을 것이다; "연기가 있는 곳에 불이 있다."라거나 "불이 있는 곳에 뜨거움이 있다."라는 점은 누구나 아는[共知, 공지] 당연한 사실이기에[35] 이를 주장으로 삼을 경우 '주장의 오류[似立宗, 사립종]' 가운데 상부극성(相符極成, prasiddhasaṃbandha)의 오류에 빠지는 것 아닌가?[36] 위에서 질문자는 이를 묻는 것이다. 그런데 원효는 질문자가 제시한 추론식ⓐ를 소재로 삼아 그런 주장명제가 상부극성의 오류를 범하는 것은 아니라고 반박한다. 원효에 의하면 "불이 있는 곳에 뜨거움이 있다."는 점은 누구나 아는 당연한 사실이 아니다. 왜냐하면 '불을 밟고 걸어가는 마술사'나 '밥 짓는 [아궁이] 불속의 쥐'를 보고서, 불이 뜨겁지 않다고 생각하는 사람이 있을 수 있기

34) 『因明論疏明燈抄』卷2 앞의 책, p.262中.
35) 『因明正理門論』, 앞의 책, "於此中非欲成立火觸有性 共知有故."
36) 『因明入正理論』 1卷(『大正藏』32, p.11下), "相符極成者 如說聲是所聞."

때문이라는 것이다. 물론 위의 인용문에서 질문자가 제시하는 두 가지 추론 모두 올바른 추론이 아니다. 원효 역시 추론식 ⓒ나 ⓓ가 올바른 추론식이라고 생각했을 리는 없다. 원효는 ⓓ의 추론식이 잘못된 것이긴 하지만, 질문자가 생각하듯이 '주장[宗, 종]의 오류' 가운데 '상부극성'의 오류를 범하는 것은 아니라는 점을 설명하기 위해서 '불을 밟고 다니는 환술인'이나 '밥 짓는 [아궁이] 불 속의 쥐'의 예를 제시했던 것이다.

젠주는 자신의 주석 말미에서 이러한 원효의 해설을 단순 인용할 뿐 평을 달지 않는다. 디그나가의 『인명정리문론』이나 규기의 『인명대소』에서는 거론하지 않았던 '상부극성의 오류'와 관련한 논란이 원효의 『인명입정리론기』에 실려 있었고, 원효는 '불을 밟는 환술인'이나 '밥 짓는 불 속의 쥐'와 같은 기발한 예를 고안하여 이를 해결하였는데, 젠주는 이를 인용함으로써 자신의 주석을 보완하였다.

⑵ 단편 ⑥

앞에서 보았듯이 삼지작법의 추론식은 주장[宗, 종], 이유[因, 인], 실례[喩, 유]로 이루어져 있는데, 이 가운데 '이유가 갖추어야 할 세 가지 조건', 즉 '인의 삼상(三相)' 가운데 동품정유성(同品正有性)과 이품변무성(異品遍無性)에 대한 『인명대소』의 주석을 설명하면서 젠주는 원효를 인용한다. 다음은 디그나가의 구구인(九句因) 가운데 제8구의 정인(正因)을 갖는 추론식이다.

주장: 말소리는 무상하다
이유: 의지적 노력과 직결되어 발생하는 것이기 때문에
실례: 마치 항아리와 같이

그런데 질문자는 '열반'을 실례로 들면서 이런 추론식이 상위결정(相違決定)의 인이나, 법자상상위인(法自相相違因)을 갖는 잘못된 추론식이라고 비판한다. 먼저 다음과 같은 상반된 추론식을 고안함으로써 위의 추론식을 상위결정의 오류에 빠뜨린다.

주장: 말소리는 상주한다.
이유: 의지적 노력과 직결되어 발생하는 것이기 때문에
실례: 마치 열반과 같이

또 다음과 같이 법자상상위인을 갖는 추론식도 작성 가능하다는 것이다.

주장: 말소리는 상주해야 하리라[內聲應常, 내성응상]
이유: 의지적 노력과 직결되어 발생하는 것이기 때문에[勤勇無間所發性故, 근용무간소발성고]
실례: 마치 그대들의 열반과 같이[如汝涅槃, 여여열반]37)

이에 대해 답변하면서 젠주는 앞의 두 가지 추론식에서 실례로 든 열반이 '의지적 노력과 직결되어 발생하는 것'이라는 질문자의 생각을 비판하기 위해서, 다음과 같이 '열반의 발생'에 대한 문궤(文軌)와 정빈(定賓)과 원효(元曉)의 견해를 소개한다.

─────────

37) 『因明論疏明燈抄』 앞의 책, p.271下.

ⓐ문궤 스님은 다음과 같이 말했다. 산스끄리뜨본의 『인명정리문론』 해설에서는 다음과 같이 말한다. 소리가 '의지적 노력과 직결되어 발생하는 것'은 가까운 원인에 의거하여 일어나는 것이고, 거기서 말하는 택멸무위인 열반은 먼 원인으로 나타나는 것이다. 말하자면 산란한 마음으로 열반의 발생을 추구하여 방편에 들어가기 때문에, 어떤 경우는 무량한 마음의 간격을 두고서 열반이 비로소 나타난다. 따라서 '의지적 노력과 직결되어 발생하는 것'이 아니다.

ⓑ정빈은 다음과 같이 말했다. 의지적 노력으로 발생함은 다만 번뇌를 끊는 작용인데 열반의 이치는 의지적 노력으로 발생하기도 하고 발생하지 않기도 한다. 따라서 의지적 노력 따위와는 관계가 없으며 또한 열반이 의지적 노력으로 발생한다고 함부로 지껄이지 말라. 따라서 부정인의 오류는 없다.

ⓒ원효는 [다음과 같이] 말했다. '발생하는 것'이란 '발동함'의 뜻이다. 상주하는 법의 경우, '발동함'이 없기 때문에 '의지적 노력과 직결되어 발생하는 것'이 아니다.[38]

여기서 보듯이 세 스님 모두 열반은 'ⓑ의지적 노력[勤勇, 근용]과 ⓐ직결되어[無間, 무간] ⓒ발생하는 것[所發, 소발]'이 아니라고 본다. 문궤는 'ⓐ직결된다.'는 점을 부정하고, 정빈은 열반과 'ⓑ의지적 노력'이 무관하다는 점을 얘기하며, 원효는 [열반과 같은] 상주법은 'ⓒ발생하는 것'이 아니라는 점을 말한다. 여기서 젠주는 질문자의 비판적 물음에 답하면서 자신의 논지를 공고(鞏固)히 하기 위해 인명학의 권위자로서 문궤 및 정빈과 함께 원효의 견해를 인용하고 있는 것이다.

(3) 단편 ⑧

---

38)『因明論疏明燈抄』 앞의 책.

『인명입정리론』에서는 삼지작법 추론식의 구성요소에 대해 설명하면서 다음과 같은 추론식을 예로 든다.

(주장[宗]:) 소리는 무상하다[聲無常].
(이유[因]:) 만들어진 것이기 때문에[所作性故]
(동질적 실례[同品言]:) 만들어진 것은 무상하다. 마치 항아리 등과 같이
(이질적 실례[遠離言]:) 상주하는 것은 만들어진 것이 아니다. 마치 허공
　과 같이

『인명입정리론』에서는 이 가운데 이유에 대해 "'만들어진 것이기 때문에'라는 것은 종법(宗法)의 말이다[所作性故者 是宗法言, 소작성고자 시종법언]"라고 설명하고 있는데, 규기는 이에 대해 주석하면서 "이 가운데 '만들어진 것이기 때문에'라는 것은 종의 법이며 능립인 인(因)의 언사(言辭)다."[39]라는 설명만 할 뿐 더 이상 분석하지 않는다. 그런데 젠주는 이런 규기의 주석을 다시 해설하면서 원효를 인용한다. 그 전부를 번역하면 다음과 같다.

"이 가운데 '만들어진 것이기 때문에'라는 것은 종의 법이며 능립(能立)인 인(因)의 언사다."[라는 『인명대소』 문구의 의미]는 다음과 같다. 유법(有法)인 종(宗)에 의지하는 인(因)인 법의 언사다. 인에 비록 삼상(三相)이 있지만, 여기서는 다만 첫 번째 인(因)의 언사[40]에 대해서만 결론지을 뿐이다. 오직 첫 번째의 인(因)의 상(相)을 드러낸다. 그래서 원효 스님은 다음과 같이 말했다.
"이것은 종법(宗法)의 언구(言句)다."라고 말한 것[의 의미]는 다음과 같다. 여기에서 '이유[因]'의 경우 종법이라고 이름이 바뀐다. 그 까닭은 무

---

39) 窺基, 『因明入正理論疏』, 앞의 책, p.113上. "此中所作性者　是宗之 法 能立因言."
40) '인의 삼상' 가운데 변시종법성(遍是宗法性).

엇인가? 만약 [주장, 이유, 실례로 이루어진 삼지작법에서] 직접 '주장[宗, 종]' 속으로 들어가면 [능별(能別, 法, dharma)과 소별(所別, 有法, dharmin)의] 두 가지 뜻이 마주 대하고 있는데, '능별'을 법이라고 이름하고 '소별'은 법이 아니다. 만일 [삼지작법 중의] '주장[宗]'으로 '이유[因, 인]'를 대하면 '이유'가 법이라는 이름을 받게 되고, '주장'은 법이라고 이름하지 않는다. [삼지작법 중에서] '주장[宗]'은 자기 스스로 드러내지 못하며 그에 대한 '이유[因]'에 의존해야 비로소 이해가 발생하기 때문이다. 이제 이러한 '이유[因]'는 앞을 대하면 '주장'에 대한 이해를 이치에 맞게 발생시키고, 뒤를 대하면 '실례[喩, 유]'의 언구言句가 생기도록 모색한다. 논적의 이론을 상대할 때에는 [이렇게] 이치에 맞추면서 또 모색도 하여 능히 '주장[宗]'을 성립시킨다. 따라서 [이유(因)를] '종법(宗法)'이라고 이름하는 것이다. 이런 의미 때문에 '주장'과 그 종류가 같은 것 및 다른 것에 대해서 직접 동품(同品), 이품(異品)이라고 말하며, '이유'와 그 종류가 같은 것 및 다른 것에 대해서는 동법(同法) 및 이법(異法)이라고 부르는 것이다. 이것이 바로 인명학의 종지(宗旨)에서 변치 않는 법칙이다.41)

삼지작법의 이유[因]를 종법(宗法)이라고 부르는 이유에 대한 원효의 설명을 요약하면 다음과 같다: 주장명제의 주어와 술어의 관계에서 능별(能別)인 술어가 법이고, 소별(所別)인 주어는 법이 아니듯이, 삼지작법의 주장과 이유 간의 관계에서는 능립(能立)인 이유가 법이 되기에 이유를 종법(宗法)이라고 부른다. 또 실례[喩, 유]의 경우도 주장[宗, 종]과 동류의 것은 동품(同品), 이류의 것은 이품(異品)이라고 부르지만, 이유[因]와 동류의 것은 동법(同法), 이류의 것은 이법(異法)이라고 부른다는 것이다.

우리는 여기서 젠주가, '종법이라는 명칭과 관련하여 규기가 못다한 설명을 보완하면서 자신의 설명을 뒷받침하기 위한 권위'로

41) 『因明論疏明燈抄』 앞의 책, p.303中-上.

서 원효를 인용하고 있음을 볼 수 있다.

(4) 단편 ⑨, ⑫[42]

단편 ⑨ - 삼지작법의 추론식에서 실례[喩, 유]를 들 때 '같은 경우[同品, 동품]의 실례'와 '다른 경우[異品, 이품]의 실례'의 두 가지를 든다. 이 가운데 같은 경우의 실례를 기술하는 말은 '수동품언(隨同品言)'이고 다른 경우의 실례는 '원리언(遠離言)'이다. 젠주가 『인명론소명등초』에서 인용하는 단편 ⑨에서 원효는 이 가운데 '수동품언(隨同品言)'의 의미를 설명한다. 젠주는 먼저 현응의 이론을 소개한 후 그 문제점을 지적하고, 이어서 원효의 설명을 제시한다. 즉 현응은 '이유가 동품이 있는 곳을 따름[因隨逐同品處, 인수축동품처]'이 수동품언의 의미라고 설명하는데,[43] 젠주는 현응의 설명과 반대로 '이유가 있는 곳에 반드시 주장이 수반됨[有因之處 宗必隨逐, 유인지처 종필수축]'이라는 의미이라고 말하면서 현응을 비판한 후, 이런 비판의 근거로 원효를 인용[44]하는 것이다.[45]

---

42) 지면의 제약으로 상기한 단편의 경우 『인명입정리론기』의 인용문과 구체적인 설명 모두 생략한다. 『인명입정리론기』의 원문 번역과 해설은, 조만간 동국대 불교학술원에서 출간할 『한글본 한국불교전서』 신라편의 해당 권을 참조하기 바란다. [본서, p.119 및 p.123 참조]

43) "應師云 言顯因隨逐同品處 有隨同品言 此言能顯 因第二相 同品有故."

44) 원효의 주석을 요약하면 다음과 같다: "하늘에 구름이 있을 것이다. 비가 오기 때문에"라는 추론은 타당하지만 "비가 올 것이다. 하늘에 구름이 있기 때문에"라는 추론은 타당하지 못한 데서 알 수 있듯이 '수동품언'이란 '주장[宗]을 따르는 동품(同品)이기에 결합하여 벗어나지 않게 함'을 의미한다.

　단편 ⑫ - 디그나가의 구구인(九句因)은 정인(正因) 2가지, 상위인(相違因) 2가지, 부정인(不定因) 5가지로 이루어져 있다. 『인명입정리론』에서는 이 가운데 부정인에 대해서 다음과 같이 설명한다.

> 부정인에는 여섯 가지가 있다. 첫째는 공, 둘째는 불공, 셋째는 동품일분전이품변전(轉), 넷째는 이품일분전동품변전(轉), 다섯째는 구품변전(轉), 여섯째는 상위결정이다.
> 不定有六　一共　二不共　三同品一分轉異品遍轉　四異品一分轉同品遍轉
> 五俱品一分轉　六相違決定[46]

　원효는 이에 대해 문답 형식을 빌려서 주석하는데, 위의 인용문에서 셋째, 넷째, 다섯째의 부정인을 정의할 때만 사용했던 '해당함[轉, 전]'이라는 개념으로, 구구인(九句因)을 재(再)정의한다. 예를 들어서 첫째의 공부정인은 구품변전(俱品遍轉), 둘째의 불공부정인은 구품변부전(俱品遍不轉)으로 표현하는 것이다. 이는 규기의 주석에서는 보이지 않았던 설명방식이다. 젠주는 원효의 이런 분석을 인용함으로써 구구인의 의미를 보다 명료하게 드러낸다.[47]

2. 규기의 해석과 다른데도 비판 없이 인용하는 단편들

45) 『因明論疏明燈抄』 앞의 책, p.303下.
46) 『因明入正理論』, 앞의 책, p.11下.
47) 『因明論疏明燈抄』 앞의 책, p.355上-中.

젠주가 『인명론소명등초』에서 인용하는 『인명입정리론기』의 12가지 단편 가운데 인명학 이론과 관련하여 원효가 규기와 전혀 다르게 해석하고 있음에도 젠주가 평가 없이 단순 인용하는 단편들의 수가 가장 많다. 즉, 앞에서 열거했던 단편들 가운데 ①, ③, ⑤, ⑦, ⑩, ⑪번 단편이 그런 것들이다. 이 가운데 ①, ⑤, ⑪번 단편에 대해서는 다른 연구를 통해서 그 의미에 대해 이미 심도 있게 분석한 바 있는데,[48] 먼저 그에 대해 개관한 후 ③, ⑦, ⑩에 대해 간략히 소개하겠다.

(1) 단편 ①, ⑤, ⑪

단편 ①은 『인명입정리문론』 서두에 실린 "능립(能立)과 능파(能破) 및 사이비 [능립과 능파]는 오직 다른 이를 알게 하는 것[唯悟他]이며, 현량과 비량 및 사이비 [현량과 비량]은 오직 스스로의 앎을 위한 것[唯自悟]이다."라는 문장에서 유오타[오직 남을 알게 함]와 유자오[오직 스스로 앎]라는 문구에 대한 분석과 관계된다. 규기의 경우 '오타(悟他)'나 '자오(自悟)', '유(唯)'로 분석하여 그 의미에 대해 해설하는데, 원효는 이와 달리 '유타(唯他)'와 '유오(唯悟)', '유자(唯自)'와 '유오(唯悟)'의 새로운 조합으로 분석하여 '유(唯)'의 의미를 명료하게 드러낸다.[49] 젠주는 이를 소개만 할 뿐 평가하지 않았다.

---

48) 김성철, 「원효의 『인명입정리론』 주석과 그 특징」, 앞의 책, pp.41-4
4.
49) 『因明論疏明燈抄』 앞의 책, p.221中-下.

단편 ⑤에 대해 설명해 보자. 디그나가의 『인명정리문론』에는 구구인(九句因)을 갖는 아홉 가지 추론식의 주장명제와 이유명제를 두 수의 게송으로 요약하고 있는데 한역문을 그대로 옮기면 다음과 같다.

①常②無常③勤勇　④恒⑤住⑥堅牢性　⑦非勤⑧遷⑨不變　由(1)所量等九
(1)所量(2)作(3)無常　(4)作性(5)聞(6)勇發　(7)無常(8)勇(9)無觸　依①常性等九

설명의 편의를 위해 번호를 매겼는데 윗줄의 원문자는 주장명제의 술어, 아랫줄의 괄호문자는 이유명제를 가리킨다. 주장명제의 주어는 모두 "소리는 ~"이다. 예를 들어서 ①이 주장명제의 술어가 될 경우 (1)이 이유명제가 되면서 다음과 같은 추론식이 작성된다.

　주장: 소리는 ①상주[常, 상]한다.
　이유: (1)인식대상[所量, 소량]이기 때문에

그런데 이 가운데 ④, ⑤, ⑥의 경우 현장이나 규기, 정빈이나 원측 모두 '恒, 住, 堅牢性(항, 주, 견뢰성)'으로 끊어 읽었는데, 원효만은 이와 달리 '恒住, 堅, 牢性(항주, 견, 뢰성)'으로 독특하게 끊어 읽으면서 논의를 전개하였다. 이와 같이 규기와 원효의 주석이 다른데도 젠주는 단지 원효의 설명을 소개만 할 뿐 비판하거나 평을 하지 않는다.

단편 ⑪은 추론식이 범하는 논리적 오류들에서 '잘못된 주장[似宗]' 가운데 하나인 '세간상위의 오류'에 대한 것이다. 『인명입정리론』에서 예로 든 세간상위의 오류를 범하는 추론은 다음과 같다.

> 주장: '토끼를 갖는 것'은 달이 아니다[懷兎非月, 회토비월].
> 이유: 존재이기 때문에[有故, 유고].

달에서 토끼 모양이 보이기에 인도에서는 전통적으로 '토끼를 갖는 것[śaśin]'과 '달[candra]'은 동의어였다. 이는 마치 우리가 금성을 샛별이라고 부르는 것과 같다. 그런데 『인명입정리론』에는 이런 추론의 실례가 제시되어 있지 않았다. 그래서 규기는 '마치 해와 별 등과 같다[如日星等, 여일성등]'는 명제를 실례로 제시한다. 그러나 원효는 "마치 창문과 같다[猶如窓牖, 유여창유]."고 실례를 들면서 그 이유에 대해 상세히 설명한다. 물론 이 추론식이 세간상위의 오류를 범하긴 하지만, 입론자의 입장에서 나름의 논리성을 갖는다는 점을 알려주는 원효의 기발한 창안이었다. 이렇게 원효가 규기와 전혀 다른 실례를 고안했지만, 젠주는 앞에서와 마찬가지로 이에 대해서 평을 하지 않았다.50)

(2) 단편 ③, ⑦, ⑩

지면의 제약으로 단편 ③, ⑦, ⑩은 인용문의 내용만 간략히 소개한다.

단편 ③ - 『인명입정리론기』에 실린 삼지작법 추론식의 주장

---

50) 앞의 책, p.270下-271上 ; 단편 ⑪에 대한 분석은 김성철, 앞의 논문, pp.52-54 참조.

[宗]에 대한 정의 가운데 '스스로 희구함에 따라서 성립되는 것 [隨自樂爲所成立性, 수자락위소성립성]'의 의미를 설명할 때 규기 는 '수자(隨自)'와 '락위소성립(樂爲所成立)'으로 구분하여 설명하 는데, 원효는 '수락(隨樂)'과 '자락(自樂)'으로 구분하여 해설한다. 이렇게 규기와 원효의 견해가 다른데도 젠주는 원효에 대해 평가 하지 않는다.[51]

단편 ⑦ - 삼지작법의 추론식에서 실례의 산스끄리뜨 원어가 dṛṣṭānta(達利瑟致案多)로 dṛṣṭa[見]와 anta[邊]가 결합한 복합어 이기에 한문으로 직역하면 견변(見邊)이 된다. 젠주는 먼저 서명 사(西明寺) 원측(圓測)의 풀이를 소개한다. 그 후 원효의 설명을 인용하면서 간략히 그 의미를 해설하는데, 규기의 이론은 원측과 같았다고 소개만 할 뿐 원효의 설명에 대해 평을 하지 않는다.[52]

단편 ⑩ - 삼지작법의 추론식에서 실례[喩, 유]를 들 때, 같은 경우의 실례[同法喩, 동법유]와 다른 경우의 실례[異法喩, 이법유] 의 두 가지를 들게 되는데, 이 가운데 다른 경우의 실례를 나타내 는 진술을 '원리언(遠離言, vyatirekavacana)'이라고 부른다. 규기 는 '원리'의 의미를 설명할 때 '실체가 멀리 있는 것[體疎, 체소]' 이 '원'이고 '의미가 어긋난 것[義乖, 의괴]'이 '리'라고 말하면서 원과 리를 구분하여 해설한 반면, 원효는 '원리'란 '잠시도 결합하 는 일이 없음[無暫合, 무잠합]'을 의미한다고 정의한 후 다시 상 세히 설명한다. 즉 원효는 원과 리를 구분하지 않는다. 이렇게 규 기와 원효의 해석 방식이 다른데도 젠주는 원효의 해석을 비판하 거나 평가하지 않았다.

---

51) 앞의 책, p.253下.
52) 앞의 책, p.285中.

3. 이견으로서 인용한 후 비판하는 단편 ②

디그나가의 인명학에서는 인식방법의 종류로 현량과 비량의 두 가지만을 든다. 그런데 규기는 『인명대소』에서 현량에 대해 설명하면서 "삼매의 마음은 맑디맑아서 대상이 모두 밝게 증득되어 어떤 법을 대상으로 삼아도[隨緣何法, 수연하법] 모두 현량이라고 이름한다."라고 주장한 바 있다. 즉 삼매의 상태에 들어간 마음은 그 대상이 어떠한 것이든 모두 현량이라는 것이다. 젠주는 규기의 이런 주장을 주석하면서 문답 형식을 통해 다음과 같이 규기와 상반된 견해를 피력하는 원효의 설명을 인용한다.

> 묻는다. 삼매에 들어간 의식은 모두 현량인가, 현량 아닌 것이 있는가? 답한다. 원효 법사는 [다음과 같이] 말했다.) 모든 삼매의 마음이 다 현량이라는 것[에 대해 설명해 보겠다]. 이런 뜻은 옳지 않다. [이를] 알 수 있는 까닭[은 다음과 같다]. [이는] 『유가사지론』에서 삼매의 대상[三摩地所緣, 삼마지소연]을 밝히면서 [다음과 같이] 말하는 것과 같다. 첫째는 유분별영상을 대상[緣, 연]으로 삼고, 둘째는 무분별영상을 대상[緣, 연]으로 삼으며, 나중에 드디어 할 일을 다 하면[所作成就, 소작성취][53] 영상을 초월하여 '앞의 대상들' 중 유[분별영상]과 무[분별영상]에 대해서 현량의 지견이 생긴다.[54] 이 문장으로 말미암아, "비록 삼매의 마음에 들어가도 앞의 유분별영상 등은 현량이 아니고, 영상을 초월하면 비로소 현량의 지견(知見)이 된다."는 점을 안다.[55]

---

53) 『유가사지론』에서는 이를 所作成辦이라고도 쓰는데, 둔륜의 『유가론기』의 설명에 근거할 때 이는 아라한의 오도송인 "我生已盡 梵行已立 所作已辦 不更受有"의 所作已辦을 의미한다. '김성철, 「원효의 『인명입정리론』 주석과 그 특징」, 앞의 책, pp.49-52' 참조.
54) 『瑜伽師地論』 卷26(『大正藏』30, p.427上-下).
55) 『因明論疏明燈抄』, 앞의 책, pp.221下-222上,

앞에서 규기는 삼매의 상태에서는 그 대상이 무엇이든 모두 현량이라고 주장했는데, 이 인용문에서 원효는 이런 생각을 반박하면서 "삼매의 대상[三摩地所緣, 삼마지소연]에는 유분별영상과 무분별영상이 있는데, 아라한이 되어 이런 영상들을 초월할 때 비로소 현량이 지견이 생긴다."라는 『유가사지론』의 경문을 근거로 댄다. 그러나 젠주는 다음과 같이 설명하면서 원효의 생각을 비판하며 규기의 주장을 옹호하였다.

> 이제 이를 해결하여 다음과 같이 말한다. 삼매의 마음은 염념마다 거칠거나 미세함이 한결같지 않다[定心念念 麁細不同, 정심염념 추세부동]. 앞의 영상을 대상으로 삼는 것[緣前影, 연전영] 등은 미세한 것 중의 거친 것이고, 초월한 다음에 유와 무의 분별에 대한 현량의 지견은 미세한 것 중의 미세한 것이다. 비록 거칠거나 미세함에서 차이가 있지만, 모두 똑같이 현량이다. 따라서 온갖 삼매의 마음들은 어떤 법을 대상으로 삼아도 모두 현량이라고 이름하는 것은 저 논문과 위배되지 않는다.56)

여기서 보듯이 젠주는 유분별영상이나 무분별영상을 대상으로 삼는 삼매의 마음은 '미세한 것 중의 거친 것'이고 이런 영상을 초월한 이후[아라한이 된 다음] 이런 두 가지 대상에 대한 앎은 '미세한 것 중의 미세한 것'이긴 하지만, 미세하든 거칠든 삼매의 마음은 모두 현량이라고 설명한다. 그러나 앞의 인용문에서 보았듯이 원효는 유분별영상 등은 현량이 아니라고 보았다. 누구의 생각이 옳을까?57) 원효가 인용하는 『유가사지론』에서는 유분별영상

---

56) 『因明論疏明燈抄』, 앞의 책, p.222上.
57) 이상의 논의는 '김성철, 앞의 책, pp.52-54'에서 이미 다룬 바 있다.

으로 ①부정(不淨), ②자민(慈愍), ③연성연기(緣性緣起), ④계차별(界差別), ⑤아나파나념(阿那波那念) … ⑫고제집제멸제도제(苦諦集諦滅諦道諦) 등의 12가지를 든다. 여기서 '①부정'을 삼매의 대상으로 삼는다는 것은 오정심(五停心) 가운데 부정관 수행을 의미하고, '②자민'을 삼매의 대상으로 삼는다는 것은 자비관을 의미한다. 이러한 관법 수행을 위해서는 '더러움'이나 '자비'와 같은 개념은 물론이고, 그 소재가 되는 '몸[身]'이나 '일체중생'과 같은 개념을 떠올려야 한다. 즉 유분별영상들이 삼매의 대상이 되기 위해서는 그에 대한 언어적, 분별적, 개념적 이해가 수반되어야 한다. 그런데 디그나가의 불교논리학에서는 개념지를 비량, 즉 추론지에 속하는 것으로 보았다. 예를 들어서 '소[牛]'를 보고서 '소'라고 파악하는 것은 '타(他)의 배제[anyāpoha]'를 통한 인지이기에 추론과 다르지 않다고 보았다.58) 따라서 삼매의 마음이라고 해도 부정이나 자비와 같이 유분별영상을 대상으로 삼는 삼매의 마음이 현량일 수는 없을 것이다.

어쨌든, 젠주가 원효를 인용하는 목적이 대개는 자신의 논지를 뒷받침하거나 논의를 보완하는 데 있었지만, 원효의 견해를 무조건 수용한 것만은 아니었다. 단편 ②에서 원효가 "모든 삼매의 마음이 다 현량이라는 것[에 대해 설명해 보겠다]. 이런 뜻은 옳지 않다."라는 비판적 언사로 말문을 열었고, 여기서 원효가 비판의 대상으로 삼은 이론이 자기 학계(學系)의 종조인 규기의 주장이라는 점이 명확하기에 규기를 옹호하기 위해 '무리하게' 원효를 비

---

58) Pind, Ole Holten, *Dignāga's philosophy of language : Pramāṇasam uccayavṛtti V on anyāpoha by Dignāga* (Wien: DISSERTATION of University of Wien, 2009), p.76.

판했던 것으로 보인다.

Ⅳ.『인명입정리론기』에 대한 젠주의 평가

지금까지 일본 학승 젠주의『인명론소명등초』에서 인용하는 원효의『인명입정리론기』단편 12가지의 내용과 인용 맥락을 분석함으로써 원효에 대한 젠주의 평가를 확인해 보았다. 이 가운데 ④'불의 뜨거움'에 대한 추론이 상부극성(相符極成)의 오류를 범하지 않는 이유, ⑥열반과 같은 상주법은 발생하는 것이 아니라는 설명, ⑧삼지작법의 추론식에서 이유[因]를 종법(宗法)이라고 부르는 까닭, ⑨삼지작법의 추론식의 실례[喩]에서 '수동품언(隨同品言)'의 의미에 대한 해설 ⑫부정인의 일부에서 사용한 '해당함[轉]'이라는 개념에 의한 구구인 재해석 등의 5가지 단편에서 젠주는 자신의 설명을 뒷받침하거나 보완하기 위한 권위자로서 원효를 인용하였다. 또 ①'유오타(唯悟他)'와 '유자오(唯自悟)'의 의미에 대한 설명, ③삼지작법 추론식의 주장[宗]에 대한 정의, ⑤『인명정리문론』의 제4 게송에 대한 풀이, ⑦실례를 유(喩)라고 번역한 이유, ⑩삼지작법의 추론식의 실례에 대한 정의인 원리언(遠離言)의 의미 분석, ⑪사종(似宗) 가운데 세간상위(世間相違)의 오류의 실례 고안 등의 6가지 인용문의 경우 그 내용이 규기의 주석과 전혀 다른데도 젠주는 이에 대해 비판하거나 평가하지 않고 그저 인용만 할 뿐이었다. 12가지 인용문 가운데 젠주가 원효를 비판한 유일한 것은 ②삼매(三昧)의 마음은 현량(現量)인지 여부에 대한 논란이었다. 규기는 삼매의 마음은 모두 현량이라고 주장한 반면 원효는 『유가사지론』에서 말하는 유분별영상 등을 예로 들면서 규기의 생각을 반박하였다. 유분별영상이란 ①부정(不淨), ②자민(慈愍), ③연성연기(緣性緣起), ④계차별(界差別), ⑤아나파나념(阿那波那念) … ⑫고제집제멸제도제(苦諦集諦滅諦道諦) 등의 12가지인데 이를 삼매의 대상으로 삼기 위해서는 그 의미에 대한 언어적, 분별적, 개념적 이해가 수반되어야 하며 디그나가의 아뽀하(apoha) 이론에 근거할 때 언어적, 개념적 이해는 현량이 아니라 비량의 일종이기에 삼매의 마음이 모두 현량인 것만은 아니라는 원효의 견해가 타당하다고 생각된다. 젠주는 대부분 인명학의 권위자로서 원효를 인용하였다. 그런데 단편 ②의 경우 원효가 규기의 이론을 비판의 대상으로 명시하고 있기에, 젠주는 자신의 종조인 규기를 옹호하기 위해서 원효의 비판에 대해, '그리 성공적이지 못한' 반박을 시도했던 것으로 보인다.

이상은 『인명론소명등초』에 인용된 원효의 『인명입정리론기』만을 소재로 삼아 연구하여 내린 결론이다. 젠주는 『인명론소명등초』에서 원효의 『판비량론』 역시 여러 차례 인용하고 있다. 젠주가 『판비량론』을 인용하는 맥락과 태도 등에 대해 면밀히 분석할 때, 원효의 논리사상 전반에 대한 젠주의 평가가 어떠했는지 보다 분명해질 것이다. 이에 대한 연구는 후일을 기약한다.

- 『불교학보』, 90호, 2020년

참고문헌

1. 원전

『瑜伽師地論』, 卷15(『大正藏』30)

『因明正理門論』 1卷(『大正藏』32)

『因明入正理論』 1卷(『大正藏』32)

『因明入正理論疏』 卷上(『大正藏』44)

『成唯識論述記集成編』 卷1(『大正藏』67)

『因明論疏明燈抄』 卷3(『大正藏』68)

『因明入正理論疏』 卷1(『卍新續藏』53)

『因明大疏抄』 卷7(『大正藏』68)

『續日本紀』 第38

2. 단행본

김성철, 『원효의 판비량론 기초 연구』, 서울: 지식산업사, 2003,

김성철 편저, 『원효의 대승기신론 소 별기 대조』, 서울: 오타쿠, 2019.

朴世圭(禪應), 『文軌의 『因明入正理論疏』에 관한 硏究』, 서울: 동국대학교대학원박사학위논문, 2010.

福士慈稔, 「日本三論宗·法相宗にみられる海東仏教認識－法相宗の部－」, 『日本仏教各宗の新羅·高麗·李朝仏教認識に関する研究』第2卷 下, 山梨縣: 身延山大學 東アジア仏教研究室, 2012.

神田喜一朗 編,『判比量論』, 東京: 便利堂, 1967.

Pind, Ole Holten, *Dignāga's philosophy of language : Pramā nasamuccayavṛtti V on anyāpoha by Dignāga*, Wien: DISSERTATION of University of Wien, 2009.

3. 논문

김성철,「오치아이 소장『판비량론』의 교정과 분석」,『불교학보』74집(서울: 동국대학교불교문화연구원, 2016), pp.271-295.

김성철,「판비량론 신출 필사본의 해독과 유식비량 관련 단편의 내용 분석」,『한국불교학』84집(서울: 한국불교학회, 2017), pp.215-247.

김성철,「원효의『인명입정리론』주석과 그 특징」,『불교학보』제85집, 서울: 동국대학교 불교문화연구원, 2018, pp.33-59.

김영석,「원효『판비량론』의 새로운발굴: 고토미술관및미츠이기념미술관소장본을중심으로」,『불교학보』제81집(서울: 동국대학교 불교문화연구원), 2017, pp. 93-115.

岡本一平,「新出資料梅渓旧蔵本: 元曉撰『判比量論』断簡について」,『불교학보』83집(서울: 동국대학교불교문화연구원, 2018), pp.89-106.

稲谷祐宣,「因明論疏明燈抄の說話について」,『密敎文化』57号, 高野山出版社: 高野山出版社, 1961, pp.63-78.

日下無倫,「善珠僧正の研究」,『佛敎硏究』1卷, 2号, 京都: 大谷大學佛敎硏究會, 1920, pp.99-143.

『인명입정리론기』 산일문*

해설

　불교인식논리학 개론서인 『인명입정리론(因明入正理論)』이 삼장법사 현장(玄奘, 602-664)에 의해 역출되자 동아시아 불교계에서는 인명학 연구가 활성화되면서 그에 대한 많은 주석서가 산출되었다. 원측(圓測, 613-696), 규기(窺基, 632-682), 문궤(文軌), 문비(文備), 정매(靖邁), 현응(玄應), 벽공(璧公) 등은 모두 제각각 『인명입정리론소』라는 이름의 주석서를 남겼는데, 가장 대표적인 것이 『인명대소(因明大疏)』라고도 불리는 규기의 주석이었다. 원효(元曉, 618-686) 역시 이 흐름에 동참하였고 과거 고려와 일본에서 저술된 불전목록집에 원효의 저작으로『인명입정리론소(疏)』와 『인명입정리론기(記)』라는 두 가지 서명(書名)이 수록되어 있다. 그러나 이 두 문헌 모두 현재 전하지 않으며 일본 추소사(秋篠寺)의 승정(僧正)이었던 선주(善珠, 723-797)가 저술한 『인명론소명등초(因明論疏明燈抄)』(이하『명등초』)에 인용된 모습으로 『인명입정리론기』의 편린을 엿볼 수 있다. 『명등초』에는 『인명입정리론기』의 단편 열두 가지가 실려 있는데 각 단편에서 다루는 주제를 열거하면 다음과 같다.

---

* 이하 『인명입정리론기』에 대한 설명과 번역은 동국대 불교학술원에서 발간 예정인 한글본 한국불교전서에 실릴 同書에 대한 필자의 해제와 번역에서 발췌하여 재편집한 것이다.

① 유오타(唯悟他)와 유자오(唯自悟)의 의미 분석
② 삼매(三昧)의 마음은 현량(現量)인가?
③ 삼지작법(三支作法) 추론식의 주장[宗]에 대한 정의
④ '불의 뜨거움'에 대한 추론이 상부극성(相符極成)의 오류를 범하지 않
   는 이유
⑤ 『인명정리문론』의 제4 게송에 대한 풀이
⑥ '인(因)의 삼상(三相)'을 충족하는 추론식의 예시
⑦ 실례를 유(喩)라고 번역한 이유
⑧ 삼지작법의 추론식에서 이유[因]를 종법(宗法)이라고 부르는 까닭
⑨ 삼지작법의 추론식의 실례[喩]에서 동질적 주제에 대한 진술
⑩ 삼지작법의 추론식의 실례에서 배제관계에 대한 진술
⑪ 사인(似因) 가운데 세간상위(世間相違)의 오류
⑫ 사인 가운데 여섯 가지 부정인(不定因)

이들 열두 가지 단편의 원문과 번역은 다음과 같다.

원문과 번역

1. '유오타(唯悟他)'와 '유자오(唯自悟)'의 의미

(曉云) 唯悟他者 卽含二義 一者唯他 二者唯悟 言唯他者 夫立
破之來 若眞若似 唯對敵論時申[1] 非爲獨處所設 故曰唯他 言唯
悟者 能立能破 眞似所由 唯有悟曰眞 無悟曰似 非是當理乖理之
義 所以爾者 似未必乖 眞不必當 如佛弟子 對勝論師 云聲無常

---

1) 申 → 用(甲). 여기서 (甲)은 元文 二年(1737년)에 필사한 藥師寺 所
   藏本을 의미하고, 같은 위치의 (原)은 『大日本佛教全書』를 의미한다. 『
   因明論疏明燈抄』권1(T68, p.201)의 주석 참조.

卽相符過 是似立宗 而於理當 無常道理通大小故 又佛弟子 對聲
論師 立聲生滅 是法有法 極成無過 而於理乖 不通小乘 恐破 執
言之徒 聞說眞立 卽謂 實有所立 見似立又 卽謂 空無所立 故說
唯悟之言 雙遣增減執也 絶言之理 無有分濟 執言之迷 有輕重故
唯自悟者 亦有二義 唯自者 唯於獨處 自尋義時 依此二量 簡釋是
非 然後爲他立宗因喩 非對敵論 方思二量 故曰唯自 言唯悟者 唯
從迷位 始欲悟時 依此二量 得離重迷 非絶言理 唯如二量之所量
也 故言唯悟[2]

　（원효는 [다음과 같이] 말했다.） ‘오직 다른 이를 알게 하는 것’
[이라는 말]은 두 가지 의미를 담고 있다. 첫째는 ‘오직 다른 이’
[라는 의미]이고, 둘째는 ‘오직 알게 하는 것’[이라는 의미]다.

　‘오직 다른 이’라고 말한 것[의 의미는 다음과 같다]. [능립과
능파는] 무릇 주장하든 논파하든, 참이든 거짓이든 오직 논적의
이론을 대할 때 제시하는 것이지, 홀로 있는 곳에서 내세우는 것
이 아니기에 ‘오직 다른 이’라고 말하는 것이다.

　‘오직 알게 하는 것’이라고 말한 것[의 의미는 다음과 같다]. 능
립이나 능파에서 참이나 거짓 여부는 그 까닭이 있는데, 오직 ‘앎
이 있는 것’을 ‘참[眞, 진]’이라고 말하고 ‘앎이 없는 것’을 ‘거짓
[似, 사]’이라고 말하는 것이지, ‘이치에 합당함’이나 ‘이치에 어긋
남’을 의미하는 것이 아니다. 그런 까닭[은 다음과 같다]. ‘거짓’이
라고 해서 반드시 어긋난 것만은 아니고, ‘참’이라고 해서 반드시
합당한 것만은 아니다.

　예를 들어서 불제자가 승론사[3]에 대해서 “소리는 무상하다.”라

---

2) 『因明論疏明燈抄』권1(T68, pp.221b-c).
3) 승론사(勝論師): Vaiśeṣika 외도.

고 말하는 것은, 상부극성(相符極成)4)의 오류를 범하여 사립종(似立宗)5)이지만 이치에는 합당한데, 무상의 도리는 대승과 소승에 공통되기 때문이다. 또 불제자가 성론사6)에 대해서 "소리는 생멸한다."고 내세우는 경우 여기서 사용한 법(法, 법)7)과 유법(有法, 유법)8)은 '양측 모두 인정하는 것[極成, 극성]'이라서 오류가 없지만, 이치에는 어긋나서 소승에서는 통하지 않는다. 짐작컨대, '말에 집착하는 무리들이 참된 소립을 설한다고 들으면 "실제로 소립이 있다."고 말하다가, 거짓된 소립을 보면 다시 "소립이 아예 없다."고 말하는 것'을 논파하기에 '오직 알게 하는 것'이라는 말이 증익과 손감의 집착 양쪽 모두를 제거한다고 설하는 것이다. '말이 끊어진 이치'에는 구분이 있을 수 없겠지만 '말에 집착하는 미혹'에는 경중(輕重)이 있기 때문이다.

'오직 스스로의 앎'이란 것도 역시 두 가지 의미를 갖는다. '오직 스스로'라는 것[의 의미는 다음과 같다]. 오직 홀로 있는 곳에서 스스로 의미를 찾을 때 [현량과 비량이라는] 이 두 가지 인식방법에 의지하여 옳고 그름을 가린다. 그 다음에 다른 이를 [알게하기] 위하여 '주장, 이유, 실례'[로 이루어진 추론식]을 세우는 것

---

4) 상부극성(相符極成): 『인명입정리론』의 오류론에서 말하는 '주장[宗]의 오류' 가운데 하나. 토론하는 양측 모두 인정하는, 너무나 당연한 주장을 내세우는 오류. 예를 들어서 "소리는 귀에 들린다."와 같은 주장. "相符極成者 如說聲是所聞", 『因明入正理論』권1(T32, p.11c).
5) 사립종(似立宗): 주장의 오류. 『인명입정리론』에서는 '주장[宗], 이유[因], 실례[喩]'로 구성된 불교논리학의 삼지작법(三支作法) 추론식에서 주장의 오류 9가지, 이유의 오류 14가지, 실례의 오류 10가지 등, 추론식이 범할 수 있는 총 33가지의 오류를 거론한다.
6) 성론사(聲論師): Mīmāṃsā 외도.
7) dharma(성질). 주장명제[宗]의 술어로, 여기서는 '생멸함'
8) dharmin(성질을 가진 것). 주장명제[宗]의 주어로, 여기서는 '소리'

이지, 논적의 이론을 대하여 바야흐로 두 가지 인식을 생각하는
것이 아니기 때문에 '오직 스스로'라고 말한다.

'오직 앎'이란 것[의 의미는 다음과 같다]. 오직 미혹한 단계로
부터 비로소 알려고 할 때에만, 이러한 [현량과 비량의] 두 가지
인식방법에 의지하여 중重한 미혹에서 벗어날 수 있다. '말이 끊
어진 이치'가 아닌 것은 이와 같이 오직 두 가지 인식방법의 인식
대상이다. 따라서 '오직 앎'이라고 말한다.

2. 삼매(三昧)의 마음은 현량(現量)인가?

(問 入定意識 皆是現量 爲有非現9)耶 答 曉法師云) 一切定心
皆現量者 此義不然 所以得知 如10)瑜伽論 明三摩地所緣中云 一
者緣有分別影像 二者緣無分別影像 後方所作成就11) 超過影像
所知事中 有無分別 現量知見生12)13) 由此文知14) 雖入定心 而前

---

9) 現 → 現量(甲).
10) 如 → 누락(甲).
11) [역주] 여기서 원효는 『유가사지론』을 인용한다고 기술하는데, '소작
성취'는 다음에서 보듯이 『대승아비달마집론』의 한역어이며, 『유가사지
론』에서는 이를 '소작성판'이라고 한역한다. "遍滿所緣復有四種 謂有分
別影像所緣 無分別影像所緣 事邊際所緣 所作成就所緣", 無着, 『大乘
阿毘達磨集論』권6(T31, p.686c) 또는 安慧, 『大乘阿毘達磨雜集論』권1
1(T31, p.744c). ; "云何遍滿所緣境事 謂復四種 一有分別影像 二無
分別影像 三事邊際性 四所作成辦", 『瑜伽師地論』권26(T30, p.427a).
12) "云何 遍滿所緣境事 謂復四種 一有分別影像 二無分別影像 三事邊
際性 四所作成辦 … 云何所作成辦 謂修觀行者 於奢摩他毘鉢舍那 若
修若習若多修習為因緣故 諸緣影像所有作意皆得圓滿 此圓滿故便得轉
依 一切麁重悉皆息滅 得轉依故超過影像 即於所知事有無分別 現量智
見生.", 『瑜伽師地論』권26(T30, p.427a-c).
13) 『因明論疏明燈抄』권1(T68, pp.221c-222a).
14) 福士慈稔, 「日本三論宗·法相宗にみられる海東仏教認識-法相宗の

有分別影等 非是現量 超過影像 方爲現量知見[15]

　(묻는다. 삼매에 들어간 의식은 모두 현량인가, 현량 아닌 것이 있는가? 답한다. 원효 법사는 [다음과 같이] 말했다.) 모든 삼매의 마음이 다 현량이라는 것[에 대해 설명해 보겠다]. 이런 뜻은 옳지 않다. [이를] 알 수 있는 까닭[은 다음과 같다]. [이는] 『유가사지론』에서 삼매의 대상을 밝히면서 [다음과 같이] 말하는 것과 같다. 첫째는 '분별이 있는 영상'을 대상으로 삼고, 둘째는 '분별이 없는 영상'을 대상으로 삼으며, 나중에[16] 드디어 할 일을 다 하면[17] 영상을 초월하여 '앎의 대상들'[18] 중의 유와 무의 분별에 대해서 현량의 지견이 생긴다.[19] 이 문장으로 말미암아, "비록 삼매의 마음에 들어가도 앞의 유분별영상 등은 현량이 아니고, 영상

部一」, 『日本仏教各宗の新羅・高麗・李朝仏教認識に関する研究』(日本: 身延山大學 東アジア仏教研究室, 2012)에서는 여기까지만 원효의 주석으로 본다.

15) 『因明論疏明燈抄』권1(T68, pp.221c-222a).

16) 『유가론기』에서 둔륜이 주석하듯이 이는 무학도(無學道)에 들어갔을 때를 의미한다. "이제 무학도에 이르러 할 일을 다 하고 나면 전의를 얻어서 원만한 무루를 증득하며 영상을 초월하니 이는 곧 무루심이고 무영상이다(今至無學 所作成辦[辦] 得轉依 證圓無漏 超過影像 則無漏心 無影像也)", 遁倫, 『瑜伽論記』권6(T42, p.445b).

17) 이는 아라한의 다음과 같은 오도송(悟道頌) 가운데 소작이판(所作已辦) 또는 소작이작(所作已作)을 의미하는 듯하다. "我生已盡 梵行已立 所作已辦 不更受有", 『中阿含經』권22(T1, p.570c) 외 ; "我生已盡 梵行已立 所作已作 自知不受後有", 『雜阿含經』권1(T2, p.1a) 외.

18) "所知事者 謂或不淨 或慈愍 或緣性緣起 或界差別 或阿那波那念 或蘊善巧 或界善巧 或處善巧 或緣起善巧 或處非處善巧 或下地麤性上地靜性 或苦諦集諦 滅諦道諦 是名所知事", 『瑜伽師地論』권26(T30, p.427b).

19) "云何所作成辦 謂修觀行者 於奢摩他毘鉢舍那 若修若習若多修習為因緣故 諸緣影像所有作意皆得圓滿 此圓滿故便得轉依 一切麤重悉皆息滅 得轉依故超過影像 即於所知事有無分別 現量智見生", 『瑜伽師地論』권26(T30, p.427c).

을 초월하면 비로소 현량의 지견知見이 된다.”는 점을 안다.

3. 삼지작법 추론식의 주장[宗, 종]에 대한 정의

(既成隨自亦是樂爲所成立性者 曉云) 隨自樂爲所成立者 即有
二義 一顯異能成立 二明非不成立 初義者 因是能成立故 宗爲所
成立也 而言隨樂者 若言以聲無常 爲所立宗 即所作性 是能成立
若言以聲所作性 爲所立宗 即無常性是能成立 所成不定 故言隨樂
第二義者 雖異能立 得爲所立 若違立量 即不成宗 要先自爲證成
道理之所成立 方得成宗 故言爲所成立 證成道理者 即立量是也
言隨樂者 有欲立聲無常等[20] 有欲立色性空等 所成無量 故曰隨
樂 言自樂者 顯異他義 謂若說他宗 不名立宗 說自所樂 方是立宗
故言自樂 上來二句 顯離九過 何者 說二極成 即離四不成過 說所
成立 即離五相違失 如上所說 有四種義 具二極成 遠離四過 不迷
三量 一[21]言之內 含此衆義 如是言說 方爲眞宗 故曰是名爲宗[22]

(이미 ‘스스로를 따름’이 성립하고 또한 ‘희구함으로 성립되는
성질’의 것[에 대해 설명하면 다음과 같다]. 원효는 [다음과 같이]
말했다.) 스스로 희구함에 따라서 ‘성립되는 것[所立, 소성립]’
은 두 가지 의미를 갖는다. 첫째는 ‘성립하게 하는 것[能成立, 능
성립]’과 다르다는 점을 드러내고, 둘째는 ‘성립하지 않음[不成
立]’이 아니라는 점을 밝힌다. 첫 번째 의미[는 다음과 같다]. [주
장(宗), 이유(因), 실례(喩)의 삼지작법에서] 이유[因]가 ‘성립하게

하는 것[能成立]'이기 때문에 주장[宗]은 '성립되는 것[所成立]'이
된다.

그리고 '희구함에 따라서[隨樂, 수락]'라고 말한 것[의 의미는
다음과 같다].

만일 "소리는 무상하다."는 것을 '성립되는 것[所(成)立]'인 주
장[宗]으로 삼아서 말한다면, '만들어진 것이라는 점'은 '성립하게
하는 것[能成立]'이다.

만일 "소리는 만들어진다."는 것을 '성립되는 것[所(成)立]'인
주장[宗]으로 삼아서 말한다면, '무상하다는 점'은 '성립하게 하는
것[能成立]'이다.

'성립되는 것[所(成)立]'이 정해져 있지 않기 때문에 '희구함에
따라서[隨樂]'라고 말한다.

두 번째 의미[는 다음과 같다]. 비록 '성립하게 하는 것[能(成)
立]'과 다르더라도 '성립되는 것[所(成)立]'이 될 수 있다. 만일
'비량 작성'[의 원리]에 위배되면 '주장[宗]'이 성립하지 못한다.
먼저 그 자체가 증성도리(證成道理)[23]에서 '성립되는 것[所成(
立)]'이 될 필요가 있다. [그래야] 비로소 주장이 성립할 수 있기
에 '성립되는 것[所成立]'이라고 말한다. 증성도리란 것은 인식을
세움이다. '희구함에 따라서[隨樂]'라고 말한 것은 "소리는 무상하
다."는 등을 성립시키고자 하거나, "색성은 공하다."는 등을 성립
시키고자 하는 것이다. 성립되는 것[(所成立)인 주장(宗)의 종류]

---

23) "증성도리란, 인(因)이나 연(緣)으로 능히 내세우는 것, 설하는 것, 표
방하는 것의 의미로 하여금 성립할 수 있게 만들어서 바르게 깨닫고 알
게 하는 것을 말한다(證成道理者 , 謂若因若緣 , 能令所立、所說、所
標、義得成立 , 令正覺悟 , 如是名為證成道理)", 『解深密經』권5(T16, p.
709b).

가 무량하기에 '희구함에 따라서[隨樂]'라고 말한다.

'스스로 희구함[自樂]'이라고 말한 것은 '남과 다름[異他]'이라는 의미를 드러낸다. 말하건대, 만일 남의 주장[宗]을 설한다면, [이에 대해] "주장을 내세웠다."고 말하지 않는다. '스스로 희구하는 바'를 설하면 비로소 주장을 내세운 것이기에 '스스로 희구함'이라고 말한다.

[『인명입정리론』에서 주장(宗)에 대해 정의하는] 앞의 두 가지 문구[24]는 아홉 가지 오류[25]에서 벗어나 있다는 점을 드러낸다. 왜 그런가? '양측 모두 인정함[極成]'을 두 번 설하여 네 가지 불성(不[極]成)[26]의 오류에서 벗어난다. '성립되는 것[所成立]'이라고 설하여 다섯 가지 상위의 과실[27]에서 벗어난다.

위에서 설명한 것처럼[28] 네 가지 뜻이 있어서 두 가지 '양측 모두 인정함[極成]'의 뜻을 갖추고 네 가지 오류에서 벗어나 '세 가지 인식수단[三量]'[29]에 미혹하지 않는다. [주장(宗)에 대해 정

---

24) "極成有法 極成能別 差別爲性 / 隨自樂爲所成立性 是名爲宗"
25) 『인명입정리론』에 실린 주장의 오류 9가지. "名似立宗 謂現量相違 比量相違 自教相違 世間相違 自語相違 能別不極成 所別不極成 俱不極成 相符極成", 『因明入正理論』권1(T32, p.11b).
26) 『인명입정리론』에서 거론하는 9가지 '주장의 오류[似立宗]' 가운데 能別不極成, 所別不極成, 俱不極成, 相符極成의 4가지 오류에서 벗어난다는 것.
27) 나머지 5가지인 現量相違, 比量相違, 自教相違, 世間相違, 自語相違의 오류에서 벗어난다는 것.
28) 이하의 내용은 부연 설명이기에. 원효의 『인명입정리론기』가 아니라, 이를 인용한 선주의 『인명론소명등초』의 문장일 수 있다.
29) 『유가사지론』에 의하면 세 가지 인식수단은 현량과 비량 그리고 성언 聖言이라고도 한역하는 지교량이다. "云何名爲證成道理 謂一切蘊皆是無常 衆緣所生苦空無我 由三量故如實觀察 謂由至教量故由現量故 由比量故 由此三量證驗道理", 『瑜伽師地論』권25(T30, p.419b). 謂由至教量故 由現量故 由比量故

의 하는] 한 마디 말 속에 이런 여러 가지 뜻이 담겨 있다.

이와 같은 말이 비로소 참된 주장이 되기에 [『인명입정리론』에서] "이를 주장이라고 이름한다."고 말하는 것이다.

4. '불의 뜨거움'에 대한 추론이 상부극성의 오류를 범하지 않는 이유

(曉云) 問 有立量云 此烟處有火 以現烟故 如餘火處 此火處中有觸 以火故 猶如餘火 此顯二處火觸相應爲宗 非立火觸是火觸性 若爾 共許不離 豈不相符 答 遠見烟等 及見術師邊火爲量故 如幻術人 雖踏火中 不燒其足 有人見之 火中無熱 又見飡火鼠 火中無熱 今30)爲此等 立比量云 火處應有熱觸等 故無相符31)

(원효는 [다음과 같이] 말했다.) 묻는다. 누군가가 추론식을 세워서 다음과 같이 말한다.

[주장(宗):] 연기가 있는 이곳에 불이 있다.
[이유(因):] 연기가 나타나기 때문에
[실례(喩):] 마치 다른 '불이 있는 곳'처럼

[주장(宗):] 불이 있는 이곳에 [뜨거운] 촉감이 있다.
[이유(因):] 불이기 때문에
[실례(喩):] 마치 다른 불처럼

---

30) 今 → 令(甲).
31) 『因明論疏明燈抄』권2(T68, p.262b).

이는 '['연기가 있는 곳'과 '불이 있는 곳'이라는] 두 곳에 있는 '불'이나 [뜨거운] 촉감'의 상응물[인 '산'이나 '화덕']이 주장이 된다는 점'을 드러내는 것이지, 불이나 [뜨거운] 촉감 또는 이러한 불이나 [뜨거운] 촉감의 존재성을 성립시키는 것이 아니다.[32] 만일 그렇다면 ['불'과 '(뜨거운) 촉감'이] 유리(遊離)되어 있지 않다는 점을 [입론자와 적론자가] 함께 인정하는 것인데 어찌 상부[극성의 오류]가 아니겠는가?

답한다. 멀리서 '연기' 등을 보거나 '마술사 주변의 불'을 본 것이 앎[量]이 되기 때문이다. 예를 들어서 마술사가 불속을 밟고 다니더라도 그 발이 타지 않는데 누군가가 이를 보고서 "불에는 뜨거움이 없다."[고 생각할 수 있다.] 또 밥 짓는 [아궁이] 불 속의 쥐를 보고서 "불속에 뜨거움이 없다."[고 생각할 수 있다.] 이제 이런 것 등을 [시정하기] 위하여 추론식[比量]을 세워서 "불이 있는 곳에는 반드시 뜨거운 촉감이 있어야 한다[宗]"는 등[因,

---

32) 이상은 진나가 『인명정리문론본』에서 설명하는 다음과 같은 문장의 요약인 듯하다. "연기에 의해서 불을 성립시키고, 불에 의해서 [뜨거운] 촉감을 성립시키는 예에서 보듯이, 만일 유법(有法)에 의해서 다른 유법을 성립시키거나, 그에 해당하는 법을 성립시킨다면, 이런 이치는 어떻게 설명해야 할까? 이제 여기서는 그렇게 해서 불이나 [뜨거운] 촉감을 주장이 되도록 성립시키는 것이 아니다. 단지 이[런 불이나 (뜨거운) 촉감]과 상응하는 것[인 산이나 화덕]을 성립시키기 위한 것이다. 만일 그렇지 않다면 연기에 의해서 불이 성립하고, 불에 의해서 [뜨거운] 촉감이 성립하니 주장에 담긴 뜻 가운데 일부분만 이유로서 성립해야 할 것이다. 또 여기서 불이나 [뜨거운] 촉감의 존재성을 성립시키려고 하는 게 아니다. 누구나 그 존재를 알기 때문이다(若以有法立餘有法 或立其法 如以烟立火 或以火立觸 其義云何 今於此中非以成立火觸爲宗 但爲成立此相應物 若不爾者 依烟立火依火立觸 應成宗義一分爲因 又於此中非欲成立火觸有性 共知有故)", 『因明正理門論本』(T32, p.1c).

喩]을 말한다. 따라서 상부[극성의 오류]는 없다.

5. 『인명정리문론(因明正理門論)』의 제4 게송에 대한 풀이

(曉云) 第二句三宗者 一恒住 二堅 三牢性[33] 此三竝是聲常之宗 非勤遷不變者 頌 第三句之三宗也 一非勤 二遷 是無常之異名 三不變 是常住之異名也[34]

(원효는 [다음과 같이] 말했다.) [『인명정리문론본』의 게송[35] 가운데] 제2구의 세 가지 주장[36]은 첫째 '항상 머묾[恒住, 항주]'이고, 둘째 '견고함[堅, 견]'이고, 셋째 '굳건함[牢性, 뇌성]'이다. 이 세 가지가 모두 "소리는 상주한다."는 주장이다. [제3구의 3가지 주장인] '의지적 노력이 아님[非勤]'과, '흘러감[遷]'과 '변치 않음[不變]'은 [『인명정리문론본』의 게송에서] 제3구의 세 가지 주장[37]을 노래한다. 첫째인 '노력이 아님[非勤]'과 둘째인 '흘러감[遷]'은 무상(無常)의 다른 이름이며, 셋째인 '변치 않음[不變]'은 상주(常住)의 다른 이름이다.

---

33) 원효는 '항주견뢰성(恒住堅牢性)'을 위와 같이 '恒住, 堅, 牢性'으로 구분했지만, 선주에 의하면 규기와 원측(圓測, 613-696년)은 '恒, 住, 堅牢性'으로 구분하였다고 하며, 신태(神泰)의 『理門論述記』권1(T44, p.87a)와 둔륜遁倫(도륜道倫)의 『瑜伽論記』권13(T42, p.597a)에서도 규기나 원측과 같이 '항'과 '주'를 구분하고 '견뢰성'을 하나의 단어로 취급하였다.
34) 『因明論疏明燈抄』권2(T68, p.270c).
35) "常無常勤勇 恒住堅牢性 非勤遷不變 由所量等九", 『因明正理門論本』권1(T32, p.2a).
36) "恒住, 堅, 牢性"
37) "非勤, 遷, 不變"

6. '인(因)의 삼상(三相)'을 충족하는 추론식의 예시

(曉云) 所發者 發動義 以常住法無發動故 非是勤勇無間所發[38]

(원효는 [다음과 같이] 말한다.) '일어난 것'이란 '발동함'의 뜻이다. 상주하는 법의 경우, '발동함'이 없기 때문에 '의지적 노력과 직결되어 일어난 것'이 아니다.

7. 실례를 유喩 라고 번역한 이유

(曉法師云) 此間喩名 語雖非當 而義不乖 故存喩名[39]

(원효 스님은 [다음과 같이] 말했다.) 여기서 '실례[喩]'라는 이름은 그 말이 비록 딱 들어맞는 것이 아니지만,[40] 그 뜻이 어긋나지 않기에 '실례'라는 이름을 그대로 놔두었다.

8. 삼지작법의 추론식에서 이유[因]를 종법宗法이라고 부르는 까닭

(故曉師云) 言是宗法言者 此中就因 轉名宗法 其故何耶 若直

---

38) 『因明論疏明燈抄』권2(T68, p.271c).
39) 『因明論疏明燈抄』권3(T68, p.285b-c).
40) 규기는 『因明入正理論疏』에서 실례[喩]에 대해 다음과 같이 설명한다. "[실례를] 산스끄리뜨어로 '달리슬치안다(達利瑟致案多, dṛṣṭānta)'라고 말한다. '달리슬치'는 '견(見)'을 말하고, '안다'는 '변(邊)'을 말한다. 이 비유比喩로 말미암아 주장[宗]이 궁극적으로 성립하기에 '변'이라고 말한다(梵云達利瑟致案多 達利瑟致云見 案多云邊 由此比況 令宗成立究竟名邊)", 『因明入正理論疏』권2(T44, p.109a).

就宗內 二義相望 能別名法 所別非法 若以宗望因 因受法名 宗不
名法 宗不自顯 要待其因 方生解故 今此因者 望前卽軌生宗解 望
後卽摸起喩言 對敵論時 軌而且摸 能成於宗 故名宗法 由是義故
於宗同類異類 直云同品異品 於因同類異類 乃號同法異法 此是因
明之宗不易之法[41]

　(그러므로 원효 스님은 [다음과 같이] 말했다.) "이것은 종법(宗
法)의 언구(言句)다."라고 말한 것[의 의미는 다음과 같다]. 여기
에서 '이유[因]'의 경우 종법이라고 이름이 바뀐다. 그 까닭은 무
엇인가? 만약 [주장, 이유, 실례로 이루어진 삼지작법에서] 직접
'주장[宗]' 속으로 들어가면 [능별(能別, 술어, 法, dharma)과 소
별(所別, 주어, 有法, dharmin)의] 두 가지 뜻이 마주 대하고 있
는데, '능별'을 법이라고 이름하고 '소별'은 법이 아니다. 만일 [삼
지작법 중의] '주장[宗]'으로 '이유[因]'를 대하면 '이유'가 법이라
는 이름을 받게 되고, '주장'은 법이라고 이름하지 않는다. [삼지
작법 중에서] '주장[宗]'은 자기 스스로 드러내지 못하며 그에 대
한 '이유[因]'에 의존해야 비로소 이해가 발생하기 때문이다. 이제
이러한 '이유[因]'는 앞을 대하면 '주장'에 대한 이해를 이치에 맞
게 발생시키고, 뒤를 대하면 '실례[喩]'의 언구(言句)가 생기도록
모색한다. 논적의 이론을 상대할 때에는 [이렇게] 이치에 맞추면
서 또 모색도 하여 능히 '주장[宗]'을 성립시킨다. 따라서 [이유

---

41) 『因明論疏明燈抄』권3(T68, p.303a). 福士慈稔의 연구서(앞의 책, p.9
4)에서는 이에 이어지는 "顯立因法必須言故者 對敵說因 必須言故 不
爾便非顯宗所以 前者欲顯同品定有等者 前指法中擧二因者 顯遍不遍皆
有正因 三相異故 別顯二因"를 라는 문장을 원효의 주석에 포함시키지
만, 이 문장은 규기의 『因明入正理論疏』권2(T44, p.113a)의 문구 가운
데 '顯立因法必須言故'에 대해 선주가 설명하는 문장으로 『因明入正理
論記』의 일문逸文이 아니다.

(因)를] '종법(宗法)'이라고 이름하는 것이다. 이런 의미 때문에 '주장'과 그 종류가 같은 것 및 다른 것에 대해서 직접 동품(同品), 이품(異品)이라고 말하며, '이유'와 그 종류가 같은 것 및 다른 것에 대해서는 동법(同法) 및 이법(異法)이라고 부르는 것이다. 이것이 바로 인명학의 종지(宗旨)에서 변치 않는 법칙이다.

9. 삼지작법의 추론식의 실례[喩]에서 동질적 주제에 대한 진술

　(曉師云) 同喩中言 隨同品言者 隨言不不離離 卽合擧能立因隨宗同品 合令不離 由不離故 方得顯宗 若有時合 而有離者 不能因此 而顯彼也 如雨必不離雲 故見雨定知有雲 雲未必合雨 故望雲不定知雨 此因亦爾 故必須隨[42]

　(원효 스님은 [다음과 같이] 말했다.) '같은 경우의 실례[同喩]'에 [대해 설명하면]서 '동품(同品)에 따르는 언구'라고 말한 것[의 의미는 다음과 같다]. '따름'이라는 언구는 '벗어남에서 벗어나지 않지 않음', 즉 '결합'인데, 능립(能立)인 '이유[因]'를 제시하고[43] [그런 이유가] '주장[宗]'과의 동품(同品)[44]을 따라 결합하여 벗어나지 않게 한다.[45] 벗어나지 않기 때문에 비로소 주장을 드러낼

---

42) 『因明論疏明燈抄』권3(T68, p.303c).
43) 예를 들면 "[주장] 저 산에 불이 있다. [이유] 연기가 있기 때문에. [실례] 연기가 있는 곳에는 반드시 불이 있다. 마치 아궁이와 같이."라는 추론식의 [실례]에서 '연기가 있는 곳에는 …'이라고 말하면서, 이유에서 거론한 '연기'를 제시하는 것.
44) 위의 추론식의 주장에서 말하듯이 '불이 있는 곳'.
45) 위의 추론식의 [실례]에서 "연기가 있는 곳에는 불이 있다."고 말하면서, [이유]에서 거론한 '연기'는 주장에서 거론한 '불'과 항상 결합해 있

수 있다. 만일 어떤 때에는 결합하지만 다른 때에는 벗어나기도 한다면, 이것으로 인해서 저것을 드러낼 수가 없다. 예를 들어서 비가 결코 구름에서 벗어나지 않기 때문에 비를 보면 구름이 있다는 점을 확실히 알지만, 구름이 반드시 비와 결합한 것은 아니기에 구름을 본 것이 비가 내린다고 아는 일을 확정하지는 않는 것과 같다. 여기서 말하는 '이유[因]'도 역시 이와 마찬가지라서 '따르는 것'이 반드시 필요하다.

10. 삼지작법의 추론식의 실례[喩]에서 배제관계에 대한 진술

(曉師云) 異喩中言 遠離言者 無暫合義 故言遠離 是抑異品與因遠離 卽揚同品與因永合 若於異品非遠離者 卽於同品恐非永合 非永合故 宗卽傾矣 如似諸火永不生烟 故知靑烟必生於火 設使彼烟亦合於水 誰能望烟定知火乎 又應知 是合離文言 調揩定告之一言 卽生衆過 如合文中 令因合於同品 不令同品合因 離文之中 使異品離於因 非使因離異品 何以故 欲令文義隨順故 謂 離義旣與合義相違 離文宜與合文相倒[46] 是謂文義相順故也[47]

(원효 스님은 [다음과 같이] 말했다.) '다른 경우의 실례[異喩, 이유]' 중에서 '멀리 벗어남[遠離, 원리]'이라는 언구[의 의미는 다음과 같다]. "잠시라도 결합함이 없다."는 의미에서 '멀리 벗어남'

으며 벗어나지 않는다는 점을 제시하는 것. 즉, 긍정적 수반으로서의 변충(遍充)[vyāpti, 또는 주연관계(周延關係)]에 대한 설명이다.

46) 倒 → 例(原).

47) 『因明論疏明燈抄』권3(T68, pp.303c-304a).

이라고 말한다. 이는 '이유[因]'에서 멀리 벗어난 이품(異品)을 억제하면서, '이유'와 언제나 결합하는 동품(同品)을 현양하게 된다. 만일 이품에서 멀리 벗어나는 것이 아니라면, 동품에서 아마 언제나 결합하는 것[만]은 아닐 것이다. 언제나 결합하는 것이 아니기 때문에 '주장'이 기울고 만다. 예를 들어서 "불들이 언제나 연기를 생하지 않기 때문에, 푸른 연기는 반드시 불에서 생기는 것을 안다."는 것과 같다. 만일 그런 연기가 물과 결합한다면 누가 연기를 보고서 불이라고 확실히 알 수 있겠는가? 또 응당 [다음과 같은 사실을] 알아야 한다. 이러한 결합함과 벗어남의 문구들이 정해진 대로 고(告)해야 하는 하나의 언사(言辭)를 농락하면 갖가지 잘못을 생하게 된다. 결합의 문장48)에서는 이유[因]로 하여금 동품에 결합하게 하고49) 동품이 이유에 결합하게 해서는 안 되며,50) 벗어남의 문장51)에서는 이품으로 하여금 이유에서 벗어나게 하고52) 이유로 하여금 이품에서 벗어나게 해서는 안 되는 것53)과 같다. 왜 그런가? '문장의 뜻이 순응하게 만들려고 하기 때문'이다. 이를테면, '벗어남의 뜻'이 이미 '결합의 뜻'과 서로 모

---

48) 같은 경우의 실례를 드는 문장. 즉 동법유(同法喩).
49) 예를 들어서 "주장[宗]: 저 산에 불이 있다. 이유[因]: 연기가 있기 때문에 …"로 시작하는 추론식에서 '아궁이와 같은 실례[喩]'를 들면서 "연기[이유(因)]가 있는 곳에는 반드시 불이 있다[同品]."고 말하는 것.
50) 예를 들어서 위의 추론식에서 "불[同品]이 있는 곳에는 반드시 연기[이유(因)]가 있다."고 말해서는 안 되는 것.
51) 다른 경우의 실례를 드는 문장. 즉 이법유(異法喩).
52) 예를 들어서 앞의 추론식에서 '호수와 같은 다른 경우의 실례[異喩]'를 들면서 "불이 없는[異品] 곳에는 결코 연기[이유(因)]가 없다."고 말하는 것.
53) 예를 들어서 앞의 추론식에서 "연기[이유(因)]가 없는 곳에는 결코 불이 없다[異品]."고 말하지 않는 것.

순되었기에, '벗어남의 문장'은 '결합의 문장'과 서로 반대되어야 한다. 이것이 '문장의 뜻이 서로 순응하[게 만들려고 하]기 때문'이라고 하는 까닭이다.

11. 사인(似因) 가운데 세간상위(世間相違)의 오류

(曉法師云) 如說懷兎者 是有法 非月者是法 法與有法 合以爲宗 言有故者 是因 彼說同喻 言猶如窓牖 是師意言 月是天孔中空之無 懷兎是圖孔之處故 言 懷兎非月 是有故 而諸世間 皆謂懷兎 是月 月體非空 故相違也54)

(원효 스님은 [다음과 같이] 말했다.) '회토(懷兎)'55)는 유법(有法)이다. "달이 아니다."는 법(法)이다. 법과 유법이 결합함으로써 주장[宗]이 된다. '존재이기 때문에'라고 말한 것은 이유[因]다. 그는 동유(同喻)를 설하여 "마치 창문과 같다."56)고 말한다. 이 논사(論師)의 생각을 말하면 다음과 같다. 달은 하늘의 구멍으로 허공이 없는 곳인데, '회토'는 그런 구멍에 그림을 그린 곳이기 때문에, "회토는 달이 아니다. 존재이기 때문에"라고 말한다. 그러나 세간에서는 모두들 "회토는 달이며, 달 그 자체는 허공이 아니

54) 『因明論疏明燈抄』권3(T68, p.313a).
55) 우리나라에서도 달에서 "옥토끼가 떡방아를 찧는다."라고 하듯이 토끼의 모습이 보이기에 붙은 이름이다.
56) 여기서 말하는 창문은 현대와 같은 투명한 유리창이 아니라, 한지(韓紙)를 바른 창일 것이다. 과거에는, 한지를 바른 창에 사군자와 같은 갖가지 그림을 그려놓기도 했다. 달에서 옥토끼가 떡방아를 찧는다는 전설적 묘사에서 보듯이, 달에서 토끼를 품은[懷兎, 회토] 모습이 보인다. 회토 역시 한지 창문의 그림과 마찬가지로 달에 그려진 그림이다. 논사는, 한지로 된 창문에 그려진 그림이 창문이 아닌 것과 같이 달에서 보이는 회토는 달이 아니라고 생각하는 것이다.

다.”라고 말한다. 따라서 [세간]상위[의 오류]인 것이다.[57]

12. 사인(似因) 가운데 여섯 가지 부정인(不定因)

(曉云) 問 依三轉句 應有餘句 何者 依第一[58]轉更生二句 一同
品一分轉異品遍不轉 二同品遍轉異品遍不轉 依第二轉亦有二句
一異品[59]一分轉同品遍不轉 二異品遍轉同品遍不轉 依第三轉亦
有二句 一俱品遍轉 二俱品遍不轉 如是推求 合有九句 此中何故
六句不來 答 初二句者 是無過因 已[60]在於前二種眞因也 中間
二[61]句 是相違因 及入於後四種相違 故彼四句 不來此門 後二句
者 先來已入 而轉名故 汝不識了 俱品遍轉者 轉名爲共 在第一因
俱品遍不轉者 轉名不共 是第二句 何以轉名者 不耐煩文故 故知
究尋一切 無所遣[62]也[63]

(원효는 [다음과 같이] 말했다.)

묻는다. ‘해당함[轉, 전]’이[라는 문구가] 있는 세 구절[64]에 의
지하여 다른 구절들이 있어야 하리라. [그것들은] 무엇인가? 첫

---

57) 규기(窺基)의 『因明入正理論疏』권2(T44, p.115b)에서는 “토끼를 품
은 것은 달이 아니다. 실체를 갖기 때문에. 마치 해와 별 등처럼. 비록
이유[因]와 실례[喩]가 올바르지만 주장[宗]이 세간[의 상식]과 위배되
므로 오류라고 이름한다(懷兎非月 有體故 如日星等 雖因喩正 宗違世
間 故名爲過)”고 해설한다.
58) 一 → 二(甲).
59) 위의 ‘一分’에서 ‘品’까지 29자 누락(甲).
60) 已 → 也(甲).
61) 二 → 三(甲).
62) 遣 → 遺(甲).
63) 『因明論疏明燈抄』권4(T68, p.355a-b).
64) 『인명입정리론』에서 열거하는 여섯 가지 부정인 가운데 제3, 제4, 제
5의 세 가지 부정인.

번째의 '해당함'[(3)]에 의지하여 다시 두 가지 구절이 생긴다. 첫째는 ①동품의 일부에 해당하고 이품에는 모두 해당하지 않는 것이고, 둘째는 ②동품에는 모두 해당하고 이품에는 모두 해당하지 않는 것이다. 두 번째의 '해당함'[(4)]에 의지해서도 두 가지 구절이 있다. 첫째는 ③이품에는 일부만 해당하고 동품에는 모두 해당하지 않는 것이고, 둘째는 ④이품에는 모두 해당하고 동품에는 모두 해당하지 않는 것이다. 세 번째의 '해당함'[(5)]에 의지해서도 두 가지 구절이 있다. 첫째는 ⑤[동품과 이품의] 양쪽에서 모두 해당하는 것이고, 둘째는 ⑥양쪽에서 모두 해당하지 않는 것이다. 이와 같이 추구하면 모두 합하여 아홉 가지 구절이 있게 된다. [그런데] 여기서 어째서 [이러한] 여섯 구절을 도입하지 않았는가?

답한다. 처음의 두 가지 구절[①②]은 오류가 없는 이유[因]로, 앞의 두 가지 '참된 이유[眞因]'[65]에 이미 수록되어 있다. 중간의 두 가지 구절[③④]은 '상위인(相違因)'인데, 나중[에 거론하는] 네 종류의 상위인에 들어가기 때문에 이 [부정인의] 부문에 도입하지 않았다. 나중의 두 가지 구절[⑤⑥]은 앞에서 이미 도입했는데 '해당함'이라는 명칭 때문에 그대가 알아채지 못한 것이다. [동품과 이품의] 양쪽에서 모두 해당하는 것[⑤]의 경우 '공통됨[共]'으로 명칭이 바뀌어서 첫 번째의 [부정]인에 수록되어 있고[(1)], 양쪽에서 모두 해당하지 않는 것[⑥]의 경우 '공통되지 않음[不共]'으로 명칭을 바꾼 것으로 두 번째 구절이다[(2)]. 어째서 이름을 바꾼 것인가? 번잡한 문장을 감내(堪耐)하지 못하기 때문이다. 따라서 모든 것을 끝까지 찾아보니 버린 것이 없음을 안다.

---

65) 정인(正因)을 의미한다.

제2부
원효의 판비량론

因明入正理論
인명입정리론

判比量論
판비량론

'『인명입정리론』에 근거한 논쟁서' '인명학의 전범(典範)'

『판비량론』
필사본의 해서체 복원*

칸다(神田喜一郞) 기증본
사카이우키치(酒井宇吉) 소장본
회향게가 실린 단편
오치아이(落合博志) 소장본
바키에이(梅溪) 구장본(旧蔵本)
고토(五島)미술관 소장본
미쓰이(三井)기념미술관 소장본
도쿄(東京)국립박물관 소장본

---

* 필사본 가운데 '칸다 기증본, 사카이 소장본, 그리고 회향게'의 복원문
은 필자의 졸저 『원효의 판비량론 기초 연구』의 내용 거의 그대로이며
(제7절의 '惠'를 '名'으로 訂正한 것만 다름), '오치아이 소장본, 바키에
이 구장본, 고토미술관 소장본, 미쓰이기념미술관 소장본, 그리고 도쿄
국립박물관 소장본의 복원문'은 2019년 동국대학교출판부에서 출간한
'한글본 한국불교전서 신라23', 『중변분별론소 제3권 외』에 실은 필자
의 번역문을 거의 그대로 옮긴 것이다.

칸다(神田) 기증본[1], 7장 뒤-8장 앞

---

1) 칸다키이치로(神田喜一郞) 소장본이었으나, 1984년 4월 10일 칸다 사
   망 이후 10월에 유족들이 오타니(大谷) 대학이 기증하였다.

定過亦能破彼是等難故又應定問汝言非顯淨　1－1

土言中淨土之名爲舉淨土之體爲不舉耶若言　1－2

舉者則違自宗此淨土敎能顯淨土故若不舉　1－3

者不違他宗非顯之言不遮淨土故於此兩兩關心　1－4

弁彼意在前則墮自語相違過失若彼救言此　1－5

淨土名舉淨土體而之名不入淨土之敎故無自語　1－6

相違過者則以此名亦成不定如是進退皆不應理　1－7

　二量　1－8

八　執四分者爲破三分立比量云自證必有卽體能證　1－9

心分攝故猶如相分自證應非心分所攝以無卽體　1－10

칸다(神田) 기증본, 8장 뒤

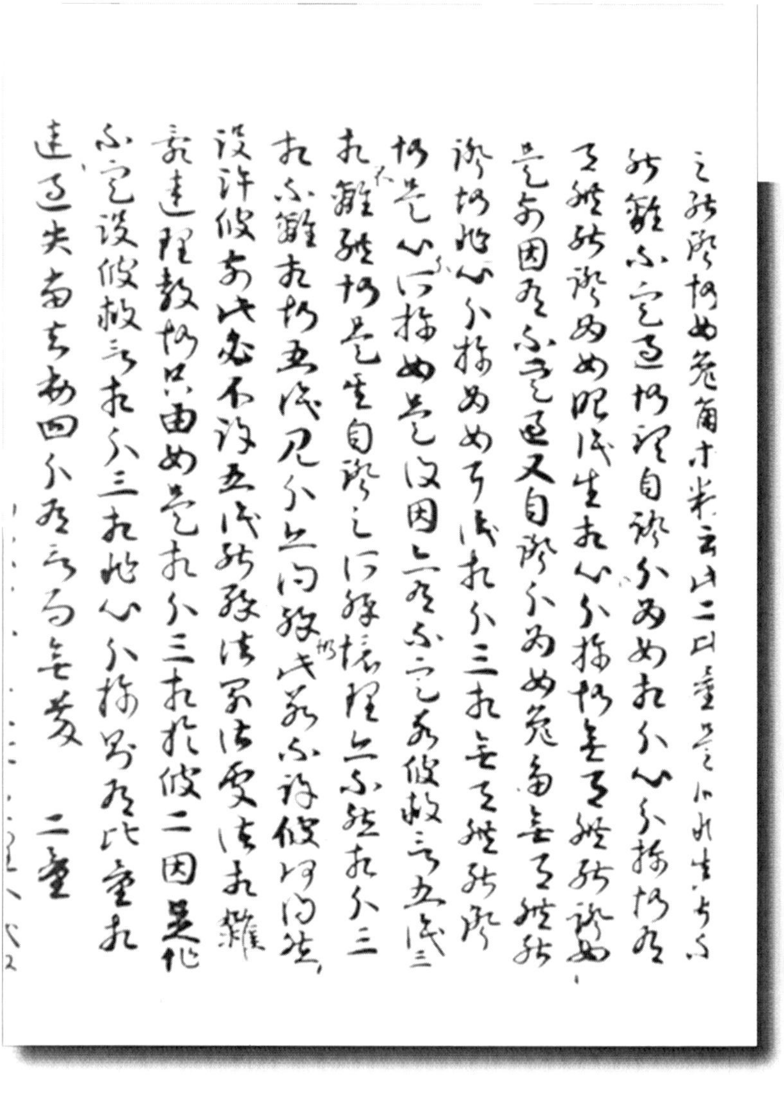

能離不定過故謂自證分爲如相分心分攝故有　2－1

卽體能證爲如眼識生相心分攝故無卽體能證如　2－2

是前因有不定過又自證分爲如兎角無卽體能　2－3

證故非心分攝爲如耳識相分三相無卽體能證　2－4

故是心 分所攝如是後因亦有不定若彼救言五識三　2－5

相 不離體故是其自證之所緣境理亦不然相分三　2－6

相不離故五識見分亦得緣 故此若不許彼何得然　2－7

設許彼前此必不許五識能緣法界諸處法相雜　2－8

亂違理教故只由如是相分三相於彼二因並作　2－9

不定設彼救言相分三相非心分攝則有比量相　2－10

* 초서체 필사자는 누락된 글자를 삽입할 곳의 우측에 작게 적었는데, 위에서 보듯이 이를 추가하면서 글자 우측 위에 * 표시를 하였다.

칸다(神田) 기증본, 9장-10장 앞

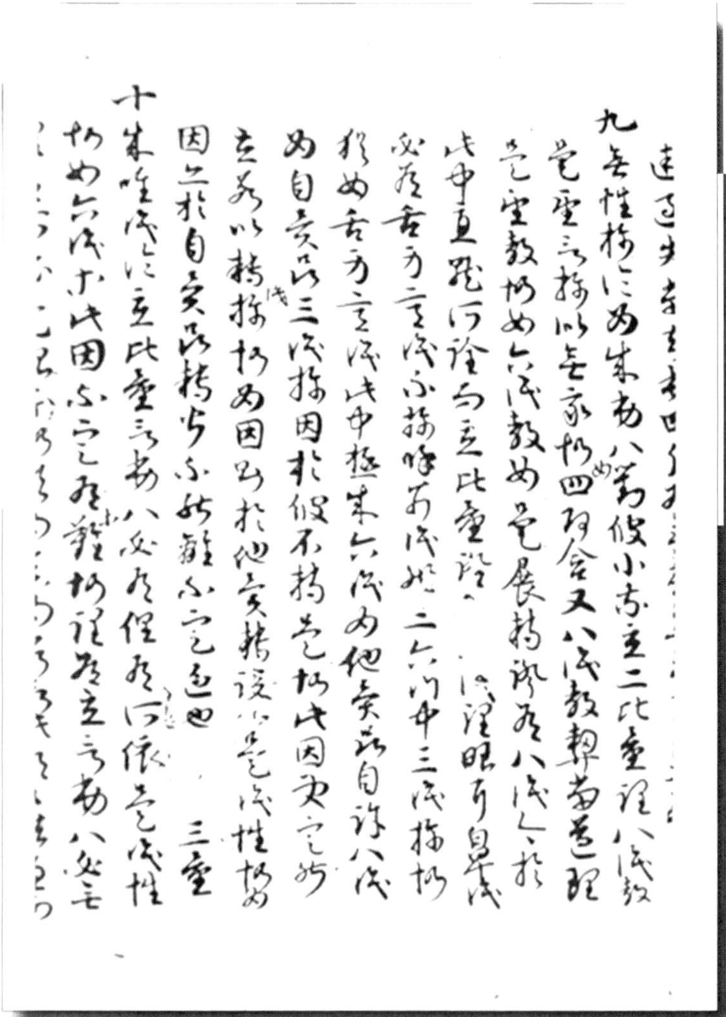

九　無性攝論爲成第八對彼小乘立二比量謂八識教　3-1

是聖言攝似無我故　*如　四阿含又八識教契當道理　3-2

是聖教故如六識教如是展轉證有八識今於　3-3

此中直就所詮而立比量證第八識謂眼耳鼻識　3-4

必有舌身意識不攝餘別識體三六門中三識攝故　3-5

猶如舌身意識此中極成六識爲他異品自許八識　3-6

爲自異品三識攝因於彼不轉是故此因決定能　3-7

立若以轉 *識攝故爲因則於他異(品)轉設以是識性故爲　3-8

因亦於自異品轉皆不能離不定過也　三量　3-9

十　成唯識論立比量言第八必有俱有所依是識性　3-10

'3-8'열의 (品)자는 초서체 필사본에는 없지만, 그 의미 맥락에서 볼 때 누락되었을 것으로 추정되는 글자다.

칸다(神田) 기증본, 10장 중간

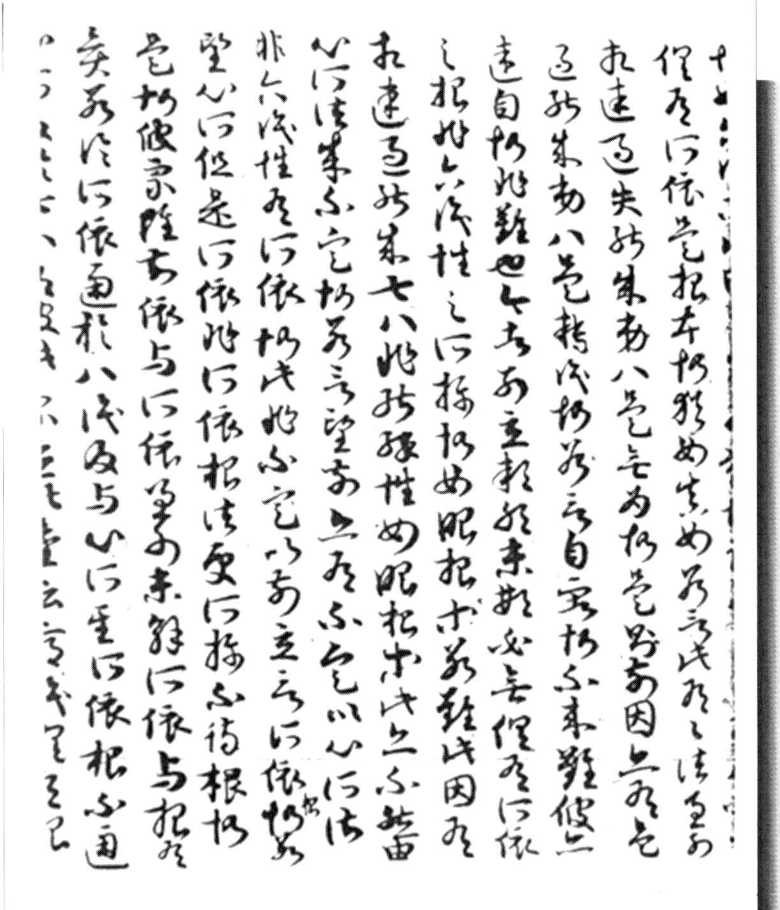

俱有所依是根本故猶如眞如若言此有有法差別　4－1

相違過失能成第八是無爲故是則前因亦有是　4－2

過能成第八是轉識故若言自害故不成難彼亦　4－3

違自故非難也今者別立賴耶末那必無俱有所依　4－4

之根非六識性之所攝故如眼根等若難此因有　4－5

相違過能成七八非能緣性如根等此亦不然由　4－6

心所法成不定故若言望前亦有不定以心所法　4－7

非六識性有所依故此非不定以前立言所依[*]根故若　4－8

望心心所但是所依非所依根法處所攝不待根故　4－9

是故彼宗雖知依與所依差別未解所依與根有　4－10

칸다(神田) 기증본, 10장 뒤-11장 앞

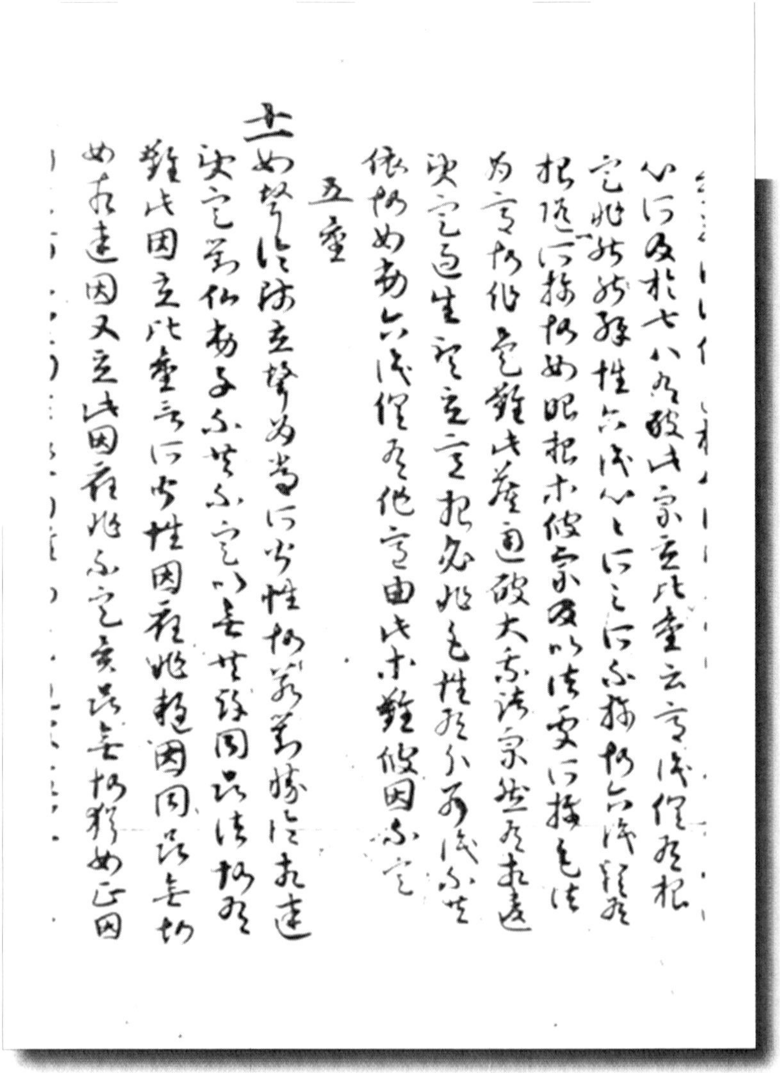

心所及於七八有破此宗立比量云意識俱有根　5-1

定非能能緣性六識心心所之所不攝故六識俱有　5-2

根隨[*]一所攝故如眼根等彼宗反以法處所攝色法　5-3

爲意故作是難此難通破大乘諸宗然有相違　5-4

決定過生謂立意根必非色性有分別識不共　5-5

依故如第六識俱有作意由此等難彼因不定　5-6

　　五量　5-7

十一 如聲論師立聲爲常所聞性故若對勝論相違　5-8

決定對佛弟子不共不定以無共許同品法故有　5-9

難此因立比量言所聞性因應非疑因同品無故　5-10

如相違因又立此因應非不定異品無故猶如正因　5-11

5-2의 "定非能能緣性 …"에 '能'자 하나는 삭제함이 옳다.

칸다(神田) 기증본, 11장 중간

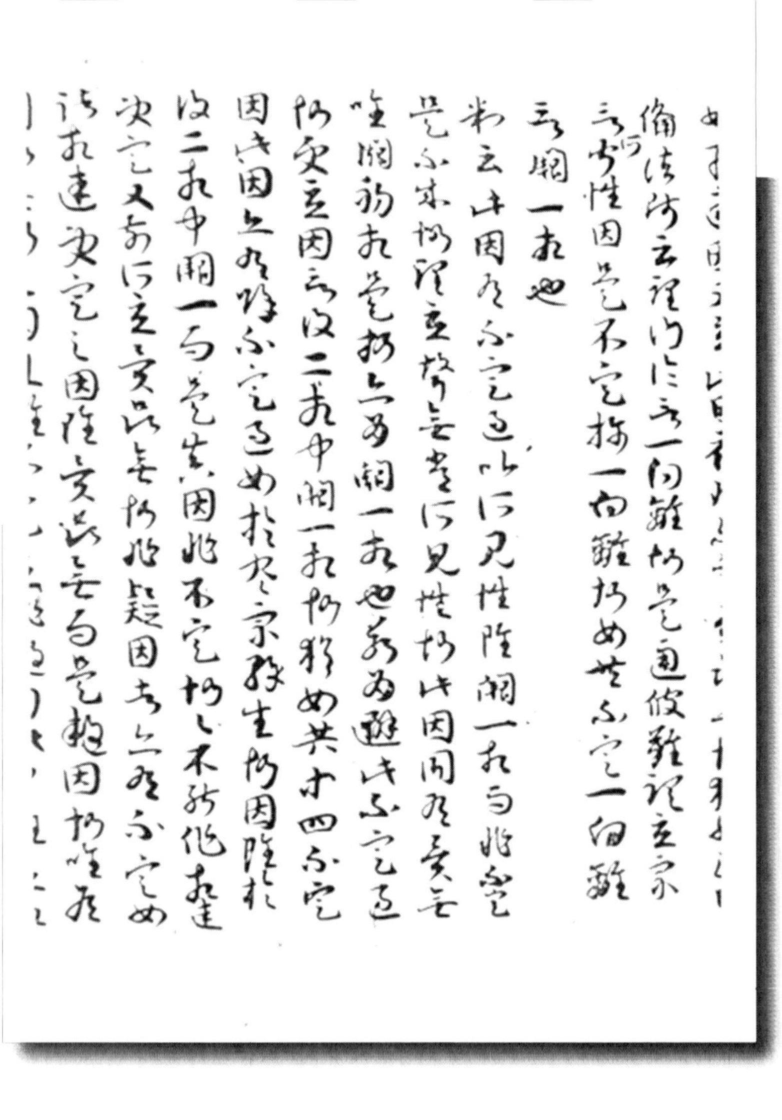

備法師云理門論言一向離故是通彼難謂立宗　6-1

言*所聞性因是不定攝一向離故如共不定一向離　6-2

言闕一相也　6-3

判云此因有不定過以所見性故雖闕一相而非不定　6-4

是不成故謂立聲無常所見性故此因同有異無　6-5

唯闕初相是故亦爲闕一相也若爲避此不定過　6-6

故更立因言後二相中闕一相故猶如共等四不定　6-7

因此因亦有餘不定過如於空宗緣生故因雖於　6-8

後二相中闕一而是眞因非不定故故不能作相違　6-9

決定又前所立異品無故非疑因者亦有不定如　6-10

諸相違決定之因雖異品無而是疑因故唯有　6-11

칸다(神田) 기증본, 11장 뒤

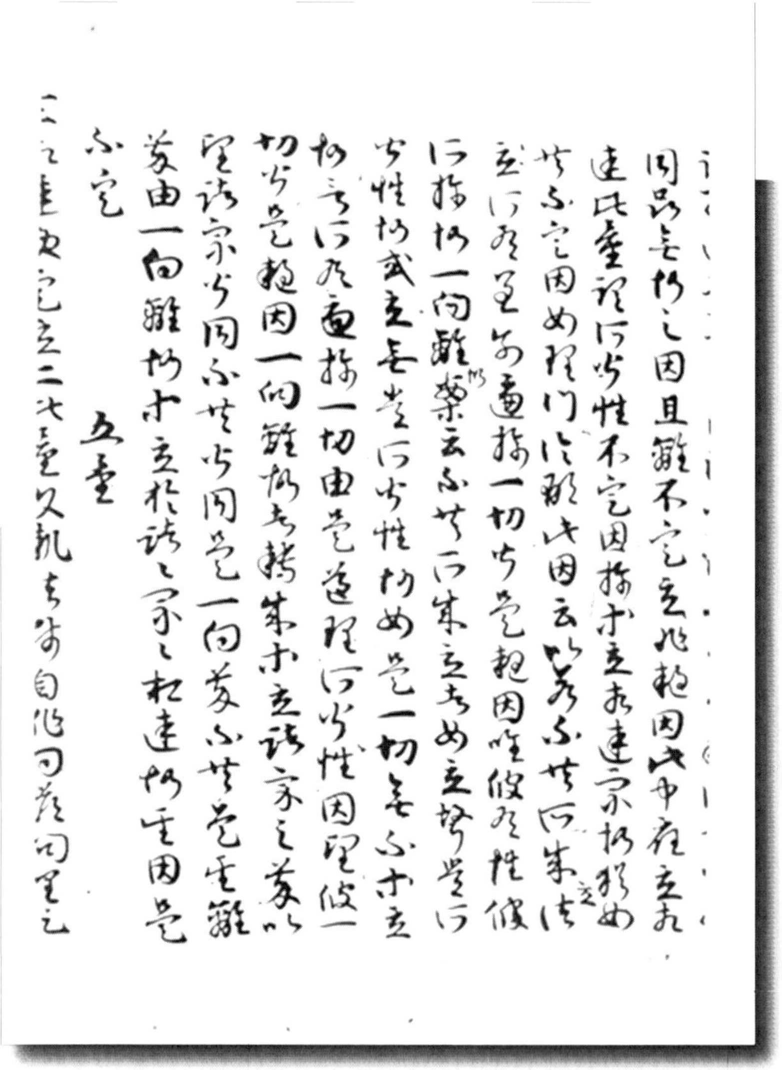

同品無故之因且離不定立相非疑因此中應立相 7-1
違比量謂所聞性不定因攝等立相違宗故猶如 7-2
共不定因如理門論顯此因云以若不共所成 *立法 7-3
立所有差別遍攝一切皆是疑因唯彼有性彼 7-4
所攝故一向離 *故案云不共所成立者如立聲常所 7-5
聞性故或立無常所聞性故如是一切無不等立 7-6
故言所有遍攝一切由是道理所聞性因望彼一 7-7
切皆是疑因一向離故者轉成等立諸宗之義以 7-8
望諸宗皆同不共皆同是一向義不共是其難 7-9
義由一向離故等立於諸諸宗宗相違故其因是 7-10
不定　　　　五量 7-11

칸다(神田) 기증본, 12장-13장 앞

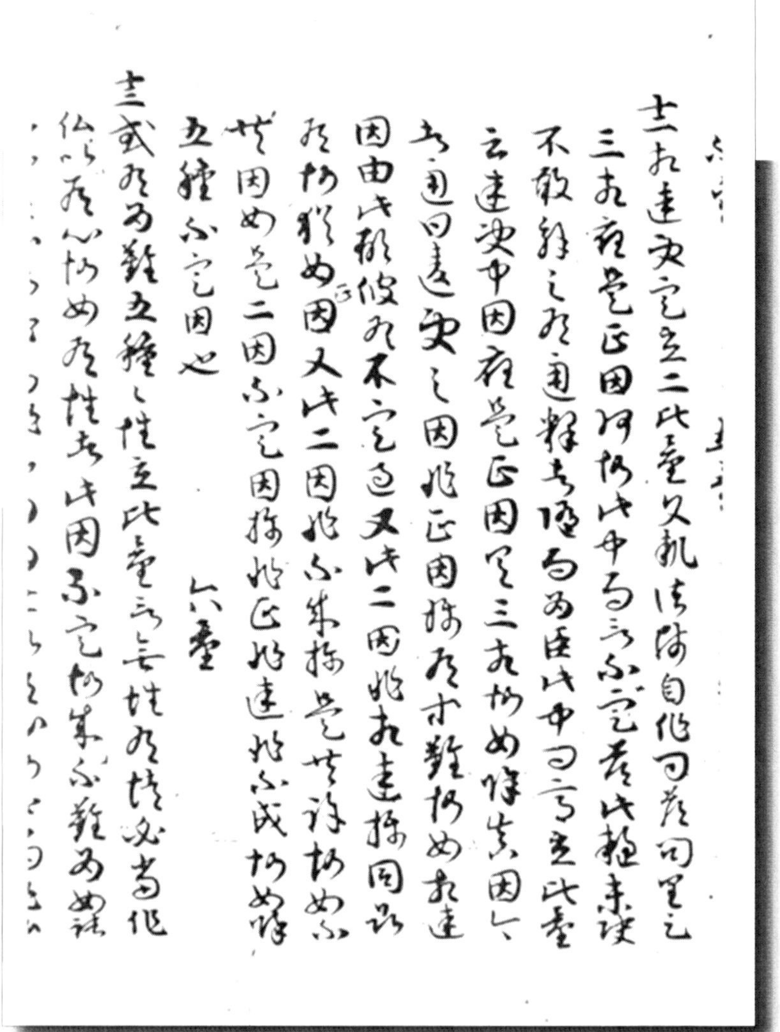

十二 相違決定立二比量文軌法師自作問答問具足 8-1

三相應是正因何故此中而言不定答此疑未決 8-2

不敢解之有通釋者隨而爲臣此中問意立比量 8-3

云違決中因應是正因具三相故如餘眞因今 8-4

者通曰違決之因非正因攝有等難故如相違 8-5

因由此顯彼有不定過又此二因非相違攝同品 8-6

有故猶如 *正因又此二因非不成攝是共許故如不 8-7

共因如是二因不定因攝非正非違非不成故如餘 8-8

五種不定因也　　　六量 8-9

十三 或有爲難五種種性立比量言無性有情必當作 8-10

칸다(神田) 기증본, 13장 뒤-14장 앞

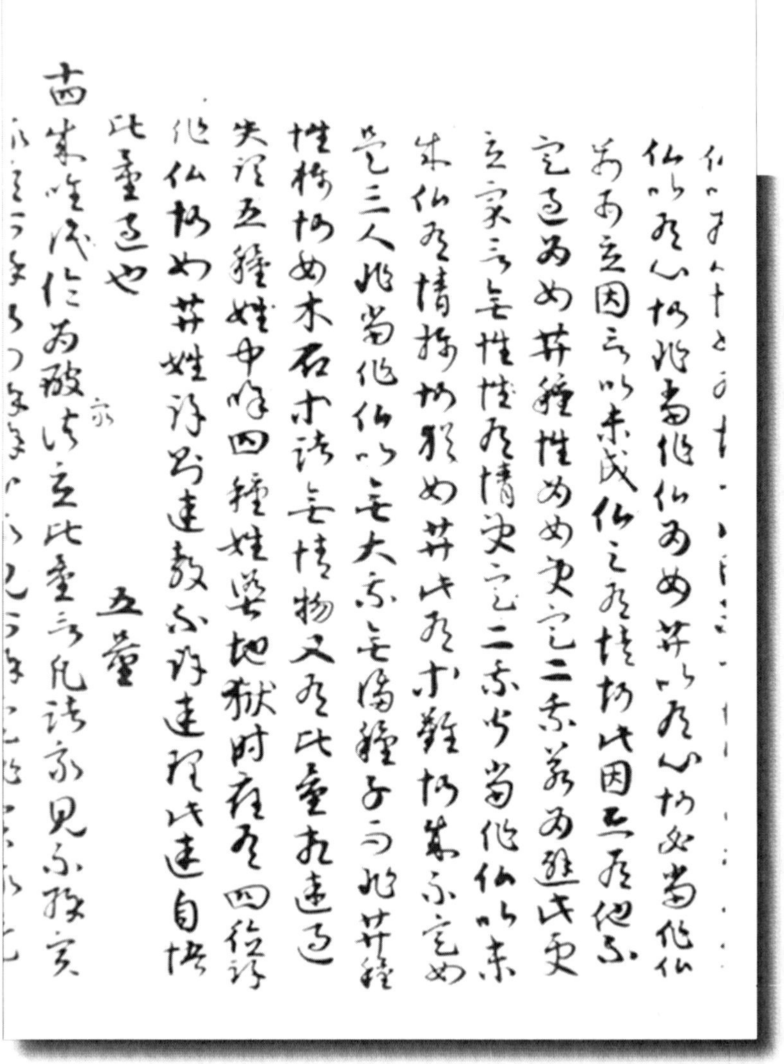

佛以有心故非當作佛爲如菩薩以有心故必當作佛　9－1

前別立因言以未成佛之有情故此因亦有他不　9－2

定過爲如菩薩種性爲如決定二乘若爲避此更　9－3

立宗言無性有情決定二乘皆當作佛以未　9－4

成佛有情攝故猶如菩薩此有等難故成不定如　9－5

是三人非當作佛以無大乘無漏種子而非菩薩種　9－6

性攝故如木石等諸無情物又有比量相違過　9－7

失謂五種姓中餘四種姓墮地獄時應有四德許　9－8

作佛故如菩薩姓許則違教不許違理此違自悟　9－9

比量過也　　　　　　五量　　　　　　　9－10

十四　成唯識論爲破 *我 法立比量言凡諸我見不緣實　9－11

칸다(神田) 기증본, 14장 앞

我有所緣故如緣餘心我見所緣定非實我是　10—1

所緣故如所餘法又言外道餘乘所執諸法異心　10—2

心所非實有性是所取故如心心所能取彼覺亦　10—3

不緣彼是能取故如緣此覺判云此中有四比量　10—4

是眞能破破我法故無過生故或因此破破大乘　10—5

云諸緣第八識見不緣阿賴耶相有所緣故如緣　10—6

(64)

2) 성무천황(聖武天皇, 701-756)의 비(妃)인 광명황후(光明皇后) 소장 문헌 확인 날인(篆書體).

사카이우키치(酒井宇吉) 소장본[3)]

---

3) 1967년 칸다키이치로(神田喜一郎) 소장본을 영인하여 출판한 직후, 도쿄의 사카이우키치(酒井宇吉)가 소장한 수감(手鑑, 감상용 서첩[書帖])에 들어있던 단편 역시 『판비량론』의 일부임이 확인됨.

何可言類同相異同異二義耳相乖違而　11-1

言體一必不應理判云此中有九比量於中前六　11-2

破彼本執後之三量破衆賢救謂和合時應　11-3

非眼等異前眼等故猶如色聲等又類應非　11-4

同與異體一故猶如異相相亦非異與同一體故　11-5

故猶如同類違自比量故不應理此中或有　11-6

還破大乘謂大乘色處應非假色是所知故如　11-7

聲處等餘處亦爾若大乘宗許有假色則不能　11-8

離如是等過然眞大乘亦不許有如言假色說　11-9

有實色故彼比量便立已成蘊界處等一切法　11-10

門皆於絶言假施設故　十量　11-11

회향게가 실린 단편[4)

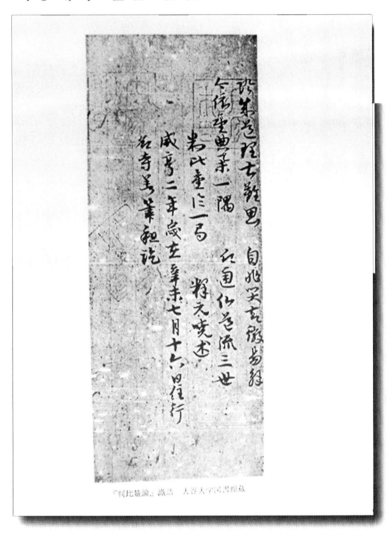

『判比量論』 殘簡 大谷大学図書館蔵

---

4) 伊勢山田의 箕曲龜哉 소장품이었는데, 1912년 간행된 『書苑』 제7호에
   그 영인본이 실리면서 세상에 알려졌고, 곧이어 『大日本續藏經』에 수
   록되었다가 1978년 재발견되어 칸다키이치로에게 전달되었다.

證成道理甚難思　自非笑却微易解　12—1

今依聖典擧一隅　願通佛道流三世　12—2

判比量論一卷　釋元曉述　12—3

咸亨二年歲在辛未七月十六日住行　12—4

名寺着筆粗訖　12—5

오치아이(落合博志) 소장본[5]

5)　일본의　국문학연구자료관(國文學硏究資料館)　오치아이히로시(落合博志) 교수 소장본. 『古筆への誘い』(東京: 三彌井書店, 2005), pp134-135에 수록.

1 六陳那菩薩但立二量聖言量等比量攝故有立比量

2 破此宗言現量必有比量不攝餘別量体以是量

3 故猶如比量必有現量不攝餘別量体以是量

4 故猶如現量此中應決定問外人汝言比量不攝餘

5 別量者爲取汝宗偏局比量爲取我宗遍攝比量

6 曾當實有若爾彼立去來實有則離如前立已成

7 過若立已成還自害故故於二過取隨一也或前直

8 言去來實有不簡現曾故立已成今云現有故無自

9 害最後一量顯彼敵量其文自彰不須重解　七量

‘1–5’ 및 ‘6–9’의 두 장을 이어붙인 단편

바키에이(梅渓) 구장본(旧蔵本)[6]

6) 神奈川県立金沢文庫에서 출간한 '『アンニョンハセヨ!元暁法師－日本がみつめた新羅・高麗仏教－』(神奈川県横浜市: 神奈川県立金沢文庫), 2017, 28'의 사진 16-2.

5　4　3　2　1

5	4	3	2	1
相分及成所作智亦緣眼根現眼相分如此眼根是	大乘宗自在菩薩六識互用眼識亦得緣彼眼根現其	因不定故非爲散(敵)謂小乘宗自許眼根定離眼識若	等者則不得遮彼相違難文軌法師通此難云此	非離識眼耶若爲避此不定過故須言極成初三

* 제1열 서두의 非離識眼耶는 非離眼識耶의 오사다. 즉 필사자가 '識'자와 '眼'자를 바꾸어 적었다. 젠주 역시 이를 알았기에 수정하여 인용하였다.

고토(五島)미술관 소장본[7]

7) 神奈川県立金沢文庫에서 간행한, 『アンニョンハセヨ！元曉法師－日本
がみつめた新羅・高麗仏教－』(神奈川県横浜市: 神奈川県立金沢文庫),
2017, 28'의 참고 도판(2). 古筆手鑑「染紙帖」속에 (東寺切)로 분류되
어 있다.

7	6	5	4	3	2	1
比量非彼所計彼因不定此決定故設求此因有不	淨土教能顯正義極成外論所不攝故如中土教如是	此難作不定過此極成色爲如眼根自許初三攝眼	識之色自許初三攝眼識不攝故猶如眼根我遮	於前謂若爲我作相違過云極成之色應非離	識不攝故猶如眼根遮相違難避不定過屨類	量言眞故極成色定離於眼識自許初三攝眼

* 1-5 및 6-7의 두 장을 이어붙인 단편이다. 6, 7열은 『판비량론』 제7장에 해당한다.

미쓰이(三井)기념미술관 소장본[8)]

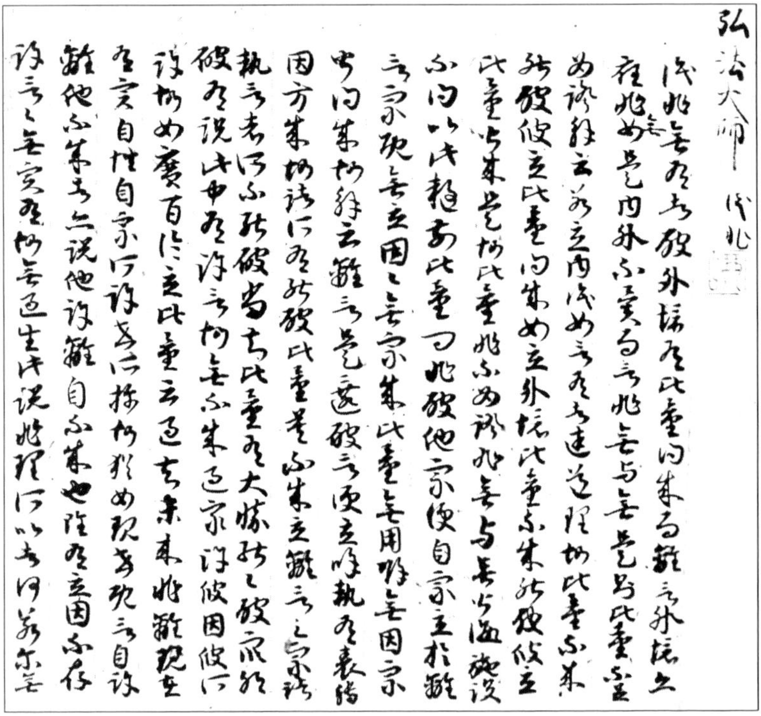

8) 神奈川県立金沢文庫에서 간행한, ‘『アンニョンハセヨ！元暁法師－日本がみつめた新羅 · 高麗仏教－』(神奈川県横浜市: 神奈川県立金沢文庫), 2017, 28’의 참고 도판(1). 古筆手鑑 「高松帖」에 들어 있음.

9) 弘法大師 識非 〔印〕

15	14	13	12	11	10	9	8	7	6	5	4	3	2	1
許	離	有	破	許	執	因	皆	言	不	比	能	為	應	識
言	他	實	有	故	言	方	得	宗	得	量	破	證	非	非
言	不	自	說	如	者	成	成	既	以	皆	彼	解	無	無
無	成	性	此	廣	所	故	故	無	此	成	立	云	如	有
實	者	自	中	百	不	諸	解	立	疑	是	比	若	是	者
有	亦	宗	有	論	能	所	云	故	前	因	量	立	內	破
故	說	所	許	所	破	有	離	諸	比	無	非	內	外	外
無	他	許	言	許	比	能	言	所	量	宗	不	識	不	境
過	許	世	故	世	量	破	是	離	問	成	為	如	異	有
生	離	所	無	所	有	比	遮	言	非	破	證	言	而	比
此	自	攝	不	攝	大	量	破	是	破	比	非	有	言	量
說	不	故	成	故	我	豈	言	遮	比	量	無	者	非	得
非	成	猶	過	猶	許	不	無	破	量	便	與	違	無	成
理	也	如	去	如	彼	成	用	言	無	用	無	道	是	而
所	雖	現	未	現	因	大	餘	之	宗	自	因	理	則	離
以	有	世	來	世	彼	勝	執	宗	立	宗	宗	故	比	言
者	立	既	非	既	所	能	有	諸	於	立	立	比	量	外
何	因	言	離	言		能	表		離		於	量	不	境
若	不	不	現	不		破					離	不	成	亦
爾	存	存	在	許		眾				設		成	彼	不
無		許	自			邪						立		並

---

9) '弘法大師 識非' '識非로 시작하는 홍법대사 空海의 글씨'라는 의미이고 아래의 〔印〕은 이를 감정한 사람의 낙관이다. 물론, 잘못된 감정이다.

도쿄(東京)국립박물관 소장본[10]

---

10) 東京國立博物館의 画像檢索 사이트(http://webarchives.tnm.jp/imgse
    arch/show/E0059947 [2017.7.26].)에 공개되어있는 자료.

11) 弘法大師 量故

5	4	3	2	1	弘法大師　量故 [印]山
如是能相者亦有衆多法唯不越所相能表示非餘	一事有多法相非一切行唯由簡別餘表定能隨逐	非互不成猶豫言詞後轉成故後明自悟比量頌曰	論悟他中言唯有共許決定言詞說名能立或名能破	量故非共許而無過失是二差別以何爲證如理門	12) 東寺切 コロコロ切

---

11) ‘弘法大師 量故’ ‘量故로 시작하는 홍법대사 空海의 글씨’라는 의미이
   고 아래의 [印]은 이를 감정한 사람의 낙관. 잘못된 감정이다.
12) 東寺切: 弘法大師 空海의 초서체 붓글씨에 대한 호칭.

『판비량론』 필사자의 정체

『판비량론』 필사자가 원효 스님 아니었을까?

『판비량론』 필사본을 해독하다 보면 으레 이런 의문이 들게 마련이다. 『판비량론』 필사본 가운데 '회향게가 실린 단편'에는 다음과 같은 지어(識語)가 실려 있다.

判比量論 一卷 釋元曉 述
咸亨 二年 歲在辛未 七月 十六日 住行名寺 着筆 粗訖
『판비량론』 1권, 석원효 지음.
함형 2년 신미년 7월 16일 행명사에 머물며 붓을 잡고서 거칠게 마치다.

함형 2년(신미년)은 서기로 환산하여 671년인데 『판비량론』을 완성한 날짜가 7월 16일로 명기되어 있고, "붓을 잡아서 거칠게 마치다(着筆粗訖)."라는 현장감 있는 문장으로 끝을 맺고 있기에 이 필사본이 원효의 친필일 수 있겠다는 기대감이 든다. 그러나 단적으로 말해서 필사자가 원효일 리는 없을 것 같다. 왜냐하면 저자인 원효가 결코 범했을 것 같지는 않은 필사의 실수가 많이 보이기 때문이다. 불교에 정통한 사람이 아니면 도저히 이해할 수 없는 전문용어가 『판비량론』에 많이 등장하기에, 필사자가 불교에 문외한은 아니었으리라. 그러나 『판비량론』 저술의 토대가 되는 인명학에 대해서는 정통하지 못한 인물이었던 것 같다. 『판비량론』 필사본을 보면 간혹 행간에 삽입한 작은 글자가 눈에 띄는데,

이는 필사과정에서 빠뜨린 글자를 필사가 끝난 후, 원문과 대조하면서 첨가한 것들이다. 몇 가지 예를 제시하면 다음과 같다.

① '故, 不, 分'자 첨가   ② '正'자 첨가   ③ '我'자 첨가

하얀색 동그라미로 표시한 것이 필사자가 행간에 추가한 글자들이다. 자료①은 제8절, 자료②는 제12절, 자료③은 제14절의 일부다. 이 세 가지 자료의 해서체 복원문과 그에 대한 번역은 아래와 같은데, 필사자가 나중에 추가한 글자의 경우 원문과 우리말 번역문 모두 '위첨자'의 형식으로 작게 표기하였다.

① 제8절 일부 - '故, 不, 分'자 첨가

> 故是心^分所攝如是後因亦有不定若彼救言五識三　2-5
> 相^不離體故是其自證之所緣境理亦不然相分三　2-6
> 相不離相故五識見分亦得緣^故此若不許彼何得然　2-7

　… 기에 심^분(心^分)에 포함되는 것인가? 이와 같이 나중에 들었던 인(因)도 역시 부정(不定)의 과실을 갖게 된다. 만일 그가 이런 궁지에서 벗어나기 위해, '5식(五識)의 [상분(相分)의] 3상(三相)은 체(體)에서 벗어난 것이 ^{아니}기에, 이는 그것의[= 5식의] 자증분(自證分)의 대상이다'라고 말해도 이치에 맞지 않다. '[5식의] 상분(相分)의 3상은 상(相)에서 벗어난 것이 아니기 때문에, 5식의 견분(見分)이 역시 대상으로 삼을 수 있^{기' 때문이}다. 만일 [후자인] 이 논증을 인정하지 않는다면, [전자인] 저 논증은 어떻게 옳을 수 있겠는가? …

② 제12절 일부 - '正'자 첨가

因由此顯彼有不定過又此二因非相違攝同品　8-6
有故猶如^正因又此二因非不成攝是共許故如不　8-7

… 인 …. 이로 인해 그것에 부정의 허물이 있음이 드러난다.
[종] 이런 두 가지 인(因)은 상위인(相違因)에 포함되지 않는다.
[인] 동품(同品)이 존재하기 때문에. [유] 마치 ^정인(^正因)과 같이.
[종] 이런 두 가지 인(因)은 불성인(不成因)에 포함되지 않는다.
[인] 양측 모두 인정하는 것이기 때문에. [유] 마치 부 …(不 …

③ 제14절 일부 - '我'자 첨가

比量過也　　　　　　　　　五量　　　　　　　9-10
十四 成唯識論爲破^我法立比量言凡諸我見不緣實　9-11

… 비량(比量)의 과실'이다. 이상 다섯 가지 양(量).
　제14절. 『성유식론(成唯識論)』에서는 ^{아(我)}와 법(法)을 논파하기
위해 논증식을 세워 다음과 같이 말한다. [종] 무릇 갖가지 아견
(我見)들은 참된 … 를 대상으로 삼지 않는다. …

　위에 제시한 『판비량론』의 세 가지 원문과 번역문에서, '위첨자
형식으로 작게 표기한 글자들'은, 필사자가 문장의 의미를 이해하
면서 옮겨 적었다면 절대로 빠뜨릴 수 없는 글자들이다. 다시 말
해 『판비량론』의 필사자는 대부분의 문장을 그 내용에 대한 이해
없이 기계적으로 베껴 쓴 듯하다. 『판비량론』의 필사자가 저자인
원효였다면 결코 있을 수 없는 일이었으리라.

바키에이 구장본 우측 상단

非
離
識
眼
耶

또 『판비량론』 필사본 가운데 '바키에이(梅渓) 구장본(旧蔵本)'에서는 현장의 유식비량(唯識比量)을 비판하는데, 왼쪽 사진에서 보듯이 우측 상단에 적힌 문구에서 글자의 순서가 바뀌어 있다. 필사본에는 '非離識眼耶(비리식안야)'로 되어 있는데 의미상 '非離眼識耶(비리안식야)'로 필사했어야 한다. 교정 표시가 없는 것으로 보아, 필사를 완료한 후에도 필사자가 오사(誤寫)라고 생각하지 않은 듯하다. 그 내용을 이해하는 필사자라면 있을 수 없는 일이다. 순서를 바로잡은 후 이어지는 문장과 함께 인용하면 다음과 같다.

> 非離眼識耶 若為避此不定過故 須言極成初三等者 則不得遮彼相違難
> 안식을 벗어난 것이 아닌 것인가? 만일 이런 부정인의 오류를 피하기 위해 '양측 모두 인정하는[極成] 初三에 포함되면서…'라고 말할 필요가 있다면, 상위에 의거한 상대방의 비판을 막을 수 없다.

그런데 이 문장은 『대정신수대장경』 제68권에 수록된 선주(善珠)의 『인명론소명등초(因明論疏明燈抄)』에도 수록되어 있다. 선주는 유식비량의 타당성에 대한 논란을 소개하면서 『판비량론』을 인용하고 있는데, 그 말미에 이 문장이 실려 있다. 인용문 전문은 다음과 같다.

> 本是曉製 彼師 判比量論云(본래 이것은 원효 스님이 지은 것이다. 그 스님의 『판비량론』에서는 다음과 같이 말한다.) "今謂此因勞而無功 由須自許言 更致敵量故 謂彼小乘立比量言 眞故極成色 定離於眼識 自許初三

攝眼識不攝故　猶如眼根　遮相違難避不定過　屛類於前　謂若爲我作相違過
云極成之色　應非離識之色　自許初三攝眼識不攝故　猶如眼根　我遮此難
作不定過　此極成色　爲如眼根　自許初三攝眼識不攝故　非離識之色耶　爲
如我宗釋迦菩薩　實不善色　自許初三攝眼識不攝故　是離識之色耶　若不須
自許　作不定過者　他亦爲我作不定過　謂此極成色　爲如眼根　初三所攝眼
識不攝故　是離眼識耶　爲如我宗他方佛色　初三所攝眼識不攝故　非離眼識
耶　若爲避此不定過故　須言極成初三等者　則不得遮彼相違難" 云云(운
운)13)

　　아래의 밑줄 친 문장에서 보듯이 선주의 인용문에는 '바키에이
구장본'의 앞부분까지만 소개하였고, 이어지는 뒷부분의 문장은
'운운(云云)'이라는 말로 생략하고 있다. 그런데 여기서 보듯이 선
주는 현존하는 필사본과 달리 '非離眼識耶(비리안식야)'라고 맥락
에 맞게 기술하고 있다. 이와 달리 『판비량론』의 필사자는 내용에
대한 이해 없이 기계적으로 필사하면서 '識(식)'자와 '眼(안)'자를
바꿔서 쓰는 어처구니없는 실수를 범한 듯하다. 저자인 원효가 필
사했다면 있을 수 없는 일이다.
　　이에 덧붙여 이 책 끝의 '부록'에 실린 '『판비량론』과 같은 글
씨체의 필사본'에서 보듯이, '일본에서 발견된 제명 미상의 유식학
(唯識學) 관련 문헌' 및 프랑스 고고학자 펠리오(Pelliot)가 수집한
중국의 돈황 문헌 가운데 당(唐)의 정안(淨眼)이 저술한 『인명입
정리론약초(因明入正理論略抄)』와 『인명입정리론후소(因明入正理
論後疏)』(프랑스 파리국립도서관 소장, P.2063번)' 모두 『판비량
론』 필사자가 서사(書寫)한 것으로 추정된다는 점 역시 『판비량
론』의 필사자가 원효일 리 없는 점을 뒷받침한다.

13) 이에 대한 번역은 본서 pp.475-477을 참조하기 바람.

번역 - 원효의 『판비량론』

※ 2002년에 『불교원전연구』(동국대 불교문화연구원 간) 제2집에 상기한 '원효의 『판비량론』'이라는 제목으로 본 번역논문을 발표하였는데, 'Ⅱ. 교정, 과문, 번역'에는 이에 덧붙여 그 이후에 새롭게 발견된 『판비량론』 필사본 다섯 가지의 해서체 교정본과 번역문을 추가하였다. 새로운 자료의 번역문은 2019년 동국대학교출판부에서 발간한 '한글본 한국불교전서 신라23' 가운데 『중변분별론소 제3권 외』에 실은 필자의 번역문을 다시 편집한 것이다.

Ⅰ. 해설

중국이나 일본에서 저술된 인명학이나 유식학 관계 문헌에 인용된 몇몇 단편들만 전해오던 원효(617-686)의 『판비량론』은 칸다키이치로(神田喜一郎, 1897-1984)에 의해 발견된 필사본 일부가 1967년 출간된 이후, 학계의 주목을 받게 된다. 일본의 경우, 1969년 유식학 전공자인 후키하라쇼신(富貴原章信, 1902-1975)이 초서체로 쓴 필사본을 해서체로 복원한 후 그에 대해 번역하고 해설을 달아 출간하였으며[1], 1985년 타카하시마사타카(高橋正隆, 1929-2018)는 정창원문서(正倉院文書) 목록을 조사하여 『판비량론』의 일본 전래와 유포과정에 대해 고찰하였다.[2] 그 후 나

---

[1] 富貴原章信, 「元曉,判比量論の研究」, 『日本佛教』, pp.20-43.
[2] 高橋正隆, 「本朝目錄史考 -紫微中台遺品 『判比量論』の研究 -」, 大谷大學研究年報, 第38号, 1985, pp.135-187.

가사키호쥰(長崎法潤, 1934~)은 『판비량론』의 내용 중 제8, 11, 12절에 대해 인명학적으로 분석한 논문을 발표한 바 있다.3) 우리나라의 경우 김지견(金知見, 1931-2001)에 의해 일본에서의 『판비량론』 필사본 출간이 소개된 이래, 그를 해서체로 복원한 최범술(崔凡述, 1904-1979)에 이어 1973년 이영무(李英茂, 1921-1999)4), 1984년 원의범(元義範, 1922-2017)5), 1988년 신현숙(申賢淑, 1936~)에 의해 독자적인 연구가 이루어진 바 있다.6) 그 밖에, 후키하라쇼신과 타카하시마사타카의 연구를 종합 정리한 전치수(全治洙)7), 논문 중에서 『판비량론』 일부에 대해 인명학적 분석을 시도한 김치온(金致溫, 1958~)8) 등을 우리나라의 『판비량론』 연구자로 들 수 있다.

그런데 필사본 『판비량론』은 초서체로 쓰여 있을 뿐만 아니라, 총44절 정도였을 것으로 추정되는 분량9) 중 제7절 뒷부분과 제8절-제13절, 그리고 제14절 앞부분, 또 나중에 발견된 단편잔간(斷編殘簡)만 현존하고, 그나마 군데군데 훼손되어 있어서 판독도 쉽지 않지만, 그에 대한 번역과 의미 해석은 더더욱 어렵다. 후키

---

3) 長崎法潤, 『元曉大師と因明について -判比量論-』(『元曉研究論選集』 제7(영인본), 중앙승가대학교불교사학연구원).

4) 이영무, 「元曉大師 著 『判比量論』에 대한 考察」, 『건국대학교학술지』 제15집, 1973, pp.165-197.

5) 원의범, 「判比量論의 因明論理的 分析」, 『佛敎學報』 제21집, 동국대학교불교문화연구원, 1984, pp.1-16.

6) 신현숙, 『元曉의 認識과 論理』, 1988, 민족사.

7) 전치수, 「元曉大師의 判比量論」.

8) 김치온, 「阿賴耶識의 存在에 대한 因明論理的 證明과 그 所在에 관한 考察」, 『普照思想』 제15집, 2001년, pp.163-192. / 김치온, 「佛敎論理學의 成立과 轉用 硏究」, 동국대 박사학위논문, 1997.

9) 富貴原章信, 앞의 책, p.21.

하라쇼신의 경우 제7절과 회향게, 그리고 단편잔간에 대해서는 그 난삽함을 호소하며 번역과 해석을 아예 생략하였는데, 이는 신현숙의 경우도 마찬가지였다. 이영무의 경우 최범술의 해서체 복원에 의거하여 몇 개의 절에 대해 의미 분석을 시도하였고, 원의범의 경우 전문에 대한 번역은 시도하지 않았지만, 인명학적 분석을 통해 각 절의 취지 대부분을 명료하게 추출하였다.

전치수의 논문은 본인 스스로 밝히고 있듯이 독창적 연구라기보다, 일본 학자들의 연구성과를 종합, 해설한 것이다. 그리고 김치온은 인명학 및 유식학과 관계된 논문 속에서 사인(似因) 중 부정인(不定因)과 관계된 논의를 벌이는 제11, 12절, 또 제8식의 존재를 증명하는 제9절에 대해 의미분석을 시도한 바 있다.

그러나 각 연구자들이 의지하는 교정본에 불일치가 심하고 내용에 대해서도 연구자마다 각양각색으로 분석해 왔기에, 지금까지 『판비량론』에 대한 정확한 이해에는 어려움이 많았다. 그래서 필자는 이상 열거한 선학(先學)들의 연구성과를 종합하여 『판비량론』 필사본 전체에 대한 새로운 교정본을 만든 후 의미가 소통되게 번역해 보았고, 그런 의미분석에 의거해 각 절에 대한 과문(科文)을 시도하였다. 선학들의 연구결과를 비판적으로 취합한 과정, 몇몇 글자를 재교정하게 된 근거, 각 절의 내용에 대해 필자가 인명학적으로 분석한 내용 등을 본고에서 모두 소개하는 것이 바람직하겠으나, 그 모두를 논문 한 편의 분량 속에 담기에는 어려울 것 같아 이에 대한 상세한 소개는 후일로 미룬다.

『판비량론』의 각 절에서 원효가 말하고자 하는 바를 간략히 정리하면 다음과 같다.

제7절: 정토(淨土)는 드러나지 않는다는 조망에 대한 논파

제8절: 호법(護法)의 '식(識)의 사분설(四分說)'에 대한 비판

제9절: 제8식(第八識)의 존재에 대한 증명

제10절: 아뢰야식은 구유(俱有)하는 소의(所依), 또는 소의근(所依根)을 갖는다는 호법(護法)의 주장에 대한 논파

제11절: 구구인(九句因) 중 제5구(동품무, 이품무)의 인(因)이 부정인(不定因)임을 논증

제12절: 상위결정(相違決定) 추론식의 두 가지 인(因)이 부정인(不定因)임을 논증

제13절: '오성각별설(五姓各別說) 비판'에 대한 원효의 재비판

제14절: 아집(我執), 법집(法執)에 대한 논파와 관계된 논의

단편잔간: 『구사론(俱舍論)』과 『순정리론(順正理論)』의 "근(根)이 둘인 경우 류(類)는 같으나 상(相)은 다르다."라는 설(說)에 대한 비판

원효의 『판비량론』은 칸트(Kant)의 『순수이성비판』과 흡사하다. 『판비량론』 도처에서 다양한 추론적 사고의 이율배반(antinomy)적 성격을 지적하고 있기 때문이다. 그러나 제9절에서 '제8식의 존재를 증명하는 추론식'을 원효 스스로 구성한 점, 제11절과 제12절에서 추론식을 사용하여 부정인에 대한 논란을 해결하고 있는 점등으로 미루어 볼 때, 『판비량론』이 '추론함' 그 자체를 비판하기 위해 저술된 것이기보다, 유식, 인명, 구사 등에서 발견되는 '잘못된 추론'을 비판하고 '올바른 추론'을 제시하기 위해 저술된

것이라고 보는 편이 옳을 듯하다.

또, 유심게(唯心偈)를 읊으며 당나라 유학을 거부했던 원효는 『판비량론』 도처에서 현장이 소개했던 호법의 유식학 중 잘못된 부분에 대해 치밀한 논리를 구사하며 비판하고 있는데,10) 이를 통해 우리는 인간 원효의 자주적, 자존적 인격을 엿볼 수 있다.

---

10) 필사본에는 포함되어 있지 않지만 『판비량론』의 내용 중 중요한 것으로 현장이 나란다 유학시절 만법유식을 논증하기 위해 구성했던 唯識比量에 대한 원효의 비판을 들 수 있다. 이는 후대에 쓰여진 因明學 관계 저술 몇 군데에 인용되어 있는데 그 내용에 대해 간략히 소개하면 다음과 같다.
〈색법이 唯識所現임을 논증하기 위해 현장이 구성한 추론식: 眞故極成色不離於眼識 自許初三攝眼所不攝故 猶如眼識〉
(宗) 勝義의 차원에서 볼 때, 일반적으로 인정되는 色法은 眼識과 별개의 것이 아니다.
(因) 自派에서 인정하는 [十八界의] 初三(안계, 색계, 안식계)에는 포함되지만 眼界에는 포함되지 않기 때문에.
(喩) 마치 眼識과 같이.
〈현장의 唯識比量을 비판하기 위해 원효가 구성한 相違決定의 추론식: 眞故極成色定離於眼識 自許初三攝眼識不攝故 猶如眼根〉
(宗) 勝義의 차원에서 볼 때, 일반적으로 인정되는 色法은 眼識과 별개이다.
(因) 自派에서 인정하는 十八界의 初三(안계, 색계, 안식계)에는 포함되지만 眼識에는 포함되지 않기 때문에.
(喩) 마치 眼根과 같이.
현장은 色法이 眼識과 별개의 것이 아니라는 점, 즉 色法이 識과 결부되어 있다는 점을 논증하기 위해 위와 같이 소위 '唯識比量'을 구성한 바 있는데, 원효는 이와 동등한 타당성을 갖지만 상반된 주장을 내세울 수 있는 추론식을 구성해 내어 현장의 '유식비량'을 상위결정의 오류에 빠지게 만들었다. 善珠의 『因明論疏明燈抄』에 의하면 현장은 眼, 耳, 鼻, 舌, 身, 意 각각에 대해 위와 같은 '유식비량'을 작성하려 했다고 한다. 현장의 유식비량에 대한 원효의 비판을 順璟이 당나라 유식학자들에게 소개하게 되는데 이를 보고 모두 신라를 향해 삼배를 올리며 원효를 진나보살의 후신으로 간주했다고 한다. 그러나 그 때는 현장의 사후 2년여의 세월이 흐른 뒤라서 이에 대한 현장의 대답은 들을 수가 없었다고 한다(김상현, 『역사로 읽는 원효』, 고려원, 1994, pp.204-210 참조).

Ⅱ. 교정, 과문, 번역

※ 앞에서 밝혔듯이, 이 장에는 위의 'Ⅰ.해설'에서 소개한 『판비량론』 필사본 이외에 '①오치아이(落合博志) 소장본, ②바키에이(梅渓) 구장본 (旧蔵本), ③고토(五島)미술관 소장본, ④미쓰이(三井)기념미술관 소장본, ⑤도쿄(東京)국립박물관 소장본'의 다섯 가지 필사본의 원문과 번역문이 추가되어 있다.

判比量論
갖가지 추론에 대한 비판적 검토

釋元曉述
석원효 지음

1. 제6절, 진나(陳那)의 현비이량설(現比二量說)에 대한 외도의 비판과 관련된 논의[11] - 오치아이(落合博志) 소장본 앞부분

六

陳那菩薩 但立二量 聖言量等 比量攝故 有立比量 破此宗言 現
量必有 比量不攝 餘別量体 以是量故 猶如比量 比量[12]必有 現

---

11) 신출 필사본 가운데 오치아이히로시(落合博志) 소장본의 앞부분.

12) 원문은 '比々量々'인데 『因明大疏抄』 권38(T68, 746a)의 "現量必有 比量不攝餘別量體 以是量故 猶如比量"이라는 문장에 근거하여 위와 같이 '比量 比量'으로 복원한다.

量不攝　餘別量体　以是量故　猶如現量　此中應決定　問外人　汝言
比量不攝餘別量者　爲取汝宗　偏¹³⁾局比量　爲取我宗　遍攝比量
……

제6절

진나 보살은 오직 두 가지 인식수단[量]만을 내세운다. 성언량
등은 비량에 포함되기 때문이다. 추론식을 세워서 이런 주장을 논
파하여 다음과 같이 말하는 경우가 있다.

(宗, 종: 주장) 현량은 반드시 '비량에 포함되지 않는 다른 별
도의 양체(量體)'를 갖는다.
(因, 인: 이유) 인식수단이기 때문이다.
(喩, 유: 실례) 마치 비량과 같이.

(종) 비량은 반드시 '현량에 포함되지 않는 다른 별도의 양체'
를 갖는다.
(인) 인식수단이기 때문이다.
(유) 마치 현량과 같이.

이 [두 가지 추론식] 중에서 결정해야 한다. 외인(外人)에게 묻
는다. 그대는 "비량에 포함되지 않는 다른 별도의 양[量: 인식수
단]"이라고 말하는데, 그대 이론의 '편국(偏局) 비량'¹⁴⁾을 취한 것

---

13) 원문은 '徧'이나 의미로 보아 '偏'으로 복원한다.
14) 外人의 관점에서, '현량, 비량, 비교량, 성언량'의 네 가지 모두를 '올
　　바른 인식수단[量]'으로 간주하는 '좁은 의미의 비량'을 의미한다.

인가, 우리 이론의 '편섭(遍攝) 비량'[15])을 취한 것인가? …

2. 제7절, 정토라는 말(名)이 범하는 논리적 오류에 대한 지적[16] - 고토(五島)미술관 소장본 및 칸타(神田) 기증본

[七]

　… 淨土敎　能顯正義　極成外論　所不攝故　如中土敎　如是比量 非彼所計　彼因不定　此決定故　設求此因　有不[17])定過　亦能破彼 是等難故　又應定問　汝言非顯[18])淨土言中　淨土之名[19])爲擧淨土之 體　爲不擧耶[20])　若言擧者　則違自宗　此淨土敎　能顯[21])淨土故　若 不擧者　不違他宗　非顯[22])之言　不遮[23])淨土故　於此兩兩關心[24])辨

---

15) 불교논리가의 관점에서, '현량, 비량'의 두 가지만을 '올바른 인식수단 [量]'으로 간주하며 '비교량'이나 '성언량' 등은 모두 비량에 포함시키는 '넓은 의미의 비량'을 의미한다.

16) 본서에서는 새롭게 발견된 '고토(五島)미술관 소장본 뒷부분'을, 앞에 추가하였다.

17) 여기까지가 새롭게 발견된 고토미술관 소장본 뒷부분의 문장이다.

18) 최범술본은 '破'로 복원한다(이하 최범술본은 '이영무, 「元曉大師 著 『판비량론』에 대한 考察」, 『건국대학교학술지』 제15집, 건국대학교학술 연구원, 1973, pp. 187-189'에 의거한다).

19) 過(최범술. 이하 '최'로 표기한다). 김성철(2003)에서는 '惠'로 복원했 으나, 『판비량론』 신출 필사본 가운데 도쿄국립박물관 소장본의 복원문 에 근거할 때 '名'으로 복원하는 것이 옳다.

20) 富貴原章信본(이하 '부'로 표기)과 신현숙본(이하 '신'으로 표기)에서 는 판독불능자로 처리. 그러나 제10절과 14절의 耶와 同字.

21) 破(최)

22) 破(최).

23) 富貴原章信본과 신현숙본에서는 판독불능자로 처리.

24) 富貴原章信과 신현숙본에서는 兩兩關心, 한국불교전서(이하 '한불전'

彼意在²⁵⁾前則墮²⁶⁾自語相違過失　若彼救言　此淨土名²⁷⁾擧淨土體
而之名²⁸⁾不入淨土之敎故無自語相違過者　則以此名²⁹⁾　亦成不定
如是進退　皆不應理　二量

[제7절]

…

(종) … 정토의 가르침은 올바른 이치를 드러낼 수 있다.

(인) 양측 모두 인정하는 외도의 이론에 포함되지 않기 때문에.

(유) 마치 중토(中土)의 가르침과 같이.

이와 같은 비량은 그가 고안한 것이 아니다. 그의 [비량에 사용

으로 표기)와 최범술본에서는 當當開心으로 판독한다. '兩'字 또는 '當'
字의 경우, 필사본의 다른 곳에 쓰여진 '當'과는 판이하게 다르기에
'兩'字로 복원한다. 그런데, '關' 또는 '開'에 해당하는 필사본의 초서체
는 '開'에 가깝다. 그러나 『兩卷無量壽經宗要』의 다음과 같은 용례에
의거해 '關'字로 복원한다: 云何得普照 名一切種智 爲治如是兩關疑難
故　安立無等無倫最上勝智　欲明如是大圓鏡智　超過三智而無等類　二諦
之外　獨在無二　兩關二表　迢然無關　只應仰信　不可比量　故名無等無倫
最上勝智(大正藏37, 元曉, 『兩卷無量壽經宗要』, p.131b).

25) 立(최).
26) 隨(신).
27) 富貴原章信본과 신현숙본에서는 忽로, 한국불교전서에서는 欠으로 판
　　독. 최범술본에서는 缺. 김성철(2003)에서는 '惠'로 복원했으나, 『판비
　　량론』 신출 필사본 가운데 도쿄국립박물관 소장본의 복원문에 근거할
　　때 '名'으로 복원하는 것이 옳다.
28) 富貴原章信본과 신현숙본에서는 而云忽로 판독. 한국불교전서에서는
　　問之欠으로 판독. 최범술본에서는 問之缺. 김성철(2003)에서는 '惠'로
　　복원했으나, 위의 각주21)에서 보듯이 '名'으로 복원하는 것이 옳다.
29) 富貴原章信본과 신현숙본에서는 忽로 판독. 최범술본은 缺. 김성철(2
　　003)에서는 '惠'로 복원했으나, 위의 각주21)에서 보듯이 '名'으로 복원
　　하는 것이 옳다.

된] 인(因)은 부정[인]이다. 설혹 이 인을 살려내어도 부30)정(不定)31)의 허물이 있어 역시 능히 그것을 논파할 수 있다. 동등한 비판이 있을 수 있기 때문이다. [이상 제1량]32)

또, 반드시 다음과 같이 물어야 한다. 그대가 말하는 '드러나지 않는 정토'라는 말에서, 정토라는 이름은 [①]정토 그 자체에 대해 거론하고 있는가, [②]거론하고 있지 않은가? [③]만일 (정토 그 자체에 대해) 거론하고 있는 것이라면, 자기 (학파의) 주장에 위배된다. 정토에 대한 (그대의) 그런 가르침에서는 능히 정토를 '드러내고' 있기 때문이다. [④]만일 (정토 그 자체에 대해) 거론하는 것이 아니라면, 다른 (학파의) 주장에 위배되지 않는다. '드러나지 않는다'는 말이 정토를 부정하는 것이 아니기 때문이다.33)

---

30) 여기까지는 새롭게 발견된 고토미술관 소장본 뒷부분에 대한 번역이다.

31) 원문은 '定'이나 앞에 '不'자가 있었을 것으로 짐작되어 위와 같이 번역한다.

32) 각 절 말미에 적은 '… 量'을 비량의 수로 계산하기도 하지만, 필자가 보기에 이는 각 절에서 다루어진 논의의 수를 의미하는 것 같다. 그래서 각 논의에 대해 위와 같이 [제…량]이라고 순번을 매겨 표기하였다.

33) '정토는 실재한다'는 상대방의 주장을 비판하기 위해 '정토는 우리에게 드러나는 것이 아니다'라고 말을 하는 경우, 그 말 자체로 이미 정토의 정체를 드러내고 있기에 자가당착에 빠지게 되고, 그와 반대로 '정토는 우리에게 드러나는 것이 아니다'라는 말이 정토 그 자체에 대한 것이 아니라면, '정토는 실재한다'는 상대방의 주장을 비판하지 못한다는 의미. Paradox를 이용한 비판이다. 이렇게 Paradox를 이용하여 상대를 궁지로 모는 논법은 『大智度論』에서도 발견된다: 長爪梵志見佛 問訊訖 一面坐作 … 作是思惟已而語佛言 瞿曇 我一切法不受 佛問長爪 汝一切法不受 是見受不 佛所質義 汝已飮邪見毒 今出是毒氣 言一切法不受 是見汝受不 爾時長爪梵志 … 如是思惟 佛置我著二處負門中 若我說是見我受 是負處門麤 故多人知 云何自言一切法不受 今受是見 此是現前妄語 是麤負處門多人所知 第二負處門細 我欲受之 以不多人知故 作是念已 答佛言 瞿曇 一切法不受 是見亦不受 佛語梵志 汝不受一切法 是見亦不受 則無所受 與衆人無異 何用自高而生憍慢如是 長爪

이런 두 가지[①②]와 두 가지[③④]의 관문(關門)에 대해 마음으로 판별해 보아 그 뜻이 앞쪽[①③]에 있다면, (지금 고찰해 보았듯이) 자어상위(自語相違)의 오류[34]에 떨어지게 된다.

만일 그런 궁지에서 벗어나기 위해 "정토라는 이런 이름은 정토 그 자체를 거론하는 것이긴 하지만, 이 이름은 정토의 가르침에 들어가지 않기에, 자어상위의 과실이 없다."라고 말한다면, 바로 이런 이름으로 인해 역시 부정(不定)을 이루고 만다. 이와 같이 나아가든, 물러서든 모두 이치에 맞지 않다.

이상 두 가지 논의[量, 량].

3. 제8절, 호법의 '식의 사분설'에 대한 원효의 비판 – 칸타(神田) 기증본

八

執四分者 爲破三分 立比量云 自證必[35]有卽[36]體能[37]證 心分攝故 猶如相分 自證應非心分所攝 以無卽[38]體之能證故 如兎角等 判云 此二比量是似非眞 皆不能離不定過故 謂 自證分 爲如相分 心分攝故 有卽[39]體能證 爲如眼識生相 心分攝故 無卽[40]體能

梵志不能得答 自知墮負處(大正藏25, 『대지도론』, pp.61c-62a).

34) 자어상위自語相違 : 불교인식논리학의 오류론 중에서 '잘못 내세운 주장(사립종似立宗)' 가운데 하나로 '자기 말에 모순되는 주장을 내세우는 오류다. 예를 들어 "나의 어머니는 그 석녀다(我母是其石女)"라고 하는 것과 같다. 『因明入正理論』권1(T32, 11c).

35) 心(한불전)
36) 卽(최).
37) 在(최).
38) 有(최).

證 如是 前因有不定過 又 自證分 爲如兎角 無卽[41]體能證故 非
心分攝 爲如耳識相分三相 無卽[42]體能證故 是心分所攝 如是 後
因亦有不定 若彼救言 五識三相 不離體故 是其自證之所緣境 理
亦不然 相分三相不離相故 五識見分亦得緣故 此若不許 彼何得然
設許彼前 此必不許 五識能[43]緣 法界諸[44]處 法相雜亂 違理教故
只由如是相分三相 於彼二因 並[45]作不定 設彼救言 相分三相 非
心分攝則有比量相違過失 當知 第四分 有言而無義 (二量)

제8절

[1. 사분설(四分說)을 입증하기 위해 적대자가 작성한 두 가지
추론식]

[식(識)의] 사분설을 주장하는 자들은 삼분설(三分說)을 논파하
기 위해 추론식을 작성하여 다음과 같이 말한다.[46]

---

39) 有(최).
40) 有(최).
41) 有(최).
42) 有(최).
43) 所(한불전)
44) 法(최).
45) 足(부,신)
46) 이하는 『成唯識論』의 다음과 같은 구절에서 取義한 인용이다: 又心
心所若細分別應有四分 三分如前 復有第四證自證分 此若無者誰證第三
心分旣同應皆證故 又自證分應無有果 諸能量者必有果故 不應見分是第
三果 見分或時非量攝故 由此見分不證第三 證自體者必現量故 此四分
中前二是外後二是內 初唯所緣後三通二 謂第二分但緣第一 或量非量或
現或比 第三能緣第二第四 證自證分唯緣第三 非第二者以無用故第三第
四皆現量攝 故心心所四分合成 具所能緣無無窮過 非卽非離唯識理成
是故契經伽他中說衆生心二性   內外一切分所取能取纏見種種差別(大正
藏31,『成唯識論』. pp.10b-c).

[추론식①]

(종) 자증분(自證分)은 반드시 그 자체를 증명하는 놈[47]을 필요로 한다.[48]

(인) 심분(心分)에 포함되기 때문에

(유) 마치 상분(相分)과 같이

[추론식②]

(종) 자증분(自證分)은 결코 심분(心分)에 포함되지 않아야 하리라.

(인) 그 자체를 증명하는 놈이 필요 없기 때문에

(유) 토끼뿔과 같이

[이상 제1량]

[2. 위의 두 가지 추론식에 대한 원효의 비판]

이에 대해 비판적으로 논의해 보겠다. 이상의 두 가지 추론식은 그럴듯하긴 하지만 참이 아니다. [두 가지 추론식] 모두 부정인의 과실에서 벗어나지 못하기 때문이다. [그 이유는] 다음과 같다.

[(1) 추론식①에 대한 원효의 비판]

자증분은 상분과 같이 심분에 포함되기 때문에 그 자체를 증명

---

47) 證自證分.
48) '갖는다'는 말은 內在的 소유와 外在的 소유를 모두 의미하기에 '갖는다'고 번역할 경우 의미에 혼란이 일어난다. 외재적 소유를 의미하도록 위와 같이 번역한다.

하는 놈을 필요로 하는가,[49] [아니면] 안식(眼識)의 생상(生相)[50]과 같이 심분에 포함되기 때문에 그 자체를 증명하는 놈을 필요로 하지 않는가?[51][52][53] 이와 같이 앞에서 들었던 인(因)은 부정(不定)의 과실을 갖는다.

[(2) 추론식②에 대한 원효의 비판]

또, 자증분은 토끼 뿔과 같이 그 자체를 증명하는 놈을 필요로 하지 않기에 심분에 포함되지 않는 것인가,[54] 이식(耳識)의 상분의 삼상[三相 = 생주멸(生住滅)]과 같이 그 자체를 증명하는 놈을 필요로 하지 않기에 심분에 포함되는 것인가?[55][56] 이와 같이 나중에 들었던 인(因)도 역시 부정(不定)의 과실을 갖게 된다.

---

49) 적대자가 세운 추론식의 요약.

50) 生住滅의 三相 중 生相.

51) 眼識의 生相, 즉 '안식의 발생'은 그것에 대한 증명 여부와 무관하게 일어난다. 물론 耳識, 鼻識 … 등의 生相의 경우도 이와 마찬가지다.

52) 다음과 같은 추론식이 가능하기에 추론식①이 상위결정의 추론식이 되고 만다는 의미.
　(宗) 자증분은 그 자체를 증명하는 놈을 필요로 하지 않는다.
　(因) 심분에 포함되기 때문에
　(喩) 마치 안식의 생상과 같이

53) 추론식①에서 적대자가 든 '心分에 포함되기 때문에'라는 因이 不定 因임을 지적하기 위해 원효가 내세운 추론식

54) 적대자가 세운 추론식의 요약.

55) 다음과 같은 추론식이 작성 가능하기에 추론식② 역시 상위결정에 빠진다는 의미.
　(宗) 자증분은 심분에 포함된다.
　(因) 그 자체를 증명하는 놈이 없기에
　(喩) 耳識의 상분과 같이

56) 추론식②에서 적대자가 든 '그 자체를 증명하는 놈이 없기 때문에'라는 因이 不定因임을 지적하기 위해 원효가 내세운 추론식.

[3. 2-(2)에서 원효가 구성한 상위결정의 추론식에 대한 적대자
가 구성한 상위결정의 추론식]

만일 그가 이런 궁지에서 벗어나기 위해, "[이식(耳識)을 포함
한] 오식(五識)의 [상분의] 삼상(三相)57)은 체(體)에서 벗어난 것
이 아니기에, 이는 그것의[= 오식의] 자증분의 대상이다."③라고
말해도 이치에 맞지 않다.

[4. 3에서 적대자가 내세운 반론적 상위결정의 추론식에 대해
원효가 구성한 재반론적 상위결정의 추론식]

'[이식(耳識)을 포함한 오식의] 상분의 삼상은 상(相)에서 벗어
난 것이 아니기에, 오식의 견분이 역시 대상으로 삼을 수 있기'④
때문이다.

만일 [후자인] 이 논의(④)를 인정하지 않는다면, [전자인] 그
논의(③)는 어떻게 옳을 수 있겠는가?

설혹 앞의 그 논의(③)는 인정해도 이 논의(④)는 인정할 수 없
다면, 오식[의 자증분58)]이 법계(法界) 모두를 대상으로 삼는 꼴
이 되어 법상(法相)이 뒤죽박죽된다. 이치와 가르침에 위배되기
때문이다.

바로 이와 같은 논의로 인해 '상분의 삼상'은 그 두 가지 인
(因)59)을 모두 부정인(不定因)으로 만들고 만다.

---

57) 生住滅.
58) 自證分은 自體分이라고도 번역된다. 그래서 여기서 말하는 '五識의
　　自證分'은 '五識 自體'를 의미한다.
59) 3에서 말한 '[耳識을 포함한] 五識의 [相分의] 三相1)은 體에서 벗어
　　난 것이 아니기에'라는 因과 4에서 말한 '相分의 三相은 相에서 벗어난
　　것이 아니기에'라는 두 가지 因은 상위결정의 부정인이 된다는 의미.

[5. 적대자의 다른 주장에 대한 원효의 비판]

설혹 그런 궁지에서 벗어나기 위해 '상분의 삼상은 심분에 포함되는 것이 아니다'라고 말한다면 비량상위(比量相違)[60]의 과실이 있게 된다. 제4분(第四分)이란 말만 있을 뿐 이치에 맞지 않음을 알아야 한다. [이상 제2량]

이상 두 가지 논의.

4. 제9절, 제8식의 존재에 대한 증명 - 칸타(神田) 기증본

九

無性攝論 爲成第八 對彼小乘 立二比量 謂 八識敎是聖言攝[61] 似[62]無我故 如四阿含 又 八識敎 契當道理 是聖敎故[63] 如六識 敎 如是展轉 證[64]有八識 今[65]於此中 直就所詮 而立比量 證第 八識[66] 謂 眼耳鼻識 必有舌身意識不攝餘別[67]識體[68] 三[69]六門

---

60) 似立宗 중의 하나: 比量에 모순되는 것은 예를 들어 '물단지는 상주한다'라고 하는 것과 같다(anumānaviruddho yathā nityo ghaṭa iti/ 比量相違者 如說 瓶等是常, 『인명입정리론』).
61) 한국불교전서(이하 '한불전'으로 약칭)에서는 '爲成第八…聖言攝'까지 누락.
62) 以(한불전).
63) 한불전에서는 '故' 누락.
64) 신현숙본(이하 '신'으로 약칭)에서는 '證' 누락.
65) 分(신).
66) 第八識: 富貴原章信과 신현숙본, 한국불교전서에서는 판독불능자로 간주.
67) 최범술본(이하 '최'로 약칭)에서는 前으로 복원.

中 三識攝故 猶如舌身意識 此中極成六識 爲他異[70]品 自許八識
爲自異[71]品 三識攝因 於彼不轉 是故此因 決定能立 若以轉識攝
故爲因 則於他異[72]轉 設以[73]是識性故爲因 亦於自異[74]品轉 皆
不能離不定過也 三量

제9절

[1. 무성의 『섭대승석론』에서 제팔식의 존재를 증명하기 위해
세운 두 가지 추론식]

무성(無性)의 『섭대승석론(攝大乘釋論)』에서는 제8식의 존재를
증명하기 위해 저 소승을 상대로 두 가지 추론식을 작성하는데
이는 다음과 같다.[75]

(종) 8식의 가르침은 성언(聖言)에 포함된다.
(인) 무아(無我)의 가르침과 유사하기 때문에
(유) 마치 사아함(四阿含)과 같이

---

68) 非(부, 신, 한불전), 體(최).
69) 二(부, 신, 한불전). 그러나 富貴原章信은 글자 간격과 남은 흔적, 또
   문맥으로 보아 三자일 것이라고 첨언한다.
70) 受(최).
71) 受(최).
72) 受(최).
73) 心(최).
74) 受(최).
75) 무성의 『섭대승석론』에서는 이와 동일한 추론식이 발견되지 않는다.
   따라서 원효가 제시하는 추론식은 다음과 같은 구절에서 取義하여 작
   성된 것이라고 볼 수 있다: 謂大乘敎眞是佛語 一切不違補特伽羅無我
   性故 阿賴耶識能詮之敎 稱所詮義佛所說故 如說刹那速滅等言 如佛餘
   言(大正藏31, 무성, 『섭대승석론』, p.396c).

또,

(종) 8식(八識)의 가르침은 도리(道理)에 부합된다.
(인) 성교(聖敎)이기 때문이다.
(유) 마치 6식(六識)의 가르침과 같이

[무성의 『섭대승석론』에서는] 이와 같은 방식으로 논의를 진행시켜 8식이 존재함을 증명한다. [이상 제1량]

[2. 8식을 증명하기 위해 원효가 고안한 추론식]

그런데 이제 여기서는 직접 그 의미(所詮, 소전)로 나아가 추론식을 세워 제8식을 증명해 보겠다. 이는 다음과 같다.

(종) 안이비식(眼耳鼻識)은 반드시 설신의식(舌身意識)에 포함되지 않는 별도의 식체(識體)를 필요로 한다.[76]
(인) 삼육문(三六門)[77] 중의 3식(三識)에 포함되기 때문에

---

76) 원문은 '必有'인데 이를 '반드시 가져야 한다'가 아니라 '필요로 한다'로 번역하였다. 우리말의 '갖는다'는 의미에는 '內在的으로 갖는다'는 뉘앙스가 강하게 담겨 있기에, '必有'를 '반드시 가져야 한다'고 기계적으로 번역할 경우, 위 추론식에 담긴 의미가 정밀하게 표현되지 못하여, 그 의미에 대해 오해하게 되기 쉽다. 위 추론식의 '必有'는 外在的으로 갖는다는 것을 의미한다. '필요로 한다'고 번역할 경우 '갖고 있지 않은 외재적인 것을 가져야 한다'는 의미가 되어 위 추론식에 대한 오해가 拂拭된다.

77) 富貴原章信이나 신현숙 등은 三六門이 (근, 경, 식의 3 × 6 =)18계를 의미한다고 본다. 그러나 현장 역 『구사론』의 다음과 같은 구절로 미루어 볼 때 三六門이란 六六法門 중 '三六識身門', 즉 제3인 六識身을 지칭한다고 보아야 할 것 같다: 彼引經證 經言 云何六六法門 一六內處 二六外處 三六識身 四六觸身 五六受身 六六愛身(大正藏29, 현장

(유) 마치 설신의식(舌身意識)과 같이

여기서 [소승과 대승 모두에게] 일반적으로 인정되는 6식은 타파(他派)의 이품(異品)에 해당된다. [또 대승 유식가] 스스로 인정하는 8식은 자파(自派)의 이품(異品)에 해당된다. [그런데] '3식에 포함된다'는 인(因)은 [자파의 이품인 8식 및 타파의 이품인 6식] 양측에 적용되지 않는다. 따라서 ['3식에 포함되기 때문에'라는] 이 인(因)은 확고하게 성립한다.78)79)[이상 제2량]

[3. '전식섭고(轉識攝故)'와 '식성고(識性故)'라는 인(因)은 부정인(不定因)이 된다는 원효의 설명]

만일 '전식(轉識)에 포함되기 때문에'를 인으로 삼게 되면 [이품변무성을 어기고] 타파[= 소승]의 이품에 적용되고,80) '식성이기

역, 『구사론』, p.52b). 삼육문이 십팔계를 의미한다고 보든, 육육법문 중 제3의 육식신을 의미한다고 보든 안이비나 설신의의 3식이 그 양측에 포함되기에 위의 추론식의 해석에 영향을 미치지 않는다.

78) 소승인 육식교에서 검증하든, 대승유식인 팔식교에서 검증하든 이품변무성이 성립한다는 말.

79) 그러나 이 추론식의 타당성을 진나 논리학에 의거해 검증해 볼 경우 이는 法差別相違因을 갖는 잘못된 추론식에 해당된다. 주장명제(宗)의 술어인 '설신의식에 포함되지 않는 별도의 식체를 필요로 하는 것'이 '법(dharma)'인데, '별도의 식체'란 주장명제(宗)의 경우 總六識 이외의 '별도의 식', 즉 第七識이나 第八識을 의미하고, 실례(喩)의 경우는 '總六識 내의 眼耳鼻識'을 의미하기 때문이다. 즉, 주장명제에서 말하는 '별도의 식'이라는 법(dharma)과 실례를 통해 입증되는 '별도의 식체'라는 '법(dharma)'의 의미에 차별(viśeṣa)이 있게 되어 법차별상위인에 빠지고 마는 것이다. 그러나 원효는 위에서 보듯이 이를 정당한 추론식이라고 주장한다.

80) 설신의식에 포함되지 않는 별도의 식을 필요로 하지 않는 것 중에 轉識에 포함되는 것이 있는가? 있다. 소승에서 말하는 總六識은 전식에 포함된다.

때문에'를 인으로 삼게 되면 [이품변무성을 어기고] 자파[= 대승
유식]의 이품에 적용되어[81], [이런 두 가지 인] 모두 부정의 허물
에서 벗어나지 못한다. [이상 제3량]

이상 세 가지 논의.

5. 제10절, 아뢰야식은 구유(俱有)하는 소의(所依), 또는 소의근(所依根)을 갖는다는 호법(護法)의 주장에 대한 논파 - 칸타(神田) 기증본

十

成唯識論立比量言 第八必有俱[82]有所依 是識性故 如六識等 此
因不定 有等難故 謂有立言 第八必無俱[83]有所依 是根本故 猶如
眞如 若言此 有有法差別相違過失 能成第八 是無爲故 是則前因
亦有是過 能成第[84]八是轉識故 若言自害[85]故不成難 彼亦違自故
非難也 今者別立 賴耶末那必無俱[86]有所依之根 非六識性之所攝
故 如眼根等 若難此因有相違過 能成七八非能緣性 如眼根等 此
亦不然 由心所法成不定故 若言望前亦有不定 以心所法 非六識性
有所依故 此非不定 以前立言所依根故 若望心所 但是所依非所依

---

81) 설신의식에 포함되지 않는 별도의 식을 필요로 하지 않는 것 중에 識
性인 것이 있는가? 있다. 대승유식에서 말하는 總八識은 모두 식성이
다.
82) 但(최).
83) 但(최).
84) 한불전에서는 '第' 누락.
85) 富貴原章信본과 신현숙본에서는 판독불능자로 처리.
86) 但(최).

根 法處所攝 不待根故 是故 彼宗 雖知依與所依差別 未解所依與
根有異87)　若論所依通於八識及與心所 其所依根不通心所及於七
八 有破此宗立比量云 意識俱88)有根 定非能89)緣性 六識心心所
之所不攝故 六識俱90)有根隨一91)所攝故 如眼根等 彼宗反92)以法
處所攝色法爲意 故作是難 此難93)通破大乘諸宗 然有相違決定過
生 謂立意根必非色性 有分別識不共依故 如第六識俱有作意 由此
等難 彼因不定 (四量)

제10절
[1. 적대자: 아뢰야식에 구유하는 소의가 있음을 논증]
　『성유식론(成唯識論)』에서는 다음과 같이 추론식을 작성하여
말한다.94)

<hr>

87) 矣(최).
88) 但(최).
89) 필사본 원문에는 '能'자가 하나 더 추가되어 있으나 富貴原章信의 지
　　적과 같이 이는 삭제되어야 한다.
90) 但(최).
91) 최범술본에서는 一 누락.
92) 及(최).
93) 雖(한불전), 塵(부, 신).
94) 이는 『成唯識論』의 다음(굵은 글씨)과 같은 추론식에 대한 비판이다:
　　變爲彼者謂變爲器及有根身爲彼依者 謂與轉識作所依止 以能執受五色
　　根故眼等五識依之而轉 又與末那爲依止故第六意識依之而轉 末那意識
　　轉識攝故如眼等識依俱有根 **第八理應是識性故亦以第七爲俱有依** 是謂
　　此識爲因緣用 由此有者由有此識 有諸趣者有善惡趣 謂由有此第八識故
　　執持一切順流轉法 令諸有情流轉生死(大正藏31, 『成唯識論』, pp.14a-
　　b). 第七意識 俱有所依但有一種 謂第八識 藏識若無定 不轉故 如伽他
　　說 阿賴耶爲依 故有末那轉 依止心及意 餘轉識得生 **阿賴耶識俱有**
　　所依亦但一種 謂第七識 彼識若無定不轉故(同, p.20c.).

(종) 아뢰야식에는 반드시 구유(俱有)하는 소의(所依)가 있다.

(인) 식성(識性)이기 때문에

(유) 마치 6식(六識)등과 같이

[이상 제1량]

[2. 1에 대한 원효의 비판: 상위결정의 추론식을 제시한다.]

그러나 여기서 사용된 인(因)은 부정인(不定因)이다. 왜냐하면, 다음과 같은 동등한 비판이 있기 때문이다. 다음과 같은 추론식을 작성하는 사람이 있다.

(종) 아뢰야식은 결코 구유(俱有)하는 소의가 없다.

(인) 근본적인 것[95])이기 때문이다.

(유) 마치 진여(眞如)와 같이

[3. 2에 대한 적대자의 비판: 2에서 사용된 인(因)은 유법차별

---

95) 復次此識於聲聞乘由別名如 來曾顯 如增一阿含經言 於世間喜樂阿梨
耶愛阿黎耶習阿黎耶著阿黎耶爲滅阿黎耶 如來說正法 世間樂聽故 屬耳
作意欲知生起正勤 方得滅盡阿黎耶 乃至受行如來正法及似法 由如來出
世是第一希有不可思議法 於世間顯現如本識 此如來出世四種功德經 由
別義於聲聞乘此識已顯現 復次摩訶僧祇部阿含中 由根本識別名此識顯
現 譬如樹依根 彌沙塞部亦以別名說此識 謂窮生死陰 何以故 或色及心
有時見相續斷 此心中彼種子無有斷絶 是應知依止阿陀那阿黎耶質多根
本識窮生死陰等 由此名小乘中是阿黎耶識已成王路(大正藏31, 『섭대승
론』, 진제역, p.114b-c).(同, 현장역, p.134a). 依止根本識 五識隨緣現
或俱或不俱 如濤波依水 意識常現起 除生無想天 及無心二定 睡眠與
悶絶 論曰 根本識者 阿陀那識 染淨諸識生根本故 依止者 謂前六轉識
以根本識爲共親依 五識者 謂前五轉識 種類相似故總說 隨緣現言顯非
常起 緣謂作意根境等緣 謂五識身內依本識(大正藏31, 『成唯識論』, p.3
7a).

상위인(有法差別相違因)이다.]

이렇게 말할 경우 유법차별상위의 과실96)이 있게 된다. 능성(能成)하는 제8식(第八識)이 무위법(無爲法)인 꼴이 되기 때문이다.

[4. 3에 대한 원효의 비판: 1에서 사용된 인도 유법차별상위인이다.]

그렇다면 앞의 인(因)도 역시 동일한 과실(유법차별상위)을 갖는다. 능성(能成)하는 제8식이 전식(轉識)97)인 꼴이 되기 때문이다.

만일 [원효의 2의 비판이] 스스로를 해치기에 비판이 되지 못한다면 그것(= 적대자의 3의 비판) 역시 스스로에 위배되기에 비판이 되지 못한다. [이상 제2량]

[5. 7, 8식의 구유하는 소의근의 존재를 비판하기 위한 원효의 추론식]

지금 이 사람은 별도로 다음과 같이 추론식을 작성한다.

(종) 아뢰야식과 마나식에는 결코 구유(俱有)하는 소의근(所依根)이 없다.98)

---

96) 추론식의 주장명제(宗) 중의 주어인 有法(dharmin)의 성질(差別)이 실례(喩)의 성질과 다를 경우, 추론식에 사용된 이유(因)은 유법차별상위의 오류에 빠진 似因이 된다. 위의 추론식의 경우 실례에서 사용된 진여는 무위법이지만, 주장명제의 주어인 아뢰야식은 유위법이기에, '실례'의 성질과 '주장명제의 주어'의 성질이 다르게 되어 오류에 빠진다.

97) 제7 마나식과 제6 의식, 그리고 前 5식만이 轉識이다.

(인) 육식성(六識性)에 속한 것이 아니기 때문에

(유) 마치 안근(眼根)과 같이

[6. 5에서 사용된 인(因)은 상위인(相違因)이라는 적대자의 비판]

만일 '여기서 사용된 인은 상위의 과실을 갖는다. 능성(能成)인 제7식과 제8식이 능연(能緣)의 힘이 없는 꼴이 되기 때문이다. 마치 안근(眼根) 등과 같이'[99]라고 비판한다면 이 역시 옳지 못하다

[7. 6에 대한 원효의 비판: 이품(異品)을 검증할 경우 심소법(心所法)의 유(有)가 발견되어 부정인(不定因)이 되고 만다.]

[이품에] 심소법[이 있음]으로 인해 부정의 허물을 이루기 때문이다.[100]

---

98) 『成唯識論』의 다음과 같은 문장 중 '마나식은 구유근에 의지한다'는 주장에 대한 원효의 반론이다: 謂與轉識作所依止 以能執受五色根故眼等五識依之而轉 又與末那爲依止故第六意識依之而轉 **末那意識轉識攝故如眼等識依俱有根**(大正藏31, 『成唯識論』, pp.14a-b). 이를 추론식으로 재구성하면 아래와 같다.
　(宗) 마나식과 의식은 구유하는 근에 의지한다
　(因) 轉識에 속하기 때문에
　(喩) 마치 眼等의 識과 같이
99) 다음과 같이 상위인을 갖는 추론식이 작성되고 만다는 적대자의 비판.
　(宗) 能成인 七, 八識은 能緣의 힘이 없다.
　(因) 六識性에 속하지 않기 때문에
　(喩) 마치 眼根 등과 같이
100) 적대자가 제시한 추론식에서 사용된 因의 異品遍無性을 검증할 경우, 다음과 같이 異品有가 되기에 不定因이 되고 만다는 원효의 비판: 能緣의 힘이 없는 것 중에 六識性에 속하는 것이 있는가? - 있다: 心所法

[8. 5에 대한 적대자의 비판: 5의 추론식의 이품에 심소법이 있기에 부정인이 되고 만다.]

앞의 경우101)도 역시 부정의 과실이 있다. 심소법은 육식성이 아닌데 소의를 갖기 때문이다.102)

[9. 8에 대한 원효의 비판: 8의 비판은 소의와 소의근을 혼동한 비판이다.]

이는 부정인이 아니다. 앞에서(= 5) 추론식을 작성하며 [내(= 원효)가] 말한 것은 [소의가 아니라] 소의근이기 때문이다. 심소의 경우 소의일 뿐 소의근이 아니다. 법처(法處)에 소속된 것[= 심과 심소 등]들은 근(根)에 의존하지 않기 때문이다.103) 그러므로 위와 같이 주장하는 자(= 8의 적대자)는 능의(能依)와 소의(所依)의 차이는 알지만 소의와 소의근의 차이는 모른다. 소의에 대해 논한다면, 아뢰야식 및 심소 모두가 그에 해당된다. [그러나] 그 소의근은 심소와 제7, 제8식에는 해당되지 않는다. [이상 제3량]

[10. 9에 대한 적대자의 비판적 추론식]

---

101) 5에서 작성한 원효의 추론식.
102) 적대자가 여기서 비판하는 앞의 추론식은 다음과 같다.
    (宗) 아뢰야식과 마나식에는 결코 구유소의의 근이 없다.
    (因) 6식성에 속하지 않기 때문이다.
    (喩) 마치 안근과 같이
    그리고 적대자는 이 추론식의 이품에 대해 다음과 같이 검토한 후 이품변무성을 만족시키지 못한다고 비판한다: 구유소의인 것[異品] 중에 6식성에 속하는 것이 있는가? - 있다[有]: 심소법
103) 심소는 소의근을 갖지 않는다는 의미.

어떤 사람은 이런 주장을 논파하기 위해 다음과 같이 [귀류적] 추론식을 세워 말한다.

(종) [제6] 의식(意識)의 구유(俱有)하는 근(根, = 의근)은 결코 능연성(能緣性)이 아니[ㄴ 꼴이 된]다.

(인) 6식의 심(心), 심소(心所)가 소속하지 않기 때문에104)

(인) 6식의 구유하는 근(根) 중 어느 하나에 소속하기 때문에105)

(유) 마치 안근(眼根) 등과 같이

[이상 제4량]

[11. 10에 대한 원효의 비판: 의근(意根)은 색법(色法)일 수 없음을 상위결정(相違決定)을 통해 입증]

그런 주장에서는 거꾸로 법처(法處)에 소속된 색법106)을 의(意)[근(根)이]라고 보기에107) 이런 비판을 하는 것이다. 이런 비판은 대승[유식]의 모든 주장을 부정하게 된다. 그러나 이 경우[= 법처소섭색을 의근이라고 볼 경우] 상위결정의 과실이 발생하게 된다.

---

104) 위의 9에서 '법처에 소속된 것[= 심과 심소 등]들은 근에 의존하지 않는다'는 말의 인용.

105) 意根이 能緣이 되고 法境이 所緣이 되어 意識이 발생한다. 먼저, 의근도 6근 중 하나이기 때문에 다른 5근과 마찬가지로 능연의 노릇을 해야 한다. 그런데 '법처에 소속한 것들, 즉 제6 의식에 소속한 심, 심소들이 의근에 소속하지 않는다'는 말은 제6 의식에 소속된 심, 심소들이 의근의 소연이 되지 않는다는 의미이며, 그렇다면 제6 의식은 능연의 노릇을 못하는 꼴이 된다.

106) 무표색을 의미한다.

107) 눈(안근)이나 코(이근) 등 前 5근이 물질(색법)로 만들어진 것과 같이 의근도 물질(색법)로 만들어진 것이라고 본다는 의미.

이는 다음과 같이 작성된다.

(종) 의근(意根)은 결코 색성(色性)이 아니다
(인) 유분별식(有分別識)이 함께 의지하지 않기 때문에[108]
(유) 마치 제6식과 구유하는 '작의(作意)' 심소와 같이[109][110]

이런 식의 동등한 비판으로 인해 그런 인(因)은 부정인이 되고
만다. [이상 제5량]
이상 다섯 가지 논의.

6. 제11절, 구구인(九句因) 중 제5구(동품무, 이품무)의 인(因)이 부정인임을 논증 - 칸타(神田) 기증본

十一

如聲論師 立聲爲常 所聞性故 若對勝論 相違決定 對佛弟[111]子
不共不定 以無共許同品法故 有難此因立比量言 所聞性因 應非疑

---

108) 眼根(눈)이나 耳根(귀)의 경우, 그것이 눈에 보이고 손에 만져지는
데서 볼 수 있듯이, 분별에 의해 그 모습이 지각되나 意根은 분별에 의
해 파악되지 않는다는 의미.
109) 心所法 중 '作意' 역시 우리의 분별에 의해 파악되지 않기에 물질성
(色性)을 갖는 것이 아니라는 의미.
110) '의근은 법처에 소속한 색법이다'라는 주장에 대한 상위결정의 추론
식.
111) 필사본, 富貴原章信본, 신현숙본 모두 '第'로 되어 있으나, 이는 '弟'
의 오기.

因 同品無故 如相違因 又 立此因應非不定 異[112]品無故 猶如正
因 備法師云 理門論言 一向離故 是通彼難 謂立宗言 所聞性因
是不定攝 一向離故 如共不定 一向離言 闕[113]一相也 判云 此因
有不定過 以所見性 雖[114]闕一相而非不定 是不成故 謂立聲無常
所見性故 此因同有異[115]無 唯闕初相 是故亦爲闕一相也 若爲避
此不定過故 更立因言 後二相中闕一相故 猶如共等四不定因 此因
亦有餘不定過 如於空[116]宗緣生故因 雖於後二相中闕一而是眞因
非不定故 故不能作相違決定 又前所立 異[117]品無故 非疑因者 亦
有不定 如諸相違決定之因 雖異[118]品無而是疑因故 唯有同品無故
之因 且離不定立非疑因 此中應立相違比量 謂 所聞性不定因攝
等立相違宗故 猶如共不定因 如理門論顯[119]此因云 以若不共所成
立法 立所有差別遍攝一切皆是疑因 唯彼有性 彼所攝故 一向離故
案云 不共所成立者 如立聲常所聞性故 或立無常 所聞性故 如是
一切 無不等立故 言所有遍攝一切 由是道理 所聞性因 望彼一切
皆是疑因 一向離故者 轉成等立諸宗之義 以望諸宗 皆同不共 皆
同是一向義 不共是其[120]離義 由一向離故 等立於諸諸宗宗相違故
其因是不定 （五量）

---

112) 受(최).
113) 필사본, 富貴原章信본, 한국불교전서 모두 '門+報'로 되어 있으나, 『
    인명대소초』 등의 인용문에 의거해 볼 때, 이는 '闕'의 誤寫. 이하 '闕'
    은 모두 마찬가지.
114) 難(신).
115) 受(최).
116) 盡(최).
117) 受(최).
118) 受(최).
119) 破(최).
120) 共(최).

제11절

[1. 성론사(聲論師)의 추론식과 이에 대한 비판의 두 가지 성격]

예를 들어 성론사가

(종) 소리는 상주한다.
(인) 귀에 들리기 때문에

라는 추리를 내세울 경우, 승론사(勝論師)의 주장과 비교하면 상위결정의 추론식이 된다. 불제자(佛弟子)의 견지에서는 불공부정인(不共不定因)을 갖는 추론식이 되는데 왜냐하면 누구나 인정하는 동품(同品)이 존재하지 않기 때문이다. [이상 제1량]

[2. 성론사의 추론식을 부정인으로 보는 불제자의 입장에 대한 적대자의 비판적 추론식-1]

그런데 어떤 사람은 이런 인(因)을 비판하며 추론식을 세워 다음과 같이 말한다.

(종) '귀에 들리기 때문에'라는 인은 의인(疑因)[ㄱ 부정인(不定因)]121)이 아니어야 한다.

---

121) 의인은 '부정인'과 '상위결정'을 말한다. 그 근거는 다음과 같다: 此中 唯有二種名因 謂於同品一切遍有 異品遍無 及於同品通有非有 異品遍無 於初後三各取中一 復唯二種說名相違 能倒立故 謂於異品有及二種 於其同品 一切遍無 第二三中取初後二 所餘五種因 及相違 皆不決定 是疑因義(大正藏32, 『인명정리문론본』, 현장역, p.2b). 여기서 말하

(인) 동품(同品)에서 [실례가] 발견되지 않기 때문이다.

(유) 마치 상위인(相違因)과 같이

[3. 성론사의 추론식을 부정인으로 보는 불제자의 입장에 대한 적대자의 비판적 추론식-2]

또

(종) 이와 같은 인(因)은 부정인이 아니다.

(인) 이품(異品)에서 [실례가] 발견되지 않기 때문이다.

(유) 마치 정인(正因)과 같이

[이상 제2량]

[4. 적대자의 비판에 대한 문비법사의 재비판적 추론식(↔ 2, 3)]

문비법사는 '『이문론(理門論)』에서 말하는 "일향리고(一向離故)"122)라는 것이 위의 비판 모두를 포괄하는데 이를 추론식으로 작성하면 다음과 같다.

는 소여오종인은 4종의 공부정인과 1종의 불공부정인을 의미하며, 급상위의 상위는 상위인이 아니라 상위결정을 의미한다. 이는 이어지는 다음과 같은 게송에서 확인된다: 若法是不共/ 共決定相違/ 遍一切於彼/ 皆是疑因性/ 邪證法有法 自性或差別 此成相違因 若無所違害 觀宗法審察 若所樂違害 成躊躇顚倒 異此無似因(위의 책, p.2b-2c).

122) '일향리고'의 출처는 다음과 같다.:"所聞云何 由不共故 以若不共所成立法 所有差別遍攝一切皆是疑因 唯彼有性彼所攝故 一向離故 諸有皆共無簡別因 此唯於彼俱不相違 是疑因性"(大正藏32, 『인명정리문론본』, p.2b).

(종) "귀에 들리기 때문에"라는 因은 부정인에 포함된다.

(인) 일향리고

(유) 마치 공부정인(共不定因)과 같이

[여기서] "일향리(一向離)"라는 것은 [인(因)의 3상(相) 중] 하나의 상(相)이 결여되어 있음을 의미한다'라고 말한다.

[5. 문비법사의 재비판에 대한 원효의 재재비판(↔ 4)]

그러면 이상과 같은 논의에 대해 비판적으로 검토해 보겠다.

[문비법사가 제시한] 그런 인(因)[123]은 부정(不定)의 과실을 갖는다. 왜냐하면 '눈에 보이기 때문에'[라는 인(因)] 역시 하나의 상(相)이 결여되어 있는 인이지만 부정인(不定因)이 아니라 불성인(不成因)이기 때문이다. 이는 다음과 같이 추론식으로 작성된다.

(종) 소리는 무상하다.

(인) 눈에 보이기 때문에

이 인(因)의 경우 동품[= 무상한 것 중에 눈에 보이는 것]은 존재하지만 이품[= 무상하지 않은 것 중에 눈에 보이는 것]은 존재하지 않는다. 다만 제1상만 결여되어 있는 것이다[= 불성인]. 그러므로 이런 인 역시 하나의 상을 결여하고 있다.

---

123) '부정인'이라는 所證을 입증하기 위해 사용된, '하나의 相이 결여되어 있음'을 의미하는 '어느 품에도 없기에'라는 因.

[6. 원효의 재재비판에 대한 제3자의 변명(↔ 5)]

그런데 이러한 '부정의 과실'에서 벗어나기 위해 다시 인(因)을 세워 다음과 같이 말한다.

(인) [단순한 1상이 아니라 인(因)의 3상(相)에서] 나중의 2상 [= 제2, 3상] 중 하나가 결여되어 있기 때문이다.

(유) 마치 공부정인(共不定因) 등의 네 가지 부정인의 경우와 같이

[7. 제3자의 변명에 대한 원효의 비판(↔ 6)]

그러나 이런 인(因) 역시 또 다른 부정의 과실을 갖는다. 이를 테면

(유) 공(空)을 주장할 때 '연생(緣生)하기 때문에'를 인(因)으로 삼는 것124)에서 볼 수 있듯이

(인) 나중의 2상(동품정유성, 이품변무성) 중 하나가 결여되어 있어도 이는 참된 인(因)이며 부정인이 아니기 때문에125)

---

124) 이는 다음과 같은 추론식을 말한다.
　　(宗) 모든 것은 공하다.
　　(因) 연생하기 때문에
　　(喩) 마치 환상과 같이

125) **眞性 有爲空 如幻 緣生故**(승의의 차원에서 볼때, 유위법은 공하다 [宗]. 마치 환상과 같이[喩]. 연생이기 때문에[因]) 無爲無有實 不起似 空華 於自他宗計度差別 雖有衆多遍計所執 然所知境略有二種 一者有 爲 二者無爲 以諸愚夫 不正覺了 勝義諦理 有爲無爲 無顚倒性 妄執諸 法自性差別 … 以諸世間於此境上 多起分別故說是言 **眞性有爲空如幻 緣生故** … 一種有爲就勝義諦辯其體空 空與無性虛妄顯現門之差別 是 名立宗 衆緣所起男女羊鹿諸幻事等 自性實無顯現似有 所立能立法皆通

라고 할 수 있듯이. 그러므로 나의 논의에 대해 상위결정(相違決定)을 만들 수 없다.126)[이상 제3량]

[8. '적대자의 비판적 추론식-2'에 대한 원효의 비판(↔ 3)]

또, 앞에서 '이품에 존재하지 않기 때문에 의인(疑因)이 아니다'라고 내세운 바 있는데 이 역시 부정(不定)의 허물을 갖는다. 왜냐하면, 모든 상위결정의 인(因)은 비록 이품에 존재하지 않지만 의인(疑因)이기 때문이다. [이상 제4량]

[9. '적대자의 비판적 추론식-1'에 대한 원효의 비판(↔ 2)]

그래서 '동품에서 실례가 발견되지 않기 때문에'라는 인(因)만 남게 되는데127), [적대자는 그런 인(因)을 통해] 부정인에서 벗어

有 爲同法喻故說如幻 隨其所應假說所立能立法同 … 所立有法皆從緣 生 爲立此因說緣生故 因等衆緣共所生故 說名緣生卽緣所起緣所現義 爲遮異品立異法喻 **異品無故遮義已成 是故不說於辯釋時假說異品建立 比量亦無有過**(이품 자체가 아예 없기 때문에 부정하는 뜻은 원래 성립되어 있다. 그러므로 추론식을 해석할 때 이품을 가정하여 추론식을 세워 설하지 않아도 잘못된 것이 아니다.)(大正藏30, 『대승장진론』, 청변, pp.268b-269a).

126) '모든 것은 공하다(宗). 연생하기 때문에(因)': ① 제2상(동품)에 대한 검토 - 공한 것 중에 연생하는 것이 있는가? - 모두 그렇다. ② 제3상(이품)에 대한 검토 - 공하지 않은 것 중에 연생하는 것이 있는가? - 검토가 성립되지 않음. 왜냐하면 공하지 않은 것은 없기에: → 즉 '모든 것은 공하다(宗). 연생하기 때문에(因)'라는 추론식에 쓰인 '연생하기 때문에'라는 인은 正因이지만 '인의 3상' 중 제3상이 결여되어 있다. 즉 kevala-anvayin적 추론식(오직 수반적 주연관계[anvaya vyāpti]만 존재하는 추론식)이다.

127) 본 절 서두에서 말했던 다음과 같은 적대자의 추론식:
(宗) '귀에 들리기 때문에'라는 인은 疑因(⊃不定因)이 아니어야 한다.
(因) 同品에서 [실례가] 발견되지 않기 때문이다.

남, 즉 의인(疑因)이 아님을 입증[하려]한다.

이에 대해서는 상위[결정의] 추론식을 내세워야 하는데 이는 다음과 같다.

(종) '귀에 들리기 때문에'는 부정인(不定因)에 포함된다.
(인) 상반된 주장을 동등하게 내세울 수 있기 때문이다.
(유) 마치 공부정인(共不定因)의 경우와 같이

『이문론』에서도 이런 인에 대해 다음과 같이 밝히고 있다.128)

(종) 불공인(不共因)129)으로 증명되는 [소증(所證)]법의 경우, 증명되는 내용 중에 일체가 다 들어갈 수 있기에 [불공인(不共因)은] 모두 다 의인(疑因)이다.
(인) 왜냐하면 오직 그것이 갖는 성질[因, 인]만 그것[= 종(宗)의 주제]에 포함되기 때문이다.130) 즉, [동품과 이품의] 어느 품에도 없기 때문이다.

[10. 원효의 종합적 결론]
이런 논의에 대해 다음과 같이 결론지을 수 있다.
불공(不共)[부정]인131)으로 증명되는 법이란 예를 들어

(喩) 마치 相違因과 같이
128) 所聞云何 由不共故 以若不共所成立法 所有差別遍攝一切皆是疑因 唯彼有性彼所攝故 一向離故 諸有皆共無簡別因 此唯於彼俱不相違 是疑因性(大正藏32, 『인명정리문론본』, p.2b).
129) '同品無 異品無'인 不共不定因.
130) '귀에 들린다'는 성질은 소리에만 있다는 말.

(종) 소리는 상주한다.
(인) 귀에 들리기 때문에

라고 증명하든지 혹은

(종) 소리는 무상하다.
(인) 귀에 들리기 때문에

라고 증명하는 경우와 같다. 여기서 보듯이 대등하게 성립하지 않는 것이 전혀 없기 때문에 '내용 중에 일체가 다 들어갈 수 있다'고 말하는 것이다. 이런 이치로 인해 '들리기 때문에'라는 인(因)은 그 어떤 것에 대해서건 의인(疑因)이 된다. '어느 품에도 없기 때문'이라는 것은 온갖 주장을 대등하게 성립시킨다는 의미이다. 그 어떤 주장에 대해서도 한결같이 不共이기 때문이다. '한결같다는 것'(皆同, 개동)은 '어떤 품에도'(一向, 일향)라는 의미이고, '불공(不共)'이라는 것은 '없다'(離, 리)는 의미이다. 어떤 품에도 없기 때문에, 상반된 갖가지 주장들에 대해 대등하게 내세워질 수 있으며 그 때문에 그런 인(因)은 부정인이다. [이상 제5량]
이상 다섯 가지 논의.

7. 제12절, 상위결정(相違決定) 추론식의 두 가지 인(因)이 부정인임을 논증 - 칸타(神田) 기증본

---

131) '同品無 異品無'인 因.

十二

相違決定 立二比量 文[132]軌[133]法師 自作問答 問 具足三相 應
是正因 何故 此中而言不定 答 此疑未決 不敢解之 有通釋者 隨
而爲臣[134] 此中問意 立比量云 違決中因 應是正因 具三相故 如
餘眞因 今者通曰 違決之因 非正因攝 有等難故 如相違因 由此
顯[135]彼有不定過 又 此二因 非相違[136]攝 同品有故 猶如正因[137]
又 此二因 非不成攝 是共許故 如不共因[138] 如是二因 不定因攝
非正 非違 非不成故 如餘五種不定因也 (六量)

제12절
[1. 상위결정의 인이 부정인에 속하는 까닭에 대한 문궤법사의
의문]
상위결정의 [사인(似因)의] 경우 두 가지 추론식이 작성되는데
문궤법사가 [다음과 같이] 스스로 문답을 지은 바 있다.
문: [인(因)의] 삼상(三相)을 갖추고 있으니 이는 정인(正因)이
어야 한다. 그런데 어째서 이에 대해 부정인이라고 했을까?
답: 이런 의문은 아직 해결되지 않았으며 이를 풀이할 엄두도
내지 못한다. 이를 의미가 소통되게 해석하는 사람이 있다면, 나

---

132) 又(한불전)
133) 又執(최).
134) 富貴原章信본과 신현숙본 모두 '注'로 복원.
135) 破(최).
136) 신현숙본에서는 '因'을 삽입.
137) 한불전에서는 '차이인…정인' 까지 누락.
138) 由(한불전)

는 그를 따르며 신하가 되겠다.139)[이상 제1량]

[2. 추론식으로 작성된 문궤법사의 물음(← 1)]
이런 물음에 담긴 뜻을 추론식으로 작성하면 다음과 같다.
(종) 상위결정 중의 인(因)은 정인이어야 한다.
(인) 삼상을 갖추고 있기 때문이다
(유) 마치 다른 진인(眞因)과 같이
[이상 제2량]

[3. 문궤법사의 물음에 담긴 추론(: 2)이 부정의 과실에 빠짐을
입증하기 위해 원효가 작성한 상위결정의 추론식(↔ 2)]
이제 이 사람이 의미를 소통시키면 다음과 같다.
(종) 상위결정의 인(因)은 정인에 속하지 않는다.
(인) 동등한 비판이 있을 수 있기 때문이다.
(유) 마치 상위인과 같이
이로 인해 그것[= 2의 추론식]에 부정의 허물이 있음이 드러난
다. [이상 제3량]

[4. 상위결정의 두 가지 인이 상위인도 아니고, 불성인도 아님
을 논증하는 원효의 추론식]
(종) [상위결정의] 두 가지 인은 상위인에 포함되지 않는다.
(인) 동품이 존재하기 때문에

---

139) 다음과 같은 문궤의 발언을 염두에 두고 쓰여진 글이라고 볼 수 있
다: 文軌師誓願言　不陳那菩薩無是量釋　若有是量果因　我爲其作臣也
(大正藏68, 藏俊, 『因明大疏抄』, p.525c).

(유) 마치 정인과 같이
[이상 제4량]

또,

(종) [상위결정의] 이 두 가지 인은 불성인(不成因)에 포함되지
않는다.
(인) 양측 모두 인정하는 것이기 때문에
(유) 마치 불공인(不共因)과 같이
[이상 제5량]

[5. 상위결정의 두 가지 인이 부정인에 포함됨을 소거법(消去
法)에 의해 논증하는 원효의 추론식(3, 4의 종합)]
(종) 이와 같은 두 가지 인은 부정인에 포함된다.
(인) 정인도 아니고 상위인도 아니고 불성인도 아니기에
(유) 마치 다른 다섯 가지의 부정인과 같이
[이상 제6량]
이상 여섯 가지 논의.

8. 제13절, '오성각별설(五姓各別說) 비판'에 대한 원효의 재비판 – 칸타(神田) 기증본

十三
或有爲難 五種種性 立比量言 無性有情必當作佛 以有心故 如

有性者 此因不定 故成不難 爲如諸佛 以有心故 非當作佛 爲如菩
薩 以有心故 必當作佛 前[140]別[141]立因 言 以未成佛之有情故 此
因亦有他不定過 爲如菩薩種性 爲如決定二乘 若爲避此 更立宗言
無性[142]有情決定二乘 皆當作佛 以未成佛有情攝故 猶如菩薩 此
有等[143]難故成不定 如是三人 非當作佛 以無大乘無漏種子而非菩
薩種性攝故 如木石等諸無情物 又 有比量相違過失 謂五種姓[144]
中餘四種姓 墮[145]地獄時 應有四德 許作佛故 如菩薩姓 許則違敎
不許違理 此違自悟 比量過也 (五量)

제13절

[1. 유식(唯識)의 오성각별설을 비판하는 적대자의 추론식]

어떤 이들은 5종의 성품을 비판하기 위해 다음과 같이 추론식
을 세워 말한다.

(종) 무성유정(無性有情)은 반드시 성불한다.

(인) 마음이 있기 때문이다.

(유) 마치 유성유정(有性有情)과 같이

[이상 제1량]

---

140) 差(최).

141) 所(부, 신)

142) 필사본과 제 교정본에는 '無性性'으로 되어 있으나, 필사본에 쓰인
    나중의 '性' 우축에 오기 표시(:)가 있기에 위와 같이 교정한다.

143) 求(한불전).

144) 性(부, 신)

145) 신현숙본은 '墮'자 누락.

[2. 1의 추론식에 사용된 인(因)은 부정인이라는 원효의 비판]
여기서 사용된 인은 부정인이기 때문에 비판이 되지 못한다.

[(1) 이품유(異品有)]
(유) 제불(諸佛)과 같이
(인) 마음이 있기 때문에
(종) 성불하지 않는 것일까?

[(2) 동품유(同品有)]
(유) 보살과 같이
(인) 마음이 있기 때문에
(종) 반드시 성불하는 것일까?

[3. 2-(1)에 대한 적대자의 비판: 1에서 말하는 인(因)은 이품
변무성을 충족한다]
앞에서 별도로 세운 인(因)은
아직 성불하지 못한 유정을 염두에 두고 말한 것이기 때문이
다.146)

[4. 3에 대한 원효의 비판]
이런 인(因)도 역시 타파(他派)에 대해 부정(不定)의 허물이 있
다. 보살종성과 같은지, 결정이승(決定二乘)과 같은지.147) [이상

---

146) 2-(1)에 제시된 異品有는 합당하지 않다는 의미.
147) '(喩) 決定二乘과 같이 (因) 마음이 있기 때문에 (宗) 成佛하지 않는
것일까?'라는 異品有의 不定因이 된다는 의미.

제2량]

[5. 적대자가 내세우는 새로운 추론식]
만일 여기서 벗어나기 위해 다시 주장을 세워

(종) 무성유정과 결정이승은 모두 성불할 것이다.
(인) 아직 성불하지 못한 유정에 속하기 때문에
(유) 마치 보살과 같이

라고 말한다면,
[이상 제3량]

[6. 5에 대한 원효의 비판]
이에 대해서도 동등한 비판이 가해질 수 있기에 부정(不定)의
과실을 이루고 만다.[148]

(종) 이와 같은 3인[149]은 성불하지 못할 것이다.
(인) 대승의 무루종자(無漏種子)도 없고 보살종성에 포함되지도
않기 때문에
(유) 마치 목석 등 제 무정물과 같이
[이상 제4량]

---

148) 여기서 원효는 상위결정의 추론식을 작성하여 제시함으로써 앞의 추
론식을 부정의 과실에 빠지게 만든다.
149) 무성성유정(무성유정), 결정성문(성문종성), 결정연각(연각종성).

[7. 5는 사립종(似立宗, 잘못 내세운 주장) 중 비량상위(比量相違)의 과실에 빠진다는 원효의 비판]

또, 비량상위의 과실이 있게 된다. 이는 다음과 같다.

(종) 5종성150)중 다른 4종성이 지옥에 떨어질 때, 응당 사덕(四德)151)을 가져야 한다.

(인) 성불이 인정되기 때문이다.

(유) 보살종성과 같이

이를 인정하면 교학에 위배되고 이를 인정하지 않으면 이치에 위배된다. 이는 '스스로 알고 있는 것과 어긋나는 비량의 과실'이다. [이상 제5량]

이상 다섯 가지 논의.

9. 제14절, 아집(我執), 법집(法執)에 대한 논파와 관계된 논의 - 칸타(神田) 기증본

十四

成唯識論 爲破我法 立比量言 凡152)諸我見 不緣實我 有所緣故 如緣餘心 我見所緣 定非實我 是所緣故 如所餘法 又言外道餘乘153)所執諸法異154)心心所 非實有性 是所取155)故 如心心所 能

---

150) 보살종성, 성문종성, 연각종성, 부정종성, 무성유정,
151) 열반의 四德인 상락아정(常樂我淨).
152) 『成唯識論』에는 '又'로 되어 있음(大正藏31, p.2상).
153) 緣我(최).

取[156])彼覺 亦不緣彼 是能取[157])故 如緣此覺 判云 此中 有四比量
是眞能破 破我法故 無過生故 或因此破 破大乘云 諸緣第八識 見
不緣阿賴耶相 有所緣故 如緣[158) …

제14절

[1. 『성유식론(成唯識論)』의 추론식 소개]

『성유식론』에서는 아(我)와 법(法)을 논파하기 위해 추론식을
세워 다음과 같이 말한다.[159)]

[(1) 추론식①]

(종) 무릇 모든 아견(我見)은 참된 아(我)를 대상으로 삼지 않
는다.

(인) 대상이 있기 때문이다.

(유) 마치 다른 마음을 대상으로 삼는 것과 같이

[(2) 추론식②]

(종) 아견이 대상으로 삼는 것은 결코 참된 아(我)가 아니다.

(인) 대상이 되기 때문이다.

---

154) 受(최).
155) 依(최).
156) 依(최).
157) 依(최).
158) 富貴原章信은 뒤에 '餘心'이 생략된 것으로 본다.
159) 이하 두 추론식은 『成唯識論』 중의 다음과 같은 구절의 인용이다:
　　又諸我見不緣實我 有所緣故 如緣餘心 我見所緣定非實我 是所緣故 如
　　所餘法 是故我見不緣實我 但緣內識變現諸蘊 隨自妄情種種計度(大正
　　藏31, 『成唯識論』, p.2a).

(유) 마치 다른 법들과 같이[160]

또 다음과 같이 말한다.[161]

[(3)추론식③]
(종) 외도나 다른 승(乘)[162]에서 집착하는 '심, 심소(心, 心所)가 아닌 법들'[163]은 실유(實有)하는 것이 아니다.
(인) 포착된 것[所取, 소취]이기 때문이다.
(유) 마치 심, 심소와 같이

[(4) 추론식④]
(종) 포착하는 측[能取, 능취]인 저 각(覺)도 역시 그것[= 색법(色法)]을 대상으로 삼지 않는다.
(인) 포착하는 측[능취]이기 때문이다.
(유) 이 각(覺)을 대상으로 삼는 것과 같이[164]

[2. 1에 대한 원효의 검토]
이상을 비판적으로 검토해 보겠다. 여기에는 네 가지 추론식이

---

160) 이상 두 추론식은 我執에 대한 논파.
161) 이하 두 추론식은 『成唯識論』 중 다음과 같은 구절의 인용이다: 外道餘乘所執諸法 異心心所非實有性 是所取故 如心心所 能取彼覺亦不緣彼 是能取故 如緣此覺 諸心心所依他起故 亦如幻事 非眞實有 爲遣妄執心心所外實有境故 說唯有識 若執唯識眞實有者 如執外境亦是法執 (大正藏31, 『成唯識論』, p.6c.).
162) 小乘을 가리킴.
163) 色法 등을 의미함.
164) 이상 두 추론식은 法執에 대한 논파.

있는데 이는 참된 논파다. 아(我)와 법(法)을 논파하기 때문이고, 허물의 발생이 없기 때문이다. 혹 이런 논파로 인해 대승을 논파하여 말하기를

(종) 제8식의 견분(見分)을 대상으로 삼는 것들은 아뢰야식의 상분(相分)을 대상으로 삼는 것이 아니다.

(인) 대상이 있기 때문이다.

(유) 마치 다른 마음을 대상으로 삼듯이

…

10. 『구사론(俱舍論)』과 『순정리론(順正理論)』의 '근(根)이 둘인 경우 유(類)는 같으나 상(相)은 다르다'는 설에 대한 비판 - 사카이우키치(酒井宇吉) 소장본

[단편잔간(斷編殘簡)]

… 何可[165]言類同相異 同異二義耳 相乖違而言[166]體一 必不應理 判云 此中 有九比量 於中前六 破彼本執 後之三量 破衆賢 救謂 和合時應非眼等 異前眼等故 猶如色聲等 又類應非同與異體一故 猶如異相 相亦非異 與同一體故[167] 猶如同類 違[168]自比量 故

---

165) 신현숙본은 所.

166) '言言'으로 되어 있으나 문맥상 위와 같이 교정한다.

167) 한불전에는 '故'가 중복되어 있다.

168) 遠(신)

不應理 此中或有還[169]破大乘 謂大乘色處應非假色 是所知故 如
聲處等 餘[170]處亦爾 若大乘宗許有假色 則不能離如是等過 然
眞[171]大乘亦不許有 如言假色 說[172]有實色 故彼比量便立已成蘊
界處等一切法門 皆於絶[173]言 假施設故 (十量)

… 어떻게[174] 유(類)는 같으나[175] 상(相)은 다르다[176]고 말할
수 있겠는가? 같음과 다름은 두 가지 의미일 따름이다. [같음과
다름이] 서로 어긋남에도 체(體)는 하나라고 말하는 것은 결코 이
치에 맞지 않다.

이상의 논의에 대해 비판적으로 고찰해 보겠다. 여기에는 아홉

---

169) 신현숙본은 '還' 누락.
170) 余(신).
171) 신현숙본은 此
172) 實(신)
173) 신현숙본은 '絶' 누락.
174) 云何: '何'자 앞의 한 글자를 '云'으로 추정하여 번역한다.
175) 눈(眼), 귀(耳), 코(鼻)의 경우 두 개씩 있으나 한 종류의 감관으로
    간주되는 것을 말한다: 眼耳鼻三處各有二 何緣界體 非二十一 此難非
    理 所以者何. 頌曰 類境識同故 雖二界體一 論曰 眼耳鼻根 雖各二處
    類等同故 合爲一界 言類同者 同眼性故 言境同者 同色境故 言識同者
    眼識依故 耳鼻亦然 故立一界 界體既一 處何緣二 頌曰 然爲令端嚴
    眼等各生二 論曰 爲所依身相端嚴故 界體雖一而兩處生 若眼耳根處唯
    生一 鼻無二穴 身不端嚴 此釋不然(大正藏29, 중현, 『아비달마순정리론
    』, p.343b). / 謂男女與身類境識同故 雖同處界 而增上義 有差別故 別
    立二根 如十一根 雖同處界 增上義異 各別立根 眼耳鼻 根各依二處 何
    緣界體數不成多 合二爲一 故唯十八 何緣合二爲一界耶 頌曰 類境識同
    故 雖二界體一 論曰 類同者 謂二處同是眼自性故 境同者 謂 二處同用
    色爲境故 識同者 謂二處同 爲眼識依故 由此眼界雖二而一 耳鼻亦應如
    是安立 若爾何緣生依二處(大正藏29, 세친, 『아비달마구사론』, pp.4b-
    c).
176) 舌, 身, 意와 달리 눈(眼), 귀(耳), 콧구멍(鼻)이 각각 두 개인 것을
    말한다.

가지 추론식이 있다. 그 가운데 앞의 여섯은 그 본래의 주장을 논파하고 뒤의 세 가지 추론식은 중현(衆賢)[177]의 변명을 논파한다. 그래서 다음과 같이 말한다.

(종) 화합할 때[178]에는 눈 등이 아니다.
(인) 앞에서의 눈[179] 등과 다르기 때문에
(유) 마치 색(色), 성(聲) 등과 같이[180]

또[181]

(종) 유(類)는 같은 것이어서는 안 된다.
(인) 다름과 한 덩어리이기 때문이다.
(유) 마치 다른 상(相)과 같이

(종) 상(相)도 역시 다른 것이 아니다.
(인) 같음과 한 덩어리이기 때문이다.
(유) 마치 같은 유(類)와 같다

[이는] 자파(自派)의 비량(比量)에 어긋나기에 이치에 맞지 않

---

177) 설일체유부에 소속된 논사로 경량부적 조망이 삽입된 세친의 『아비달마구사론』을 비판하기 위해 『아비달마순정리론』을 저술함.
178) 두 눈을 모두 떠서 사물을 바라볼 때.
179) 한 눈을 감고 한 눈으로 사물을 바라보는 것.
180) 한쪽 눈만으로 바라본 형상(色, 색)과 한쪽 귀만으로 듣는 소리(聲, 성)는 두 눈으로 바라본 형상이나 두 귀로 듣는 소리와 다르게 느껴짐.
181) 이하 두 가지 추론식은 類는 같으나 相은 다르다는 주장에 대한 비판으로 '判云' 이전의 내용과 그 논지가 같다.

다.

여기서 도리어 대승을 논파하는 사람들이 있어서 다음과 같이 말한다.

(종) 대승에서 말하는 색처(色處)는 가색(假色)이 아니다.
(인) 인지(認知)의 대상이기 때문에
(유) 성처(聲處) 등과 같이

다른 처(處)의 경우도 마찬가지다. 만일 대승의 주장에서 가색이 있다고 인정한다면 이와 같은 허물에서 벗어날 수 없다. 그러나 참된 대승의 경우도 말한 바와 같은 가색이 있다고 인정하지 않으며 실색(實色)이 있다고 설한다.[182] 그러므로 그런 추론식은 그대로 성립한다. 이미 성립한 온(蘊), 계(界), 처(處) 등의 일체의 법문(法門)은 모두 말이 끊어진 것 위에 가립(假立)하여 베풀어진 것이기 때문이다.

이상 열 가지 논의.

11. 회향게[183]

證成道理甚難思 自非笑却微易解
今依聖典擧一隅 願通佛道流三世

---

182) 청변의 외계 실재론(?).
183) 이하에 대해서는 『판비량론』에 대한 연구자 대부분이 번역하지 않는다.

증성의 이치에 대해 생각하는 일은 지극히 어렵지만

내 웃으며 밀쳐버리지 않고 조금이나마 쉽게 풀어

이제 성스러운 불전에 의지해 그 일부를 제시하니

불도가 소통되어 언제나 계속되기를 바라옵니다.[184]

判比量論 一卷 釋元曉述

咸亨二年 歲在辛未 七月十六日

住行名寺 着筆粗訖

판비량론 1권, 석원효 지음.

함형 2년,[185] 즉 신미년, 7월 16일.

행명사에 머물며 붓을 잡아 거칠게 일을 끝마치다.

12. 삼세실유설(三世實有說)을 둘러싼 설일체유부와 경량부의 논쟁과 관련된 논의 - 오치아이(落合博志)

---

184) 富貴原章信은 이 회향게가 誤寫된 것이리라고 추정하며, 이대로는 도저히 의미가 통하지 않는다고 토로한다. 그리고 이와 유사한 善珠의 『因明論疏明燈抄』 말미의 회향게만 소개한다. 이는 다음과 같다: 因明 道理深難思 非一切智誰能解 故蒙篤請採百家 爲始學徒授近慧 述而不 作爲妙意 披覽後生勿疑解 今依先迹擧一隅 願通佛道流三世(大正藏68, p.435b.). 김상현은 회향게를 다음과 같이 번역한다: 증성의 도리는 참 으로 어려워 / 자비소각은 이해하기 어렵다 / 이제 성전에 의지해 한 모퉁이를 드니 / 원컨대 불도가 삼세에 유포되게 하소서(김상현, 『역사 로 읽는 원효』, 고려원, 1994, p199). 김상현 역시 '자비소각'의 의미는 해석하지 않고 남겨 둔다. 필자는 현존하는 회향게가 원본 그대로일 것 이라는 전제 위에 무리이긴 하지만 위와 같이 번역하였다.

185) 서기 671년, 즉 원효의 나이가 55세일 때(申賢淑, 元曉의 認識과 論理, 民族社, p.17).

소장본(두 부분)¹⁸⁶⁾ 뒷부분

… 曾當實有 若爾 彼立去來實有則離如前立已成過 若立已成還
自害故 故於二過 取隨一也 或前直言 去來實有 不簡現曾故立已
成 今云 現有故無自害 最後一量 顯彼敵量 其文自彰 不須重解
(七量)

… (과거와 미래)는 '일찍이 있던 것[曾, 증]'과 '앞으로 있을 것
[當, 당]'으로서 실재한다. 만일 그렇다면 그가 "과거와 미래가 실
재한다."고 내세웠던 것은, 앞에서와 같은 '이미 성립된 것을 내세
우는 오류'¹⁸⁷⁾에서 벗어난다. 만일 '이미 성립된 것을 내세운다.'
면 도리어 스스로를 해치기 때문이다. 따라서 두 가지 오류 가운
데 어느 한 가지를 취해야 한다. 혹은 앞에서 "과거와 미래가 실
재한다."고 단도직입적으로 말한 것이, "지금 있는 것과 일찍이
있던 것을 제외시키지 않았기 때문에 이미 성립된 것을 내세우게
된다."면, 나[今¹⁸⁸⁾, 금]는 "지금 있기 때문에 스스로를 해치는 일
은 없다."고 말하겠다. 마지막 한 가지 추론식[量, 양]¹⁸⁹⁾은 저 논
적의 추론식을 나타낸다. 그 문장(의 뜻)이 스스로 뚜렷하니 다시

---

186) 이는 '落合博志(2005), 「61判比量論(東寺切)」, 『古筆への誘い』, 國
文學硏究資料館 編, 東京: 三彌井書店, 134-135'에 실린 것으로, 이에
대한 교정과 번역과 의미 분석은 '김성철(2016), 앞의 논문, 271-295'
에 근거한다.
187) 已成過는 淸辯의 『大乘掌珍論』에서 자주 거론하는 '주장명제[宗]의
오류' 중 하나다. 『大乘掌珍論』(T30, 268c ; 269c ; 271a 등).
188) 『판비량론』 제12절의 다음과 같은 문장에서 보듯이 원효는 자신의
고안을 제시할 때 '今'이라는 용어를 사용한다. "今者通曰 違決之因 非
正因攝 有等難故 如相違因 由此顯彼有不定過."
189) 『판비량론』에서 '量'은 '宗, 因, 喩'로 구성된 추론식을 의미한다.

해석할 필요가 없다. 일곱 가지 논의.

13. 유식비량 비판 및 정토에 대한 논의 - 고토(五島)미술관 소장본(두 부분)[190]

(1) 앞부분 - 유식비량(唯識比量)과 관계된 단편[191]

(… 彼小乘 立比)量言 眞故 極成色 定離於眼識 自許初三攝 眼識不攝故 猶如眼根 遮相違難 避不定過 屚類於前 謂若爲我作 相違過云 極成之色 應非離識之色 自許初三攝 眼識不攝故 猶如 眼根 我遮此難 作不定過 此極成色 爲如眼根 自許初三攝眼(識不 攝故 …

(… 저 소승 측에서는) 추론식을 작성하여 다음과 같이 말할 것

---

190) 일본 요코하마의 가나자와문고(金沢文庫)에서 'アンニョンハセヨ! 元暁法師－日本がみつめた新羅·高麗仏教－'라는 제목의 전시회 개최 [2017. 6.23-8.20]와 함께 6월24일에 '원효와 신라불교사본'이라는 주 제로 한일공동학술대회를 열면서 도록을 발간하였는데, 本 '고토(五島) 미술관 소장본'을 포함하여 아래에 소개하는 '바키에이(梅渓) 구장본, 미쓰이(三井)기념미술관 소장본, 도쿄(東京)국립박물관 소장본'의 총 4 가지 필사본의 원문 모두 이 도록에 처음 소개된 것으로, 以下 이들에 대한 해서체 복원과 번역은 논문 '김성철(2017), 앞의 논문, 215-247' 에 근거한다.

191) 규기는 『성유식론장중추요(成唯識論掌中樞要)』에서 유식비량을 상위 결정의 오류에 빠뜨리는 추론식을 고안한 인물이 순경(順憬)이라고 쓰 고 있지만, 고토미술관 소장본의 발견으로 인해 이 추론식의 고안자는 원효이며 순경은 이를 규기에게 전달한 인물이라고 확정할 수 있다. 아 래에 소개하는 '동아시아 불교문헌에 인용된 부분' 가운데 '만법유식을 논증하는 유식비량(唯識比量)과 관계된 단편' 속에 이 단편이 그대로 들어있다.

이다.

(종) 승의에 의거할 때, 양측 모두 인정하는 색은 반드시 안식
에서 벗어난 것이다.
(인) 우리 측에서 인정하는 초삼에 포함되면서 안식에는 포함되
지 않기 때문에.
(유) 마치 안근과 같이.

이 경우 상위인의 오류에 빠진다는 비판도 방지하고 부정인의
오류도 피하게 되는데, (그 이치는) 앞의 것보다 까다로운 편이다.
이를 설명하면 다음과 같다. 만일 (적대자가) 나를 위해 (상기한
소승측의 추론식에 대해 유법차별)상위인의 오류를 작성하여,

(종) (승의에 의거할 때) 양측 모두 인정하는 색은 식에서 벗어
난 색이 아니어야 하리라.
(인) 우리 측에서 인정하는 초삼에 포함되면서 안식에는 포함되
지 않기 때문에.
(유) 마치 안근과 같이.

라고 말한다면, 나는 이런 비판을 차단하여 (이런 비판에 대해
서 다음과 같이) 부정인의 오류를 지어낼 수 있다.
[동품유, 同品有] 여기서 말하는 '양측 모두 인정하는 색'은 '안
근'과 같이, 우리 측에서 인정하는 초삼(初三)에 포함되면서 안(식
에는 포함되지 않기에 식에서 벗어난 색이 아닌 것인가?)

(2) 뒷부분 - 정토에 대해 논의하는 기존의 제7장으로 이어지는 단편

이에 대해서는 앞에서(본서 pp.176-178) 칸다(神田) 기증본의 제7장과 함께 묶어서 원문을 소개하면서 번역한 바 있기에 여기서는 원문과 번역 모두 생략한다.

14. 유식비량을 상위결정의 오류에 빠뜨리는 원효의 추론식과 그에 대한 문궤의 비판 - 바키에이(梅渓) 구장본(舊藏本)

··· 非離眼識耶[192] 若為避此不定過故 須言極成初三等者 則不得遮彼相違難[193] 文軌法師 通此難云 此因不定故非為敵 謂小乘宗 自許眼根 定離眼識 若大乘宗 自在菩薩 六識互用 眼識亦得緣彼眼根 現其相分 及成所作智 亦緣眼根 現眼相分 如此眼根 是 ···

··· 안식을 벗어난 것이 아닌 것인가? 만일 이런 부정인의 오류를 피하기 위해 '양측 모두 인정하는[극성(極成)] 초삼(初三)에 포함되면서···'라고 말할 필요가 있다면, 상위에 의거한 상대방의 비판을 막을 수 없다.[194]

---

192) 원문은 '識眼耶'이나 선주는 『인명론소명등초』(T68, 321a)에서 '眼識耶'라고 쓰고 있으며, 그 내용으로 보아 선주의 인용문이 옳기에 위와 같이 복원한다.

193) 여기까지의 문장은 선주의 『인명론소명등초』에 인용되어 있다.

194) 이상은 아래의 '동아시아 불교문헌에 인용된 부분' 가운데 '만법유식

　　문궤(文軌)법사는 이런 비판을 종합하여 다음과 같이 말한다. 이러한 인(因)은 부정인(不定因)의 오류를 범하기에 적론(敵論)이 되지 못한다.[195] 말하자면, "소승의 종지宗旨에서는 자기들이 인정하는 안근(眼根)이 안식(眼識)에서 완전히 벗어나 있고, 만일 대승의 종지라면 자재보살(自在菩薩)이 육식(六識)을 서로 바꿔서 사용하여 안식도 저 안근을 대상으로 삼아서 그 상분(相分)을 나타내며 또한 성소작지(成所作智)도 안근을 대상으로 삼아서 안식의 상분을 나타낸다."[196] 이러한 안근은 … 이다.

15. 비량의 역할 및 추론식 인(因)에 부가한 단서 - 미쓰이(三井)기념 미술관 소장본(두 부분)

(1) 앞부분 - 비량의 역할에 대한 논의

　　(問 … 破內識有　比量得成而　離言內)識　非無有者　破外境有 比量得成而　離言外境　亦應非無　如是內外　不異而言　非無與無　是 則比量　不並爲證　解云　若立內識　如言有者　違道理故　比量不成

　　　을 논증하는 유식비량(唯識比量)과 관계된 단편'에 제시되어 있는 선주 (善珠)의 『인명론소명등초(因明論疏明燈抄)』에 실린 문장과 동일하다. 이하는 새롭게 발견된 부분이다.

195) 문궤는 유식비량을 비판하기 위해 원효가 고안한 상위결정의 추론식 이 '확고하지 않은 추론식으로 확고한 추론식을 논파하는 것(以不定破 定句)'이라며 비판한다. 藏俊, 『因明大疏抄』(T68, 772a) ; 『因明論理 門十四過類疏』(A119, 362b).

196) 이상의 쌍 따옴표(" ") 친 부분의 원문은 장준(藏俊)의 『인명대소초 (因明大疏抄)』(T68, 772b)에 인용된 된 '문궤소 제3권'에 그대로 실려 있으며, 이어지는 문장은 "此相分眼根　並是"인데 여기서 보듯이 원효는 이를 "如此眼根　是"라고 축약한다.

能破彼立 比量得成 如立外境 比量不成 能破彼立 比量皆成 是故
比量 非不爲證 非無與無 皆假施設 不得以此 疑前比量 問 非破
他宗 便自宗立 於離言宗 既無立因 因無宗成 比量無用 餘無因宗
皆得成故 解云 離言是遮 破言便立 餘執有表 轉因方成 故諸所有
能破比量 莫197)不成立 離言之宗 諸執言者 所不能破 當知 比量
有大勝能 能破衆邪 …

(묻는다. … 내식(內識)의 존재를 논파하는 일은 비량(比量)이
성립할 수 있지만 말에서 벗어난 내)198)식이 없는 것이 아니라면,
외경(外境)의 존재를 논파하는 일이 비량으로 성립할 수 있지만,
말에서 벗어난 외경199)도 없지 않아야 하리라. 이와 같이 내외(內
外)가 다르지 않지만 '없지 않음'과 '없음'을 말한다. 그렇다면 비
량이 그 모두에 대해서 증명이 되지 못한다.

풀어서 말한다. 만일 내식(內識)이 앞의 말과 같이 존재한다고
내세운다면 도리에 어긋나기 때문에 비량으로서 성립하지 않으며

---

197) 본서에 실린 『판비량론』 신출 필사본의 복원문은 모두 김성철의 책
(2003)과 논문(2016, 2017)에 근거하지만, 상기(上記)한 '莫'자의 복원
은 '김영석(2017), 「원효 『판비량론』의 새로운 발굴 - 고토미술관 및
미츠이기념미술관 소장본을 중심으로」, 『한국불교문헌의 정본화와 확장
성』, 동국대 2017년 추계국제학술대회 자료집, 동국대불교학술원ABC사
업단 외, 168'에 근거한다.
198) 괄호 속의 번역문과 이에 해당하는 아래의 원문은 이어지는 필사본
의 내용에 근거하여 필자가 추정하여 추가한 것이다.
199) 이는 현량으로 파악되는 외경을 의미하는 듯하다. 인명학에서는 인
식수단의 종류로 직접지각인 '현량(現量)'과 추리지인 '비량(比量)'의 두
가지를 드는데, 『인명입정리론(因明入正理論)』(T32, 11b)에서 '宗等多
言 名爲能立'이라고 설명하듯이 비량은 '多言[다언, 여러 말들]'으로 이
루어져 있는 반면, 『인명정리문론(因明正理門論)』(T32, 8c)에서 "此中
現量除分別者 謂若有智於色等境 遠離一切種類名言"이라고 설명하듯이
현량은 '離言[말에서 벗어난]'의 인식이다.

그런 내세움을 논파하는 비량이 성립할 수 있다. 이는 마치 외경(外境)을 내세움이 비량으로서 성립하지 않으며 그런 내세움을 논파하는 비량들이 모두 성립하는 것과 같다. 그러므로 비량은 증명하지 못하는 것이 아니며, '없지 않음'과 '없음'은 모두 거짓되게 시설(施設)한 것이니, 이[런 논의]에 의해서 앞의 비량을 의심할 수는 없다.

묻는다. 다른 이의 주장을 논파하지 않아도 자기주장이 성립한다. 말에서 벗어난 주장의 경우 원래 이유를 제시하는 일이 없다. 이유가 없이 주장이 성립하면 비량이 쓸모가 없게 된다. 이유를 갖지 않는 다른 주장들이 모두 성립할 수 있기 때문이다.

풀어서 말한다. 말에서 벗어난 것은 차(遮)함이라서 논파하는 말이 그냥 성립한다. 표(表)함을 갖는 다른 주장은 인(因)이 작용해야 비로소 성립한다. 따라서 존재하는 갖가지 능파(能破)의 비량들이 성립하지 않을 일이 없다. 말에서 벗어난 주장은 갖가지 주장의 말을 해도 논파할 수 없다. 비량에는 크고 뛰어난 능력이 있어서 갖가지 삿됨을 논파할 수 있다는 점을 알아야 한다.

⑵ 뒷부분 - 추론식의 인(因)에 부가한 단서에 대한 논의

… 破 有說 此中有許言故 無不成過 我許彼因 彼所許故 如廣百論 立比量云 過去未來 非離現在 有實自性 自宗所許 世所攝故 猶如現世 旣言自許 離他不成者 亦說他許 離自不成也 雖有立因 不存許言 言無實有 故無過生 此說非理 所以者何 若爾無 …

… 파(破)한다. 어떤 이들은 다음과 같이 설명한다. 이 가운데 '인정하는[자허(自許)]'이라는 말이 있기 때문에 불성인(不成因)의 오류는 없다. 나는 그 [비량(比量)에 달린] 이유를 인정한다. 그가 인정한 것이기 때문이다. [이는] 『대승광백론석론(大乘廣百論釋論)』에서 비량을 세워서 다음과 같이 말하는 것과 같다.

(종) 과거와 미래는 현재를 떠나서 참다운 자성을 갖는 것이 아니다.
(인) '자파(自派)의 종지(宗旨)에서 인정하는' 세속에 포함되기 때문에.
(유) 마치 현세와 같이.

이미 "자파에서 인정하는"이라고 말했기에 타파(他派) 불성[인(不成因)의 오류]에서 벗어난다면, 또한 "타파에서 인정하는"이라고 설하여 자파 불성[인의 오류]에서 벗어난다.
"비록 인(因)을 제시하는 일이 있을 때에 '인정하는'이라는 말이 없어도 말에는 실재성이 없기에 오류가 발생함은 없다."면, 이런 설명은 이치에 맞지 않다. 왜 그런가? 만일 그렇다면 …가 없는 꼴이 된다.

16. 올바른 위타비량(爲他比量)[200]의 조건과 개념지

---

200) 위타비량(parārtha-anumāṇa)이란 '남을 위한 추리'인데 『인명정리문론』(T32, 9a)에서는 오타비량(悟他比量)이라고 번역한다.

의 발생 - 도쿄(東京)국립박물관 소장본

… 量 故非共許 而無過失 是二差別 以何爲證 如理門論 悟他
中言 唯有共許 決定言詞 說名能立 或名能破 非互不成 猶豫言詞
後轉成故201) 後明 自悟比量 頌曰 一事有多法 相非一切行 唯由
簡別餘 表定能隨逐 如是能相者 亦有衆多法 唯不越所相 能表示
非餘 …

… 량(量)이기 때문에 양측이 함께 인정하는 것이 아니지만 오
류는 없다. 이 두 가지의 구별은 무엇에 의해서 입증하는가? 이는
『인명정리문론(因明正理門論)』에서 '다른 이를 깨닫게 하기[위한
비량(比量)]'에서 다음과 같이 말하는 것과 같다. "오직 양측이 함
께 인정하며 확고한 말[로 이루어져 있을 때 이]를 능립(能立)이
라고 명명하거나 능파(能破)라고 명명한다고 설(說)한다. '서로에
대해 불성[인(不成因)]'202)인 것과 '유예(猶豫)[불성인(不成因)]의
말'은 그렇지 않다. [그런 인(因)은] 나중에 성립을 시도해야 하기
때문이다."203) '나를 깨닫게 하기 [위한] 비량'에 대해서는 나중에
밝히겠다.

[『인명정리문론』의] 게송에서 [다음과 같이] 말한다.204)

---

201) 『인명정리문론』에는 '다시 성립을 준비해야 하기 때문이다(復待成
故)'로 되어 있다.
202) '수일불성인(隨一不成因)'을 의미한다.
203) 이상 쌍 따옴표(" ") 친 부분은 『인명입정리문론(因明正理門論)』(T3
2, 6c)의 인용이다.
204) 이는 개념지(槪念知)가 '타(他)의 배제'라는 추리의 과정을 통해 발
생한다는 아뽀하(Apoha) 이론을 노래한 게송이다. Tucci(1978, 초판 1
927), *The Nyāyamukha of Dignāga*, Chinese Material Center, Inc.,

하나의 사태에 여러 속성 있으나,

그 모두에 표상이 작용하진 않는다네.

오로지 다른 것을 배제하기 때문에,

확고함의 나타남이 잇따를 수 있다네.

이와 같이 능상(能相)에도 온갖 속성 있지만,

오직 소상(所相) 안 넘어야 남이 아님 능표(能表)하네.205)

17. 동아시아 불교문헌에 인용된 부분

⑴ 만법유식을 논증하는 유식비량(唯識比量)과 관계된 단편

[유식비량(唯識比量)]206)

眞故 極成色 不離於眼識 / 自許 初三攝 眼所不攝故 / 猶如 眼識

(종) 승의에 의거할 때[眞故, 진고]207), 양측 모두 인정하는[極

53, 각주 89a 참조.

205) 이상의 게송 역시 『인명입정리문론(因明正理門論)』(T32, 9a)의 인용이다.

206) 이는 현장이 인도 유학 중 고안하여 명성을 날렸던 유식비량으로, 『판비량론』의 망실부에 실려 있었을 것으로 추정된다.

207) 眞故(tattvatas) : 용수(龍樹)의 『중론(中論)』을 삼지작법(三支作法)에 의해 주석하면서 주장명제[宗]가 사립종(似立宗)의 오류에 빠지지 않도록 하기 위해서 청변이 고안한 단서로 간별어(簡別語)라고 불리는데, 인도 유학승 현장이 이를 수용하여 위와 같은 유식비량을 작성한

成, 극성] 색은 안식을 벗어나 있지 않다.

(인) 우리 측에서 인정하는 초삼(初三)208)에 포함되면서 안근 (眼根＝ 眼界, 안계)에는 포함되지 않기 때문에.

(유) 마치 안식(眼識)과 같이.

(曉法師 判比量中 述小乘師 有法差別相違難云) 極成之色 應 非卽識之色 因喩同前209)

(원효 법사의 『판비량론』에서는 [유식비량에 대한] 소승논사의 유법차별상위적인 비판을 다음과 같이 말한다.)

(종, 宗) 양측 모두 인정하는 색(色)은 즉식(卽識)의 색이 아니 어야 한다.

인(因)과 유(喩)는 앞에서와 마찬가지다.

此通未盡 (曉法師判比量中 簡小乘所作決定相違過云) 若對五 根實互用宗 則應立言 眞故 極成色離極成眼識 自許初三攝眼識不 攝故 猶如眼根 若作是難 亦離不定 以大乘宗 極成眼識 必不緣眼 故此眼根 爲其同品 識不攝因 於此定有 極成眼識 爲其異品 於彼 遍無 故非不定 能作適量 若以自許 佛有漏色 於前[前]共量 他作 不定 更改因云 自許 極成初三攝等 如無漏色 耳識等緣 雖離眼識 而非極成 初三攝故 不成不定210)

다.
208) 십팔계 가운데 처음의 세 가지인 '안계(眼界), 색계(色界), 안식계(眼 識界)'를 의미한다.
209) 善珠, 『因明論疏明燈抄』권3(T68, 318a) ; 藏俊, 『因明大疏抄』권14 (T68, 523c).
210) 善珠, 『因明論疏明燈抄』권3(T68, 322b-c) ; 藏俊, 『因明大疏抄』권 14(T68, 521a) ; 藏俊, 『因明大疏抄』권15(T68, 528a).

이에 대한 해석은 아직 완벽한 것이 아니다. (원효 법사는 『판비량론』에서 소승 측에서 지은 결정상위의 오류에 대해 기술하면서 다음과 같이 말한다.) 만일 오근실호용종(五根實互用宗)[211]을 대한다면 다음과 같이 (추론식) 작성하여 말해야 할 것이다.

(종) 승의에 의거할 때, 양측 모두 인정하는 색은 양측 모두 인정하는 안식에서 벗어나 있다.
(인) 우리 측에서 인정하는 초삼(初三)에 포함되면서 안식에는 포함되지 않기 때문에.
(유) 마치 안근과 같이.

만일 이런 식으로 (오근실호용종의 유식비량을) 비판하면 부정인의 오류에서 벗어날 수 있다. 대승종에서 양측 모두 인정하는 안식은 결코 안근에 의존하는 것이 아니기 때문에, 여기서 말하는 안근은 그것의 동품이 되고, '(우리 측에서 인정하는 초삼에 포함되면서 안)식에 포함되지 않는 것'이라는 인(因)은 여기에만 존재한다. 양측 모두 인정하는 안식은 그것의 이품이 되고 ('식에 포함되지 않는 것'이라는 인은) 여기에 전혀 존재하지 않는다. 그래서 부정인의 오류에 빠지지 않으며 올바른 추론식이 된다. 만일 '우리 측에서 인정하는 부처의 유루색'으로 '앞의 공량(共量)'[212]

---

211) 『成唯識論』권4(T31, 21a) ; 권5(T31, 26a)에서는 자유자재한 부처의 경지가 되면, 모든 감관을 호용(互用)하게 되기에, 한 가지 감관에서 발생한 識으로 모든 감각적 대상을 감지할 수 있다고 설명한다. 따라서 오근실호용종이란 '부처가 되면 눈으로 듣고, 냄새 맡고, 맛보고, 감촉하고, 생각하게 된다는 주장'을 의미한다고 볼 수 있다.
212) 현장의 唯識比量을 의미한다. '김성철(2003), 앞의 책, 161-168' 참조.

을, 다른 측에서 부정인의 오류에 빠지게 한다면, 다시 인을 바꾸어 '우리 측에서 인정하면서 양측 모두 인정하는 초삼에 포함되면서 …' 등으로 말하면 된다. 무루색(無漏色)이나 이식(耳識) 따위의 연(緣)과 같은 것들은 비록 안식에서 벗어난 것이긴 하지만, 양측 모두 인정하는 초삼에 포함되지 않기 때문에 부정인의 오류를 이루지 않는다.

(本是曉製 彼師 判比量云) 今謂 此因勞而無功 由須自許言 更致敵量故 謂彼小乘立比量言 眞故 極成色定離於眼識 自許初三攝眼識不攝故 猶如眼根 遮相違難 避不定過 屢類於前 謂若爲我作相違過云 極成之色 應非離識之色 自許初三攝 眼識不攝故 猶如眼根 我遮此難 作不定過 此極成色 謂如眼根 自許初三攝眼識不攝故 非離識之色耶 爲如我宗 釋迦菩薩 實不善色 自許初三攝 眼識不攝故 是離識之色耶 若不須自許 作不定過者 他亦爲我作不定過 爲此極成色 爲如眼根 初三所攝眼識不攝故 是離眼識耶 爲如我宗他方佛色 初三所攝 眼識不攝故 非離眼識耶 若爲避此不定過故 須言極成初三等者 則不得遮彼相違難[213]

(원래 원효 스님이 지은 것이다. 이 스님은 『판비량론』에서 다음과 같이 말한다.) 이제 말해 보겠다. 여기서 사용된 인(因)은 애써서 만든 것이긴 하지만, 아무 효력이 없다. '우리 측에서 인정하는'이라는 말이 요구되어 다시 적대자의 추론식[比量, 비량]과 부딪히게 되기 때문이다. 즉, 저 소승 측에서는 추론식을 작성하여 다음과 같이 말할 것이다.

---

213) 善珠, 『因明論疏明燈抄』권3(T68, 321a).

(종) 승의에 의거할 때, 양측 모두 인정하는 색은 반드시 안식에서 벗어난 것이다.

(인) 우리 측에서 인정하는 초삼에 포함되면서 안식에는 포함되지 않기 때문에.

(유) 마치 안근과 같이.

이 경우 상위인의 오류에 빠진다는 비판도 방지하고 부정인의 오류도 피하게 되는데, (그 이치는) 앞의 것보다 까다로운 편이다. 이를 설명하면 다음과 같다. 만일 (적대자가) 나를 위해 (상기한 소승측의 추론식에 대해 유법차별)상위인의 오류를 작성하여,

(종) (승의에 의거할 때) 양측 모두 인정하는 색은 식에서 벗어난 색이 아니어야 하리라.

(인) 우리 측에서 인정하는 초삼에 포함되면서 안식에는 포함되지 않기 때문에.

(유) 마치 안근과 같이.

라고 말한다면, 나는 이런 비판을 차단하여 (이런 비판에 대해서 다음과 같이) 부정인의 오류를 지어낼 수 있다.

[동품유, 同品有] 여기서 말하는 '양측 모두 인정하는 색'은 '안근'과 같이, 우리 측에서 인정하는 초삼初三에 포함되면서 안식에는 포함되지 않기에 식에서 벗어난 색이 아닌 것인가,

[이품유, 異品有] '우리 종파에서 말하는 석가보살의 실다운 불

선의 색'과 같이 우리 측에서 인정하는 초삼에 포함되면서 안식에
는 포함되지 않기에 식에서 벗어난 색인가?

만일 (소승 측에서) '우리 측에서 인정하는'이라는 단서를 쓰지
않고 부정인의 오류에 빠지게 한다면, 상대 종파[대승 측]에서도
나를 위해 부정인의 오류를 작성하여 다음과 같이 말할 것이다.

[동품유, 同品有] 여기서 말하는 양측 모두 인정하는 색은 안근
과 같이, 초삼에 포함되면서 안식에는 포함되지 않기에 안식을 벗
어난 것인가,

[이품유, 異品有] 우리 종파[대승]에서 말하는 타방부처의 색과
같이 초삼에 포함되면서 안식에는 포함되지 않기에 안식을 벗어
난 것이 아닌 것인가?

만일 이런 부정인의 오류를 피하기 위해 '양측 모두 인정하는
초삼에 포함되면서…'라고 말할 필요가 있다면, 상위에 의거한 상
대방의 비판을 막을 수 없다.

（判比量云） 敵言自許 亦[214]遮有法差別相違[215] 謂敵意許量[216]
定離眼識之色 大乘師作 相違量[217]云 極成之色 應非定離眼識之
色 初三所攝 眼識不攝故 由如眼根 爲引 自許佛有漏色作不定過
故言自許[218]

（『판비량론』에서는 다음과 같이 말한다.） 적대자가 말하는 '우

214) 善珠, 『因明論疏明燈抄』에는 '亦'이 '唯'로 되어 있다.
215) 善珠, 『因明論疏明燈抄』에는 이후에 "令於佛有漏色轉"이 삽입되어
　　 있다.
216) 善珠, 『因明論疏明燈抄』에는 '量'이 '是'로 되어 있다.
217) 善珠, 『因明論疏明燈抄』에는 '量'이 '難'으로 되어 있다.
218) 善珠, 『因明論疏明燈抄』권3(T68, 322c)；藏俊, 『因明大疏抄』권14
　　 (T68, 520c).

리 측에서 인정하는'이라는 단서도 '유법차별상위'의 오류를 방지한다. 즉, 적대자가 인정하는 바른 앎은 '안식에서 완전히 벗어난 색법'인데, 대승논사가 (유법차별)상위의 추론식[比量, 비량]을 작성하여,

(종) 양측 모두 인정하는 색은 안식에서 완전히 벗어난 색이 아니어야 한다.
(인) 초삼(初三)에 포함되면서 안식에는 포함되지 않기 때문에.
(유) 마치 안근과 같기 때문에.

라고 말하는 경우, 우리 측[소승 측]에서 인정하는 부처의 유루색을 끌어들여 부정인의 오류에 빠지게 만든다. 그래서 '우리 측에서 인정하는'이라는 단서를 다는 것이다.

(判比量云) 除不共許 及二同許 故言極成 爲離有法不成 相符過故 二同許者 爲同喩故 擧耳等識爲同喩者 卽相違過 能成 不緣 卽體色故 若以不極成而作不定者 卽於前所立亦作不定故 故今喩云 如餘翳眼者見毛等二月[219]

(『판비량론』에서는 다음과 같이 말한다.)[220] '함께 인정하지 않는 것[不共許, 불공허]'과 '양측이 똑같이 인정하는 것[二同許, 이

---

219) 太賢, 『成唯識論學記』(X50, 97c-98a).
220) 이는 일반적인 유식비량이 아니라 『成唯識論』 중 다음과 같은 '새로운 유식비량'에 대한 비판이다. "(종[전반]) 양측 모두 인정하는 안(眼)등(等)의 식(識)은 (인) 다섯 가지 [식(識)] 중의 하나이기 때문에, (유) 나머지와 같이 (종[후반]) 자체에서 벗어난 색(色) 등을 직접적인 대상으로 삼지 않는다(極成眼等識 五隨一故 如餘 不親緣離自色等: 『成唯識論』권7(T31, 39a)."

동허]'을 제외하기 때문에, '양측 모두 인정하는[極成, 극성]'이라
고 말한다. [이는] '유법불성²²¹⁾과 '상부(극성)'의 오류에서 벗어
나기 위한 것이다. '양측이 똑같이 인정하는 것'은 실례가 같기
때문이다.²²²⁾ 이(耳) 등의 식(識)을 들어서 동유(同喩)로 삼은 것
은 '(법차별)²²³⁾상위(인)의 오류'다. '[식(識)] 그 자체로서의 색
(色)[卽體色, 즉체색]'을 대상으로 삼지 않는다는 점을 증명하기
때문이다. 만약 양측 모두 인정되지 않는 것에 의해서 부정인(의
과실)을 만들어낸다면 앞에서 내세운 것도 부정인(의 과실)을 만
들어내기 때문이다.²²⁴⁾ 따라서 이제 실례를 다음과 같이 말한다.
"눈병에 걸린 다른 자들이 터럭 등이나 두 개의 달을 보는 것과

---

221) 이는 『인명정리문론』의 용어로 『인명입정리론』에서 열거하는 사립종
似立宗[주장의 오류] 가운데 '주장명제의 주어[所別, 소별]를 토론하는
양측 중에 어느 한쪽에서 인정하지 않는 오류'인 소별불극성所別不極成
의 오류에 해당한다. 『因明入正理論疏』권중(T44, 122c)에서는 유법불
성에 대해 다음과 같이 설명한다. "『인명정리문론』에서는, 혹은 이 경
우에 '유법불성有法不成(의 오류)'가 있다고 설한다. 예를 들어 '자아는
그 실체가 편재한다. 어느 곳에서든 즐거움 등을 발생하기 때문이다.'라
는 것과 같다. (여기서) 상캬 논사가 비록 (주장을) 내세웠지만 대승에
서는 (주장명제 중의 유법인 자아를) 인정하지 않는다(理門論說 或於是
處有法不成 如成立我其體周遍 於一切處生樂等故 數論雖立大乘不許)."
222) [역주] 태현(太賢)은 이에 대해 『成唯識論學記』(X50, 97c)에서
다음과 같이 해설한다. "만일 똑같이 인정하는 것을 내세운다면, 안질
걸린 눈의 안식이 외부를 직접 대상으로 삼는 것이 아니어서 이미 성립
한 것을 내세우는 꼴이 된다. 그러나 양측 모두 인정한다는 것에 의해
서 제외시키니 그렇지 아니하다(若立同許 瞖眼眼識不親緣外 立已成也
然以極成簡者非也)."
223) 太賢, 『成唯識論學記』(X50, 97c)의 설명.
224) 太賢, 『成唯識論學記』(X50, 98a)에서는 이에 대해서 "타방 부처의
식(識)에 의해서 부정[(인의 과실(過失)]이 되면 그도 대승의 '원래의
추d론식[本量, 본량]'에 대해 부처의 유루식에 의해서 부정(인의 과실)
을 만들어내기 때문이다(謂以他方佛識不定 彼亦應於大乘本量 以佛有
漏識作不定故)."라고 설명한다.

같다."

[問 旣爾何須說自許言耶 答 有三釋 一云 應師元曉師等 皆云]
遮他不定 說自許言 薩婆多等 爲此因作不定過云 (極成之色) 爲
如我宗後身菩薩實不善色 初三所攝眼所不攝故 定離眼識 爲如眼
識 初三所攝眼所不攝故 非定離眼識耶 爲遮此不定故 說自許言
由彼所指 後身菩薩實不善色 非是立者 自許初三所攝眼所不攝 彼
無此因故非不定 由共比量 非但成自所樂宗 亦破他故 故他不定卽
名不□ 共量旣然 他量亦爾[225]

(묻는다. 이미 그러하다면, 어째서 자허(自許)라는 말을 설할 필
요가 있는가? 답한다. 그것에 대해서는 세 가지 해석이 있다. 첫
째는 다음과 같다. 현응(玄應)스님과 원효스님 모두 다음과 같이
말한다.)[226] 다른 학파의 부정을 방지하기 위해 '우리 측에서 인
정하는'(自許, 자허)이라는 말을 한 것이다. 설일체유부(說一切有
部) 등에서는 이런 인(因)을 위해 부정의 오류를 지어 '(양측 모
두 인정하는 색은) 우리 종파에서 말하는 후신(後身) 보살의 참다
운 불선색(不善色)과 같이 초삼(初三)에 포함되면서 안근에는 포
함되지 않기 때문에 안식에서 확실히 벗어난 것인가, 아니면 안식
과 같이 초삼에는 포함되면서 안근에는 포함되지 않기 때문에 안
식에서 전혀 벗어나지 않은 것인가?'라고 말한다. 이런 식의 부정

---

225) 善珠, 『唯識分量決』(T71, 452c-453a).
226) 후키하라쇼신(富貴原章信)은 이를 『판비량론』의 산일문으로 소개하
지만, 이는 현응(玄應)의 저술에서 인용된 내용, 또는 현응의 저술과 선
주(善珠)가 오독(誤讀)한 『판비량론』의 내용을 종합하여 선주(善珠)가
재구성한 문장일 것으로 추정된다. 그 이유에 대해서는 '김성철(2003),
앞의 책, 172-176' 참조.

을 방지하기 위해 '우리 측에서 인정하는[自許, 자허]'이라는 말을
한 것이다. 그가 지적하는 것은 후신보살의 참다운 불선색이기 때
문에, 이를 성립하지 않게 하는 것은 '우리 측에서 인정하는[자허]
초삼에 포함되면서 안근에는 포함되지 않는 것'이기 때문이다. 그
것[후신보살의 참다운 불선색]은 이런 인(因)['자허'라는 단서가
부가된 인]에는 존재하지 않기 때문에 부정이 아니다. 공비량(共
比量)이기 때문에 비단 우리 학파에서 희구하는 주장을 성립시킬
뿐만 아니라, 다른 학파를 논파하기 때문이다. 따라서 다른 학파
의 부정은 사능파(似能破)227)라고 불린다. 공비량이 이미 이러하
므로, 다른 학파의 비량도 그러하다.

⑵ 대승불설을 논증하는 승군비량(勝軍比量)과 관계된 단편

(判比量云) 勝軍論師　立比量言　諸大乘經　是佛所說　極成非佛
語之所不攝故　如阿含經　此中小乘作不定過　如發智經　極成非佛語
之所不攝故　而汝不許佛說故　謂迦延經　薩婆多宗許是佛語　經部大
乘謂非佛語　由此不離不定過失　玄奘三藏爲離此過228)　更立因言
自許非佛語所不攝故　如是能離　前229)不定過　今謂　此因還有違
決230)　謂彼立言　諸大乘經　非至教量　自許佛經231)所不攝故　如勝

---

227) 원문은 '不□'이나 문맥으로 볼 때 '似破', 즉 '似能破'가 되어야 한
　　다. '□'뿐만 아니라 '不'자도 재교정을 요한다.
228) 藏俊, 『因明大疏抄』에는 '爲離此過'가 '爲離不定'으로 되어 있다.
229) 藏俊, 『因明大疏抄』에는 '前'이 누락되어 있다.
230) 藏俊, 『因明大疏抄』에는 '決違'로 도치되어 있다.
231) 藏俊, 『因明大疏抄』에는 '佛經'이 '佛語'로 되어 있다.

論等 又此新因 亦有不定 爲如增一等 自許非佛語所不攝故 諸大
乘經至敎量攝 爲如色香等 自許非佛語所不攝故 諸大乘經 非至敎
量 是故今箋勝軍比量云 諸大乘經 契當正理 極成非佛語所[232]不
攝之敎故 如增一等 如是則離相違決定 又離前後 諸不定過[233]
也[234][235]

(『판비량론』에서는 다음과 같이 말한다.) 승군논사(勝軍論師)는
비량(比量)을 세워서 다음과 같이 말한다.

(종) 대승경전들은 부처님의 가르침이다.
(인) 양측 모두 인정하는 부처님의 말씀이 아닌 것에 포함되지
않기 때문에.
(유) 아함경과 같이.

이에 대해 소승에서는, '『발지경(發智經)』과 같이 양측 모두 인
정하는 부처님의 말씀이 아닌 것에 포함되지 않기 때문에, 그렇지
만 그대는 부처님의 가르침이라고 인정하지 않기 때문에' 부정인
의 오류에 빠짐을 지적한다. 즉, 『가연경(迦延經)』[236]을 설일체유

---

232) 藏俊, 『因明大疏抄』에는 '所'가 누락되어 있다.
233) 藏俊, 『因明大疏抄』에는 '過'가 누락되어 있다.
234) 善珠, 『因明論疏明燈抄』권4(T68, 346b) ; 藏俊, 『因明大疏抄』권17
(T68, 549b-c).
235) 다음과 같은 문장은 이상의 논의의 요약이다. "(判比量云) 勝軍量中
三藏所加 亦有相違決定云 大乘敎非至敎量 自許非佛語所攝故 亦不爲
過 理如前辨 又云 有不定 爲如增一等 自許非佛語所不攝至量攝 爲
如色等 自許非佛語所不攝 故非至敎量 此亦不爾 色等共許是非佛語攝
因於彼無不成不定", 『成唯識論本文抄』권14(T65, 525a) ; 惠沼, 『成唯
識論了義燈』권4(T43, 732a).
236) 『가연경(迦延經)』은 가다연니자(迦多衍尼子)(또는 迦多延尼子)가 저

부에서는 부처님의 가르침이라고 인정한다. 경량부와 대승에서는 부처님의 말씀이 아니라고 말한다. 이로 말미암아 부정인의 과실에서 벗어나지 못한다. 현장(玄奘) 삼장은 이런 오류에서 벗어나기 위해 다시 인을 세워 다음과 같이 말한다. (인) '우리 측이 인정하는 부처님의 말씀이 아닌 것에 포함되지 않기 때문에'. 이렇게 할 경우 부정인의 오류에서 벗어날 수 있다. 이제 이에 대해 설명해 보겠다. 그런 인(因)은 다시 상위결정의 오류에 빠진다. 즉, 저들은 다음과 같이 추론식을 세워 말할 것이다.

(종) 대승경전들은 궁극적인 가르침이 아니다.
(인) 우리 측에서 인정하는 부처님의 말씀에 포함되지 않기 때문에.
(유) 마치 승론(勝論) 등과 같이.

여기에 제시된 인에는 부정이 있기도 하다. 마치 『증일아함경』 등과 같이 우리 측이 인정하는 부처님 말씀이 아닌 것 중에 포함되지 않기 때문에 대승경전들은 궁극적인 가르침에 포함되는가? 마치 색(色)과 향(香)등과 같이 우리 측이 인정하는 부처님 말씀이 아닌 것 중에 포함되지 않기 때문에 대승경전들은 궁극적인 가르침이 아닌 것인가? 그러므로 이제 승군논사의 비량을 풀어내어 다음과 같이 말한다.

술한 『發智論』(또는 『發智身論』)의 이명(異名)인데, '가연'이란 경명 중의 '신身'자의 범어인 '까야(kāya)'의 음사어일 수도 있고, 가다연니자의 이름을 축약한 것일 수도 있다. 이에 대한 자세한 논의는 '김성철(2003), 앞의 책, 198-199' 참조.

(종) 대승경전들은 올바른 이치에 부합된다.

(인) 양측 모두 인정하는 부처님 말씀이 아닌 것에 포함되지 않는 가르침이기 때문에.

(유) 마치 『증일아함경』 등과 같이.

이와 같이 할 경우, 상위결정에서 벗어나고 또 앞뒤의 갖가지 부정인의 오류에서 벗어난다.

(判比量云) 論[237]第五因 有[238]相違決定[239]云 諸大乘經非至敎量 樂小乘者不許顯示無顚倒理契經攝故 如外道論[240]

(『판비량론』에서는 다음과 같이 말한다.) '제5인을 논하는 것은 상위결정을 갖는데, 이는 다음과 같다.

(종) 대승경전들은 궁극적 가르침이 아니다.

(인) 소승을 좋아하는 사람들이 인정하지 않는 '전도됨 없는 이치를 나타내는 계경'에 포함되기 때문에.

(유) 마치 외도의 논서와 같이.

(3) 그 밖의 단편들

---

237) 太賢, 『成唯識論學記』에는 '論'이 '難'으로 되어 있다.
238) 太賢, 『成唯識論學記』에는 '有'가 누락되어 있다.
239) 太賢, 『成唯識論學記』에는 '定'이 누락되어 있다.
240) 太賢, 『成唯識論學記』(X50, 66a) ; 『成唯識論本文抄』권14(T65, 52 2a) ; 惠沼, 『成唯識論了義燈』권4(T43, 731c-732a).

(曉云) 廣百比量 不異掌珍 淸辨宗意 諸法皆空 故說空宗 無異
法喩[241][242]

(원효는 다음과 같이 말한다.) 『광백론』의 비량[243]은 『장진론』
(의 비량)[244]과 다르지 않다. 청변의 주장에서는, 제법은 모두 공
하기 때문에 공의 주장을 설하는데, 이법(異法)의 비유가 없다.

(… 加以慈恩不云相違決定ハ多重トモ不ト モ多重) 唯不多重(者
元曉師判比量論文也)[245]

(… 게다가 자은 (스님)의 경우, 상위결정이 다중(多重)이든 아
니든 다중을 말하지 않기 때문이다.) "오직 다중이 아닐 뿐이다."
(라는 것은 원효 스님의 『판비량론』의 문구다).[246]

---

241) 『因明論疏明燈抄』권3(T68, 323c) ; 『因明大疏抄』권14(T68, 532a).
242) 이를 요약하여 소개하는 문헌은 다음과 같다. "(新羅 元曉法師 判量
論云) 掌珍比量同廣百等", 『成唯識論本文抄』권15(T65, 530c) ;
"(問 廣百論中亦有二量 彼第七又 又所執境略有二種 一者有爲 二者無
爲 諸有爲法從緣生 故猶如幻事 非實有體 諸無爲法亦非實有 以無生故
譬如龜毛 判比量云) 此二比量不異掌珍", 秀法師, 『掌珍量導』(T65, 26
8b).
243) "또, 집착의 대상에는 크게 두 가지 종류가 있다. 첫째는 유위(법)이
고, 둘째는 무위(법)이다. 유위법들은 조건(緣)으로부터 발생한다. 따라
서 마치 허깨비와 같아 실체가 실재하는 것이 아니다. 무위법들도 실재
하지 않는다. 무생이기 때문이다. 마치 거북이 털과 같다(又所執境 略
有二種 一者有爲 二者無爲 諸有爲法 從緣生故 猶如幻事 非實有體 諸
無爲法 亦非實有 以無生故 譬如龜毛)". 『大乘廣百論釋論』권7(T30, 22
5a) ; 秀法師, 『掌珍量導』(T65, 268b) ; 『成唯識論本文抄』권15(T65,
530c).
244) "진성에서 유위(법)은 공하다. 조건에서 발생했기 때문이다. 마치 허
깨비와 같이. 무위(법)은 실체가 없어서 발생하지 않는다. 마치 공중의
꽃과 같이(真性有爲空 緣生故 如幻 無爲無有實 不起 如空華)", 靑辯,
『大乘掌珍論』권상(T30, 268b).
245) 東南權大僧都記, 『四種相違私記』권상(T69, 251a-b).
246) 앞뒤의 문맥으로 추정컨대, 이율배반(Antinomy)의 일종인 '상위결정

(判比量云) 眞如眞智 離能所故 非量所及[247]

(『판비량론』에서는 다음과 같이 말한다.) 진여와 진지(眞智)는 능(能)과 소(所)를 벗어났기 때문에 인식수단이 미칠 바가 아니다.[248]

(判比量云) 報佛常住 離諸患故 猶如法身[249]

(『판비량론』에서는 다음과 같이 말한다.)

(종) 보신불(報身佛)은 상주한다.

(인) 온갖 재난에서 벗어나 있기 때문이다.

(유) 마치 법신과 같이.

　　　　　 – 『불교원전연구』 제2집(2002) 및 신출자료 번역 추가

(相違決定)'의 오류에 빠지는 추론식이 한 쌍만 있는지[부다중(不多重)], 아니면 여러 쌍이 있을 수 있는지[다중(多重)]에 대한 논란에서 원효는 "한 쌍만 있다."고 주장한 듯하다.

247) 太賢, 『成唯識論學記』권상(X50, 34b).

248) 太賢은 『成唯識論學記』에서 "또, 갖가지 아견은 참된 자아를 대상으로 삼은 것이 아니다. 대상을 갖기 때문이다. 마치 다른 마음을 대상으로 삼는 것과 같이. 아견의 대상은 결코 참된 자아가 아니다. 대상이기 때문이다. 마치 다른 법들과 같이(又諸我見不緣實我 有所緣故 如緣餘心 我見所緣定非實我 是所緣故 如所餘法)"라는 『成唯識論』권1(T31, 2a)의 문장에 대해 해설하면서 『판비량론』 중의 위와 같은 문구를 인용한다.

249) 太賢, 『成唯識論學記』(X50, 125b).

불교논리학의 흐름과
『판비량론』의 논쟁학*

국문초록

일반적으로 불교논리학을 체계화 한 인물이 진나(陳那)라고 하지만, 세친(世親)이 저술한 『논궤(論軌)』의 단편들을 면밀히 분석

---

* 본고는 동국대학교 불교문화연구원 HK연구단에서 '21세기 원효학의 의미와 전망 – 원효 찬술문헌의 계보학적 성찰'이라는 주제로 국제학술대회를 기획하면서 집필을 의뢰하여 작성한 논문으로, 그 성격 상 피치 못하게 필자가 이전에 발표했던 연구물에서 발췌, 인용한 내용이 적지 않다. 즉, 이 장(章)을 포함하여 본고의 내용 가운데 일부는 필자가 저술한 '『원효의 판비량론 기초 연구』(서울: 지식산업사, 2003)', 「오치아이 소장 『판비량론』 필사본의 교정과 분석」, 『불교학보』 제74집(서울: 동국대학교 불교문화연구원, 2016)', 그리고 앞으로 출간될 「『판비량론 해제』(서울: 동국대학교 불교학술원, 2017)'에서 요약 또는 발췌한 것이다. 2017년 5월, 원효 스님 탄신 1400주년 기념 국제학술대회에서 발표하였다.

해 보면, 불교논리학 이론의 많은 내용들이 그의 시대에 이미 완성되어 있었었음을 알 수 있다. 예를 들어 삼지작법의 추론식, 사인(似因)을 불성인(不成因), 부정인(不定因), 상위인(相違因)의 셋으로 구분하는 것, 인(因)의 삼상(三相) 이론, 자띠(Jāti)의 존재론적 효용에 대해 긍정하는 점 등이 그것들이다. 이를 보완하고 발전시켜서 진나의 불교논리학이 탄생하였고, 현장이 번역한 『인명입정리론』과 『인명정리문론』을 통해 불교논리학이 동아시아에 소개되었다.

원효는 『판비량론』을 통해 현장의 학문을 비판하는데, 그 근거가 되었던 것은 바로 진나의 제자로 추정되는 상갈라주가 저술한 『인명입정리론』의 오류론이었다. 그런데 그 오류론 가운데 소별불극성(所別不極成)이나 능별(能別)불극성의 경우 상갈라주가 새롭게 추가한 항목이며, 원효는 『판비량론』에서 이런 오류를 활용하여 논지를 전개한다. 따라서 『인명입정리론』은 『판비량론』 논쟁학의 토대이면서 한계이기도 했다.

또 현장이 고안했던 추론식을 보면 주장명제 앞에 '승의(勝義)에 있어서'라는 한정사가 부가되어 있는데, 이는 인도의 『중론』 주석가로 『반야등론』의 저자인 청변(清辨)의 자립논증적 추론식에 그 기원을 둔다. 그러나 이렇게 한정사를 부가하여 추론식을 작성하는 방식이 보편타당한 것은 아니었다. 『정명구론』의 저자인 월칭의 경우 이런 방식에 대해 비판적이었다. '승의에 있어서'라는 한정사를 사용하여 추론식을 고안했던 현장은 물론이지만 이를 비판했던 『판비량론』의 원효가 월칭의 존재를 몰랐기에 청변적 방식의 범위 내에서 논의를 벌였던 것이다.

일반적으로 원효를 화쟁과 회통의 사상가로 평한다. 그러나 우리는 『판비량론』에서 이와 상반된 원효의 모습을 볼 수 있다. 『판비량론』에서 원효는 현장이 고안했던 유식비량이나 대승불설을 증명하기 위한 추론식을 비판하면서 새로운 추론식을 제시한다. 또 『판비량론』에서 보이는 원효의 이런 비판적, 논쟁적 면모와 아울러 『삼국유사』 '원효불기(元曉不羈)' 항목의 내용이나, '만인(萬人)의 적(敵)'이라는 원효의 별칭 또 『금강삼매경론』의 저술 일화 등을 취합해 보면 원효에게는 화쟁가라기보다 논쟁가라는 별칭이 더 어울린다. 자신감 넘치는 논쟁가! 『판비량론』을 통해 확인하는 원효의 새로운 면모다.

Ⅰ. 『판비량론』의 성격과 내용 개관

원효(元曉, 617-686)는 총 100여 부 240여 권의 방대한 저술을 남긴 것으로 알려져 있으며, 그 범위도 반야, 삼론, 유식, 인명, 여래장, 화엄, 열반, 법화, 정토, 계율 등 불교의 거의 모든 분야를 망라한다. 이러한 원효의 저술 가운데 『판비량론』은 독특한 성격을 갖는다. 『대승기신론소』나 『금강삼매경론』과 같은 불전 주석서도 아니고, 『무량수경종요』나 『열반종요』와 같이 불전의 핵심을 요약한 저술도 아니다. 현장(玄奘, 602?-664년)이 번역하여 처음 소개한 『인명입정리론』과 『인명정리문론』 등의 인명학(因明學)이론을 익힌 후 이를 응용하여 그 원류인 현장의 학문을 재단하고 비판하는 '논쟁의 책'이다.1)

당나라 유학길에 올랐다가 대오(大悟)하여 유심게(唯心偈)를 읊으며 발길을 돌렸던 원효는 독학을 통해 난삽한 인명학 문헌들을 모두 소화해낸 후 함형(咸亨) 2년(671) 55세가 되던 해 행명사(行明寺)에서 『판비량론』을 탈고한다. 여기서 원효는 현장이 직접 고안했거나 현장이 역출했던 논서에 실린 논증식들의 타당성을 비판하는데, 이런 논의 중 13가지 정도가 동아시아 학승들의 저술에 인용된 모습으로, 또는 필사본 단편으로 현존한다. 각 절의 내용을 간략히 정리하면 다음과 같다.[2]

다른 저술에 인용된 부분

만법유식을 증명하는 유식비량(唯識比量)과 관계된 단편: 상위결정의 추론식을 이용하여 현장의 유식비량을 비판한다.

대승불설을 증명하는 승군비량(勝軍比量)과 관계된 단편: 승군비량과 이에 대한 현장의 비판을 모두 비판한 후 대승불설을 증명하는 새로운 추론식을 고안하여 제시한다.

(이상 두 가지 논의 이외에 한 줄 이내로 인용된 소소한 단편들이 있지만 생략한다.)

칸다키이치로(神田喜一郞) 소장 필사본

제7절의 후반 일부: 총8행 분량인데 정토(淨土)는 드러나지 않는다는 조망에 대해 논파하는 듯하다.

제8절: 호법(護法)의 '식(識)의 사분설(四分說)'에 대해 비판한

---

1) 김성철, '판비량론 해제', 『중변분별론소 제3권 외』, 한글본 한국불교전서(서울: 동국대학교출판부, 2019) ; '김성철, 「오치아이 소장 『판비량론』 필사본의 교정과 분석」(『불교학보』 74집), p.273.
2) 위의 논문, p.275'에서 발췌.

다.

제9절: 유식학에서 제시하는 제8식의 존재에 대해 증명한다.

제10절: 아뢰야식과 공존하는[俱有] 소의(所依), 또는 소의근(所依根)을 갖는다는 호법의 주장에 대해 논파한다.

제11절: 진나의 9구인(九句因) 가운데 제5구(同品無·異品無, 동품무이품무)의 인(因)이 부정인(不定因)임을 논증한다.

제12절: 상위결정(相違決定) 추론식의 두 가지 인(因)이 부정인(不定因)임을 논증한다.

제13절: '오성각별설 비판'에 대해 원효가 다시 비판한다.

제14절의 전반 일부: 총7행 분량으로 아집(我執), 법집(法執)에 대한 논파와 관계된 논의다.

사카이우키치(酒井宇吉) 소장 필사본

총11행 분량의 단편으로 『구사론(俱舍論)』과 『순정리론(順正理論)』의 '쌍근(雙根)의 경우 유(類)는 같으나 상(相)은 다르다'는 이론에 대해 비판한다.

오치아이히로시(落合博志) 소장 필사본

앞부분: 제6절 전반 일부로 총5행 분량인데 불교 인명학에서 인정하는 인식수단의 종류에 대해 논의한다.

뒷부분: 총4행 분량의 단편으로 설일체유부의 삼세실유설과 관계된 논의가 실려 있다.

회향게가 실린 필사본

회향게와 원효의 지어(識語)가 실려 있다.

이 가운데 전문이 온전히 남아 있는 것은 제8절~제13절까지인데 그 중 제8, 10, 13절에서는 현장이 소개한 신역불전에서 추론식을 추출하여 논리적 오류를 지적하고 제9, 11, 12절에서는 오류를 지적할 뿐만 아니라 원효 스스로 고안한 올바른 추론식을 제시한다. 즉 『판비량론』은 추론함 자체의 타당성을 비판하는 반논리서(反論理書)3)가 아니라, 『인명입정리론』의 오류이론에 근거하여 잘못된 추론을 비판하고 올바른 추론을 제시하는 논리서(論理書)인 것이다.4)

또 구성에 대해 살펴보면, '오치아이 소장본'의 앞부분인 제6절에서는 인명학의 문제를 다루었다가 제7절에서는 정토에 대해 논의하며 제8, 9, 10절에서는 유식학의 교리를 다루고 제11절과 제12절에서 인명학으로 소재가 되돌아갔다가 제13, 14절에서는 다시 유식학의 교리에 대해 논의한다. 따라서 원효가 『판비량론』을 저술하면서 각 절의 순서에 큰 의미를 부여하지 않았다는 점이 확인된다.5)

또 기존의 『판비량론』 단편들 가운데 '사카이 소장본'에 아비달마교학과 관계된 논의가 실려 있었는데, '오치아이 소장본'의 뒷부분에서도 설일체유부의 삼세실유설(三世實有說)을 소재로 삼아

3) 대표적인 반(反)논리서로 『중론(中論)』이나 『회쟁론(廻諍論)』과 같은 용수(龍樹, 150-250년경)의 저술을 들 수 있다.
4) 이런 점에서 『판비량론』에서 원효가 구사하는 논리를 칸트(Kant, 1724-1804)의 『순수이성비판』이나 괴델(Gödel, 1906-1978)의 '불완전성 정리'와 그 취지가 같다고 보는 것은 옳지 않다.
5) 김성철, 앞의 논문, pp.290-291.

논의를 벌인다는 점에서 유식, 인명과 아울러 아비달마의 여러 문제들이 『판비량론』의 큰 주제였다는 점도 알 수 있다.

본고에서는 인도에서 성립한 불교논리학이 『판비량론』으로 결실하기까지의 과정을 되짚어 봄으로써 『판비량론』의 근거가 된 논리사상의 계보를 밝힌 후, 위에 소개한 『판비량론』의 단편들 가운데 '만법유식과 대승불설을 증명하기 위해 현장이 고안했던 추론식들'과 관계된 내용을 분석함으로써 논쟁가로서의 원효의 면모를 조명해 보고자 한다.

Ⅱ. 불교논리학의 성립과 『인명입정리론』의 오류론

일반적으로 진나(陳那, Dignāga, 480-540년경)에 의해 불교논리학이 체계화 되었다고 평하지만, 세친(世親, Vasubandhu, 4-5세기경)이 저술한 『논궤(論軌, Vādavidhi)』의 단편들을 분석해 보면 진나의 불교논리학을 구성하는 골격이 이미 세친의 시대에 완성되었음을 알 수 있다. 『논궤』의 산스끄리뜨 원본은 망실되었으나, 진나의 『집량론주(Pramāṇasamuccayavṛtti)』와 지넨드라붓디(Jinendrabuddhi, 9세기 전후)의 『집량론세소(Pramāṇasamuccayatīkā)』의 티벳어 번역본에서 프라우발너(Frauwallner, 1898-1974)가 취합하여 재구성한 『논궤(①rtsod pa sgrub pa)』의 복원본6)에

---

6) Von E. Frauwallner, "Vasubandhu's Vādavidhi", Wiener Zeitschrift für die Kunde Süd - und Ostasiens I ,(Vienna: Institut für Kultur- und Geistesgeschichte Asiens der Österreichischen Akademie der Wisse

는 다음과 같은 내용들이 실려 있다.[7]

1~5. 추론식의 구성 요소인 '주장(phyogs), 이유(gtan tshigs), 실
   례(dpe)'에 대한 설명

6~7. '잘못된 이유(gtan tshigs ltar snang ba)'를 '불성인, 부정인,
   상위인'으로 구분

8. '잘못된 실례(dper ltar snang ba)'에 대한 설명

9. 현량(mngon sum)에 대한 정의와 설명

10. 비량(rjes su dpag pa)에 대한 정의와 설명

11~24 '비판의 오류(lan gyi skyon)'에 대한 설명

   우선 '1~5'에서 보듯이 『논궤』에서는 '주장[宗, 종], 이유[因,
인], 실례[喩, 유]'의 삼지작법(三支作法)으로 추론식을 구성하는
데[8] 같은 세친의 저술인 『여실론(如實論)』에서는 '주장, 이유, 실
례, 종합[合], 결론[結]'의 오지(五支)작법만 거론하기에[9] 일반적

---

nschaften & Institut für Südasien, Tibet und Buddhismuskunde der
Universität, 1957), pp.33-40 ; Stefan Anacker, *Seven Works of Vas
ubandhu: The Buddhist Psychological Doctor* (Delhi: Motilal Banars
idass, 1984), pp.38-48.

7) 앞의 번호는 『집량론주』와 『집량론세소』에서 취합한 티벳어 경문에 프
   라우왈너가 매긴 숫자다.

8) 규기 역시 다음과 같이 말한다. "세친 보살의 『논궤』 등에서는 능립은
   세 가지로 이루어져 있다고 설하는데, 첫째는 주장이고 둘째는 이유이
   며, 셋째는 실례다(世親菩薩 論軌等 說能立有三 一宗 二因 三喩).", 窺
   基, 『因明入正理論疏』 卷上(『大正藏』44, p.94上).

9) 세친은 『如實論』에서 22가지 '패배의 조건[負處, nigrahasthana]'에 대
   해 설명하면서 다음과 같이 오지작법을 제시한다. 『如實論反質難品』
   卷一(『大正藏』32, p.35中), "十一 不具足分者 五分義中一分不具 是名
   不具足分 五分者 一立義言 二因言 三譬如言 四合譬言 五決定言",

으로 세친이 삼지작법의 창안자로 간주된다.[10] 또 위의 6~7에서
보듯이 '잘못된 이유[似因(사인), hetvābhasa]'를 불성인(不成因)과
부정인(不定因)과 상위인(相違因)의 세 가지로 구분하는 것 역시
『여실론』[11]과 『논궤』에서 이미 이루어지고 있었다. 또 진나 논리
학의 핵심 주제로, '추론식이 타당하기 위해서 이유명제가 반드시
갖추어야 할 세 가지 조건'을 의미하는 '인(因)의 삼상(三相)' 역
시 무착(無着)의 『순중론(順中論)』에서 그 맹아를 볼 수 있으
며[12] 세친의 『여실론』에는 보다 명확하게 제시되어 있다.[13] 9~1
0에서 보듯이 프라우발너가 취합한 『논궤』의 단편 모음에는 현량
과 비량에 대해서만 설명하고 있지만, 동아시아의 인명학 문헌을
보면 세친의 경우 인식수단의 종류로 현량과 비량과 성언량의 세
가지를 인정했다는 점을 알 수 있다.[14] 또 11~24의 '비판의 오
류'는 『니야야수뜨라』 제5장의 소재인 '자띠(Jāti)'에 해당하며, 『
여실론』에는 도리난(道理難)이라는 이름으로 실려 있는데, 독특한
것은 자띠의 종류를 전도난(顚倒難), 불실난(不實難), 상위난(相違
難)의 세 가지로 구분한다는 점이다. 『여실론』의 경우도 이런 구

---

10) Stefan Anacker, 앞의 책, p.31 각주.
11) 『如實論』(『大正藏』32, p.36上), "二十二 似因者 如前說有三種 一不
    成就 二不定 三相違 是名似因"
12) 『順中論』 卷上(『大正藏』30, p.42上), "朋中之法 相對朋無 復自朋成"
    ; 梶山雄一, 「佛敎知識論の形成」, 平川彰 外 編, 『講座大乘佛敎9-認
    識論と論理學』(東京: 春秋社, 1984) pp.83-89.
13) 『如實論』(『大正藏』32, p.30下), "我立 因三種相 是根本法 同類所攝
    異類相離"
14) 淨眼, 『因明入正理論後疏』(『卍續藏』53, p.895下), "数論師及世親菩
    薩等 立有三量 一者現量 謂量現境 二者比量 謂籍三相比決而知 三者
    聖敎量 謂籍聖人言敎方知 如無色界等 若不因聖敎 何以得知 故離現
    比之外別立聖敎量也"

분은 마찬가지다. 그리고 니야야학파와 달리 자띠의 타당성을 전적으로 부정만 하지 않았다는 점에서, 세친에게 불교적 논리학의 창시자의 지위를 부여할 수 있을 것이다.[15]

진나는 이러한 세친의 논리학을 계승하면서 이를 더욱더 불교적으로 개작하였다. 인식대상이 자상(自相, svalakṣana)과 공상(共相, sāmanyalakṣaṇa)의 두 가지뿐인 점에 근거하여 인식수단의 종류를 현량(現量, pratyakṣa)과 비량(比量, anumāna)의 두 가지로 줄인 것[16]은 진속 이제설에 근거한 것으로 추정되며,[17] 성량(聲量, śabda)[18]이 비량과 다르지 않다는 '타(他)의 배제[anyāpo

---

15) 자띠 가운데 무인상사 논법이나, 지·비지상사 논법은 중관논리의 토대가 되는데, 니야야학파의 경우 존재론적 원인이나 인식론적 원인 모두에 대해서 지·비지상사 논법으로 비판하는 것은 옳지 않다고 본 반면, 세친은 이 논법으로 인식론적 원인을 비판하는 것은 잘못된 것이지만 존재론적 원인에 대한 비판은 성립한다고 양가적 태도를 취했다. 여기서 우리는 반논리적인 용수의 중관학을 계승하면서, 불교적 논리학을 구성하고자 했던 세친의 고민을 엿볼 수 있다. '김성철, 「무인, 지비지상사 논법에 대한 중관학적 수용과 인명학적 해석」, 『한국불교학』 제27집(서울: 한국불교학회, 2000), pp.159-187' 참조.

16) *tsad ma kun las btus pa'i 'grel pa*(『集量論疏』), D.4204, 14b7-15a1, "de la/ mngon sum dang ni rjes su dpag// tsad ma gnyis kho na'o// gang gi phyir zhe na/, mtsan nyid gnyis gzhal bya , rang dan g sbyi'i mtsan nyid dag las gzhan pa'i mtsan nyid gzhal bar bya ba gzhan ni med do// rang gi mtsan nyid kyi yul can ni mngon sum// la spyi'i mtsan nyid kyi yul can ni rjes su dpag pa'o zhes shes pa'o"

17) 다음에서 보듯이 후대에 법칭이 *Nyāyabindu*에서 자상(自相)을 '승의적(勝義的) 존재'라고 규정하는 데 근거한 판단이다. "그 대상은 자상인데, 가깝고 멀고에 따라서 인식된 모습에 차이가 있는 대상, 그것이 바로 자상이다. 그것[자상]만이 승의적 존재다(tasya viṣayaḥ svalakṣaṇa m. yasya arthasya saṃnidhāna-asaṃnidhānābhyāṃ jñāna-pratibhāsa-bhedas tat svalakṣaṇam. tad eva paramārthasat)." Nyāyabindu, 1-12, 13, 14.

18) 聲量은 聖言量을 의미하며 다음에서 보듯이 聖敎量, 正敎, 至敎量 등으로 번역되기도 한다. 窺基, 『因明入正理論疏』 卷上(『大正藏』44, p.

ha]' 이론에서는 사물의 실체를 부정하는 공(空)사상의 기미를 볼수 있고, 인식대상과 인식결과와 인식수단이 다르지 않다는 통찰[19]은 무아설(無我說)과 부합한다. 또 주관[見分]과 객관[相分]에 지식의 자기인식[自證分, 자증분]이라는 제3의 요소를 추가한 점[20], 현량을 감각지, 의식, 정관지(定觀知), 자증적 개념지의 네 가지로 구분한 점,[21] 비량을 위자비량(爲自比量)과 위타비량(爲他比量)으로 구분한 것,[22] '인(因)의 삼상' 가운데 제2상과 3상의 충족 여부에 따라 인의 종류를 정인(正因), 부정인(不定因), 상위인(相違因)으로 구분하는 구구인설(九句因說) 등이 진나의 업적이었다. 그리고 무인상사(無因相似)나 지·비지상사(至·非至相似)와 같은 자띠(Jāti) 논법에 대해서는 세친과 마찬가지로 존재론적으로는 그 효용을 긍정하지만 인식론적으로는 부정하는 양가적 태도를 취했는데, 진나의 대표작인 『집량론』은 물론이고 『인명정리문론』에서 이를 확인할 수 있다.[23] 진나에 이르러 인도의 전통논리학은 불교적 논리학으로 완전히 탈바꿈하였고 『인명입정리론』과 『인명정리문론』이 현장에 의해 한역되면서 동아시아에서 '인명학(因明學)'이라는 이름으로 불교논리학에 대한 본격적인 연구가 시작되었다.

진나의 대표작 『집량론』이 의정(義淨, 635-713)에 의해 한역되

95中), "古說或三 現量 比量 及聖教量 亦名正教 及至教量 或名聲量"

19) 桂紹隆, 「ディグナーガの認識論と論理學」, 平川彰 外 編, 앞의 책, p.110.
20) 위의 책, p.111.
21) 위의 책, p.114.
22) 위의 책, p.119.
23) 김성철, 앞의 논문, pp.180-182.

긴 했지만 널리 유포되지 못하고 산실되었다. 또 진나의 불교논리학이 동아시아에 소개되기 이전인, 서력기원후 472년 후위(後魏) 시대에 길가야(吉迦夜)와 담요(曇曜)가 함께 번역한 『방편심론(方便心論)』 역시 불교적 관점에서 저술된 논리학 문헌이긴 하지만 동아시아의 학승들에 의해서 거의 활용되지 않았다. 현장이 번역한 『인명정리문론』과 『인명입정리론』만이 동아시아에서 불교논리학의 전범(典範)으로 사용되었다. 『인명정리문론』은 그 저자명 대역용(大域龍, Mahādignāga)에서 보듯이 진나의 저술이다. 『인명입정리론』의 경우 한역본에서는 저자를 상갈라주(商羯羅主, Śaṅkarasvāmin)로 쓰고 있다. 그러나 산스끄리뜨본인 하리바드라(Haribhadra)의 주석에는 저자가 명기되어 있지 않다.24) 『인명입정리론』의 티벳어 번역본은 두 가지가 있는데 하나는 산스끄리뜨문에서 번역된 것이고 다른 하나는 현장의 한역본에서 번역된 것인데 두 번역 모두 저자를 진나(ⓣphyogs kyi glang po)로 적고 있다.25) 위두세카라 밧따차리야(Vidhusekhara Bhattacharya)는 이에 근거하여 『인명입정리론』의 저자가 진나일 것이라고 주장했지만,26) 규세프 뚜찌(Giuseppe Tucci, 1894-1984)는 그의 논지에서 오류를 지적하면서 『인명입정리론』의 저자는 원래 씌어있는 대로 상갈라주일 것이라고 결론을 내린 바 있다.27)

24) Vidhusekhara Bhattacharya, "The Nyāyapraveśa of Diṅṅāga", *The Indian History Quarterly*, Vol.Ⅲ, Narendra Nath Law Ed. (Delhi: Caxton Publications, 1927), p.154.
25) Ibid, p.154.
26) Ibid, p.159.
27) Giuseppe Tucci, "Is the Nyayapravesa by Dinnaga?" Volume60 Issue1, *Journal of the Royal Asiatic Society* (London: Royal Asiatic Society, 1928), pp.7-13.

규기(窺基, 632-682)가 말하듯이 『인명입정리론』이 상갈라주가 진나의 불교논리학 문헌에서 기본 교의들을 추출하여 저술한 것이지만, 그 논리사상이 진나의 『인명정리문론』과 그대로 일치하는 것은 아니다. 두 문헌의 가장 큰 차이점은 '주장의 오류'인 사종(似宗)의 종류인데, 『인명정리문론』과 비교할 때 『인명입정리론』에서는 능별불극성(能別不極成), 소별불극성(所別不極成), 구불극성(俱不極成), 상부극성(相符極成)의 4가지를 추가한다. 이에 대해서는 『인명입정리론소』의 저자 규기(窺基)와[28] 『이문론술기(理門論述記)』의 저자 신태(神泰)[29] 모두 지적한 바 있다. 신태는 소별불극성의 오류는 '주장의 오류'가 아니라 '이유가 성립하지 않는 오류[因不成過, 인불성과]'이고, 능별불극성은 '같은 경우의 실례[同喩, 동유]'가 결여된 것이며, 구불극성은 능별불극성과 소별불극성을 합한 것이기에 사종(似宗)이 될 수 없고, 논주와 논적 쌍방의 주장이 상충해야 논쟁이 가능한데 쌍방이 모두 인정하는 상부극성의 주장은 아예 주장일 수도 없기에 오류일 수도 없다고 설명한다.[30] 이렇게 『인명입정리론』의 내용이 진나의 불교논리학과 그대로 일치하지는 않았지만 동아시아의 인명학 전통에서는 이에 근거하여 논쟁의 승부를 가렸고, 원효가 『판비량론』에서 추론식의 정오를 판가름할 때 그 전거로 삼았던 것이 바로 『인명입정리론』의 오류론이며 이를 일반적으로 33과(過)라고 부른다.

현존하는 『판비량론』의 단편들에 국한할 때, 이들 33가지 논리적 오류에서 원효가 자주 활용했던 것은 '잘못된 주장[似宗, 사

28) 窺基, 『因明入正理論疏』 卷上(『大正藏』44, p.95下).
29) 神泰, 『理門論述記』(『大正藏』44, p.79中).
30) 神泰, 위의 책.

종]' 가운데 비량상위(比量相違)와 자어상위(自語相違)의 오류이고, '잘못된 이유[似因, 사인]' 중에서는 특히 공부정인(共不定因)과 불공부정인(不共不定因)이었고 상위결정(相違決定)의 부정인과 유법차별상위인(有法差別相違因) 역시 많이 거론되었다. 또 직접 거론하지는 않지만 그 의미로 볼 때 '잘못된 주장' 가운데 소별불극성(所別不極成), 능별불극성(能別不極成), 자교상위(自敎相違)의 오류 역시 활용되는 것을 볼 수 있다.[31] '잘못된 실례[似喩, 사유]'의 경우 현존하는 『판비량론』 단편에서 그 용례가 보이지 않는다. 그런데 이 가운데 소별불극성, 능별불극성은 앞에서 보았듯이 상갈라주가 『인명입정리론』을 저술하면서 '잘못된 주장'에 새롭게 추가한 항목으로, 불교논리학을 집대성했던 진나의 사상은 아니었다. 이 점에서 『인명입정리론』은 『판비량론』 논쟁학의 토대이기도 하지만, 한계이기도 했다.

III. 추론식에 부가한 한정사의 기원 – 청변의 자립논증

　동아시아 학승들의 저술에서 취합한 『판비량론』의 내용 가운데 그 논의의 전모를 파악할 수 있는 것은 두 가지로 '승군비량(勝軍比量)' 및 '유식비량(唯識比量)'에 대한 것이다. 승군비량이란 현장의 인도 유학 시절 스승인 승군(Jayasena)이 고안한 '대승불설

---

31) 이는 오치아이 소장 『판비량론』 단편에 근거한 추정이다. 김성철, 「오치아이 소장 『판비량론』 필사본의 교정과 분석」, 앞의 논문, p.285.

을 논증하는 추론식'이고, 유식비량은 계일(戒日, Śīlāditya)왕이 개최했던 무차대회에서 현장이 공표하여 명성을 날렸던 '만법유식(萬法唯識)을 논증하는 추론식'이다. 이를 그대로 소개하면 다음과 같다.

> 승군비량
> [주장] 대승경전들은 부처님의 가르침이다.
> [이유] 양측 모두 인정하는[極成, 극성] 부처님의 말씀이 아닌 것에 포함
>   되지 않기 때문에.
> [실례] 아함경과 같이[32]
>
> 유식비량
> [주장] 승의이기 때문에[眞故, 진고], 양측 모두 인정하는[極成, 극성] 색
>   은 안식을 벗어나 있지 않다.
> [이유] 우리 측에서 인정하는[自許, 자허] 초삼(初三)에 포함되면서 안근
>   에는 포함되지 않기 때문에
> [실례] 마치 안식과 같이[33]

이 두 가지 추론식의 독특한 점은 주장명제나 이유명제에 갖가지 한정사를 덧붙인다는 점이다. 밑줄 친 부분에서 보듯이 승군비량의 경우 '이유명제'의 일부에 '양측 모두 인정하는[極成]'이라는 한정사가 부가되어 있고, 유식비량의 경우는 '주장명제' 전체에는 '승의이기 때문에[眞故]', 주장명제의 주어인 소별(所別)에는 '양측 모두 인정하는[極成]'이라는 한정사, '이유명제'의 일부에는 '우리

---

32) 藏俊, 『因明大疏抄』 卷17(『大正藏』68, pp.549下), "諸大乘經 是佛所
  說 極成非佛語之所不攝故 如阿含經"
33) 遁倫, 『瑜伽論記』 卷13(『大正藏』42, p.595中), "眞故 極成色不離於
  眼識 自許初三攝眼所不攝故 猶如眼識."

측에서 인정하는[自許]'이라는 한정사가 부가되어 있다.

　　그런데 이렇게 추론식에 '한정사'를 부가하는 것은 중관학 자립 논증파의 시조인 청변(淸辨, Bhāvaviveka, Bhāviveka, Bhavya 500-570경)에게서 비롯한다.[34] 진나에 의해 불교인식논리학 체계가 집대성될 무렵 활동했던 청변은 이를 수용하여 『중론』을 주석할 때에도 '주장, 이유, 실례'로 구성된 삼지작법의 추론식을 사용하고자 하였다. 그런데 『중론』에 기술된 명제들로 추론식을 작성할 경우 진나의 불교논리학에서 말하는 '잘못된 논증(似能立: sādhanābhāsa)'이 되고 만다. 즉 현량상위(現量相違)나 비량상위(比量相違), 자교상위(自敎相違) 등의 '주장의 오류'를 범하게 되는 것이다. 예를 들어 제3 관육정품(觀六情品) 제2게에서는 "실로 보는 작용은 그 스스로에 있어서 그것[눈 자신]이 그것[눈 자신]을 보지 못한다. 자기 자신을 보지 못하는 것 그것이 어떻게 다른 것을 보겠는가?"[35]라고 설하는데, 결국 "눈은 사물을 보지 못한다."는 주장을 하는 꼴이 된다. 그러나 이를 주장명제로 삼아서 삼지작법의 추론식을 작성할 경우 '현량 상위'의 오류에 빠지고 만다. 『인명입정리론』에서는 "소리는 들리지 않는다."는 주장을 현량 상위의 예로 드는데,[36] "눈은 사물을 보지 못한다."는 주장 역시 이와

---

34) 이하의 논의는 '김성철, 『원효의 판비량론 기초 연구』, 앞의 책, pp.117-118' 참조.

35) "svamātmānaṃ darśanaṃ hi tattameva na paśyati/ na paśyati yad ātmānaṃ kathaṃ drakṣyati tatparān(是眼則不能 自見其己體 若不能 自見 云何見餘物)", MK.3-2.

36) 『因明入正理論』 卷1(『大正藏』32, p.11中) ; "tatra pratyakṣaviruddho yathāśrāvaṇaḥ śabda iti(此中 現量相違者 如說 聲非所聞, 그 중에서 현량에 모순되는 것은 예를 들어 '소리는 들리지 않는다.'라고 하는 것과 같다.)"

다르지 않기 때문이다. 그래서 청변은 『중론』 주석서인 『반야등론』에서 이 게송을 해설하면서 주장명제 앞에 '승의이기 때문에[Ⓢparamārthatas, 眞故, 진고]'라는 한정사를 붙여서 추론식을 작성하였으며 이는 다음과 같다.

> 주장: 승의에서(Ⓣdon dam par) 눈은 색을 볼 수 없다.
> 이유: 자기 자신을 볼 수 없기 때문에
> 실례: 마치 귀 등과 같다.37)

청변은 이렇게 주장명제에 '승의에서[승의이기 때문에]'라는 한정사를 부가함으로써 진나의 불교논리학에서 말하는 '주장의 오류' 중 하나인 현량상위의 오류를 피할 수 있다고 보았다. 그러나 이렇게 한정사를 부가하는 방식이, 누구나 동의할 수 있는 보편타당한 해결책은 아니었다. 중관학 귀류논증파의 월칭(月稱, Candrakīrti, 600-650년경)은 『정명구론(淨明句論, *Prasannapadā*)』에서 청변의 이런 주석방식에 대해 비판하는데 이때 월칭이 소재로 삼았던 『반야등론』의 추론식은 다음과 같다.

> 주장: 승의이기 때문에(paramārthatas) 모든 내입처(內入處)는 스스로 발생하지 않는다.
> 이유: 지금 존재하고 있기 때문에
> 실례: 마치 정신원리(caitanya)와 같이38)

---

37) *dbu ma'i rtza ba'i 'grel pa shes rab sgron ma*, D.3853, 76a7, "don dam par mig gi dbang po ni gzugs la lta bar mi byed pa nyid de/ rang gi bdag nyid la lta bar mi byed pa'i phyir/ dper na rna ba la sogs pa bzhin no"；『般若燈論釋』卷四(『大正藏』30, p.66中), "第一義中眼不見色 何以故 不見自體故 譬如耳等"

38) "na paramārthata ādhyātmikānyāyatanāni svata utpannāni/ vidyam

이어서 월칭은 이렇게 '승의이기 때문에'라는 한정사를 부가하는 것에 대해 조목조목 비판한다. 즉 승의뿐만 아니라 세속에서도 내입처는 스스로 발생하지 않으며, 이 추론식으로 설득하고자 하는 논적은 이제설(二諦說)에 무지하기에 승의와 세속 모두에서 내입처가 스스로 발생한다는 이론을 비판해 주어야 하며, 만일 이 추론식이 일반인들의 수준을 고려한 것이라고 해도 일반인들은 '인과론(因果論)' 정도만 이해하고 있지 이와 같은 정교한 문제에 대해서는 생각도 하지 않으며, 이 추론식은 자교상위(自敎相違)와 소의불성(所依不成)의 오류를 범한다고 지적하는 것이다.[39]

앞에서 보았듯이 현장은 청변과 마찬가지로 '승의이기 때문에'라는 한정사를 주장명제에 부가하여 유식비량을 작성하였다. 현장과 관계된 문헌이나 번역서의 그 어디에서도 월칭에 대한 언급은 찾아볼 수 없다. 또 현장의 스승인 승군은 대승불설을 증명하는 추론식을 작성하면서 이유명제의 일부에 '양측 모두 인정하는[極成]'이라는 한정사만 부가할 뿐이었는데 현장의 유식비량에서는 주장명제 전체에 '승의이기 때문에'라는 한정사를 부가했을 뿐만 아니라, 주장명제의 주어인 소별(所別)인 색에 대해 '양측 모두 인정하는[極成]'이라는 한정사를 부가했고, 이유명제의 일부에 '우리 측에서 인정하는[自許]'이라는 한정사를 부가했던 것이다. 어

ānatvāt/ caitanyavad iti", Prasannapadā, Bibliotheca Buddhica IV(Tokyo: Meicho-Fukyū-Kai, 1977), pp.26-27. pp. 26-27) ; 『般若燈論』 卷四(『大正藏』30, p.52下), "諸內入等 無自起義 世所不行 以有故 譬如思"

39) '김성철, 「『中論』에 대한 因明學的 註釋의 가능성」, 『인도철학』 제9집(서울: 인도철학회, 1999), pp.171-172' 참조.

찌 보면 한정사의 남용일 수 있는데, 이렇게 현장의 유식비량에서 한정사를 부가하는 것은 다케무라쇼호(武邑尙邦)가 지적하듯이 진나의 이론에 위배된다.40) 다케무라는 다음과 같이 말한다.

> 논식은 스스로의 주장을 상대를 향해 그 정당성을 분명히 하여 남의 설을 극복하기 위한 것이므로 타비량(他比量)이어야 한다. 그러나 이 유식비량은 자비량(自比量)이며 스스로의 주장을 한정사를 부가하여 형식적으로 과실 없는 것으로 만든 것뿐이며, 거기에는 남을 설득하기 위한 형식을 찾아볼 수 없다. …… 두 번째로 '우리 측에서 인정하는'이라고 하여 이유명제 중에 한정의 말을 부가한 것은, 인은 자타 공히 허용하는 것이어야 하며, 또 세간적으로 승인되는 것이어야 한다는 인명의 원칙에 반한다.41)

진나는 추리를 '자기를 위한 추리[위자비량(爲自比量), 自比量, svārtha-anumāṇa]'와 '남을 위한 추리[위타비량(爲他比量), 他比量, parārtha-anumāṇa]'의 두 가지로 구분하는데,42) 이는 후대의 법칭에 의해서도 계승되었다. 추론식은 '남을 위한 추리'에 해당하며 현장의 유식비량에는 '우리 측에서 인정하는'이라는 한정사가 부가되어 있기에 자기 스스로에게 타당할 수는 있어도 남을 설득하는 정당한 추론일 수 없다는 것이다. 『판비량론』의 원효 역시 이런 통찰에 근거하여 현장의 유식비량을 비판한다. 사실 현장의 스승 승군이 고안했던 '대승불설을 증명하는 추론식'의 경우 삼지(三支) 가운데 이유명제에 '양측 모두 인정하는'이라는 한정사만

40) 다케무라 쇼호(武邑尙邦), 「중국의 인명사상」, 『인식론·논리학』, 三枝充悳 편(서울: 불교시대사, 1995), pp.317-318.
41) 위의 책, pp.317-318.
42) 桂紹隆, 「デイグナーガの認識論と論理學」, 平川彰 外 編, 앞의 책, pp.118-119.

부가했을 뿐이었는데, 현장은 청변을 계승하여 주장명제에 '승의이기 때문에'라는 한정사를 덧붙였을 뿐만 아니라, 이유명제에도 '우리 측에서 인정하는'이라는 한정사를 달았다. 이런 고안이 현장의 창안인지 아니면 그 당시 통용되던 방식이었는지 확인되지는 않지만, 다케무라가 지적하듯이 위자비량과 위타비량을 구분했던 진나의 취지에 어긋난다. 다음 장에서 살펴보겠지만, 원효는 소승 측에서 작성 가능한 자비량(自比量)을 고안해 보임으로써 현장의 유식비량을 상위결정(相違決定)의 오류에 빠뜨린다.

　어쨌든 『판비량론』의 원효 역시 이런 한정사가 부가된 추론식을 고안하여 현장의 유식비량이나 대승불설 추론식을 비판하였다. 그리고 그 유효성 여부를 떠나서 이렇게 한정사를 처음 도입한 인물은 중관학 자립논증파의 시조인 청변이었다. 중관학파의 양대 산맥인 자립논증파와 귀류논증파 가운데 동아시아의 인명학에는 전자의 방식이 도입되었던 것이다.

Ⅳ. 현장이 고안한 추론식에 대한 원효의 비판

1. 유식비량과 관계된 논의

　『판비량론』에서 원효는 현장이 고안한 추론식이나 현장이 번역한 불전에서 추론식을 추출하여 비판하기도 하며, 인명학이나 유식학의 난제를 해결하는 추론식을 스스로 고안하여 제시하기도

한다. 한마디로 말해 원효가 인명학에 대한 자신의 솜씨를 한껏
발휘해 보이는 저술이 『판비량론』인 것이다. 원효의 수준을 가늠
하기 위해서 현장이 고안한 추론식과 그에 대한 원효의 비판을
면밀히 분석하여 그 승부를 가려보기로 하자. 앞장에서 소개했듯
이 현장이 인도 유학 시절 고안했던 추론식은 '만법유식을 증명하
는 유식비량'과 '승군비량'을 개작한 '대승불전이 불설임을 입증하
는 비량'의 두 가지였다. 이 가운데 유식비량은 다음과 같다.

> 주장: 승의이기 때문에[眞故, 진고], 양측 모두 인정하는[極成, 극성] 색
> (色)은 안식을 벗어나 있지 않다.
> 이유: 우리 측에서 인정하는[自許, 자허] 초삼(初三)에 포함되면서 안근에
> 는 포함되지 않기 때문에
> 실례: 마치 안식과 같이43)

먼저 주장명제 전체에 부가된 '승의이기 때문에[眞故]'라는 한
정사는, 앞 장에서 살펴보았듯이 청변의 추론식에서 유래하며,
"색은 안식을 벗어나 있지 않다."는 주장명제가 세간상위(世間相
違)나 자교상위(自敎相違)의 오류를 범하지 않도록 하기 위한 보
호 장치였다.44) 또 주장명제의 주어[所別]인 '색(色)'에 '양측 모
두 인정하는[極成]'이라는 한정사가 부가되어 있는데 이는 '[논적
인] 저쪽과 [논주인] 이쪽이 함께 인정하는 것'을 의미한다.45) 색

---

43) 遁倫, 『瑜伽論記』 卷13(『大正藏』42, p.595中), "眞故 極成色不離於
    眼識 自許初三攝眼所不攝故 猶如眼識"
44) 窺基, 『因明入正理論疏』(『大正藏』44, p.115中-下), "凡因明法 所能
    立中 若有簡別 便無過失 若自比量 以許言簡 顯自許之無他隨一等過
    若他比量 汝執等言簡 無違宗等失 若共比量等 以勝義言簡 無違世間自
    敎等失 隨其所應 各有標簡 此比量中 有所簡別 故無諸過 有法言眞 明
    依勝義 不依世俗 故無違於非學世間"

법 가운데 '부처님의 몸'이나 '타방 부처의 몸'에 대해 소승과 대승이 의견이 갈리기 때문에[46] 이런 색법을 제외한 일반적인 색법만을 소재로 삼아서 그것이 안식(眼識)에서 벗어난 것이 아니라는 점을 논증하기 위해서 '양측 모두 인정하는'이라는 한정사를 부가했다는 것이다. 그리고 이유명제 가운데 '초삼'은 십팔계 가운데 '첫 번째 세 가지'라는 의미로 '안계(眼界), 색계(色界), 안식계(眼識界)'를 가리키는데, 여기에 '우리 측에서 인정하는[自許]'이라는 한정사를 붙인 이유에 대해 규기는 "유법차별상위(有法差別相違)에 의한 다른 학파의 공격을 '부정인(不定因)'의 오류에 빠뜨리기 위한 것이라고 설명한다.[47] 앞에서 소개했듯이 이러한 유식비량은 현장이 인도 유학 중 계일왕이 개최한 무차대회에서 공표했던 것이고, 아무도 이에 대해 비판하지 못했다고 하는데, 『판비량론』의 원효는 소승 측에서 작성 가능한 다음과 같은 추론식을 고안해 보임으로써 이를 상위결정(相違決定)의 오류에 빠뜨린다.

> 주장: 승의에 의거할 때, 양측 모두 인정하는 색은 반드시 안식에서 벗어난 것이다.
> 이유: 우리측에서 인정하는 초삼에 포함되면서 안식에는 포함되지 않기 때문에.
> 실례: 마치 안근과 같이[48]

---

45) 窺基, 『唯識二十論述記』 卷上(『大正藏』43, p.1001下), "彼此共許 名為極成"
46) 대승에서는 타방부처의 존재를 인정하나 소승에서는 인정하지 않고, 대승에서는 부처의 몸을 무루법으로 보지만, 소승에서는 후신보살의 염오색신과 부처의 유루색신을 인정하지만 대승에서는 이를 인정하지 않는다. '김성철, 『원효의 판비량론 기초연구』, 앞의 책, p.122' 참조.
47) 이에 대해서는 '위의 책, pp.138-143' 참조.
48) 窺基, 『因明入正理論疏』 卷中(『大正藏』44, p.116上), "眞故 極成色

이 추론식의 주장명제는 현장의 유식비량의 그것과 상반된다. 유식비량에서는 "색법이 안식에서 벗어나 있지 않다."라고 했는데 여기서는 "색법이 안식에서 벗어나 있다."라고 한다. 또 밑줄 그은 부분에서 보듯이 이유명제에서 유식비량의 '안근'은 '안식'으로 바뀌어 있고, 실례명제에서 '안식'은 '안근'으로 바뀌어 있다. 상위결정의 인(因)은 『인명입정리론』의 '잘못된 이유[似因, 사인]' 가운데 부정인(不定因)에 속하는데, 토론하는 양측이 내세운 추론식이, 상반된 주장을 담고 있음에도 불구하고 논리적 오류를 범하지 않는 경우를 말한다. 즉 동일한 세계관 하에서, 상반된 주장을 담은 두 개의 추론식이 작성 가능한 경우 상위결정의 오류가 되는 것이다. 앞에서 소개했던 현장의 유식비량도 논리적으로 타당하지만, 원효는 자신이 제시한 추론식도 논리적 오류를 범하지 않기에 유식비량은 상위결정의 오류에 빠진다고 주장한다. 그런데 원효가 고안한 소승 측의 추론식을 입수한 현장의 제자 규기는 여러 가지 이유를 들어서 원효가 제시한 추론식의 타당성을 비판하였다. 이를 요약하면 다음과 같다.49)

①상위결정의 논증식은 자비량(自比量)이기에 대승 측을 설득할 수 없다.

②상위결정의 논증식 중의 인(因)은 수일불성(隨一不成)의 사인(似因)의 오류를 범한다.

③상위결정의 논증식 중의 유(喩)는 소립법불성(所立法不成)의

定離於眼識 自許初三攝眼識不攝故 猶如眼根"
49) 이하 '김성철, 『원효의 판비량론 기초 연구』 앞의 책, p.183' 참조.

사동법유(似同法喩)의 오류를 범한다.

④유식비량 중의 인에 사용된 '우리 측에서 인정하는[自許]'는 이라는 단서는 유법차별상위(有法差別相違)의 오류에 의한 공격을 막기 위한 것이다.

①에서 '자비량'이라는 의미는 이유명제에 사용된 '[색이] 안식에 포함되지 않기 때문에'라는 이유명제가 소승 측에게만 인정되며, 대승 유식학의 관점에서는 인정할 수 없기 때문에 ②에서 보듯이 수일불성의 사인이 되고 만다는 것이다. 그러나 이는 유식비량이나 원효의 비판적 추론식에서 사용한 '벗어나지 않음[離]'과 '포함됨[攝]'의 의미가 같다고 오해한 규기의 오판이라고 생각된다. '벗어나지 않음'은 내재적 관계(internal relation) 하에서의 소속을 의미하고, '포함됨'은 외재적 관계(external relation) 하에서의 소속을 의미한다. 원효가 제시한 추론식의 이유명제에 기술된 "[색법은] 안식에 포함되지 않는다."라는 판단은 단순히 "[색법은] 18계 중 안식과 별개의 항목이다."라는 점을 의미할 뿐이지, '색법은 안식에서 벗어난 것이 아니라는 대승유식의 세계관'을 부정하는 판단은 아니었던 것이다. 따라서 상위결정의 추론식은 수일불성의 오류를 범하지 않으며 규기의 반박은 성공하지 못했다고 볼 수 있다.[50]

2. 승군비량과 관계된 논의

---

50) 이상 '위의 책, pp.186-187.'

본 장 서두에서 소개했듯이 현장의 인도 유학 시절 불교논리학을 가르친 스승 승군은 다음과 같이 대승불설을 입증하는 추론식을 고안하였다.

> 주장: 대승경전들은 모두 불설(佛說)이다.
> 이유: 양측 모두 인정하는 '불어들(諸佛語)이 아닌 것'에 포함되지 않기 때문에
> 실례: 증일(增一) 등의 아함경과 같이[51]

그러나 현장은 승군이 소속된 대승학파에서는 불설로서 인정하지 않는 『발지경(發智經)』의 예를 들어 이 추론식이 부정인[52]의 오류를 범한다고 지적한 후 다음과 같이 이유명제의 한정사만 교체하여 대승불설을 입증하는 새로운 추론식을 제시한다.

> 주장: 대승경전들은 모두 불설(佛說)이다.
> 이유: <u>우리 측에서 인정하는[自許, 자허]</u> '불어(佛語)[53]가 아닌 것'에 포함되지 않기 때문에[54]
> 실례: 증일(增一) 등의 아함경과 같이

현장의 추론식에서 달라진 것은 이유명제에 부가된 '양측 모두 인정하는'이라는 한정사를 '우리 측에서 인정하는'으로 바꾼 것이다. 그러나 원효는 이렇게 현장이 개량한 추론식에서 공부정인(共

---

51) 『唯識論同學鈔』 卷3(『大正藏』66, p.230中), "諸大乘經 皆佛說 兩俱極成非諸佛語所不攝故 如增一等阿笈摩"
52) 同品有, 異品有의 共不定因이다.
53) 승군비량의 '諸佛語'가 '佛語'로 바뀌어 있긴 하지만, 이들의 논의에서 이를 문제로 삼지 않는다.
54) 『판비량론』(김성철, 앞의 책, p.200), "自許非佛語所不攝故"

不定因)의 오류를 지적할 뿐만 아니라,[55] 유식비량을 비판했던
방식과 마찬가지로 소승 측에서 제시할 수 있는 상반된 추론식을
고안해 보임으로써 이 추론식을 상위결정의 오류에 빠뜨린다. 이
는 다음과 같다.

> 주장: 대승경전들은 궁극적인 가르침[至敎量, 지교량]이 아니다.
> 이유: 우리 측에서 인정하는 불어(佛語)에 포함되지 않기 때문에
> 실례: 마치 승론(勝論, Vaiśeṣika) 등과 같이[56]

승군이나 현장의 논증식에서는 '주장명제의 술어'를 '불설(佛說)
이다'라고 표현하는데 원효는 이를 '궁극적인 가르침[至敎量]'이라
고 대체하고 있다. 이는 『성유식론』에서 채취된 용어인 듯하며,[57]
『성유식론』에서는 불설과 '궁극적인 가르침'을 혼용하기에 이런
대체가 특별한 의미를 갖는 것 같지는 않다. 이어서 원효는 새로
운 추론식을 고안하여 제시하는데 이는 승군비량에 기술되었던
주장명제의 일부를 바꾸고 인(因)에 약간의 조작을 가한 것으로
다음과 같다.[58]

---

55) 이 추론식의 이품변무성을 검토해 보면, '불설이 아닌 것 중에 우리
   측에서 인정하는 불어가 아닌 것에 포함되지 않는 것으로 색, 향 등을
   들 수 있기에 동품유, 이품유의 추론식이 되어 공부정인의 오류에 빠진
   다.
56) 『판비량론』(김성철, 앞의 책, p.203), "諸大乘經 非至敎量 自許佛經
   (語)所不攝故 如勝論等"
57) 『成唯識論』卷3(『大正藏』31, p.14下), "諸大乘經皆順無我 違數取趣
   棄背流轉趣向還滅 讃佛法僧毀諸外道 表蘊等法遮勝性等 樂大乘者許
   能顯示無顚倒理契經攝故 如增壹等 至敎量攝"
58) 김성철, 『원효의 판비량론 기초 연구』, 앞의 책, pp.203-207.

주장: 대승경전들은 올바른 이치에 부합된다.
이유: 양측 모두 인정하는 '불어가 아닌 것'에 포함되지 않는 가르침[敎]이
　　기 때문에
실례: 마치 『증일아함경』 등과 같이

이는 승군비량의 주장명제에서 "불설이다."라는 술어를 "올바른
이치에 부합된다."로 바꾼 것이다. 이 추론식은 인의 삼상 가운데
동품정유성과 이품변무성을 모두 만족시킨다. 승군이나 현장의 논
증식에서와 같이 주장명제의 술어가 경전을 의미하는 '불설'로 되
어 있는 경우는 대소승 중의 각 학파마다 불설로 인정하는 경전
목록이 다르기 때문에, 부정인의 오류를 범하게 된다. 그러나 원
효가 개작했듯이 '올바른 이치에 부합됨'을 주장명제의 술어로 삼
을 경우, 대승경전은 그 가치를 인정받을 수 있다는 것이다.[59] 대
승불설을 입증하기 위한 노력은 교증(敎證)과 이증(理證)의 두 가
지로 구분되는데, 승군이나 현장은 교증을 시도하였기에 실패한
반면 원효는 이증에 의해서 대승불설을 입증하고자 하였기에 성
공하였던 것으로 보인다.

V. 『판비량론』의 논쟁학과 원효의 새
　　로운 면모

일반적으로 원효를 화쟁과 회통의 사상가라고 평한다. 그러나 『
판비량론』의 원효는 화쟁가가 아니라 논쟁가였으며, 그 비판의 대

---

59) 위의 책, p.208.

상은 현장과 그 문하생들의 학문이었다. 현존하지는 않지만 원효의 저술 중 인명학과 관계된 것으로 『인명정리문론기(因明入正理論記)』와 『인명론소(因明論疏)』가 있었다고 하는데 이 두 논서는 그 제목으로 보아 상갈라주가 저술한 『인명입정리론』에 대한 주석서였던 것으로 추측된다. 그런데 『판비량론』은 이들과 성격을 달리한다. 『판비량론』에서는 『인명입정리론』에 대해 해설하는 것이 아니라 그 논리학에서 말하는 오류이론에 근거하여, 현장이 번역한 신역 불전에 실린 유식(唯識), 인명, 아비달마 등과 관계된 다양한 추론식(推論式)들을 비판적으로 검토한다. 『판비량론(判比量論)』이라는 제목이 의미하듯이 '현장의 학문과 관계된 갖가지 비량(比量)의 타당성을 비판적(批判的)으로 검토하는 독창적 논문집(論文集)'이다.60)

앞에서 보았듯이 현장이 인도 유학시절 고안하여 명성을 날렸던 유식비량을 상위결정의 오류에 빠뜨리고, 현장이 대승이 불설임을 논증하기 위해 고안했던 비량에서 공부정인의 오류를 지적하기도 하고 상위결정의 오류를 드러내기도 한다. 원효는 『판비량론』을 통해 현장의 학문을 비판하고 시정하고자 하였으며 그 논의는 타당했다.

그런데 이러한 원효의 작업은, 학문의 세계에서 상례(常例)에 어긋나는 일이 아닐 수 없다. 원효가 불교논리학의 지식을 습득하여 비판의 토대로 삼은 문헌은 『인명입정리론』이나 『인명정리문론』과 같이 현장이 번역, 소개한 것들이었는데 이에 근거하여 그 번역자인 현장의 학문을 비판하는 것이다. 그야말로 '청출어람청

---

60) '김성철, 「판비량론 해제」, 앞의 책'에서 발췌.

어람(靑出於藍靑於藍)'한 작업이었다. 우화적으로 설명하면, 독일에서 헤겔을 전공하면서 명성을 날렸던 동아시아의 대학자가 귀향한 후 헤겔의 저술들을 번역, 소개하여 파란을 일으켰는데, 번역서들을 통해서 헤겔의 사상을 익힌 변방의 어떤 학자가 그 대학자의 학문을 비판하고, 헤겔 철학의 몇 가지 난제들을 일거에 해결한 거나 다름없다.[61] 현장의 학문에 대한 원효의 이러한 비판적 태도는 의상과 함께 유학길에 올랐다가 고분에서 묵은 후 다음과 같이 유심게(唯心偈)를 읊으며 발길을 돌렸다는 원효의 일화와 그대로 부합한다.

> 마음이 일어나니 만사가 생겨나고, 마음이 사라지니 토감과 고분이 다르지 않구나. 또 삼계가 오직 마음뿐이고 만법이 모두 인식의 소산이라 마음 바깥에는 아무 것도 없는데 어찌 따로 구하겠는가? 나는 당나라에 들어가지 않겠다.[62]

삼계유심의 이치를 깨달은 원효는 현장 문하에 들어가서 공부할 필요를 느끼지 못했다. 원효와 헤어진 의상 역시 입당(入唐)하여 장안(長安)의 중심에 있는 자은사(慈恩寺)의 현장이 아니라 종남산(終南山) 지상사(至相寺)의 지엄(智儼)의 문하로 들어가 화엄을 연구한다. 현장의 신역(新譯) 불전과는 성격이 다른 분야였다. 원효와 의상의 입당 동기가 현장의 학문을 흠모하였기 때문이라고 하지만,[63] 이들이 현장의 학문에 대해 호의적이지 않았음을

---

61) 김성철, 「오치아이 소장 『판비량론』 필사본의 교정과 분석」, 앞의 논문, p.274.
62) 『宋高僧傳』卷4(『大正藏』50, p.729上), "心生故種種法生 心滅故龕墳不二 又三界唯心萬法唯識 心外無法胡用別求 我不入唐 卻攜囊返國"
63) 위의 책, p.730上.

알 수 있다. 원효는 그 후 11년이 지나 55세가 되었을 때 행명사
(行名寺)에서 『판비량론』을 탈고하였고, 말미에 다음과 같은 회향
게를 적는다.

> "증성(證成)의 도리는 생각하기가 지극히 어렵지만,
> 내 웃어 버리지 않고 조금이나마 쉽게 풀어,
> 이제 성스러운 불전에 의지해 그 일부를 제시하니,
> 불도가 소통되어 언제나 계속되기를 바라옵니다."
> 『판비량론』 1권, 석원효 지음. 함형 2년, 즉 신미년, 7월 16일.
> 행명사에 머물며 붓을 잡아 거칠게[64] 끝마치다.[65]

　'증성의 도리'는 현장이 번역한 『해심밀경』, 『유가사지론』, 『현
양성교론』 등에 자주 등장하는 용어다. 여기서 원효는 "불교논리
학이 어려운 분야이긴 하지만, 쉽게 풀어서 그 가운데 일부를 제
시하는데, 이는 거칠게 한 작업이다."라고 쓰고 있다. 자신감에 찬
말이 아닐 수 없다. 『삼국유사』에서는 원효에 대해 소개하면서
"원효는 얽매이는 데가 없었다(元曉不羈)."라는 문구로 제목을 삼
고 있으며[66], 『송고승전』에 의하면 신라에서 '만인(萬人)의 적
(敵)'으로 불렸다고도 한다.[67] 또 『금강삼매경론』을 저술하면서
원효는 "옛날에 백 개의 서까래를 구할 때는 비록 모임에 참여하
지 않았으나, 지금의 조정에서 대들보 하나를 걸칠 곳에는 오직

---

64) 일반적으로 '粗'로 복원하나, 『高僧傳』 등에서 보이는 粗訖의 용례로
　볼 때 '粗'가 옳을 듯하다. 『高僧傳』 卷5(『大正藏』50, p.356中).
65) 『判比量論』(김성철, 앞의 책, p.396), "證成道理甚難思 自非笑却微易
　解 今依聖典舉一隅 願通佛道流三世 判比量論 一卷 釋元曉述 咸亨二
　年 歲在辛未 七月十六日 住行名寺 着筆粗訖"
66) 『三國遺事』 卷4(『大正藏』49, p.1006上).
67) 『宋高僧傳』 卷4(『大正藏』50, p.730上).

나만 홀로 가능하다."[68]고 자화자찬한 바 있다. 이런 기록들을 통해 우리는 학문적 자신감으로 가득한 원효의 성품을 엿볼 수 있다.[69] 그리고 현장의 학문을 종횡무진으로 비판하고 인명학과 유식학과 구사학의 난제를 능숙하게 해결하는 『판비량론』에 원효의 개성과 능력이 잘 드러나 있다. 『판비량론』의 원효는 화쟁가가 아니라 논쟁가였고, 그 학문은 회통이 아니라 비판이었다. 이는 사서(史書)나 전기(傳記)에서 전하는 원효에 대한 묘사와 부합한다. 자신감 넘치는 비판적 논쟁가! 『판비량론』을 통해 확인하는 원효의 새로운 면모다.

- 『불교학보』 제80집, 2017

참고문헌

MK. Madhyamaka Kārikā

Nyāyabindu

dbu ma'i rtza ba'i 'grel pa shes rab sgron ma(『般若燈論』), D.3853

tsad ma kun las btus pa'i 'grel pa(『集量論疏』), D.4204

『順中論義入大般若波羅蜜經初品法門』 卷上(『大正藏』30)

---

68) 『宋高僧傳』 卷4(『大正藏』50, p.730中), "曉復昌言曰 昔日採百椽時雖不預會 今朝橫一棟處唯我獨能"

69) 이런 자신의 성품을 의식했는지 원효는 『菩薩戒本持犯要記』(『大正藏』45, p.918下)에서 십중대계(十重大戒) 가운데 '자기를 칭송하고 남을 비방하는 죄'인 자찬훼타계(自讚毁他戒)를 주석하면서 "만일 타인에게 신심을 일으키게 하기 위해서 자기를 칭송하고 남을 비방한다면 죄가 되지 않는다(若爲令彼 起[원문은 赴]信心故 自讚毁他 是福非犯)."고 설명한다.

『般若燈論釋』 卷4(『大正藏』30)

『成唯識論』 卷3(『大正藏』31)

『因明入正理論』 卷1(『大正藏』32)

『如實論反質難品』 卷1(『大正藏』32)

『瑜伽論記』 卷13(『大正藏』42)

『唯識二十論述記』 卷上(『大正藏』43)

『理門論述記』(『大正藏』44)

『因明入正理論疏』 卷上(『大正藏』44)

『菩薩戒本持犯要記』(『大正藏』45)

『三國遺事』(『大正藏』49)

『高僧傳』 卷5(『大正藏』50)

『宋高僧傳』 卷4(『大正藏』50)

『唯識論同學鈔』 卷3(『大正藏』66)

『因明大疏抄』 卷17(『大正藏』68)

『因明入正理論後疏』(『卍續藏』53)

김성철, 『원효의 판비량론 기초 연구』, 서울: 지식산업사, 2003,

김성철, 「판비량론 해제」, 『우리말원효전서(가칭)』, 서울: 동국대학교 불교학술원, 2017발간 예정. (← 이는 이 논문 작성 당시의 추정이었고, 2019년 출간된 '박인성, 김성철, 묘주 옮김, 『중변분별론소 제3권 외』, 한글본 한국불교전서(서울: 동국대학교출판부)'에 '판비량론 해제'라는 제목으로 실려 있다.)

桂紹隆, 「デイグナーガの認識論と論理學」, 『講座大乘佛敎9-認識論と論理學』, 平川彰 外 編, pp.103-152, 東京: 春秋社, 1984,

김성철, 「오치아이 소장 『판비량론』 필사본의 교정과 분석」, 『불교학보』 제74집, pp.9-37, 서울: 동국대학교 불교문화연구원, 2016,

김성철, 「무인, 지비지상사 논법에 대한 중관학적 수용과 인명학적 해석」, 『한국불교학』 제27집, pp.159-187, 서울: 한국불교학회, 2000,

김성철, 「『中論』에 대한 因明學的 註釋의 가능성」, 『인도철학』 제9집, pp.157-182, 서울: 인도철학회, 1999,

다케무라 쇼호(武邑尚邦), 「중국의 인명사상」, 『인식론논리학』, 三枝充悳 편, pp.301-326, 서울: 불교시대사, 1995.

梶山雄一, 「佛敎知識論の形成」, 『講座大乘佛敎9-認識論と論理學』, 平川彰 外 編, pp.1-101, 東京: 春秋社, 1984.

Anacker, Stefan, *Seven Works of Vasubandhu: The Buddhist Psychological Doctor*, pp.29-48, Delhi: Motilal Banarsidass, 1984.

Bhattacharya, Vidhusekhara, "The Nyāyapraveśa of Diṅnāga", *The Indian History Quarterly*, Vol.Ⅲ, Narendra Nath Law Ed., pp.152-160, Delhi: Caxton Publications, 1927.

Frauwallner, Von E., "Vasubandhu's Vādavidhi", *Wiener Zeitschrift für die Kunde Süd und Ostasiens* , Vol.Ⅰ, pp.2-44, Vienna: Institut für Kultur und Geistesgeschichte Asiens der Öste rreichischen Akademie der Wissenschaften & Institut für Südasi en, Tibet und Buddhismuskunde der Universität, 1957.

Tucci, Giuseppe, "Is the Nyayapravesa by Dinnaga?" *Journal of the Royal Asiatic Society*, Vol.60, Issue 1, pp.7-13, Londo n: Royal Asiatic Society, 1928.

『판비량론』을 통해 본
원효의 논리사상*

우리말 요약

원효의 저술에서는 인명학과 관계된 술어들이 많이 발견된다. 본고에서는 원효의 논리사상을 조망하기 위해서 먼저 원효의 저

* 본 논문의 원래 제목은 『원효의 논리사상』이었으나, 본서의 제목과 혼동을 피하기 위해서 위와 같이 수정하였다. 또 이 논문 가운데 『판비량론』과 관계된 내용은 졸고 『원효의 판비량론 기초 연구』(지식산업사, 2003)에서 축약 또는 발췌한 것이다.

술에서 인명학 관련 술어의 출현 빈도를 조사해 보았는데, 특기할 점은 『중변분별론소』의 경우 그 전체가 온전히 남아 있음에도 불구하고 현장 인명학의 영향이 전혀 보이지 않는다는 사실이다. 따라서 『중변분별론소』는 원효가 현장의 인명학을 익히기 전에 저술되었을 것으로 짐작된다.

우리가 원효의 논리사상을 탐구하고자 할 때 가장 중요한 문헌은 바로 『판비량론』이다. 본고 제Ⅱ장에서는 『판비량론』의 내용 가운데 현장에 대한 원효의 비판과 유식학 관련 논의 및 인명학 관련 논의들을 분석해 보았다. 『판비량론』에서 원효는 인명학의 오류론을 도구로 삼아 현장이 고안했던 추론식, 또는 현장이 소개한 불전들에 실려 있는 추론들을 비판하기도 하고 그 스스로 추론식을 고안하여 제시하기도 한다. 혹자는 『판비량론』의 논리사상을 칸트나 괴델의 그것과 유사하다고 주장하기도 하는데, 원효 스스로 추론식을 구성하여 제시한다는 점에서 『판비량론』의 원효는 이들과 입장이 상반된다.

원효의 저술에서 인명학적 방법이 자주 동원되긴 하지만 원효가 논리지상주의자였던 것은 아니었다. 『무량수경종요』의 경문에 대해 해설하면서 부처의 네 가지 지혜[불지(佛智)]는 "추론적 사유에서 벗어난 것이기에 믿어야 한다."고 원효는 설명한다. 그리고 이를 설명하면서 원효는 이율배반적 논법인 특유의 화쟁적(和諍的) 논법을 사용한다. 『판비량론』의 원효는 인명학의 오류론에 입각하여 치밀한 논리를 구사하였다. 그러나 『무량수경종요』의 원효는 불지(佛智)에 대해서 화쟁의 논법으로 설명하고 믿음의 길을 얘기한다. 원효는 때론 논리를 사용하고 때론 논리를 넘어선다.

'화쟁의 논법'과 '불지에 대한 믿음'은 모두 논리를 초월한 곳에
자리한다.

Ⅰ. 원효의 저술과 인명학의 관계

인명(因明)은 산스끄리뜨어 '헤뚜 위드야(hetu-vidyā)'의 한역어
이며, 문자 그대로는 '원인[因: hetu]을 밝힘[明: vidyā]'이라고 해
석되는데 여기서 말하는 원인이란 '올바른 지식의 근거'를 의미한
다. 인명학은 '지식의 근거를 밝히는 학문'이다.

서양의 경우 '인식'과 '논리'가 별개의 분야로 분리되어 연구되
어왔지만, 인도에서는 인식수단(pramāṇa: 量, 량)이라는 이름 하
에 지식 획득의 도구로서 이 두 가지가 함께 취급되어왔다. 따라
서 인명학은 인식론과 논리학을 포괄하는 '인식논리학'이다. 한문
불교권에서 불교인명학, 즉 불교인식논리학이 본격적으로 연구되
고 논의의 도구로 사용되기 시작한 것은 인도유학승 현장(玄奘:
602-664)이 인명학 개론서인 『인명입정리론(因明入正理論)』을
번역(647) 소개한 다음의 일이다.

인명학이 현장에 의해 한문불교권에 처음 소개된 것은 아니다.
현장 이전인 472년에 후위(後魏)에서 길가야(吉迦夜)와 담요(曇
曜)가 공역한 『방편심론(方便心論)』1)과, 서천축 웃자야니(Ujjayan
i) 출신의 진제(眞諦: 499-569)가 번역한 『여실론(如實論)』2) 등
이 있으며, 구마라습(鳩摩羅什: 344-413 또는 350-409)이 번역

---

1) 대정장32, pp.23-28.
2) 대정장32, pp.28-35.

한 『중론(中論)』3)과 『백론(百論)』4), 또 혜원(慧遠: 523-593)의
『대승의장(大乘義章)』5) 등에서도 인명학과 관계된 술어나 논의가
보이긴 하지만 이들 문헌에 소개된 인명학이 후대에 끼친 영향은
미미하다.

　우리는 원효(元曉: 617-686)의 저술 도처에서 인명학과 관계된
논의들을 발견할 수 있는데 그 대부분이 현장이 번역 소개한『인
명입정리론』에 근거한 것들이다. 200여권이 넘었다는 원효의 저
술 중에서 인명학과 직접적으로 관계된 것은『인명입정리론기(因
明入正理論記)』와『인명론소(因明論疏)』, 그리고 『판비량론(判比
量論)』의 세 가지이다. 이 가운데『인명입정리론기』와『인명론소
』는 현존하지 않지만 그 제목으로 볼 때 현장이 번역한『인명입
정리론』에 대한 주석서일 것으로 짐작된다. 그런데『판비량론』은
그 성격이 독특하다. 『판비량론』은 전체의 약 1/5정도가 현존하
는데6) 인명학에 대한 단순한 해설서가 아니라 인명학의 오류론에
근거한 논쟁서이다. 『판비량론』은 문자 그대로 '비량'을 '비판'하
는 '논서'이다. 『판비량론』에서 비판의 대상으로 삼은 비량은 세
가지로 분류된다. 첫째는 현장이 인도유학 시절 직접 고안했던 추
론식들이고, 둘째는 현장이 번역 소개했던 불전에서 추출되는 추
론식이며, 셋째는 인명학의 제 문제와 관계된 추론식이다.

　현존하는 원효의 저술7) 가운데『판비량론』은 그 전체가 인명학

3) 대정장30, p.24a 등.
4) 대정장30, p.172a 등.
5) 대정장44, p.670c 등.
6) 김성철, 『원효의 판비량론 기초 연구』, 지식산업사, 2003, p.35.
7) 조명기, 「元曉의 現存書 槪觀」, 『元曉硏究論叢』, 국토통일원조사연구
　실, 1987, pp.537-554.

에 근거한 저술이지만, 『십문화쟁론』, 『이장의』, 『대혜도경종요』, 『금강삼매경론』, 『대승기신론소』, 『대승기신론별기』, 『무량수경종요』 등 인명학과 직접적 관계가 없는 저술에서도 인명학이 적극적으로 활용되는 모습을 볼 수 있다. 이들 논서에는 비량(比量)이나 성언량(聖言量)과 같은 인명학의 술어(術語)가 그대로 등장하기도 하고 상위결정(相違決定), 부정과(不定過), 자어상위(自語相違)라는 술어와 함께 인명학의 오류론이 논의의 도구로 도입되기도 한다. 이와 달리 『해심밀경소』나 『중변분별론소』의 경우는 불전 해설서이기에 인명학적 논의가 필요한 저술임에도 인명학의 영향을 전혀 볼 수 없다.

　원효의 어떤 저술에서 인명학과 관계된 논의가 보인다고 해서 그 논의를 현장의 인명학에 근거한 것이라고 확정할 수는 없을 것이다. 현장 이전에 진제가 번역한 『여실론』이나 『구사석론』 등에서도 인명학과 관계된 술어가 등장하는데 원효가 이들 논서들을 통해 인명학의 술어들을 익혔을 수도 있기 때문이다. 비량이라는 술어는 진제의 번역서에서 이미 사용되고 있었다.[8] 그러나 상위결정, 부정과[9], 증성(證成)[10] 등의 술어는 현장의 번역서에서 비로소 등장한다. 또, '도리(道理)[11]'나 '상위(相違)[12]'라는 술어의 경우, 진제의 『여실론』이나 『구사석론』에서 사용되고 있긴 하지만 이 두 술어가 합쳐진 '유차도리(由此道理) … 불상위(不相違)'라

8) 『아비달마구사석론』, 대정장29, p.185c.
9) 『인명입정리론』, 대정장32, pp.11a-13b.
10) 『유가사지론』, 대정장30, p.419b. / 『대승장진론』, 대정장30, p.271b. / 『대승광백론석론』, p.247c.
11) 『여실론반질난품』, 대정장32, p.28c.
12) 『아비달마구사석론』, 대정장29, p.167c.

는 투의 구문은 현장이 번역한 『인명정리문론』에 처음 등장한
다.13) 따라서 '상위결정, 부정과, 증성, 유차도리 … 불상위' 등과
같은 술어가 등장하는 원효의 저술은 현장의 인명학을 습득한 이
후 쓰인 것이라고 추정할 수 있을 것이다. 현장의 인명학과 관계
시켜서 원효의 저술을 재배열하면 다음과 같다.

① 현장의 인명학이 적극 활용되는 저술

『판비량론』: 그 내용 전체가 현장의 인명학에 근거한다.

『십문화쟁론』: 추론식을 통해 논의를 전개하며, 부정과(不定過),
　　자어상위(自語相違), 결정상위(決定相違) 등 현장의 인명학에서
　　만 볼 수 있는 술어들이 등장한다.

『이장의』: 상위결정의 추론식이 제시된다.

『대승기신론소』: '유시도리고 불상위야(由是道理故　不相違也), 비
　　량(比量), 성언량(聖言量)' 등과 같은 문구와 '동품(同品), 원리
　　(遠離)' 등과 같은 인명학 전문 술어가 보인다.

『대승기신론별기』: '비량도리(比量道理), 성언량(聖言量)' 등의 문
　　구가 보이고 진나의 『집량론(集量論)』과 관계된 논의가 보인다.

『대혜도경종요』: '증성(證成), 비량(比量)' 등의 용어가 보이고 추
　　론식의 사용된다.

『금강삼매경론』: '비량(比量), 상위과(相違過)'라는 용어가 보이고
　　추론식이 사용된다.

---

13) 由此道理　所作性故　能成無常　及無我等　不相違故: 『인명정리문론본
　　』, 대정장32, p.2a.

② 현장의 인명학의 영향이 다소 보이는 저술

『양권무량수경종요』: '유시의고 불상위야(由是義故 不相違也), 유
　시도리 불상위(由是道理 不相違), 비량(比量), 유차의고 불상위
　야(由此義故 不相違也)' 등의 문구가 보인다.

『아미타경소』: '증성(證成)'이란 용어가 사용된다.

『유심안락도』: '유시도리고 불상위(由是道理故 不相違)'란 문구가
　보인다.

『미륵상생경종요』: '유시도리고 불상위야(由是道理 不相違也)'란
　문구가 보인다.

『열반종요』: '유시의고 불상위(由是義故 不相違)'란 문구가 보인
　다.

『법화종요』: '유시도리 개불상위(由是道理 皆不相違)'란 문구가
　보인다.

『보살영락본업경소』: '유시도리 불상위야((由是道理 不相違也)'란
　문구가 보인다.

③ 인명학의 영향이 전혀 보이지 않는 저술

『보살계본지범요기』, 『발심수행장』, 『대승육정참회』, 『해심밀경소
　서』, 『중변분별론소』, 『화엄경소서』

　그런데 '③ 인명학의 영향이 보이지 않는 저술' 가운데 『보살계
본지범요기』나 『발심수행장』이나 『대승육정참회』는 '수행'과 관련

된 저술이기에 인명학적 논의를 도입할 필요가 없었을 것으로 짐작된다. 또, 『화엄경소』나 『해심밀경소』의 경우는 '사상'과 관계된 저술이긴 하지만, 현재 그 서문만 남아 있기에 본문 속에도 인명학적 논의가 전혀 없었을 것이라고 단정할 수는 없다. 그런데 『중변분별론소』의 경우는 사상과 관련된 문헌이고 전체가 현존함에도 불구하고 그 내용에서 인명학적 논의를 전혀 발견할 수 없다. 따라서 『중변분별론소』는 원효가 현장의 인명학을 습득하기 이전에 저술되었을 것으로 추정된다.

우리가 원효의 논리사상을 탐구하고자 할 때 가장 중요한 문헌은 바로 이들 가운데 『판비량론』이다. 현장이 소개한 인명학의 영향을 받아 저술되었지만, 단순한 인명학 해설서가 아니라 인명학의 오류론에 근거한 논쟁서이며, 그 원조격인 현장의 학문을 비판할 뿐만 아니라 다른 중국의 학승들에게 가르침을 주는 내용으로 가득하다.

Ⅱ. 인명학에 근거한 논쟁서 – 『판비량론』

1. 연구사

『판비량론』은 선주(善珠: 724-797)[14]나 장준(藏俊: 1104-1180)[15]과 같은 일본 학승들의 저술에 인용된 모습으로 그 편린만

---

14) 대정장68, 『因明論疏明燈抄』 / 대정장71, 『唯識分量決』.

전해져 왔는데, 1967년 칸다 키이치로(神田喜一郎)가 자신의 서
가에 보관되어있던 필사본 영인본에 후키하라 쇼신(富貴原章信)
의 해설을 덧붙여 출간한 이후16) 한국과 일본 학자들의 주목을
받기 시작하였다. 『판비량론』을 연구한 국내학자들로는 초서체 필
사본을 재복원한 최범술, 최범술의 교정본을 소개하면서 『판비량
론』의 내용에 대해 나름대로 개관한 이영무17), 필사본 각 절의
내용을 간략히 요약한 원의범18), 『원효의 인식과 논리』라는 이름
으로 『판비량론』 연구서를 발간한 신현숙19), 유식비량 비판자의
정체에 대해 역사적으로 연구한 김상현20), 제9, 11, 12절의 의미
를 분석한 김치온21), 『판비량론』의 논리를 서구의 논리철학과 비
교한 김상일22) 등이 있으며, 필자 역시 후키하라의 연구 성과를
비판적으로 검토한 후 새롭게 교정본을 만들어 해설한 『원효의
판비량론 기초 연구』23)라는 연구서를 출간한 바 있다.

---

15) 대정장68, 『因明大疏抄』.
16) 神田喜一朗 編, 『判比量論』(東京: 便利堂, 1967).
17) 이영무, 「元曉大師 著 『判比量論』에 대한 考察」, 『건국대학교학술지
    』 제15집(서울: 건국대학교출판부, 1973), pp.165-197.
18) 원의범, 「判比量論의 因明論理的 分析」, 『佛教學報』 제21집(서울:
    동국대학교불교문화연구원, 1984), pp.1-16.
19) 신현숙, 『元曉의 認識과 論理』(서울: 민족사, 1988).
20) 김상현, 『元曉研究』(서울: 민족사, 2000).
21) 김치온, 「阿賴耶識의 存在에 대한 因明論理的 證明과 그 所在에 관
    한 考察」, 『보조사상』 제15집(서울, 보조사상연구원, 2001년), pp.163-
    192 / 김치온, 『佛教論理學의 成立과 轉用 연구』(서울: 동국대박사학
    위논문, 1997).
22) 김상일, 『괴델의 불완전성 정리로 풀어본 원효의 판비량론』, 지식산업
    사, 2003년 / 김상일, 『원효와 칸트』, 지식산업사, 2004년.
23) 김성철, 앞의 책.

2. 현장의 추론식에 대한 비판

(1) 상위결정이란?

일본 학승인 선주와 장준의 저술에서 수집되는 『판비량론』의 산일문 가운데 그 전모를 알아볼 수 있는 논쟁은 '현장의 유식비량에 대한 비판'과 '현장의 대승불설 논증에 대한 비판'의 두 가지이다. 유식비량이란 현장이 인도 유학 도중 고안했던 '만법유식을 입증하는 추론식'이며, 대승불설 추론식 역시 현장이 고안한 것으로 '대승이 불설임을 입증하는 추론식'이다. 이 모두 진나의 인명학에 입각하여 고안되었다. 그런데 원효는 동일한 진나의 인명학에서 말하는 '상위결정(相違決定)'의 오류를 이용하여 이 두 추론식의 타당성을 비판하는 것이다. '상위결정'이란 칸트(Kant)가 말하는 '이율배반'과 흡사한데, '각각이 논리적 오류를 범하고 있진 않지만 그 결론이 상반된 두 가지 추론식이 하나의 세계관 아래서 작성되는 경우'를 말한다. 『판비량론』을 이해하기 위해서는 '상위결정'에 대한 정확한 이해가 선행되어야 한다. 『인명입정리론』에서는 상위결정에 대해 설명하면서 다음과 같은 두 가지 추론식을 그 예로 든다.

〈추론식1〉
주장(종, 宗): 소리는 무상하다.
이유(인, 因): 만들어진 것이기 때문에
실례(유, 喩): 항아리 등과 같이[24]

---

24) 聲是無常 所作性故 譬如甁等: 『인명입정리론』.

〈추론식2〉
주장: 소리는 상주한다.
이유: 들리기 때문에
실례: 소리성(性)과 같이[25]

바라문교의 육파철학 중 하나인 와이셰쉬까(Vaiśeṣika: 勝論, 승론)에서는 "소리는 만들어진 것이다."라고 주장하기도 하며 "소리성(性)은 귀에 들린다."라고 주장하기도 한다. 여기서 말하는 소리성이란 소리의 의미인 '소리 보편'을 가리킨다. 불교도의 경우 소리는 지각되지만 소리성은 지각되지 않고 추론되는 것이라고 본 반면에 '니야야(Nyāya: 正理, 정리)-와이셰쉬까' 철학에서는 소리는 물론이고 소리성 역시 지각된다고 주장하였다. 그런데 이런 두 가지 주장에 근거할 경우 위와 같이 상반된 추론식이 작성 가능하다. 〈추론식1〉과 〈추론식2〉 각각은 논리적 오류를 범하지 않는 타당한 추론식이다. 그러나 〈추론식1〉과 〈추론식2〉의 주장이 상반되기에 이율배반적 상황이 초래되고 만다. 이것이 상위결정의 오류이다. 어느 추론식이 옳다고 확정할 수 없기에 여기에 사용된 '이유' 역시 '부정인(不定因)'에 속한다.

(2) 유식비량 비판

원효는 현장이 고안했던 만법유식의 추론식을 이런 상위결정의 오류를 이용하여 비판하는 것이다. 현장의 추론식과 이를 상위결

---

25) 聲常 所聞性故 譬如 聲性: 『인명입정리론』.

정의 오류로 몰고 가는 원효의 추론식을 소개하면 다음과 같다.

〈현장이 고안한 추론식〉
주장: 승의에 의거할 때 양측 모두 인정하는 색은 안식을 <u>벗어나 있지 않다.</u>
이유: 우리측에서 인정하는 초삼에 포함되면서 <u>안근</u>에는 포함되지 않기 때문에
실례: 마치 <u>안식</u>과 같이[26]

〈원효가 고안한 추론식〉
주장: 승의에 의거할 때 양측 모두 인정하는 색은 반드시 안식을 <u>벗어나 있다.</u>
이유: 우리측에서 인정하는 초삼에 포함되면서 <u>안식</u>에는 포함되지 않기 때문에
실례: 마치 <u>안근</u>과 같이[27]

　　원효는 소승의 입장에 서서 현장의 추론식을 패러디(Parody)한 상반된 추론식을 제시한다. 현장의 추론식과 원효의 추론식은 밑줄 친 부분만 다를 뿐이다. 이런 원효의 비판에 대해서 현장의 제자 자은(慈恩) [규][28]기([窺]基: 632-682)가 여섯 가지 이유를 들어 다시 비판하며, 원효 역시 자은 기의 비판을 다시 반박하는데 이런 논쟁과정에 대해서는 다음 장에서 상세히 설명하기로 하겠다.

---

26) 眞故　極成色不離於眼識　自許初三攝眼所不攝故　猶如眼識: 『判比量論』.
27) 眞故　極成色定離於眼識　自許初三攝眼識不攝故　猶如眼根: 『判比量論』.
28) 窺基라는 이름은 잘못된 것이다. 겸전무웅, 정순일 역, 『중국불교사』, 경서원, 1989, p.207 참조.

(3) 대승불설논증 비판

　현장의 대승불설논증에 대한 원효의 비판 역시 선주와 장준의 저술에서 수집되는데 여기서도 '상위결정'의 오류가 이용된다. 현장이 대승불설을 입증하는 추론식을 제시하게 된 발단은 무성(無性)의 『섭대승론석』에 있다. 『섭대승론석』의 내용을 정리하면 다음과 같은 추론식이 작성된다.

　　주장: 대승경전들은 참으로 모두 불설이다.
　　이유: 보특가라 무아의 이치에 위배되지 않기 때문에
　　실례: 마치 증일아함경 등과 같이[29]

　그러나 이 '불설이 아니지만 보특가라 무아의 이치를 말하는 『육족론』'의 존재로 인해 이 추론식은 부정인의 오류를 범하고 만다. 그래서 인도에서 현장에게 인명학을 가르쳤던 승군 논사는 이 추론식을 다음과 같이 개작한다.

　　주장: 대승경전들은 모두 불설이다.
　　이유: 양측 모두 인정하는 〈불어들이 아닌 것〉에 포함되지 않기 때문에
　　실례: 증일 등의 아함경 같이[30]

　이런 승군의 추론식을 본 현장은 『발지경』의 존재를 예로 들어

---

29) 諸大乘經　皆是佛說　一切不違　補特伽羅　無我理故　如增一等: 『判比量論』.
30) 諸大乘經　皆佛說　兩俱極成非諸佛語所不攝故　如增一等阿笈摩: 『判比量論』.

이 논증식에서 부정인의 오류를 지적한다. 그리고 다음과 같이 새
로운 추론식을 제시하는 것이다.

> 주장: 대승경전들은 모두 불설이다.
> 이유: 우리 측이 인정하는 〈불어가 아닌 것〉에 포함되지 않기 때문에
> 실례: 증일 등의 아함경과 같이[31]

그리고 이 추론식을 상위결정의 오류에 빠뜨리는 원효의 추론
식은 다음과 같다.

> 주장: 대승경전들은 궁극적인 가르침이 아니다.
> 이유: 우리 측에서 인정하는 불어에 포함되지 않기 때문에
> 실례: 마치 승론 등과 같이[32]

이어서 원효는 대승을 옹호하는 새로운 추론식을 다음과 같이
제시한다.

> 주장: 대승경전들은 올바른 이치에 부합된다.
> 이유: 양측 모두 인정하는 〈불어가 아닌 것〉에 포함되지 않는 가르침이기
>   때문에
> 실례; 마치 증일아함경 등과 같이[33]

이에 대한 현장 측의 비판이 현존하지 않기에 이 이후 논쟁이

---

31) 諸大乘經 是佛所說 自許非佛語所不攝故:『判比量論』.
32) 諸大乘經 非至教量 自許佛經(語)所不攝故 如勝論等:『判比量論』.
33) 諸大乘經 契當正理 極成非佛語[所]不攝之教故 如增一等:『判比量論
   』.

계속되었는지 여부는 알 수 없지만, 주장명제가 '붓어'나 '궁극적인 가르침'에서 '올바른 이치에 부합되는 것'으로 바뀌어져 있다는 점에서 원효의 불교관을 엿볼 수 있다. 우리가 대승경전을 신봉하는 것은 그것이 부처의 직설이기 때문이 아니라, 올바른 이치에 부합되기 때문이라는 것이다. 원효가 추구하는 불교는 인물이나 제도나 종파를 넘어선 '진리 그 자체'였던 것이다.

3. 유식학과 인명학의 제 문제 대한 논의

『판비량론』의 내용 중 그 전모를 정확히 알 수 있는 부분은 필사본 중 제8-13절이다. 필사본의 앞뒤가 망실되었기에 맨 앞의 제7절과 맨 뒤의 제14절의 경우는 그 명확한 내용을 파악하기가 쉽지 않다. 제8-13절의 내용은 크게 두 가지로 구분된다. 하나는 유식학의 제 문제와 관련된 내용으로, 제8, 9, 10, 13절이 이에 해당하고, 다른 하나는 인명학의 제 문제와 관련된 내용인데 제11, 12절이 이에 해당한다. 이를 정리하면 다음과 같다.

유식학의 제 문제에 대한 비판적 고찰

제8절: 호법(護法)의 '식(識)의 사분설(四分說)'에 대한 비판
제9절: 제8식(第八識)의 존재에 대한 증명
제10절: 아뢰야식은 구유(俱有)하는 소의(所依), 또는 소의근(所依根)을
　　　　갖는다는 호법의 주장에 대한 논파
제13절: '오성각별설(五姓各別說) 비판'에 대한 원효의 재비판

인명학의 제 문제에 대한 비판적 고찰

제11절: 구구인(九句因) 중 제5구(第五句)[동품무·이품무(同品無·異品無)]
　의 인이 부정인임을 논증
제12절: 상위결정 논증식의 두 가지 인이 부정인임을 논증

　지면 관계상 이 모두에 상세히 설명할 수는 없기에 호법의 유
식학을 비판하는 제8절과 제10절, 원효가 기발하게 고안한 추론
식이 실려 있는 제8절과 제12절의 내용에 대해서 소개해 보기로
하겠다.

(1) 호법의 유식학에 대한 원효의 비판

① 제8절: 호법의 '식의 사분설'에 대한 비판

　원효는 먼저 제4분인 증자증분의 필요성을 역설하는 『성유식론
』의 설명[34]을 다음과 같은 추론식으로 재구성한다.

　〈논증식3〉
　주장: 자증분은 즉체능증(卽體能證)을 필요로 한다.
　이유: 심분에 포함되기 때문에
　실례: 마치 상분과 같이[35]

　여기서 말하는 '즉체능증'이란 '기체(基體)가 다르지 않은 능증'

---

34) 又心心所若細分別應有四分　三分如前　復有第四證自證分　此若無者誰
　　證第三　心分旣同應皆證故　又自證分應無有果　諸能量者必有果故　不應
　　見分是第三果　見分或時非量攝故　由此見分不證第三　證自體者必現量
　　故: 『成唯識論』, 대정장31, p.10b.
35) 自證必有卽體能證　心分攝故　猶如相分: 『判比量論』.

이라고 풀이되며 '자증분과 별도의 기체를 갖는 것은 아니면서 자
증분을 증명하는 놈'을 의미한다.36) 이어서 원효는 이 논증식을
다음과 같이 귀류적 논증식으로 표현한다.

〈논증식4〉
주장: 자증분은 결코 심분(心分)에 포함되지 않아야 하리라.
이유: 즉체능증이 필요 없기 때문에.
실례: 마치 토끼뿔 등과 같이37)

　그 후 원효는 '안식(眼識)의 생상(生相)'을 예로 들어 〈논증식
3〉에서 부정인(不定因)의 오류를 지적하고, '이식(耳識)의 상분
(相分)의 삼상(三相)'을 예로 들어 〈논증식4〉에서 부정인의 오류
를 지적한다. '즉체능증을 필요로 하지 않는 것'[異品, 이품] 중에
심분에 포함되는 것으로 안식의 생상을 들 수 있고[異品有, 이품
유], '심분에 포함되는 것'[異品, 이품] 중에 즉체능증이 필요 없
는 것으로 '이식의 상분의 삼상'을 들 수 있기[異品有, 이품유] 때
문에 〈논증식3〉과 〈논증식4〉에 사용된 이유[인(因)]은 이품변무
성(異品遍無性)을 충족시키지 못하는 부정인이 되고 만다는 것이
다.
　이어서 원효는 이러한 자신의 비판에 대한 적대자의 반박38)을
설정한 후 이를 다시 상위결정의 오류에 빠뜨린다.39) 그리고 다
음과 같이 말하며 논의를 끝맺는다.

---

36) 김성철, 앞의 책, p.219 참조.
37) 自證應非心分所攝 以無卽體之能證故　如兎角:『判比量論』.
38) 五識三相 不離體故 是其自證之所緣境:『判比量論』.
39) 相分三相 不離相故 五識見分亦得緣:『判比量論』.

설혹 그가 궁지에서 벗어나기 위해 '상분의 삼상은 심분에 포함되는 것이
아니다'라고 말한다면 비량상위의 과실이 있게 된다. 제4분이란 말만 있을
뿐 이치에 맞지 않음을 알아야 한다.[40]

② 제10절: 아뢰야식은 구유(俱有)하는 소의(所依), 또는 소의근(所依根)을 갖는다는 호법의 주장에 대한 논파

원효는 『판비량론』 제8절을 통해 '식의 사분설'에 대한 『성유식
론』의 설명에서 부정인의 오류를 지적하였다. 그런데 이곳 제10
절에서 원효는 아뢰야식과 관계된 『성유식론』의 이론을 비판한다.
원효는 현장이 직접 고안했던 '유식비량'이나 '대승불설논증식'에
대해서도 비판적이었지만, 현장이 소개했던 호법의 유식학에 대해
서도 호의적이지 않았다.

원효가 『판비량론』 제10절을 통해 비판하는 호법의 이론은 두
가지인데 첫째는 아뢰야식이 '구유[소]의'를 갖는다는 것이고 둘째
는 제7 마나식이 '구유[소의]근'에 의지한다는 것이다. 구유[소]의
란 '식과 공존하는 의지처'를 의미하고, 구유[소의]근은 '식과 공
존하며 그 의지처가 되는 근(根)'을 의미한다. 예를 들어 '안근'인
눈은 시각내용인 '안식'에 대해 '구유[소]의'이면서 동시에 '구유
[소의]근'이다. 무엇이 눈에 보일 때 그렇게 보인 내용이 의지하고
있는 곳이 눈이기 때문에 눈은 '의지처(所依)'이다. 또 이 때 눈은

---

40) 設彼救言 相分三相 非心分攝則有比量相違過失 當知 第四分 有言而
無義: 『判比量論』.

그렇게 보인 내용이 의지하고 있는 '근'이기 때문에 '의지처가 되는 근(所依根)'이기도 한 것이다.[41]

그런데 제7 마나식과 제8 아뢰야식이 '구유[소]의'나 '구유[소의]근'을 갖는지 여부가 문제가 되는데, 『성유식론』에서는 제7 마나식은 구유근에 의지하며 제8 아뢰야식은 제7 마나식을 구유의로 삼는다고 설명하는 다음과 같은 구절이 발견된다.

> 제7 마나식과 제6 의식은 전식(轉識)에 포함되기 때문에 안식 등의 전5식과 마찬가지로 구유근에 의지한다. 제8 아뢰야식은 식성(識性)이기 때문에 이 역시 제7 마나식을 구유의로 삼아야 한다.[42]

이 구절에서 추출된 논증식과 이를 비판하는 원효의 논증식을 나열하면 다음과 같다.

> 〈제8 아뢰야식이 구유소의를 갖는다는 『성유식론』의 논증식〉
> (종) 제8 아뢰야식은 반드시 구유소의를 가져야 한다.
> (인) 식성(識性)이기 때문에

---

41) '구유근'과 대비되는 것이 '개도근(開導根)'이다. '개도근'이란 문자 그대로 해석하면 '열어서 인도해 주는 근'이란 의미인데, 예를 들어 다음 찰나의 6식이 '전개되도록 이끌어주는'(開導) '전 찰나의 6식'을 가리킨다. 우리의 의식에서 매 찰나 어떤 의미가 발생할 때 반드시 앞의 찰나에 존재하던 의미에 빗대어 다음 찰나의 의미가 규정된다. '앞 찰나에 형성되었던 의미'에 '뒤 찰나의 지각'이 오버랩 되면서 '뒤 찰나에 지각된 내용의 의미'가 규정되는 것이다. 이것이 의식의 발생 과정이다. 이때 '앞 찰나에 형성된 의미'는 안근이나 이근과 같은 색법이 아니라 심법(心法)이지만, 안근이 안식의 토대가 되고 이근이 이식의 토대가 되듯이, '의식'을 산출하는 토대의 역할을 하기에 심법임에도 불구하고 '근'이라고 불리는 것이다: 김성철, 앞의 책, p.386 참조.

42) … 末那意識轉識攝故 如眼等識依俱有根 第八理應是識性故 亦以第七爲俱有依: 『成唯識論』, 대정장31, p.14a.

(유) 마치 육식(六識)등과 같이

〈원효가 고안한 상위결정의 논증식〉
(종) [제8] 아뢰야식은 결코 구유소의를 갖지 않아야 한다.
(인) 근본적인 것이기 때문에
(유) 마치 진여와 같이

〈제7 마나식이 구유[소의]근에 의지한다는 『성유식론』의 논증식〉
(종) 제7 마나식과 제6 의식은 구유[소의]근에 의지한다.
(인) 전식에 포함되기 때문에
(유) 마치 안식 등의 전5식과 같이

〈원효가 고안한 상위결정의 논증식〉
(종) 제8 아뢰야식과 제7 마나식에는 결코 구유소의근(俱有所依根)이 없
    어야 한다.
(인) 육식성(六識性)에 속한 것이 아니기 때문에
(유) 마치 안근(眼根)과 같이

이 모두 상위결정의 오류를 통한 비판이다. 『판비량론』 제10절
에는 이 이외에도 몇 가지 논쟁이 소개되어 있는데 모두 이런 두
가지 논의를 축으로 삼고 있다.[43)]

⑵ 원효가 고안한 추론식

① 제9절: 제8식의 존재에 대한 증명

먼저 원효는 무성의 『섭대승론석』의 설명[44)] 중에서 제8식의 존

---

43) 이에 대한 자세한 내용은 '김성철, 앞의 책, pp.251-280' 참조.

재를 증명하는 다음과 같은 두 가지 추론식을 추출한다.

〈논증식1〉
주장: 팔식(八識)의 가르침은 성언(聖言)에 포함된다.
이유: 무아(無我)의 가르침과 유사하기 때문에
실례: 마치 사아함(四阿含)과 같이

〈논증식2〉
주장: 팔식(八識)의 가르침은 도리에 부합된다.
이유: 성교(聖教)이기 때문에
실례: 마치 육식(六識)의 가르침과 같이

원효는 이렇게 추출된 두 가지 추론식이 어째서 논리적 오류를 범하는지 설명하고 있지 않지만, 『인명입정리론』에 의거할 때 이 모두 '소별불극성(所別不極成: aprasiddhaviśeṣya)'의 오류를 범하는 추론식이다. 주장명제의 주어인 '팔식의 가르침'이 '소별'에 해당하는데 소승 측에서는 아뢰야식과 마나식까지 분간하는 '팔식의 가르침'을 아예 인정하지 않기 때문이다.

이어서 원효는 소승 측에서도 인정할 수 있는 다음과 같은 절묘한 추론식을 제시한다.

주장: 안이비식(眼耳鼻識)은 설신의식(舌身意識)에 포함되지 않는 별도의
    식체(識體)를 필요로 한다.
이유: 삼육문(三六門) 중의 삼식(三識)에 포함되기 때문에
실례: 마치 설신의식(舌身意識)과 같이[45]

---

44) 無性, 『攝大乘論釋』, 대정장31, p.396c.
45) 眼耳鼻識必有舌身意識不攝餘別識體 三六門中三識攝故 猶如舌身意
    識: 『判比量論』.

주장명제에서 제8식의 이름이 노골적으로 거론되지 않기에 이 추론식은 소별불극성의 오류를 범하지 않는다. 그러나 소승 측에서 인정하는 총6식 이외에 '제7식이나 제8식과 같은 별도의 식'이 더 필요하다는 점을 주장명제로 삼음으로써 간접적으로 제8식의 존재를 증명고자 한다. 여기서 원효는 독특한 고안을 한다. '안이비설신의'의 육식을 '안이비'식과 '설신의'식의 두 덩어리로 나누는 것이다. 그리고 이유명제에 쓰인 '삼육문'은 현장 역 『구사론』에 소개된 '①육내처(六內處), ②육외처(六外처), ③육식신(六識身), ④육촉신(六觸身), ⑤육수신(六受身), ⑥육애신(六愛身)'의 육육법문(六六法門), 즉 '육(六)자가 들어가는 여섯 가지 법문' 중의 세 번째 것인 '육식신'을 가리킨다. 이 추론식의 타당성은 다음과 같이 검증된다.

> '설신의식(舌身意識)에 포함되지 않는 별도의 식체(識體)를 필요로 하는 것'[同品, 동품] 중에 '삼육문(三六門) 중의 삼식(三識)에 포함되는 것'이 있는가? → 있다(有): 설신의식(舌身意識)
> '설신의식(舌身意識)에 포함되지 않는 별도의 식체(識體)를 필요로 하지 않는 것'(異品) 중에 '삼육문(三六門) 중의 삼식(三識)에 포함되는 것'이 있는가? → 없다(無).

이 추론식은 '인의 삼상'[46) 가운데 동품정유성과 이품변무성을

---

46) 이유(因)는 세 가지 조건(三相)을 갖추어야 한다. 그러면 세 가지 조건이란 무엇인가? ①주제에 소속된 성질이어야 한다는 점(遍是宗法性)과, ②동질적 주제에만 존재해야 한다는 점(同品定有性)과, ③이질적 주제에는 결코 존재하지 않아야 한다는 점(異品遍無性)이다: 因有三相 何等爲三 謂 遍是宗法性 同品定有性 異品遍無性(hetus trirūpaḥ/ kiṃ punas trairūpyam/ pakṣadharmatvaṃ sapakṣe sattvaṃ vipakṣe cāsat

모두 충족시킨다. 이는 소승 측에서 보아도 쉽사리 오류를 지적할
수 없는 추론식이다. '인의 삼상'도 충족시킬 뿐만 아니라 '주장명
제'에서 제8식이라는 단어를 사용하고 있지도 않고 '이유명제' 역
시 소승 측이 인정하는 내용으로 이루어져 있기 때문이다.

② 제12절: 상위결정 논증식의 두 가지 인이 부정인임
을 논증

진나는 추론식에 사용된 이유[因, 인]가 갖추어야 할 세 가지
조건 가운데 제2조건인 동품정유성(同品定有性)과 제3조건인 이
품변무성(異品遍無性)의 충족 여부에 의해 추론식의 인을 아홉
가지로 구분하는 구구인설(九句因說)을 창안하였는데 이를 표로
나타내면 다음과 같다.

구구인(九句因)

同品(동품) \ 異品(이품)	변유(遍有)	변무(遍無)	역유역무(亦有亦無)
변유	①共不定因(공부정인)	②정인(正因)	③공부정인
변무	④상위인(相違因)	⑤불공부정인	⑥상위인
역유역무	⑦공부정인	⑧정인	⑨공부정인

이런 구구인설에 의하면 부정인은 크게 두 가지로 구분되는데
공부정인과 불공부정인이다. 불공부정인이란 '동품과 이품 모두에
인을 충족시키는 사례가 전혀 없는 추론식'의 인(因)으로 위의 표

---

tvam eva//): 『因明入正理論』.

에서 동품 변무, 이품 변무인 ⑤가 이에 해당한다. 공부정인이란 '동품과 이품 모두에 인을 충족시키는 사례가 존재하는 추론식'의 인(因)인데, '동품 전체가 인을 충족시키는지 일부가 충족시키는지'에 따라 공부정인은 다시 네 가지로 나누어지며 위의 표에서 ①, ③, ⑦, ⑨가 이에 해당한다. 어쨌든 이런 구구인설에 의하면 부정인은 다섯 가지뿐이어야 한다. 그런데 『인명입정리론』을 보면, 상위결정의 인(因) 역시 부정인에 포함시킨다. 앞에서 설명한 바 있지만 '하나의 세계관 하에서 상반된 주장을 담은 이율배반적 추론식이 작성되는 경우' 그 상반된 추론식 각각에 쓰인 두 가지 인(因)이 바로 상위결정의 부정인이다. 중국의 인명가들은 이런 상위결정의 인이 어째서 부정인에 속해야 하는지, 논란을 벌였고 원효는 『판비량론』 제12절 서두에서 이를 다음과 같이 소개한다.

> 상위결정의 경우 두 가지 논증식이 작성되는데 문궤(文軌)법사가 스스로 문답을 지은 바 있다.
> 문: 삼상(三相)을 갖추고 있으니 이는 정인(正因)이어야 한다. 그런데 어째서 이에 대해 부정인이라고 했을까?
> 답: 이런 의문은 아직 해결되지 않았으며 이를 풀이할 엄두도 내지 못한다. 이를 의미가 소통되게 해석하는 사람이 있다면, 나는 그를 따르며 신하가 되겠다.[47]

상위결정의 오류를 범하는 추론식 각각에 사용된 인은 삼상을 충족시킨다. 그런데 어째서 이를 부정인에 포함시켜야 할까? 원효

---

47) 相違決定 立二比量 文軌法師 自作問答 問 具足三相 應是正因 何故 此中而言不定 答 此疑未決 不敢解之 有通釋者 隨而爲臣:『判比量論』.

는 이를 논증하는 과정에서 현대논리학의 '소거법(消去法)'과 같
은 방식을 사용한다. 먼저 원효는 위에 인용한 문비의 말에서 다
음과 같이 추론식을 추출한다.

(종) 상위결정(相違決定) 중의 인(因)은 정인(正因)이어야 한다.
(인) 삼상(三相)을 갖추고 있기 때문이다.
(유) 마치 다른 진인(眞因)과 같이.

　그리곤 원효는 이 추론식을 상위결정의 오류에 빠뜨리는 다음
과 같은 추론식을 제시한다.

〈추론식1〉
(종) 상위결정의 인(因)은 정인(正因)에 속하지 않는다.
(인) 동등한 비판이 있을 수 있기 때문이다.
(유) 마치 상위인과 같이[48)]

　그리고 다음과 같은 두 가지 추론식을 고안하여 제시한다.

〈추론식2〉
(종) 이런 두 가지 인(因)은 상위인(相違因)에 포함되지 않는다.
(인) 동품(同品)이 존재하기 때문에
(유) 마치 정인(正因)과 같이[49)]

〈추론식3〉
(종) 이런 두 가지 인(因)은 불성인(不成因)에 포함되지 않는다.

---

48) 今者通曰　違決之因　非正因攝　有等難故　如相違因　由此顯彼有不定
　過：『判比量論』.
49) 此二因 非相違攝 同品有故 猶如正因：『判比量論』.

(인) 양측 모두 인정하는 것이기 때문에

(유) 마치 불공인(不共因)과 같이[50]

여기서 주장명제에 사용된 '두 가지 인'이란 말은 상위결정 관계에 있는 두 가지 추론식 각각에 사용된 인 두 가지를 의미한다. 앞의 〈추론식1〉에서는 상위결정의 추론식에 사용된 두 가지 인이 "정인이 아니다."라는 점을 논증하였고, 여기 인용한 〈추론식2〉에서는 "상위인이 아니다."라는 점을 논증하며, 〈추론식3〉에서는 "불성인이 아니다."라는 점을 논증하고 있다. 그런데 이런 논증들은 모두 다음과 같은 추론식의 인으로 사용하기 위해 고안된 예비적 추론식인 것이다.

〈추론식4〉

(종) 이와 같은 두 가지 이(因)은 부정인(不定因)에 포함된다.

(인) 정인(正因)도 아니고 상위인(相違因)도 아니고 불성인(不成因)도 아니기에

(유) 마치 다른 다섯 가지의 부정인(不定因)과 같이[51]

진나의 인명학에 의하면 추론식에 사용되는 인(因)은 크게 정인, 상위인, 부정인, 불성인의 네 가지로 구분된다. 이 이외의 인은 없다. 따라서 상위결정 관계에 있는 두 가지 추론식에 사용된 인 역시 이 넷 중 어느 하나여야 한다. 그런데 상위결정의 추론식에 사용된 인은 〈추론식1〉에서 논증되듯이 정인도 아니고, 〈추론식2〉에서 논증되듯이 상위인도 아니며, 〈추론식3〉에서 보듯이 불

---

50) 此二因 非不成攝 是共許故 如不共因:『判比量論』.

51) 如是二因 不定因攝 非正 非違 非不成故 如餘五種不定因也:『判比量論』.

성인도 아니다. 그렇다면 네 가지 인(因) 가운데 남은 한 가지인 부정인이 되어야 한다. 원효는 네 가지 인 중 부정인 이외의 것을 하나하나 '소거(消去)'시킴으로써 상위결정의 추론식에 사용된 두 가지 인이 부정인임을 논증하는 것이다.

Ⅲ. 인명학의 활용과 인명학의 초월

『판비량론』에 실린 논의들을 통해 고찰해 보았듯이, 원효는 인명학의 오류론을 도구로 삼아 현장이 고안했던 추론식, 또는 현장 역『성유식론』에 실려 있는 추론들을 비판하기도 하지만, 그 스스로 오류에 빠지지 않는 추론식을 고안하여 제시하기도 한다. 원효가 추론식을 비판할 때, 자주 사용되는 동원되는 사인(似因)은 '상위결정의 부정인'이다. 그러나 공부정인(共不定因), 유법차별상위인(有法差別相違因) 등의 사인(似因)도 자주 동원되고, 비량상위(比量相違) 등의 사종(似宗) 역시 눈에 띈다. 스스로 고안한 추론식을 제시할 때에는 인(因)의 삼상설(三相說)에 근거하여 그 추론식의 타당성을 논증한다.

혹자는 『판비량론』의 원효를 칸트나 괴델과 비교한다.[52] 원효가 도처에서 제시하는 '상위결정의 부정인'을 『순수이성비판』의 선험적 분석론에서 칸트가 말하는 '이율배반'과 비교하고, 논리적 술어를 이용하여 추론식을 작성하는 원효의 고안을 괴델의 '불완전성정리'의 계형 상승과 비교한다. 칸트(Kant, 1724-1804)나 괴

---

52) 김상일, 앞의 책.

델(Gödel, 1906-1978), 그리고 『판비량론』의 원효 모두 우리의 추론적 사유를 다루고 있기에 그 논의 중에 일부 유사한 면이 있을 수는 있다. 그런데 『순수이성비판』의 칸트나 '불완전성정리'의 괴델은 인간의 '추론적 사유 그 자체'의 한계를 지적하지만 『판비량론』의 원효는 스스로 추론식을 고안하기도 하기에, 원효가 '인명학의 효용'이나 '추론적 사유' 그 자체를 부정했다고 볼 수는 없다. 물론 원효가 자주 사용하는 '상위결정의 부정인'은 칸트나 괴델이 말하는 '추론적 사유의 한계'와 관계된다. 동일한 세계관 내에서 상반된 주장을 담은 두 가지 추론식이 양립 가능할 때, 그 두 가지 추론식에 사용된 인은 '상위결정의 부정인'이기에 두 추론식 모두 그 타당성을 상실한다. 그러나 상위결정의 오류는 '추론적 사유 그 자체'를 비판하는 도구가 아니라 인명학에서 거론하는 '갖가지 논리적 오류들 중 하나'일 뿐이다. 또 이는 원효가 아니라 진나[또는 『인명입정리론』의 저자인 상갈라주(商羯羅主)]가 고안한 것이며 원효는 이를 이용만 할 뿐이다.

원효는 그 저술 속에서 인명학적 방법을 자주 동원한다. 『판비량론』은 그 전체가 인명학과 관계된 저술이지만, 『십문화쟁론』 단편 역시 인명학적 논의로 가득하며, 『이장의』, 『대승기신론소』, 『금강삼매경론』에서도 인명학이 적극 활용된다. 그러나 원효가 불교의 모든 교리를 우리의 추론적 사유로 이해할 수 있다고 보는 논리지상주의자는 아니었다. 『무량수경종요』에서 원효는 다음과 같은 경문에 대해 해설하면서 부처가 갖춘 네 가지 지혜는 논리적 추론이 아니라 믿음의 대상이라고 말한다.

부처님께서 미륵에게 고하셨다. "만일 어떤 중생이 의심하는 마음을 갖고
여러 가지 공덕을 닦아 극락정토에 태어나고자 하지만, 불지(佛智)인[또는
불지와]53) 불사의지(不思議智)와 불가칭지(不可稱智)와 대승광지(大乘廣
智)와 무등무륜최상승지(無等無倫最上勝智)를 이해하지 못해서 이런 지
혜에 대해서는 의심하여 믿지 않지만[不信, 불신] 죄와 복은 믿어서 선행
을 닦아 그 나라에 태어나고자 한다면, 이런 중생들은 그 나라의 궁전에
태어나 나이가 500살이 되도록 부처님도 뵙지 못하고, 경전의 가르침에
대해서도 듣지 못하며, 보살이나 성문과 같은 성중도 만나지 못하느니라
."54)

이는 부처의 네 가지 지혜[불지(佛智)], 즉 불사의지(不思議智)
와 불가칭지(不可稱智)와 대승광지(大乘廣智)와 무등무륜최상승지
(無等無倫最上勝智)를 믿지 못하는 사람에 대해 경계(警戒)하는
『무량수경』의 경문이다. 북위(北魏)의 담란(曇鸞: 476-542?)은 『
약론안락정토의(略論安樂淨土義)』를 통해 이 네 가지 지혜에 대
해 해설한 바 있는데55), 이에 대한 『무량수경종요』의 설명은 담
란의 해설에 근거한다. 그러나 이 네 가지 지혜 각각을 유식학에
서 말하는 성소작지(成所作智), 묘관찰지(妙觀察智), 평등성지(平
等性智), 대원경지(大圓鏡智)에 차례대로 일치시킨다는 점과 이러
한 네 가지 불지(佛智)를 "추론적 사유에서 벗어난 것이기에 믿어

---

53) 길장(吉藏: 549-623)은 병렬의 의미인 '佛智와'로 해석하고 담란(曇
鸞: 476-542?)은 동격의 의미인 '佛智인'으로 해석한다. 안계현이 지적
하듯이 원효는 담란의 해석을 따른다.: 안계현, 『신라정토사상사연구』,
현음사, 1987, p.55참조.
54) 佛告慈氏 若有衆生 以疑惑心 修諸功德 願生彼國 不了佛智 不思議
智 不可稱智 大乘廣智 無等無倫最上勝智 於此諸智疑惑不信 然猶信罪
福修習善本 願生其國 此諸衆生生彼宮殿 壽五百歲 常不見佛不聞經法
不見菩薩聲聞聖衆: 『무량수경』, 대정장12, p.278a.
55) 『약론안락정토의』, 대정장47, pp.2a-3c.

야 한다."고 본 데 원효적 해석의 특징이 있다.56) 그리고 불지가
추론적 사유를 넘어선다는 점에 대한 원효의 설명에서 특유의 화
쟁적(和諍的) 논법이 사용된다.

추론적 사유는 상·단(常·斷), 유·무(有·無), 일·이(一·異) 등의 이변
적(二邊的) 사고, 또는 유(有), 무(無), 역유역무(亦有亦無), 비유
비무(非有非無)의 사구적(四句的) 사고에 기초한다. 앞에서 소개
했던 진나의 구구인설(九句因說)에서 보았듯이 인명학에서는, 추
론식에 사용된 '이유명제[因]'를 충족시키는 사례가 동품(同品)과
이품(異品)에 존재하는지[有], 존재하지 않는지[無], 부분적으로
존재하는지[亦有亦無] 여부를 가려내어 그 추론식의 타당성을 검
증한다. 인명학은 철저한 사구분별(四句分別)에 근거한다. 그러나
'사구분별을 넘어선 영역', '추론적 사유를 넘어선 영역'은 '믿음의
영역'이고, '화쟁의 영역'이다.

원효가 평등성지와 동일시하는 대승광지에 대해 논적은 다음과
같이 비판한다.

> 만일 여래와 중생 모두가 불성을 갖고 있으며, 모든 중생을 다 제도하여
> 무상의 보리를 얻게 하는 것이라면 중생이 아무리 많아도 결국 다 [부처가
> 되어] 사라지게 된다는 말인데, 그렇다면 제일 마지막에 부처가 될 중생은
> 이타의 공덕을 쌓을 수가 없다. 교화할 대상이 없기 때문이다. 그렇다면
> 성불할 수 없을 것이다. 이타의 공덕이 없기 때문이다. 교화도 하지 않고
> 공덕이 쌓인다는 것은 이치에 맞지 않으며 공덕이 없이 부처가 된다는 일
> 도 있을 수 없다.57)

---

56) 『양권무량수경종요』, 대정장37, pp.130b-131b.
57) 若如來衆生 皆有佛性 悉度一切有情 令得無上菩提者 是卽衆生雖多
   必有終盡 其最後佛 無利他德 所化無故 卽無成佛 功德闕故 無化有功
   不應道理 闕功成佛 亦無是處: 위의 책, p.131a.

이는 '마지막'도 있고 '처음'도 있다는 이변적 사유, 사구적 사유에 기초한 물음으로 치밀한 논리적 방식에 의해 '평등성지의 교리'를 딜레마로 몰고 간다. 『판비량론』의 원효였다면, 인명학적 방식에 의해 이런 딜레마를 해결하려 했을지도 모른다. 그러나 원효는 이에 대해 다음과 같이 답한다.

> 제불은 그 시작이 없다. 비록 [부처가 되는 일에] 시작이 있는 것은 아니지만, 원래 범부중생이 아니었던 부처는 단 하나도 없고, 비록 [모든 부처가] 다 원래 범부중생이었지만 [부처가 되는 일에] 시작이 있는 것도 아니다. 중생계에 끝남이 없다는 점은 이에 준하여 이해하여라. [제불은 그 끝남이 없다] 비록 [부처가 되는 일에] 끝남이 있는 것은 아니지만, 나중에 부처가 되지 못할 범부는 단 하나도 없고, 비록 모두 나중에 부처가 되지만, [부처가 되는 일에] 끝남이 없다. 그러므로 평등성지에서 제도하지 못할 중생이 없지만, [중생제도에] 끝이 있는 것도 아님을 믿어야 한다.58)

여기서 원효가 드러내는 모순은 두 가지인데 하나는 "성불에 시작이 없지만, 모든 부처는 원래 범부중생이었다."라는 것이고 다른 하나는 "중생제도에 끝남이 없지만, 모든 중생이 부처가 된다."는 것이다. 그런데 전자는 "성불에 시작이 없지만, 성불에 시작이 있다."라는 의미로 풀이되고 후자는 "중생제도에 끝남이 없지만, 중생제도에 끝남이 있다."라는 의미로 풀이된다. 모순의 병치이다. 이렇게 모순인 명제를 대구(對句)로 병치하며 논지를 전개하는 것이 바로 원효의 화쟁적 논법이다. 그리고 이런 화쟁의

---

58) 諸佛無始 雖實無始 而無一佛本不作凡 雖皆本作凡 而展轉無始 以是 准知衆生無終 雖實無終 而無一人後不作佛 雖悉後作佛 而展轉無終 是 故應信平等性智 無所不度 而非有限: 위의 책, p.131a.

경계는 추론적 사유를 초월한 경계이며 믿음의 경계이기도 하다. 그래서 위의 인용문 말미에서 원효는 '화쟁'과 '믿음'을 결합하여 "제도하지 못할 중생이 없지만 중생제도에 끝이 있는 것도 아님을 믿어야 한다."라고 말하는 것이다.

'모든 것을 비추어 아는 경지'인 부처의 대원경지 역시, 그에 대해 논리적으로 이해하고자 할 때 다음과 같은 모순이 발생한다.

> 만일 닦지도 않고 [대원경지가] 갑자기 열린다면, 모든 범부에게도 그런 지혜가 열려야 하리라. 닦지 않았다는 점에서 마찬가지이기 때문이다. 만일 닦아가면서 [대원경지가] 점차적으로 열린다면, 이 역시 옳지 않다. 무한한 경계가 다한다는 것은 이치에 맞지 않기 때문이다.[59]

이 역시 치밀한 추론적 사유에 의해 구성된 딜레마이다. 이에 대한 원효의 해답도 '믿음'과 '화쟁'이다. 먼저 원효는 다음과 같이 말한다.

> 이런 두 가지 난제를 대치하기 위해 무등무륜최상승지를 안립하여 이런 대원경지가 [성소작지와 묘관찰지와 평등성지라는] 세 가지 지혜를 초월하며 견줄 바 없다는 점을 밝히고자 한다. 이제(二諦)의 밖에 무이(無二)의 상태로 홀로 존재한다. 분별의 현상세계에 관여하지만 아득하여 관여함이 없으니 다만 믿어야 할 뿐이고 추론적 사유로 알 수 없다[只應仰信不可比量, 지응앙신 불가비량]. 그래서 무등무륜최상승지라고 부르는 것이다.[60]

---

59) 若不修習而頓照者 一切凡夫皆應等照 等不修故 無異因故 若便漸修 終漸得盡知者 卽一切境非無邊際 無邊有盡 不應理故: 위의 책, pp.131 a-b.

60) 爲治如是兩關疑難故 安立 無等無倫最上勝智 欲明如是大圓鏡智 超過三智 而無等類 二諦之外 獨在無二 兩關二表 迢然無關 只應仰信 不可比量 故名無等無倫最上勝智: 위의 책, pp.131a-b.

여기서도 원효는 "분별의 현상세계에 관여하지만, 관여함이 없다."는 화쟁적 논법으로 대원경지에 대해 설명한 후 "다만 믿어야할 뿐 추론적 사유로 알 수 없다."고 답하는 것이다.

평등성지와 대원경지 이외에 성소작지 역시 '생각으로 가늠해볼 대상이 아니기 때문에 그저 믿어야 하며[非思量境所以直應仰信]',61) 묘관찰지 역시 '말을 떠나 있고 생각이 끊어져 있으며, 따지거나 가늠해 볼 수 없는[離言絕慮不可尋思稱量]62) 경계이다.

앞에서 보았듯이 『판비량론』의 원효는 인명학의 오류론에 입각하여 치밀한 논리를 구사하였다. 그러나 『무량수경종요』의 원효는 불지(佛智)에 대해서 화쟁의 논법으로 설명하고 믿음의 길을 얘기한다. 원효는 때론 논리를 사용하고 때론 논리를 넘어선다. '화쟁'과 '믿음'의 세계 모두 논리를 초월한 곳에 자리한다.

-『보조사상』 제26호, 2006

참고문헌

한국불교전서 제1권

『法華宗要』, 『華嚴經疏』, 『本業經疏』, 『涅槃宗要』, 『彌勒上生經宗要』, 『解深密經疏序』, 『無量壽經宗要』, 『阿彌陀經疏』, 『遊心安樂道』, 『菩薩戒本持犯要記』, 『金剛三昧經論』, 『大乘起信論別記』, 『起信論海東疏』, 『二障義』, 『判比量論』, 『中邊分別論疏』, 『

---

61) 위의 책, p.130c.
62) 위의 책, p.131a.

十門和諍論』, 『發心修行章』, 『大乘六情懺悔』, 『彌陀證生偈』

대정신수대장경

『大乘廣百論釋論』(대정장30), 『大乘義章』(대정장44), 『大乘掌珍論』(대정장30), 『無量壽經』(대정장12), 『方便心論』(대정장32), 『百論』(대정장30), 『攝大乘論釋』(대정장31), 『成唯識論』(대정장31), 『阿毘達磨俱舍釋論』(대정장29), 『略論安樂淨土義』(대정장47), 『兩卷無量壽經宗要』(대정장37), 『如實論』(대정장32), 『唯識分量決』(대정장71), 『因明大疏抄』(대정장68), 『因明論疏明燈抄』(대정장68), 『因明正理門論』(대정장32), 『因明正理門論本』(대정장32), 『瑜伽師地論』(대정장31), 『如實論反質難品』(대정장32), 『中論』(대정장30).

저서

김상일, 『괴델의 불완전성 정리로 풀어본 원효의 판비량론』, 지식산업사, 2003.

김상일, 『원효와 칸트』, 지식산업사, 2004.

김상현, 『元曉研究』, 민족사, 2000.

김성철, 『원효의 판비량론 기초 연구』, 지식산업사, 2003.

신현숙, 『元曉의 認識과 論理』, 민족사, 1988.

안계현, 『신라정토사상사연구』, 현음사, 1987.

神田喜一朗 編, 『判比量論』, 東京, 便利堂, 1967.

鎌田茂雄, 정순일 역, 『중국불교사』, 경서원, 1989.

논문

김치온, 「阿賴耶識의 存在에 대한 因明論理的 證明과 그 所在에 관한 考察」, 『보조사상』 제15집, 보조사상연구원, 2001

김치온, 『佛敎論理學의 成立과 轉用 연구』, 동국대박사학위논문, 1997.

원의범, 「判比量論의 因明論理的 分析」, 『佛敎學報』 제21집, 동국대학교불교문화연구원, 1984.

이영무, 「元曉大師 著 『判比量論』에 대한 考察」, 『건국대학교 학술지』 제15집, 건국대학교출판부, 1973.

조명기, 「元曉의 現存書 槪觀」, 『元曉研究論叢』, 국토통일원조사연구실, 1987.

원효의 『판비량론』 제9절에 대한 재검토

Ⅰ. 문제의 제기

산실된 저술로 알려졌던 원효의 『판비량론』은 1967년 말 칸다 키이치로(神田喜一郎)의 필사본 출간과 함께 학계의 주목을 받기 시작했다. 현존하는 필사본은 제8절-제13절까지는 전문이 남아 있고 제7절은 앞부분이 제14절은 뒷부분이 망실되어 있다. 그리고 칸다키이치로의 필사본 출간 이후 마지막 절에 해당하는 단편 잔간(斷編殘簡)이 새롭게 발견되었는데 이 역시 앞부분이 망실되어 있다. 후키하라쇼신(富貴原章信)은 현존하는 『판비량론』 각 절의 분량과 『판비량론』이 25매의 종이에 쓰여져 있다는 정창원문서(正倉院文書)의 기록을 종합하여 『판비량론』 후반 산실부는 총 44절 정도의 분량이었을 것이라고 계산해 낸다.[1] 현존하는 필사

본은 전체의 약 1/8 정도 된다.[2] 『판비량론』은 이렇게 일부분만
남아 있고, 판독이 쉽지 않은 초서체로 쓰여 있을 뿐만 아니라,
글씨도 군데군데 훼손되어 있으며, 내용도 난해한 불교인명학과
관계된 것이기에 그 의미의 정확한 해석에 어려움이 많다.

　그 동안 후키하라쇼신과 최범술 등에 의해 이루어진 교정본에
토대를 두고, 한국과 일본의 몇몇 학자들[3]이 그 의미를 해석한
바 있다. 그런데 『판비량론』의 의미 해석에서 가장 문제가 되는
부분은 그 일부가 망실된 제7절과 제14절 그리고 단편잔간이다.
또 제9절의 경우 중간의 몇 글자가 훼손되어 있기에 그 해석이
쉽지 않다. 『판비량론』에 대해 가장 심도 있는 연구결과를 발표했
던 후키하라쇼신은 제7절과 단편잔간에 대한 해석은 보류하고 있
다. 또 전문이 남아 있는 제9절의 경우도 해석을 시도하긴 하지
만, 그 의미를 명확히 드러내지 못하고 있다. 다른 학자의 경우도
이는 마찬가지다. 그러면 전문이 남아 있는 제9절의 의미가 명확
히 드러나지 못하는 이유는 무엇일까? 필자의 관견(管見)으로는,
최범술이 '체(體)'로 복원했던 한 글자를 '비(非)'로 잘못 복원한
후 그에 토대를 두고 의미 해석을 시도했기 때문이라고 생각된다.

　앞으로 『판비량론』 필사본 전체가 정확히 복원되고 그 의미도
불교 인명학적 조망 하에 명확히 해석되어야 할 것이다. 본고에서
는 이런 작업의 일환으로 제9절의 정확한 교정본을 다시 만들어
과문(科文)하고 번역하면서 진나(陳那, Dignāga)의 인명학에 의거

---

1) 富貴原章信, 「원효, 판비량론의 연구」, p.21.
2) 한 장에 35행이 쓰여진 것 3장이 현존하기에 3/35, 즉, 약 1/8 가량만
　남아 있다고 볼 수 있다.
3) 富貴原章信, 원의범, 신현숙, 전치수, 김치온, 김상일 등.

하여 그 의미에 대해 재검토해 보고자 한다.

Ⅱ. 제9절의 교정과 번역

1. 제9절의 교정

『판비량론』 제9절의 번역에서 가장 문제가 되는 것은 원효가 8식의 존재를 증명하기 위해 구성한 논증식의 의미이다. 왜냐하면 필사본에서 이 부분의 문장이 가장 많이 훼손되어 있는데 훼손된 부분이 올바로 복원되어야 제9절을 통해 원효가 말하고자 하는 취지가 명확히 드러날 수 있기 때문이다. 원효가 8식의 존재를 증명하기 위해 구성한 논증식 중 후키하라쇼신(富貴原章信)본, 최범술(崔凡述)본, 신현숙(申賢淑)본, 한국불교전서에서 다르게 복원하고 있는 부분을 □로 표기하여 기술하면 다음과 같다.

> 證□1□2□3謂眼耳鼻識必有舌身意識不攝餘□4識□5□6六門中三識攝故猶如舌身意識 (본서 p.134 복원문 하단의 No. 3-4, 3-5에 해당하는 p.133 필사본 사진 참조)

필사본에서 □1은 상단의 한 점만 남아 있고, □2는 좌단의 한 점만 남아 있다. □3의 경우는 상단이 지워지긴 했으나 남은 부분을 필사본 내 다른 글자와 비교해 볼 경우, '식(識)'자임을 알 수 있다. 그리고 □2의 경우 좌단에 남아 있는 점의 위치에 의해 추정할 경우 이는 '八'자임을 알 수 있다. 모든 교정본에서 □2□3이 팔

식(八識)이라고 보는 데 의견을 같이한다. ①의 경우 대부분 '제
(第)'로 보거나 '유(有)'로 보기도 한다. 그런데 남아 있는 상단의
한 점의 위치와 굵기로 미루어 볼 경우, 필사본의 다른 곳에 쓰인
'유(有)'자의 파편이라고 보기는 힘들다. 오히려 '제(第)'자의 파편
이라고 보는 편이 좋을 듯하나 좌측으로 삐친 획의 방향이 '第'와
다르다. 그런데 필사본 원본의 훼손에 의해 삐친 듯이 보이는 것
이라고 가정할 경우 이를 '제(第)'자로 복원할 수 있다. 혹은 '시
(是)'자일 수도 있다. ①을 有로 복원하든, 第로 복원하든, 是로
복원하든 그 의미에 큰 변화는 없다.

④의 경우 최범술은 '전(前)'자로 복원하고 다른 곳에서는 '별
(別)'자로 복원한다. 그러나 『판비량론』 필사본의 다른 부분에 쓰
인 '別'자 및 '前'자와 대조해 볼 경우 이는 '別'자임을 분명히 알
수 있다.

⑤의 경우 후키하라쇼신이나 신현숙, 한국불교전서에서는 모두
'비(非)'자로 복원하며 최범술만 '체(體)'자로 복원한다. 非로 복원
할 경우 ⑤는 추론식의 인(因)에 해당하는 뒤 문장과 함께 해석해
야 하고, 體로 복원할 경우 추론식의 종(宗)에 해당하는 앞 문장
과 함께 해석해야 한다. 그런데 ⑤는 필사본 다른 곳에서 발견되
는 '非'자와 판이하게 다르다. 필사본 제7절에 많이 등장하는 초
서체 '체'자와 비교해 볼 경우 이는 우측 하단이 훼손된 '체'자임
이 분명하다. 또 이어지는 문장에서 이 추론식의 因을 인용하면서
'삼식섭인(三識攝因)'이라고 긍정적으로 표현하는 것으로 미루어
볼 때, ⑤는 '非'자와 같이 부정을 뜻하는 글자일 수는 없다. 지금
까지 제9절의 의미가 명확히 해석되지 못했던 이유는 ⑤를 體가

아니라 非로 잘못 복원한 후 그 해석을 시도했기 때문이다.

⑥의 경우 필사본에는 '이(二)'자로 쓰여 있지만, 훼손된 부분 주위의 흔적을 관찰해 볼 경우 후키하라쇼신이 말하듯이 상단 한 획이 지워진 '삼(三)'자라고 볼 수 있다.

이상과 같은 고찰에 의거할 경우『판비량론』제9절의 원문 전체는 다음과 같이 복원된다.

　　九　無性攝論　爲成第八　對彼小乘　立二比量　謂　八識教是聖言攝[4)]　似[5)]無我故　如四阿含　又　八識教　契當道理　是聖教故[6)]　如六識教　如是展轉　證[7)]有八識　今[8)]於此中　直就所詮　而立比量　證第八識[9)]　謂　眼耳鼻識　必有舌身意識不攝餘別[10)]識體[11)]　三[12)]六門中三識攝故　猶如舌身意識　此中極成六識　爲他異[13)]品　自許八識　爲自異[14)]品　三識攝因　於彼不轉　是故此因　決定能立　若以轉識攝故爲因　則於他異[15)]轉　設以[16)]是識性故爲因　亦於自異[17)]品轉　皆不

---

4) 한국불교전서(이하 '한불전'으로 약칭)에서는 '爲成第八…聖言攝'까지 누락.

5) 以(한불전).

6) 한불전에서는 '故' 누락.

7) 신현숙본(이하 '신'으로 약칭)에서는 '證' 누락.

8) 分(신).

9) 第八識: 富貴原章信과 신현숙본, 한국불교전서에서는 판독불능자로 간주.

10) 최범술본(이하 '최'로 약칭)에서는 前으로 복원.

11) 非(부, 신, 한불전), 體(최).

12) 二(부, 신, 한불전). 그러나 富貴原章信은 글자 간격과 남은 흔적, 또 문맥으로 보아 三자일 것이라고 첨언한다.

13) 受(최).

14) 受(최).

15) 受(최).

16) 心(최).

能離不定過也 三量

2. 제9절에 대한 과문(科文)과 번역

⑴ 무성의 『섭대승석론』에서 팔식을 증명하기 위해 세운 두 가지 비량

　제9절. 무성(無性)의 『섭대승석론(攝大乘釋論)』에서는 제8식의 존재를 증명하기 위해 소승을 상대로 두 가지 추론식을 구성하는데 이는 다음과 같다.[18]

　(宗, 종: 주장) 8식의 가르침은 성언(聖言)에 포함된다.
　(因, 인: 이유) 무아(無我)의 가르침과 유사하기 때문에
　(喩, 유: 실례) 마치 사아함(四阿含)과 같이

　또

　(종) 8식의 가르침은 도리(道理)에 부합된다.
　(인) 성교(聖敎)이기 때문이다.
　(유) 마치 6식(六識)의 가르침과 같이

---

17) 受(최).
18) 무성의 『섭대승석론』에서는 이와 동일한 추론식이 발견되지 않는다. 따라서 원효가 제시하는 추론식은 다음과 같은 구절에서 取義하여 작성된 것이라고 볼 수 있다: 謂大乘敎眞是佛語 一切不違補特伽羅無我性故 阿賴耶識能詮之敎 稱所詮義佛所說故 如說剎那速滅等言 如佛餘言(대정장31, 『섭대승석론』, 무성, p.396c).

[무성의 『섭대승석론』에서는] 이와 같은 방식으로 논의를 진행시켜 8식이 존재함을 증명한다.

(2) 8식을 증명하기 위해 원효가 고안한 비량

그런데 이제 여기서는 직접 그 의미로 나아가 추론식을 세워 제8식을 증명해 보겠다. 이는 다음과 같다.

(종) 안이비식(眼耳鼻識)은 반드시 설신의식(舌身意識)에 포함되지 않는 별도의 식체(識體)를 필요로 한다.[19]
(인) 삼육문(三六門)[20] 중의 3식(三識)에 포함되기 때문에
(유) 마치 설신의식(舌身意識)과 같이

---

19) 원문은 '必有(필유)'인데 이를 '반드시 가져야 한다'가 아니라 '필요로 한다'로 번역하였다. 우리말의 '갖는다'는 의미에는 '內在的(internal)으로 갖는다'는 뉘앙스가 강하게 담겨 있기에, '必有'를 '반드시 가져야 한다'고 기계적으로 번역할 경우, 위 논증식에 담긴 의미가 정밀하게 표현되지 못하여, 위 논증식의 의미에 대해 오해하게 되기 쉽다. 위 논증식의 '필유'는 外在的(external)으로 갖는다는 것을 의미한다. '필요로 한다'고 번역할 경우 '갖고 있지 않은 외재적인 것을 가져야 한다'는 의미가 되어 위 논증식에 대한 오해가 불식(拂拭)된다.
20) 富貴原章信이나 신현숙 등은 三六門이 (근, 경, 식의 3 × 6 =)18계를 의미한다고 본다. 그러나 현장 역 『구사론』의 다음과 같은 구절로 미루어 볼 때 三六門이란 六六法門 중 '三六識身門', 즉 제3인 六識身을 지칭한다고 보아야 할 것 같다: 彼引經證 經言 云何六六法門 一六內處 二六外處 三六識身 四六觸身 五六受身 六六愛身(대정장29, 현장 역, 『구사론』, p.52b). 삼육문이 십팔계를 의미한다고 보든, 육육법문 중 제3의 육식신을 의미한다고 보든 안이비나 설신의의 3식이 그 양측에 포함되기에 위의 논증식의 해석에 영향을 미치지 않는다.

여기서 [소승과 대승 모두에게] 일반적으로 인정되는 6식은 타
파(他派)의 이품(異品)에 해당된다. [또 대승 유식가] 스스로 인정
하는 8식은 자파(自派)의 이품에 해당된다. [그런데] '3식에 포함
된다'는 인(因)은 [자파의 이품인 8식 및 타파의 이품인 6식] 양
측에 적용되지 않는다. 따라서 ['3식에 포함되기 때문에'라는] 이
인(因)은 확고하게 성립한다.[21][22]

⑶ '전식섭고(轉識攝故)'와 '식성고(識性故)'라는 인(因)은 부정인이 된다는 원효의 설명

만일 '전식(轉識)에 포함되기 때문에'를 인(因)으로 삼게 되면
[이품변무성을 어기고] 타파[= 소승]의 이품에 적용되고,[23] '식성
(識性)이기 때문에'를 인으로 삼게 되면 [이품편무성을 어기고]
자파[= 대승유식]의 이품에 적용되어[24], [이런 두 가지 인] 모두

---

21) 소승인 육식교에서 검증하든, 대승유식인 팔식교에서 검증하든 이품
   변무성이 성립한다는 말.
22) 그러나 이 논증식의 타당성을 진나 논리학에 의거해 검증해 볼 경우
   이는 法差別相違因을 갖는 잘못된 논증식에 해당된다. 주장명제(宗)의
   술어인 '설신의식에 포함되지 않는 별도의 식체를 필요로 하는 것'이
   '법(dharma)'인데, '별도의 식체'란 주장명제(宗)의 경우 總六識 이외의
   별도의 식', 즉 第七識이나 第八識을 의미하고, 실례(喩)의 경우는 '總
   六識 내의 眼耳鼻識'을 의미하기 때문이다. 즉, 주장명제에서 말하는
   '별도의 식'이라는 법(dharma)과 실례를 통해 입증되는 '별도의 식체'라
   는 '법(dharma)'의 의미에 차별(viśeṣa)이 있게 되어 법차별상위인에 빠
   지고 마는 것이다. 그러나 원효는 위에서 보듯이 이를 정당한 논증식이
   라고 주장한다.
23) 설신의식에 포함되지 않는 별도의 식을 필요로 하지 않는 것 중에 轉
   識에 포함되는 것이 있는가? 있다. 소승에서 말하는 總六識은 전식에
   포함된다.
24) 설신의식에 포함되지 않는 별도의 식을 필요로 하지 않는 것 중에 識

부정의 허물에서 벗어나지 못한다. 이상 세 가지 논의.

Ⅲ. 제8식 존재증명 논증식의 의미 분석

무성(無性)의 경우 두 가지 추론식을 구성하며 제8식의 존재를 증명하는데 엄밀히 말해 이는 논리적 증명이라고 말할 수 없다. 무성이 구성한 추론식은 형식적으로는 추론식의 모습을 갖추고 있기는 하지만, 대승유식가와 소승교도 사이에 또 다른 논쟁을 불러일으킬 소지가 있다. 즉, 무성이 제시한 두 가지 추론식 모두 소승교도가 대승경전을 성교(聖敎), 또는 성언(聖言)에 포함되지 않는다고 주장할 경우 타파인 소승교도를 설득할 수 없는 것이다. 그래서 원효는 대소승이 모두 인정하는 성언(또는 성교)인 육육법(六六法, 혹은 십팔계설)에 의거해 제8식의 존재를 증명하는 다음과 같은 추론식을 구성한다.

> (종) 안이비식(眼耳鼻識)은 반드시 설신의식(舌身意識)에 포함되지 않는 별도의 식체(識體)를 필요로 한다.
> (인) 삼육문(三六門) 중의 3식에 포함되기 때문에
> (유) 마치 설신의식과 같이

진나(陳那, Dignāga)의 논리학 체계에 의거해 이 추론식의 타당성을 검증하려면, 이 추론식에서 사용된 인(因)이 변시종법성

性인 것이 있는가? 있다. 대승에서 말하는 총8식은 모두 식성이다.

(遍是宗法性)과 동품정유성(同品定有性), 이품변무성(異品遍無性)
이라는 '인(因)의 3상(相)'을 충족하는지 검토해 보면 된다.

먼저 불교논리학, 인도논리학에서 흔히 사용되는 다음과 같은
추론식을 이용하여 인의 삼상의 의미에 대해 설명해 보겠다.

> (종) 저 산에 불이 있다.
> (인) 연기가 있기 때문에
> (유) 마치 아궁이와 같이

여기서, '저 산에 불이 있다'는 것은 '주장명제[종]'이고, '저 산'
은 주장명제의 주어이며, '불'은 주장 명제의 술어이다. '연기'는
'인'이고 '아궁이'는 '실례[유]'이다.

인의 삼상 중 제1상은 변시종법성이라고 부르는데, 인이 반드시
주장명제(종) 중 주어의 속성이어야 한다는 점을 의미한다. 위 추
론식에서 주장명제는 '저 산은 불을 갖는다'이고 그 주어는 '저
산'이다. 인은 '연기'인데 그 연기는 다른 그 어떤 산이 아니라 저
산에 있어야 한다는 점이 '변시종법성'이다.

제2상인 동품정유성은, '인은 주장명제의 술어의 의미에 해당되
는 사례에만 존재해야 한다'는 것을 의미한다. 위 추론식에 대입
할 경우, '연기'라는 인은 '불을 갖는 것'에만 존재해야 한다는 것
이다. 사실 연기는 다른 곳에는 없고, 불이 있는 곳에만 있다. 따
라서 위의 추론식은 동품정유성 역시 충족한다. 이는 다음과 같은
방식으로 검증할 수 있다.

> 불이 있는 것(同品, 동품) 중에 연기가 있는 것이 있는가? → 있다(定有,

정유): 그것은 아궁이다.

제3상인 이품변무성은 '인은 주장명제의 술어의 의미에 해당되지 않는 사례에는 결코 존재하지 않아야 한다'는 것을 의미한다. 위 추론식에 대입할 경우, '연기'라는 인은 '불을 갖지 않는 것'에는 결코 존재하지 않아야 한다는 것이다. 이 역시 충족한다. 이는 다음과 같은 방식으로 검증된다.

> 불이 없는 것(異品, 이품) 중에 연기가 있는 것이 있는가? → 전혀 없다
> (遍無, 변무)

이런 예비지식에 토대를 두고 원효가 제8식의 존재를 증명하기 위해 구성한 추론식이 인의 삼상을 충족하는지 검토해 보기로 하자.

먼저 원효는 총 6식 이외의 식체가 존재함을 증명하기 위해 독특한 고안을 한다. 육식신의 육식 전체를 반으로 나누어 두 덩어리의 삼식을 만들어 내는 것이다.[25] 그 두 덩어리는 '안이비식'이라는 3식과 '설신의식'이라는 3식이다. 그리고 '삼육문 중의 삼식에 포함되는 것'이라는 인(因)을 고안할 경우, 이렇게 나누어 놓은 '안이비식'이나 '설신의식' 모두 그런 인을 충족시키게 된다.

그래서 '안이비식은 반드시 설신의식에 포함되지 않는 별도의 식체를 필요로 한다'는 주장명제에 대해, '삼육문 중의 삼식에 포함되기 때문'이라는 인(因, hetu)을 댈 경우 이런 인은 '안이비식

---

25) 삼육문이 십팔계를 의미한다고 간주할 경우, 십팔계 중 안식계 이후 의식계까지의 육식계를 반으로 나누어 두 덩어리의 삼식을 만들어 내었다고 볼 수 있다.

(眼耳鼻識)'이라는 주장명제의 주어(pakṣa, dharmin)에 속하기에, 이 추론식의 인(因)은 제1상인 변시종법성을 충족시킨다.

그리고 제2상인 동품정유성의 경우 다음과 같이 검증된다.

> '설신의식에 포함되지 않는 별도의 식체를 필요로 하는 것'(동품) 중에 '삼 육문 중의 3식에 포함되는 것'이 있는가? → 있다(정유): 그것은 설신의식 이다.

즉, '설신의식'의 경우 그 자신인 '설신의식'에 포함되지 않는 별도의 식체를 필요로 한다. 설신의식만 있을 경우 정상적인 마음 (心王)이 되지 못한다. 총 6식을 주장하는 소승의 경우 설신의식 이 필요로 하는 별도의 식체는 바로 '안이비식'이다. 설신의식은 삼육문 중 삼식에 포함된다. 또 그것만으로는 완전한 마음이 되지 못하며 안이비식이라는 별도의 식체를 필요로 한다. 그리고 총8식 을 주장하는 대승유식의 경우 설신의식이 필요로 하는 별도의 식 체는 안이비식과 마나식, 아뢰야식이다. 이렇게 소승인 타파와 대 승인 자파 모두에서 동품정유성이 충족된다.

그리고 제3상인 이품변무성을 충족하는 근거에 대해 원효는 다 음과 같이 설명한다.

> 여기서 [소승과 대승 모두에게] 일반적으로 인정되는 6식은 타파(他派)의 이품(異品)에 해당된다. [또] 스스로 인정하는 8식은 자파(自派)의 이품에 해당된다.

소승이든 대승이든 이품변무성에 대한 검토가 다음과 같은 모 습으로 이루어질 경우 이품변무성이 충족된다고 볼 수 있다.

'설신의식에 포함되지 않는 별도의 식체(識體)를 필요로 하지 않는 것'(이
품) 중에 '삼육문 중의 3식에 포함되는 것'이 있는가? → 전혀 없다(변무)

그러면 먼저 타파인 소승 6식교(六識敎)의 견지에서 이품변무
성을 검증해 보자. 소승의 경우 '총 6식'은 심왕 전체를 의미하기
에 '설신의식'에 포함되지 않는 별도의 식체를 더 이상 필요로 하
지 않는다. 즉, 소승의 경우 '총 6식'만이 이품이다. 그래서 원효
는 '여기서 일반적으로 인정되는 육식은 타파의 이품이다(此中極
成六識 爲他異品)'라고 말하는 것이다. 그런데 이러한 총 6식은
삼육문 중 3식(三識, 세 가지 識)에 포함될 수 없다(遍無). 왜냐
하면 총 6식은 '세 가지 식'(三識)이 아니라 '여섯 가지 식'(六識)
으로 이루어져 있기 때문이다. 그래서 육식만을 주장하는 소승교
학의 견지에서 볼 때, 위에서 제8식의 존재를 증명하기 위해 원
효가 구성한 추론식은 '인(因)의 삼상(三相)'을 충족하는 타당한
추론식이다. 이를 상세하게 설명하면 다음과 같다. 먼저 동품정유
성의 충족에 대해 설명해 보자.

〈동품정유성의 검증〉
'설신의식에 포함되지 않는 별도의 식체를 필요로 하는 것'(동품) 중에 '삼
육문 중의 3식에 포함되는 것'이 있는가? → 있다(정유): 그것은 설신의식
이다.

다시 말해, 설신의식은 삼육문 중 3식에 포함되며, 그것으로 완
전한 것이 아니기에 별도의 식체를 필요로 한다. 이품변무성은 다
음과 같이 검증된다.

〈이품변무성의 검증〉
'설신의식에 포함되지 않는 별도의 식체를 필요로 하지 않는 것'(이품) 중
에 '삼육문 중의 3식에 포함되는 것'이 있는가? → 전혀 없다(변무)

다시 말해, 총육식(이품의 한 예)은 삼육문 중의 3식에 전혀 포
함되지 않는다(변무). 이렇게 검토해 볼 경우 앞에서 제8식의 존
재를 증명하기 위해 원효가 구성한 추론식은, 소승 육식교의 견지
에서 검증해 보아도 인의 삼상을 모두 충족시키는 듯하다.

그러면 대승유식의 견지에서 이품변무성을 검증해 보자. 대승유
식의 경우 '설신의식에 포함되지 않는 별도의 식체를 필요로 하지
않는 것'은 심왕 전체인 총팔식26)뿐이다. 그래서 원효는 '스스로
인정하는 팔식은 자파의 이품이다(自許八識 爲自異品, 자허팔식
위자이품)'라고 설명한다. 그런데 이러한 총팔식은 삼육문 중 삼
식에 포함될 수 없다. 총팔식은 세 가지 식이 아니라 여덟 가지
식으로 이루어져 있기 때문이다. 그래서 대승유식교의 견지에서
볼 때에도 이품변무성이 충족된다. 이를 상세하게 설명하면 다음
과 같다. 먼저 동품정유성의 충족에 대해 설명해 보자.

〈동품정유성의 검증〉
'설신의식에 포함되지 않는 별도의 식체를 필요로 하는 것'(동품) 중에 '삼
육문 중의 3식에 포함되는 것'이 있는가? → 있다(정유): 그것은 설신의식
이다.

대승 유식교학에서는 총8식의 교리는 물론이고, 십팔계설, 육육

---

26) 총팔식이란 안식, 이식, 비식, 설식, 신식, 의식, 마나식, 아뢰야식까지
8식 전체를 의미한다.

법설 모두를 佛說로 수용한다. 따라서 '제8식 존재증명 논증식'에 사용된 인에 대한 동품정유성의 검증은 소승 육식교에서와 동일한 방식으로 이루어진다. 이품변무성은 다음과 같이 검증된다.

〈이품변무성의 검증〉
'설신의식에 포함되지 않는 별도의 식체를 필요로 하지 않는 것'(이품) 중에 '삼육문 중의 3식에 포함되는 것'이 있는가? → 전혀 없다(변무)

　대승 유식교학의 경우, '설신의식에 포함되지 않는 별도의 식체를 필요로 하지 않는 것'은 총8식이다. 총6식은 아직 완전하지 못하기에 제7식과 제8식을 필요로 한다. 그러나 총8식은 그 이상의 식체를 필요로 하지 않는다. 그래서 대승 유식교학 스스로 인정하는 총8식이 이품이 되는 것이다(自許八識 爲自異品, 자허팔식 위자이품). 그런데 이런 총8식은 삼육문 중의 삼식에 전혀 포함될 수가 없다. 셋이 아니라 여덟로 이루어져 있기 때문이다.
　이상과 같이, 원효가 고안한 제8식 존재증명 논증식은 총6식을 주장하는 소승교학의 견지에서 보든, 총8식을 주장하는 대승 유식교학의 견지에서 보든 이품변무성을 충족하는 듯하다. 그래서 원효는,

　　[그런데] '3식에 포함된다'는 인(因)은 [자파의 이품인 8식 및 타파의 이품인 육식] 모두에 대해 적용할 수 없다. 따라서 ['3식에 포함되기 때문에'라는] 이 인(因)은 확고하게 성립한다.

고 주장하는 것이다. 소승이나 대승 모두가 인정하도록 원효에 의해 구성된 제8식의 존재 증명은 참으로 절묘한 고안이라고 하

지 않을 수 없다. 그러나 이 논증식에 잘못은 없을까? 다음 장에서 이에 대해 검토해 보겠다.

Ⅳ. 제8식 존재증명 논증식에 대한 비판적 고찰

원효가 제8식의 존재를 증명하기 위해 구성한 논증식을 다시 인용해 보자.

> (종) 안이비식은 반드시 설신의식에 포함되지 않는 별도의 식체를 필요로 한다.
> (인) 삼육문 중의 3식에 포함되기 때문에
> (유) 마치 설신의식과 같이

앞 장에서 보았듯이 어떤 논증식이 타당하기 위해서는 거기에 사용된 인(因)이 '변시종법성, 동품정유성, 이품편무성'의 세 가지 조건(三相)을 모두 갖추어야 한다. 그러나 그 이전에 종(宗), 인(因), 유(喩)라는 각 명제 내부에서 사용된 개념의 의미가 일관되어야 할 것이다. 그런데 원효가 구성한 논증식을 면밀히 분석해 볼 경우 소승의 견지에서 볼 때, 소증법(dharma)인 '설신의식에 포함되지 않는 별도의 식체'의 의미에 혼란이 발견된다.

주장명제(宗)에서 사용된 '별도의 식체'는 '총6식 이외의 것'인 제7식이나 제8식을 의미한다. 그러나 실례(喩)에 제시된 설신의식이 별도의 식체를 필요로 한다고 할 때의 '별도의 식체'는, 안이비식과 같은 것으로 '총 6식 내의 것'을 의미한다. 즉, 문자 상으로는 '별도의 식체'라고 동일하게 쓰여져 있지만 그것이 의미하는 바에 차이가 발견되는 것이다. 진나(陳那)의 논리학에서는 이를, 사인(似因) 중 법차별상위인(法差別相違因, dharmaviśeṣaviparīta sādhana)을 갖는 논증식이라고 말한다.

『인명입정리론(因明入正理論)』에서는 법차별상위인을 갖는 논증식에 대해 다음과 같이 설명한다.

> 법의 특질(viśeṣa)과 상반된 능증이란 예를 들어, '눈 따위는 [아뜨만인] 타자(他者)를 위한 것이다. 복합체이기 때문에. 침대나 의자 등 부속물과 같이'라고 하는 것과 같다. ['복합체이기 때문에'라는] 이런 이유는, 마치 [복합체인] 눈 따위가 [비복합체인 아뜨만인] 타자를 위하는 것임을 논증하듯이, 타자에 속하며 특질이 상반된 소증법인 복합체도 논증한다. [왜냐하면] 침대 등은 타자인 복합체[인 사람의 몸]에 의해 수용되기 때문이다.[27]

누군가가 아뜨만의 존재를 증명하기 위해 다음과 같은 추론식을 구성한다.

> (종) 눈 따위는 타자를 위한 것이다.
> (인) 복합체이기 때문에
> (유) 마치 침대나 의자 등 부속물과 같이

---

27) dharmaviśeṣaviparītasādhano yathā parārthāś cakṣurādayaḥ saṃgh ātatvāc chayanāsanādyaṅgavad iti/ ayaṃ hetur yathā pārārthyam ca kṣurādīnāṃ sādhyati tathā sādhyadharmaviśeṣaviparītaṃ saṃhatatva m api parasya sādhayati/ śayanāder parasaṃghātena saṃbhogyāt// 法差別相違因者 如說眼等必爲他用 積聚性故 如臥具等 此因 如能成立 眼等 必爲他用 如是亦能成立所立 法差別相違 積聚他所用 諸臥具等 爲積聚他所受用故

이 논증식에 사용된 인(因)은 형식상 '인의 3상(相)'을 모두 갖추고 있는 것 같아 보인다. 그러나 주장명제(宗)에서 증명하고자 하는 법(所證法, 소증법: sādhya dharma)인 '타자를 위한 것'이라는 의미를 실례에 적용해 볼 경우 상위성이 발견된다. 주장명제의 경우, 타자는 '복합체가 아닌' 아뜨만을 의미하지만, 이를 뒷받침하기 위해 사용된 실례의 경우 타자는 '복합체인' 사람의 몸을 의미하기 때문이다. 그래서 진나는 논증식에 사용된 위와 같은 인을, '법의 성질에 상위성이 있는 인', 즉 법차별상위인이라고 부르며 사인(似因)으로 분류하는 것이다.

그런데 소승의 견지에서 볼 때, 원효가 제8식의 존재를 증명하기 위해 구성한 논증식에서 사용된 '설신의식에 포함되지 않는 별도의 식체'라는 소증법의 경우, 주장명제에서는 '총6식 이외의 식체'를 의미하고, 실례에서는 '총6식 이내의 식체'를 의미하기에 그 의미에 상위성이 있게 된다. 따라서 '삼육문 중 삼식에 포함되기 때문에'라는 인은 소승교도들에게는 법차별상위의 사인(似因)이 되고 만다.

이상과 같은 필자의 비판적 분석은, 필자가 교정한 제9절 전문이 원효가 작성했을 원본과 동일하다는 전제 위에서 이루어진 것이다. 앞으로 제9절이 필자의 교정본과 다르게 교정되든지 새로운 필사본이 발견될 경우 또 다른 분석이 가능할 수 있을지도 모른다.

- 『한국불교학』제32호, 2002

원효 저 『판비량론』 제10절의 의미분석

Ⅰ. 연구사와 원문 번역

1. 연구사와 문제의 제기

  원효의 『판비량론』은 칸다키이치로(神田喜一朗)의 필사본 출간과 함께, 한국과 일본의 몇몇 학자들에 의해 번역과 의미분석이 이루어진 바 있다. 현존하는 『판비량론』 전체를 번역하면서 의미 분석을 시도한 최초의 연구자는 일본의 후키하라쇼신(富貴原章信)이었다.[1] 후키하라쇼신은 필사본 전체를 해서체로 복원한 후 번역하고 각 절의 내용을 분석하면서, 필사본에 포함되지 않는 산일부를 선주(善珠: 724-797)와 장준(藏俊: 1104-1180) 등 일본 학승들의 저술에서 일일이 찾아내어 번역 주석하였다. 이후, 타카하시마사타카(高橋正隆)는 정창원문서(正倉院文書) 목록을 조사하여 『판비량론』의 일본 전래와 유포 과정에 대해 고찰하였으며,[2] 나가사키호준(長崎法潤)은 『판비량론』의 내용 중 제8, 11, 12절에 대해 인명학적으로 분석한 논문을 발표하였고,[3] 나카무라하지메(中村元, 1912-1999)는 후키하라쇼신의 연구에 토대를 두고 산일부 중 유식비량과 관계된 논의를 간략히 소개한 바 있다.

국내에서는 김지견(金知見)에 의해 『판비량론』의 필사본이 영인본 출간이 알려진 이후, 초서체 필사본이 최범술(崔凡述)에 의해 해서체로 재복원되었고, 이영무(李英茂)는 이를 소개하는 논문을 통해 그 내용 중 몇 가지 주제를 간략히 요약하였으며,[4] 원의범은 인명학적 견지에서 그 의미를 상세하게 풀이한 바 있다.[5] 이후 신현숙(申賢淑)은 후키하라쇼신의 연구성과에 토대를 두고

---

1) 富貴原章信, 「判比量論の研究」, 『판비량론』(100부 한정판, 1967).
2) 高橋正隆, 「本朝目錄史考 -紫微中台遺品 『判比量論』の研究 -」, 大谷大學研究年報, 第38号, 1985, pp.135-187.
3) 長崎法潤, 『元曉大師と因明について -判比量論-』(『元曉研究論選集』 제7(영인본), 중앙승가대학교불교사학연구원).
4) 이영무, 「원효대사 저 『판비량론』에 대한 고찰」, 『건국대학교학술지』 제15집(서울: 건국대학교출판부, 1973), pp.165-197.
5) 김성철, 「元曉의 『판비량론』」, 『불교원전연구』 제2호(서울: 동국대학교 불교문화연구원, 2001), pp.1-3 참조.

현존하는 원효의 다른 저술과의 관계 속에서 각 절의 내용 분석
을 시도하였다. 이어서 전치수(全治洙), 김치온(金致溫) 등에 의해
부분적인 의미분석이 이루어졌고, 최근 김상일(金相日)은 서구의
논리철학을 도구로 삼아 전체 내용에 대해 비교철학적 의미분석
을 시도하고 있다.6)

　이 중 후키하라쇼신은 『판비량론』 연구에 관한 한 가히 독보적
존재라고 말한 수 있다. 왜냐하면 필사본은 물론이고 산일부에 이
르기까지 현존하는 『판비량론』 전체의 원문을 확정하고, 이를 번
역, 분석하고 있을 뿐만 아니라 이후 대부분의 국내외 학자들이
후키하라쇼신의 연구성과를 바탕으로 자신의 연구를 개진하고 있
기 때문이다. 필자 역시 후키하라쇼신의 연구성과에 토대를 두고,
필사본 전체를 재교정하고, 번역 주석하여 발표한 바 있다.

　그런데 이렇게 후키하라쇼신의 연구가 『판비량론』의 전모를 밝
히는 데 지대한 공헌을 한 것은 사실이나, 일부 잘못 복원되고 잘
못 해석된 부분이 눈에 띈다. 앞으로 현존하는 『판비량론』 단편들
전체에 대한 재복원과 재번역과 재해석이 이루어져야 할 것이다.
본고에서는 이런 작업의 일환으로 『판비량론』 제10절의 원문을
재복원하고 번역한 후 그 의미를 분석한 후 후키하라쇼신의 연구
에서 잘못되었던 점 몇 가지를 지적해 보았다.

2. 『판비량론』 제10절 원문과 번역

---

6) 김상일, 「원효의 판비량론에 대한 현대논리적 고찰」, 보조사상연구원,
　2001년 12월 학술발표회 자료집 참조.

(1) 원문

앞에서 말했듯이 『판비량론』 초서체 필사본을 해서체로 복원한 학자는 후키하라쇼신과 최범술이며, 후키하라쇼신의 복원본이 『한국불교전서(韓國佛敎全書)』에 수록되면서 누군가에 의해 일부 재교정이 이루어진 듯하다.[7] 그런데 이들 복원본이 일치하지 않을 뿐만 아니라, 원문과 대조해 볼 경우 잘못 복원된 부분도 더러 눈에 띈다. 필자는 "하나의 필사본 내에서 발견되는 같은 모양의 글자는 동일하게 복원되어야 한다."라는 지극히 단순한 원칙과 "복원 후 문맥이 통해야 한다."라는 원칙 하에 초서체 필사본과 이들 복원본을 면밀히 대조해 가며 『판비량론』 필사본 전체에 대한 새로운 복원본을 제작한 바 있다.[8] 그리고 『판비량론』 제10절은 아래와 같이 복원되는데 기존의 복원본들에 다르게 표기되어있는 글자는 각주를 달아 밝혔다. 각주의 '(최)'는 최범술의 복원본을 의미하고, '(부)'는 후키하라쇼신(富貴原章信)의 복원본을 의미하며, '(한불전)'은 『한국불교전서』를 의미한다.

十 成唯識論立比量言 第八必有俱[9]有所依 是識性故 如六識等 此因不定 有等難故 謂有立言 第八必無俱[10]有所依 是根本故 猶如眞如 若言此 有有法差別相違過失 能成第八 是無爲故 是則前因亦有是過 能成第[11]八是轉識故 若言自

---

7) 신현숙의 저술(『원효의 인식과 논리』, 민족사, 1988)에 실린 원문은 富貴原章信의 복원본에 근거한 것으로 생각된다.
8) 초서체 『판비량론』 전체에 대한 필자의 복원본은 다음을 참조하기 바람: 김성철, 앞의 책 pp.5-42.
9) 但(최).
10) 但(최).
11) 한불전에서는 '第' 누락.

害[12]故不成難 彼亦違自故非難也 今者別立 賴耶末那必無俱[13]有所依之根 非六
識性之所攝故 如眼根等 若難此因有相違過 能成七八非能緣性 如眼根等 此亦不
然 由心所法成不定故 若言望前亦有不定 以心所法 非六識性有所依故 此非不定
以前立言所依根故 若望心所 但是所依非所依根 法處所攝 不待根故 是故 彼宗
雖知依與所依差別 未解所依與根有異[14] 若論所依通於八識及與心所 其所依根
不通心所及於七八 有破此宗立比量云 意識俱[15]有根 定非能[16]緣性 六識心心所
之所不攝故 六識俱[17]有根隨一[18]所攝故 如眼根等 彼宗反[19]以法處所攝色法爲
意 故作是難 此難[20]通破大乘諸宗 然有相違決定過生 謂立意根必非色性 有分
別識不共依故 如第六識俱有作意 由此等難 彼因不定 四量

(2) 번역

상기한 교정문은 다음과 같이 번역되는데, 이해의 편의를 위해
적대자의 진술에 해당하는 내용은 고딕체로 표기한다.

제10절.『성유식론』에서는 논증식을 작성하여 다음과 같이 말한다. (종) 제8
아뢰야식은 반드시 구유소의(俱有所依)를 가져야 한다. (인) 식성(識性)이기 때문
에. (유) 마치 6식(六識) 등과 같이.
그러나 여기에 사용된 인(因)은 부정인(不定因)이다. 왜냐하면 대등한 비판이

---

12) 富貴原章信본에서는 판독불능자로 처리.
13) 但(최).
14) 矣(최).
15) 但(최).
16) 필사본 원문에는 '能'자가 하나 더 추가되어 있으나 富貴原章信이 지
    적하듯이(富貴原章信, 앞의 책, p.50) 글자 우측에 '삭제 부호'인 '작은
    방점 두 개'가 찍혀 있기에 이를 제거하고 위와 같이 복원한다.
17) 但(최).
18) 최범술본에서는 一 누락.
19) 及(최).
20) 雖(한불전), 塵(부).

있기 때문이다. 즉, 다음과 같은 논증식을 작성할 수가 있다. (종) 아뢰야식은 결코 구유소의(俱有所依)를 갖지 않는다. (인) 근본적인 것이기 때문에. (유) 마치 진여(眞如)와 같이.

만일 '여기에는 유법차별상위(有法差別相違)의 과실이 있게 된다. 제8식(第八識)이 무위법(無爲法)임을 증명하는 꼴이기 때문이다.'라고 말한다면, 그렇다면 앞의 因도 역시 동일한 과실(= 유법차별상위과)을 갖는다. 제8식이 전식(轉識)임을 증명하는 꼴이기 때문이다.

만일 [원효의 비판이] 스스로를 해치기에 비판이 되지 못한다고 말한다면 그것(= 적대자의 비판) 역시 스스로에 위배되기에 비판이 되지 못한다.

지금 이 사람은 별도로 다음과 같이 논증식을 작성한다. (종) 아뢰야식과 마나식에는 결코 구유(俱有)하는 소의근(所依根)이 없어야 한다. (인) 6식성(六識性)에 속한 것이 아니기 때문에. (유) 마치 안근(眼根)과 같이.

만일 '여기서 사용된 인(因)은 상위(相違)의 오류를 갖는다. "(종) 제7식과 제8식은 능연성(能緣性)이 아니다. (유) 마치 안근(眼根) 등과 같이"라는 점을 입증하게 된다'고 비판한다면 이 역시 옳지 못하다.

[이품에] 심소법(心所法)[이 있음]으로 인해 부정(不定)의 허물을 이루기 때문이다.

앞의 경우도 역시 부정(不定)의 과실이 있다. 심소법은 6식성(六識性)이 아니지만 소의(所依)를 갖기 때문이다.

이는 부정인이 아니다. 앞에서 논증식을 작성하며 [내(= 원효)가] 말한 것은 [소의가 아니라] 소의근이기 때문이다. 심소의 경우 이는 소의일 뿐 소의근이 아니다. 법처(法處)에 속한 것들은 근(根)에 의존하지 않기 때문이다. 그러므로 위와 같이 주장하는 자는 능의(能依)와 소의(所依)의 차이는 알지만 소의와 소의근의 차이는 모른다.

소의에 대해 논한다면, 아뢰야식에서 심소에 이르기까지 모두가 그에 해당된다. [그러나] 그 소의근은 심소와 제7, 제8식에는 해당되지 않는다.

어떤 사람은 이런 주장을 논파하기 위해 다음과 같이 논증식을 세워 말한다. (종) 의식(意識)의 구유(俱有)하는 근(根)은 결코 능연성(能緣性)이 아니다. (인) 6식의 심(心)과 심소가 소속되어 있지 않기 때문에, 6식과 구유(俱有)하는 근(根) 중 어느 하나에 소속되어 있기 때문에. (유) 마치 안근(眼根) 등과 같이.

그런 주장에서는 거꾸로 법처(法處)에 소속된 색법(色法)을 의(意)라고 보기에 이런 비판을 하는 것이다. 이런 비판은 대승의 모든 주장을 파괴하게 된다. 그러나 이 경우[= 법처소섭색을 의근이라고 볼 경우] 상위결정의 오류가 발생하게 된다. 이는 다음과 같이 작성된다. (종) 의근(意根)은 결코 색성(色性)이 아니다. (인) 유분별식(有分別識)이 함께 의지하지 않기 때문에. (유) 마치 제6식과 구유(俱有)하는 '작의(作意)' 심소와 같이. 이런 식의 동등한 비판으로 인해 그런 인(因)은 부정인이 되고 만다. 이상 다섯 가지 양(量).

Ⅱ. 『판비량론』 제10절의 의미분석

『판비량론』 제10절에서 원효는 유식교학에서 말하는 아뢰야식이나 마나식에 구유소의(俱有所依), 또는 구유소의근(俱有所依根)이 있는지 여부에 대해 고찰한다. 구유소의는 '식과 공존하는 의지처'를 의미하고, 구유소의근은 '식과 공존하며 그 의지처가 되는 근(根)'을 의미하는데, 예를 들어 안식에 대해 '안근'은 안식을 있게 만드는 '구유소의'이면서 '구유소의근'이기도 하다. 그런데 아뢰야식의 경우 구유소의가 있는지, 또 아뢰야식과 마나식이 다른 전5식과 같이 구유소의근을 갖는지 문제가 된다. 『성유식론』에서는 아뢰야식과 마나식 등 모든 식은 구유소의뿐만 아니라 구유소의근을 갖는다고 주장하는데, 원효는 『판비량론』 제10절을 통해 이런 주장들의 타당성을 비판한다.

1. 아뢰야식의 구유소의에 대한 비판

(1) 『성유식론』의 논증

소승교학에서는 우리의 식(識)이 안식, 이식, 비식, 설식, 신식, 의식의 총 6식으로 구성되어 있다고 말하지만, 대승유식의 교학에서는 이런 총 6식 중 제6 의식을 세분하여 제7 마나식과 제8 아뢰야식을 덧붙인 총 8식을 말한다. 그리고 '총 8식인 심왕(心王)과 그에 수반되어 일어나는 심소'[心, 心所]들은 의지처[所依, 소의]를 가지는데 이는 인연(因緣), 증상연(增上緣), 등무간연(等無間緣)의 세 가지이다.21) 모든 심, 심소법 각각의 종자는 인연에 해당하고, 육근(六根)을 의미하는 내 6처(內 六處)는 증상연에 해당하며, 전찰나에 소멸한 의식(意識)은 등무간연에 해당한다.22)

이 중 증상연은 심, 심소(心, 心所)와 '공존하는 의지처'라는 의미에서 '구유소의(俱有所依, sahabhū-āśraya)'라고도 불리는데, 전(前) 5식과 제6 의식과 제7 마나식(末那識)과 제8 아뢰야식(阿賴耶識)의 '구유소의'가 무엇이냐에 대해 a.난타(難陀)와 b.안혜(安慧)와 c.정월(淨月)과 d.호법(護法)은 각각 의견을 달리하였다. 이 네 논사들의 주장은 다음과 같이 정리된다.

> a. 난타: 전 5식은 제 6의식을 구유소의로 삼으며, 제6 의식은 제7 마나식을 구유소의로 삼는다. 그러나 제7 마나식과 제8 아뢰야식은 언제나 상속하며 전변하기에 별도의 구유소의를 갖지 않는다.23)

---

21) 窺基는 因緣, 所緣緣, 增上緣, 等無間緣의 四緣 중 소연연을 제외시킨 이유에 대해 다음과 같이 설명한다: 問 心心所法起藉四緣 何故但說三種依耶 解云 所緣通內外 餘三唯在內故但說三. 窺基, 『成唯識論了義燈』(『대정장』43, p.739상).

22) 諸心心所皆有所依 然彼所依總有三種 一因緣依 謂自種子 諸有爲法皆託此依 離自因緣必不生故 二增上緣依 謂內六處 諸心心所皆託此依 離俱有根必不轉故 三等無間緣依 謂前滅意 諸心心所皆託此依 離開導根必不起故. 『成唯識論』(『대정장』31, p.19중).

b. 안혜: 전 5식 각각은 두 가지를 구유소의로 삼는데, 하나는 5색근(色根) 중 각각에 해당하는 근(根)이고 다른 하나는 제6 의식이다. 제6 의식은 오직 제7 마나식만을 구유소의로 삼으며, 제7식은 제8 아뢰야식만을 구유소의로 삼고, 제8 아뢰야식은 언제나 전변하지 않고 스스로 존재하기에 구유소의를 갖지 않는다.[24)]

c. 정월: 전5식과 제6 의식, 제7 마나식에 대한 견해는 안혜의 것과 동일하지만 제8 아뢰야식의 구유소의에 대해서는 안혜와 견해를 달리한다. 먼저, 현행하는 제8 아뢰야식은 언제나 제7 마나식을 구유소의로 삼는데, 삼계 중 욕계나 색계와 같이 '색이 있는 계'(유색계)에서는 이런 제7 마나식과 함께 5색근을 구유소의로 삼는다. 그러나 종자의 상태인 제8 아뢰야식의 경우는 이숙식(異熟識)을 구유소의로 삼으며 처음 현행(現行)의 훈습을 받을 때에는 현행인 능훈(能熏)을 구유소의로 삼는다.[25)]

d. 호법: 전5식은 5색근과 제6 의식, 제7 마나식, 제8 아뢰야식을 구유소의로 삼는다. 제6 의식은 제7 마나식과 제8 아뢰야식을 구유소의로 삼는다. 제7 마나식은 제8 아뢰야식만을 구유소의로 삼고, 제8 아뢰야식은 제7 마나식만을 구유소의로 삼는다.[26)]

---

23) 眼等五識 意識爲依 此現起時必有彼故 … 第七八識無別此依 恒相續轉自力勝故 第六意識別有此依 要託末那而得起故. 『成唯識論』(『대정장』31, p.19하).

24) 前五轉識 一一定有 二俱有依 謂 五色根同時意識 第六轉識 決定恒有 一俱有依 謂第七識 若與五識俱時起者亦以五識爲俱有依 第七轉識 決定唯有一俱有依 謂第八識 唯第八識恒無轉變 自能立故無俱有依. 『成唯識論』(『대정장』31, p.20중).

25) 是故藏識若現起者定有一依 謂第七識 在有色界亦依色根 若識種子定有一依 謂異熟識 初熏習位亦依能熏 餘如前說. 『成唯識論』(『대정장』31, p.20하).

26) 五識俱有所依定有四種 謂五色根六七八識 隨闕一種必不轉故 … 第六意識俱有所依唯有二種 謂七八識 隨闕一種必不轉故 … 第七意識俱有所依但有一種 謂第八識 藏識若無定不轉故(『成唯識論』(『대정장』31, p.20하)).

주지하듯이 『성유식론』에서는 이 중 호법의 이론을 수용하는데, 아뢰야식의 존재를 교증(敎證)하는 내용 중에서도 호법의 이런 이론을 달리 표현하고 있는 문장이 발견된다. 이를 인용해 보자.

> … [제8 아뢰야식이] 변하여 그것이 된다는 것은, 변하여 기세간(器世間)과 유신근(有根身)[27]이 된다는 것을 말한다. 그것의 소의(所依)가 된다는 것은 7전식(轉識)에 대한 소의(所依)가 된다는 것을 의미한다. [제8 아뢰야식이] 5색근(色根)을 집수(執受)하고 있기 때문에 안식 등의 전5식이 그것(= 제8 아뢰야식)에 의존하여 전변한다. 또 [제8 아뢰야식은] 제7 마나식과 함께 의지처(所依)가 되기 때문에 제6 의식이 그것(= 제8 아뢰야식)에 의존하여 전변한다. 제7 마나식과 제6 의식은 전식에 포함되기 때문에 안식 등의 전5식과 마찬가지로 구유근에 의지한다. 제8 아뢰야식은 식성(識性)이기 때문에 이 역시 제7 마나식을 구유의(俱有依)로 삼아야 한다.[28]

『판비량론』 제10절에서 원효는 이 중 "제8 아뢰야식은 식성(識性)이기 때문에 이 역시 제7식을 구유의(俱有依)로 삼아야 한다."라는 구절을 추출하여, 비판의 대상으로 삼기 위해 다음과 같이 소개한다.

> 『성유식론』에서는 논증식을 작성하여 다음과 같이 말한다. (종) 제8 아뢰야식은 반드시 구유소의를 가져야 한다. (인) 식성이기 때문에. (유) 마치 6식 등과 같이.[29]

---

27) 6근을 갖는 몸뚱이.
28) … 變爲彼者 謂變爲器及有根身 爲彼依者 謂與轉識作所依止 以能執受五色根故 眼等五識依之而轉 又與末那爲依止故 第六意識依之而轉 末那意識轉識攝故 如眼等識依俱有根 第八理應是識性故 亦以第七爲俱有依(『成唯識論』(『대정장』31, p.14상)).

이 중 논증식은 다음과 같이 정리된다.

〈논증식1〉
(종) 제8 아뢰야식은 반드시 구유소의(俱有所依)를 가져야 한다.
(인) 식성(識性)이기 때문에
(유) 마치 6식등과 같이

　제8 아뢰야식은 식(識)이라는 점(= 識性, 식성)에서 전5식과 제6식과 제7식과 동질적이다. 그런데, 전5식과 제6식과 제7식 각각은 모두 그 자체와 공존하는 의지처를 갖는다. 앞에서 보았듯이 전5식은 5근과 제6 의식 및 제7 마나식을 의지처로 삼고, 제6 의식은 제7 마나식과 제8 아뢰야식을 의지처로 삼으며, 제7 마나식은 제8 아뢰야식을 의지처로 삼는다. 그렇다면 제8식 역시 식이라는 점(= 識性)에서 여타의 식과 동질적이기에 무언가 의지처가 있어야 할 것이다. '제8 아뢰야식은 식성이기 때문에 이 역시 제7식을 구유의로 삼아야 한다'는『성유식론』의 논증은 이런 착상에 토대를 둔 것이다. 그리고 원효는 이를 〈논증식1〉로 정리하였다.

(2) 논쟁

① 『성유식론』의 논증식에 대한 상위결정의 논증식을 제시하는 원효

---

29) 成唯識論立比量言 第八必有俱有所依 是識性故 如六識等.

제8 아뢰야식이 구유소의, 즉 아뢰야식과 공존하는 의지처를 가져야 한다는 『성유식론』의 주장을 논증식으로 정리하여 소개한 원효는 이를 다음과 같이 비판한다.

> 그러나 여기에 사용된 인(因)은 부정인(不定因)이다. 왜냐하면, 대등한 비판이 있기 때문이다. 즉, 다음과 같은 논증식을 작성할 수가 있다. (종) 아뢰야식은 결코 구유소의(俱有所依)를 갖지 않는다. (인) 근본적인 것이기 때문에. (유) 마치 진여(眞如)와 같이.30)

여기서 원효가 제시하는 논증식은 다음과 같이 정리된다.

〈논증식2〉
(종) 아뢰야식은 결코 구유소의(俱有所依)를 갖지 않아야 한다.
(인) 근본적인 것이기 때문에
(유) 마치 진여(眞如)와 같이

이는 〈논증식1〉과 상반된 주장을 담고 있는 '상위결정'의 논증식이다. 『성유식론』에 의하면 제8 아뢰야식은 '식성'인 점에서는 전5식이나 제6 의식, 그리고 제7 마나식과 동질적이지만, 이런 7전식(轉識) 모두의 토대가 되는 근본식(根本識)이라는 점에서 보면 이들과 이질적이다. 『성유식론』에서는 『유식삼십송(唯識三十頌)』 제15송에 대해 다음과 같이 주석한다.

『유식삼십송』 제15송
근본식(根本識)에 의지하여 5식이 인연 따라 나타난다.
때론 동시에, 때론 차례로. 마치 파도가 물에 의지하듯이31)

---

30) 此因不定 有等難故 謂有立言 第八必無俱有所依 是根本故 猶如眞如.

『성유식론』의 주석

'근본식'이란 것은 아다나식(阿陀那識)이다. 잡염하거나 청정한 모든 식(識)의 근본이기 때문이다. '의지한다'는 것은 앞의 6전식(轉識)이 근본식을 공존하는 밀접한 의지처로 삼는다는 것을 의미한다. '5식'이라는 것은 전(前) 5식을 의미하는데, 그 종류가 서로 유사하기에 함께 묶어 말하는 것이다. '인연 따라 나타난다'는 말은 항상 일어나는 것이 아니라는 뜻을 나타낸다. '인연'이란 '작의(作意)', '근(根)', '경(境)' 등의 인연을 뜻한다. 즉, 5식신(識身)은 내적으로는 근본식에 의지하고 외적으로는 '작의', '5근', '경' 등 갖가지 인연이 화합해야 비로소 나타날 수 있다. 그래서 때론 함께, 때론 차례로 발생한다. 왜냐하면 외적인 인연의 화합에는 동시적인 것도 있고 점차적인 것도 있기 때문이다. 마치 물에 이는 파도가 인연에 따라 많거나 적듯이.[32)]

『유식삼십송』에서 말하는 '근본식'은 『성유식론』의 주석에서 말하듯이 '아다나식(ādāna-vijñāna)'을 의미하고, 아다나식은 제8 아뢰야식의 이명(異名)이다. 그리고 제8 아뢰야식은 이렇게 근본적인 식(識)이기에 6전식(轉識)의 의지처가 된다. 근본식이 '물'[水]에 비유된다면, 근본식에 토대를 두고 작의, 근, 경 등 외적 인연들이 화합하여 나타나는 6전식은 '파도'에 비유된다. 이때 파도에 비유된 6전식은 물에 비유된 근본식에 의지하지만, 물에 비유된 근본식은 더 이상의 의지처를 가질 필요가 없다. 마치 진여(眞如)

---

31) 依止根本識 五識隨緣現 或俱或不俱 如濤波依水(『成唯識論』(『대정장』31), p.37상)).

32) 論曰 根本識者阿陀那識 染淨諸識生根本故 依止者謂前六轉識 以根本識爲共親依 五識者謂前五轉識 種類相似故總說之 隨緣現言顯非常起 緣謂作意根境等緣 謂五識身內依本識 外隨作意五根境等衆緣和合方得現前 由此或俱或不俱起 外緣合者有頓漸故 如水濤波隨緣多少(『成唯識論』(『대정장』31, p.37상)).

가 더 이상의 의지처를 갖지 않듯이. 그리고 이렇게 제8 아뢰야
식을 진여에 대비시키는 원효의 고안은 보리유지(菩提流支, 535
-?)와 늑나마제(勒那摩提, ~508~)의 『십지경론(十地經論)』 번역
과 함께 성립한 지론종(地論宗)에 근거한 것으로 추측된다. 원측
이 『해심밀경소(解深密經疏)』에서 설명하듯이 지론종에서는 제8
아뢰야식을 순수무구(純粹無垢)의 진식(眞識), 즉 '진여심(眞如
心)'이라고 보았기 때문이다.[33]

　『성유식론』의 작자는 제8 아뢰야식이 '식성'이라는 점도 인정하
지만, '근본식(根本識)'이라는 점도 인정한다. 제8 아뢰야식이 식
성이라는 점에서 보면 다른 식들처럼 의지처를 가져야 하지만, 근
본식이라는 점에서 보면 진여와 같이 더 이상의 의지처를 갖지
않아야 한다. 그래서 〈논증식1〉과 동등한 타당성을 갖지만 상반
된 주장을 담은 상위결정의 〈논증식2〉가 작성된다.

② 원효가 제시한 상위결정의 논증식에서 유법차별상위 인의 오류를 지적하는 적대자

　『성유식론』의 〈논증식1〉이, 원효가 고안한 〈논증식2〉에 의해
상위결정의 오류에 빠지기 위해서는 〈논증식2〉에 사용된 인(因)
그 자체는 타당한 인(因)이어야 한다. 그러나 적대자는 이를 비판
하며 〈논증식2〉가 유법차별상위인의 오류를 범하고 있다고 말한
다. 원효는 『판비량론』에서 적대자의 이런 비판을 다음과 같이 소
개한다.

---

33) 高翊晋, 『韓國古代佛敎思想史』(서울: 동국대학교출판부, 1989), p.14
　1 참조.

만일 '여기에는 유법차별상위(有法差別相違)의 과실이 있게 된다. 제8식
이 무위법(無爲法)임을 증명하는 꼴이기 때문이다'라고 말한다면,34)

　유법차별상위인은, '주장명제의 주어'[유법, dharmin]에 담긴 입
론자의 '독특한 인식'[= 차별, viśeṣa]으로 말미암아 상위인의 오
류를 범하는 인(因)을 말한다. 유식교학에서 아뢰야식은 유위법으
로 분류되는데, 〈논증식2〉의 입론자인 원효 역시 아뢰야식이 유
위법이라는 인식을 갖고 있다. 이런 독특한 인식을 노출시켜 논증
식으로 작성하면 다음과 같다.

　　(종) 아뢰야식은 구유소의를 갖지 않으면서 유위법이다.
　　(인) 근본적인 것이기 때문에

　그런데 이렇게 유법(有法, dharmin)에 대한 입론자의 독특한
인식을 노출시켜 논증식을 작성할 경우 상위인의 오류를 범하게
된다. 이를 검토해 보자.

　　동품정유성의 검토: '구유소의를 갖지 않으면서 유위법인 것' 중에 근본적
　　인 것이 있는가? - 없다.
　　이품변무성의 검토: '구유소의를 갖지 않으면서 유위법인 것'이 아닌 것
　　중에 근본적인 것이 있는가? - 있다: 허공 등의 무위법

　이런 인(因)은 동품무, 이품유의 상위인이다. 그러나 만일 아뢰
야식이 무위법이라면 상기한 〈논증식1〉은 유법차별상위인의 오류

────────────
34)　若言此 有有法差別相違過失 能成第八 是無爲故.

에 빠지지 않을 것이다. 상기한 『판비량론』의 인용문에 기술된 "제8식이 무위법임을 증명하는 꼴이 되기 때문이다."라는 적대자의 비판은 이를 의미한다.

③ 『성유식론』의 논증식에서 유법차별상위인의 오류를 지적하는 원효

이상과 같이 적대자가 제기할 것으로 예상되는 비판을 소개한 원효는, 이에 대해 다시 다음과 같이 비판한다.

> 그렇다면 앞의 인(因)도 역시 동일한 과실(= 유법차별상위과)을 갖는다.
> 제8식이 전식(轉識)임을 증명하는 꼴이기 때문이다.[35]

여기서 원효과 말하는 '앞의 인(因)'은 〈논증식1〉에 사용된 인을 가리킨다. 『성유식론』에서는 전(前) 7식은 전식(轉識)이며 제8 아뢰야식은 전식이 아니라고 본다. 〈논증식1〉의 입론자 역시 이런 『성유식론』의 유식교학에 근거하여 제8 아뢰야식이 '전식이 아니다'라는 '독특한 인식'(= 차별, viśeṣa)을 갖고 있는데 이런 독특한 인식을 노출시켜 논증식을 작성하면 다음과 같이 된다.

> (종) 제8 아뢰야식은 반드시 구유소의(俱有所依)를 가져야 하면서 전식
> (轉識)이 아니다.
> (인) 식성(識性)이기 때문에

그리고 이 논증식에 사용된 인(因)의 타당성은 다음과 같이 검

---

35) 是則前因亦有是過 能成第八是轉識故.

토된다.

> 동품정유성의 검토: '반드시 구유소의를 가져야 하면서 전식(轉識)이 아닌
> 것' 중에 식성인 것이 있는가? – 없다
> 동품정유성의 검토: '반드시 구유소의를 가져야 하면서 전식이 아닌 것'이
> 아닌 것 중에 식성인 것이 있는가? – 있다: 육식 등의 전식

이는 동품무(同品無), 이품유(異品유)의 상위인이다. 〈논증식1〉
은 주장명제의 주어, 즉 유법(有法, dharmin)인 아뢰야식이 전식
이 아니라는 '독특한 인식(= 차별, viśeṣa)'을 노출시켜 논증식을
작성할 경우 이렇게 상위인의 오류에 빠지게 되며, 이런 오류를
야기하는 인(因)을 '유법차별상위인'이라고 부른다. 그러나 만일
제8 아뢰야식이 전식(轉識)이라면 〈논증식1〉은 유법차별상위인의
오류를 범하지 않을 것이다. 상기한 『판비량론』의 인용문에서 원
효가 "제8식이 전식임을 증명하는 꼴이기 때문이다."라고 말하는
것은 이를 의미한다. 이어서 원효는 다음과 같이 말한다.

> 만일 [원효의 비판이] 스스로를 해치기에 비판이 되지 못한다고 말한다면
> 그것(= 적대자의 비판) 역시 스스로에 위배되기에 비판이 되지 못한다.[36]

여기서 "스스로를 해친다."라는 말은, 원효가 제시한 〈논증식2〉
가 유법차별상위인의 오류에 빠져 있음을 원효 스스로 지적한 점
을 가리킨다. 어떤 논증식을 상위결정인의 오류로 몰고 가기 위해
서는, 그 자체는 '인(因)의 삼상(三相)'을 갖춘 타당한 논증이면서
상반된 주장을 담은 논증식을 제시해야 하는데, 〈논증식1〉에서

---

36) 若言自害故不成難　彼亦違自故非難也.

상위결정의 오류를 지적하기 위해 고안된 〈논증식2〉가 유법차별
상위인의 오류에 빠진 부당한 논증이라면 〈논증식1〉을 상위결정
의 오류로 몰고 갈 수가 없다. 위 인용문에서 적대자가 비판하듯
이 〈논증식1〉은 '스스로를 해치기에' 〈논증식2〉에 대한 "비판이
되지 못할 것이다".

　그러나 만일 적대자가 이런 방식에 의해 〈논증식2〉에서 유법차
별상위인의 오류를 지적할 수 있는 것이라면, 앞에서 원효가 "그
렇다면 앞의 인(因)도 역시 동일한 과실(= 유법차별상위과)을 갖
는다. 제8식이 전식(轉識)임을 증명하는 꼴이기 때문이다."라고
지적한 바 있듯이 〈논증식1〉에서도 유법차별상위인의 오류가 지
적될 수 있다. "〈논증식2〉가 스스로를 해치기에 〈논증식1〉에 대
한 비판이 되지 못한다."라고 적대자가 비판하긴 하지만, 〈논증식
1〉도 역시 '유법차별상위인의 오류'를 범하고 있어 스스로를 위배
한다. 즉, 〈논증식2〉가 오류에 빠진다면, 〈논증식1〉 역시 오류에
빠진다고 볼 수 있다. 상기한 『판비량론』의 인용문에서 "그것(=
적대자의 비판) 역시 스스로에 위배되기에 비판이 되지 못한다."
라고 원효가 말하는 것은 이를 의미한다.

2. 아뢰야식과 마나식의 구유소의근에 대한 비판

(1) 원효의 논증

　제8 아뢰야식이 구유소의를 갖는다는 점을 증명하려는 적대자
의 〈논증식1〉을 상위결정의 오류에 빠뜨려 비판한 후, 이런 자신

의 비판에 대한 적대자의 비판을 차단한 원효는 다음과 같이 말하며 자신의 새로운 주장을 개진한다.

> 지금 이 사람은 별도로 다음과 같이 논증식을 작성한다. (종) 아뢰야식과 마나식에는 결코 구유(俱有)하는 소의근(所依根)이 없어야 한다. (인) 육식성(六識性)에 속한 것이 아니기 때문에. (유) 마치 안근(眼根)과 같이.37)

앞에서 인용한 바 있지만『성유식론』에서는 제8 아뢰야식은 제7 마나식을 구유소의로 삼고, 제7 마나식과 제6 의식은 구유근을 갖는다고 주장한다. 이를 다시 인용해 보자.

> 제7 마나식과 제6 의식은 전식에 포함되기 때문에 안식 등의 전5식과 마찬가지로 구유근에 의지한다. 제8 아뢰야식은 식성(識性)이기 때문에 이 역시 제7 마나식을 구유의로 삼아야 한다.38)

상기한『판비량론』인용문에 기술된 원효의 논증식은, 여기에 인용한『성유식론』의 논증식의 일부를 반박하는 상위결정의 논증식이라고 볼 수 있다. 상기한『성유식론』의 인용문에 기술된 논증은 다음과 같이 정리된다.

> 〈『성유식론』의 논증식〉
> (종) 제7 마나식과 제6 의식은 구유근에 의지한다.
> (인) 전식에 포함되기 때문에
> (유) 마치 안식 등의 전5식과 같이

---

37) 今者別立 賴耶末那必無俱有所依之根 非六識性之所攝故 如眼根等.
38) … 末那意識轉識攝故 如眼等識依俱有根 第八理應是識性故 亦以第七爲俱有依.『成唯識論』(『대정장』31, p.14상).

원효는 이 논증식의 주장명제(= 宗, 종)의 유법의 일부인 '제6 의식'을 '제8 아뢰야식'으로 대체한 후 다음과 같은 논증식을 작성하였다.

〈논증식3〉
(종) 제8 아뢰야식과 제7 마나식에는 결코 구유(俱有)하는 소의근(所依根)
  이 없어야 한다.
(인) 육식성(六識性)에 속한 것이 아니기 때문에.
(유) 마치 안근(眼根)과 같이.

이 논증식에서 "제8 아뢰야식에 구유소의근이 없다."라는 주장은 원효가 새롭게 추가한 것이지만, "제7 마나식에 구유소의근이 없다."라는 주장은 상기한 『성유식론』의 주장과 상반된 것이다. 〈논증식3〉은, 마나식의 소의근 비판이라는 점에서는 상기한 〈『성유식론』의 논증식〉을 부분적으로 상위결정의 오류에 빠뜨리고 있지만, 아뢰야식의 소의근을 비판한다는 점에서는 부분적으로는 새로운 주장을 제시하는 논증식인 듯이 보인다.

그런데 『성유식론』에서는 마나식과 아뢰야식을 포함한 모든 심, 심소가 이시적(異時的)인 개도근(開導根)뿐만 아니라 동시적인 구유근(俱有根)도 갖는다고 설명하는 구절이 발견된다. 이는 다음과 같다.

심, 심소(心, 心所)들은 모두 의지처를 갖는데, 그런 의지처에는 총 3가지가 있다. 첫째는 인연(因緣)이라는 의지처로 심, 심소 그 자체의 종자다. 모든 유위법들은 다 이것에 의지한다. 자체의 인연을 떠나서는 결코 발생하지 않기 때문이다. 둘째는 증상연(增上緣)이라는 의지처로 내육처(內六處)를 말한다. 모든 심, 심소들은 다 이 의지처에 의존한다. 구유근(俱有根)을 떠나서는 결코 작동하지 않기 때문이다. 셋째는 등무간연(等無間緣)이라는 의지처로 직전에 소멸한 의식을 말한다. 모든 심, 심소들은 다 이런 의지처에 의존한다. 개도근(開導根)을 떠나서는 결코 발생하지 않기 때문이다.[39)]

여기서 말하는 증상연이라는 의지처는 구유근을 의미하며, 등무간연이라는 의지처는 개도근을 의미한다. 즉, 『성유식론』에서는 모든 심, 심소는 개도근뿐만 아니라 구유근도 갖는다고 말한다. 원효는, 모든 심, 심소 즉 전 6식을 포함하여 제7 마나식, 제8 아뢰야식이 구유근을 갖는다고 간주하는 위와 같은 『성유식론』의 주장과, 상기한 〈『성유식론』의 논증식〉을 종합하여 비판의 대상으로 삼은 후, 이를 비판하는 〈논증식3〉을 고안해 내었던 것이다.

(2) 논쟁

① 원효의 비판적 논증식에 사용된 인(因)은 상위인(相違因)이라는 적대자의 비판

이어서 원효는 자신이 고안한 〈논증식3〉에 대해 적대자가 제기하리라고 예상되는 비판을 다음과 같이 기술한다.

---

39) 諸心心所皆有所依 然彼所依總有三種 一因緣依 謂自種子 諸有爲法皆託此依 離自因緣必不生故 二增上緣依 謂內六處 諸心心所皆託此依 離俱有根必不轉故 三等無間緣依 謂前滅意 諸心心所皆託此依 離開導根必不起故. 『成唯識論』(『대정장』31, p.19중).

만일 '여기서 사용된 인(因)은 상위(相違)의 오류를 갖는다. "(종) 제7식과 제8식은 능연성(能緣性)이 아니다. (유) 마치 안근(眼根) 등과 같이"라는 점을 입증하게 된다'고 비판한다면 이 역시 옳지 못하다.[40]

논의에 들어가기 전에, 먼저 이 인용문에서 말하는 '능연성(能 緣性)'의 의미에 대해 알아보자. 호법(護法)이 주장하는 식(識)의 사분설(四分說)에서는, 식에는 상분(相分)과 견분(見分)과 자증분 (自證分)과 증자증분(證自證分)의 네 측면이 있다고 말한다. 그런 데 이런 사분(四分) 각각은 서로가 서로에 대해 능연(能緣)이 되 기도 하고 소연(所緣)이 되기도 한다. 견분과 상분이 관계할 때에 는 견분이 능연이 되며 상분은 소연이 된다. 견분과 자증분이 관 계할 때에는 견분이 소연 자증분이 능연이 되며, 자증분과 증자증 분이 관계할 때에는 자증분과 증자증분은 서로에 대해 소연이 되 기도 하고 능연이 되기도 한다. 다시 말해 상분은 오직 소연만 되 며, 견분은 상분에 대해서는 능연, 자증분에 대해서는 소연이 되 고, 자증분은 견분에 대해서는 능연, 증자증분에 대해서는 소연이 되며, 증자증분은 자증분에 대해서 능연이 되기도 하고 소연이 되 기도 한다.[41] 그리고 전 6식과 제7 마나식, 제8 아뢰야식을 망라 한 총8식과 같은 심법은 물론이고 세부적인 마음 작용인 심소도 이렇게 네 가지 측면(= 四分, 사분)으로 이루어져 있기에,[42] 심· 심소 모두는 소연성(所緣性)과 능연성(能緣性)을 모두 갖는다. 여

---

40) 若難此因有相違過 能成七八非能緣性 如眼根等 此亦不然.

41) 此四分中前二是外後二是內 初唯所緣後三通二 謂第二分但緣第一 或 量非量或現或比 第三能緣第二 第四 證自證分唯緣第三(『成唯識論』, 대 정장31, p.10b).

42) 故心心所四分合成 具所能緣無無窮過 非卽非離唯識理成(『成唯識論』, 대정장31, p.10b).

기서 보듯이 '소연'이란 '식(識)의 대상적 측면'을 의미하고 '능연'
이란 '식의 주관적 작용'을 의미한다.

'능연'의 의미에 대한 이런 이해에 토대를 두고 상기한『판비량
론』인용문의 의미를 고찰해 보자. 상기한 인용문에서 적대자는
〈논증식3〉에 사용된 인(因)이 '상위(相違)의 오류'를 갖는다고 말
하는데, 적대자가 말하는 '상위의 오류'는 보다 구체적으로 말해
'유법차별상위의 오류'이다. 〈논증식3〉의 주장명제의 주어, 즉 유
법(有法, dharmin)은 '제7 마나식과 제8 아뢰야식'이다. 그런데 '6
식성(六識性)에 속한 것이 아니기 때문에'라는 인(因)을 사용하여
"아뢰야식과 마나식에는 결코 구유(俱有)하는 소의근(所依根)이
없어야 한다."는 점을 논증하려 할 경우, 유법(有法)에 대한 유식
논사들의 '독특한 인식'(= 차별: viśeṣa)과 상반된 인식 역시 증명
되고 마는 유법차별상위의 오류를 범하게 된다고 적대자는 비판
하는 것이다. 여기서 적대자가 말하는 '유법'의 '차별'은 "제7 마
나식과 제8 아뢰야식이 능연성을 갖는다."는 점이다. 그런데 '6식
성(六識性)에 속한 것이 아니기 때문에'라는 인(因)을 사용하고
있는 〈논증식3〉은 "제7 마나식과 제8 아뢰야식은 능연성이 아니
다."라는 상반된 인식을 논증하게 된다. 상기한『판비량론』의 인
용문에는 생략되어 있는 因을 복원하여 논증식으로 정리하면 다
음과 같다.

〈논증식4〉
(종) 아뢰야식과 마나식은 능연성이 아니다.
(인) 6식성에 속한 것이 아니기 때문에.
(유) 마치 안근(眼根)과 같이.

이는 〈논증식3〉 중 주장명제의 주어인 유법(dharmin)에 대한 독특한 인식(viśeṣa)과 상반된(viparīta) 인식을 증명하는 논증이다 (sādhana).

② 적대자의 비판에 대한 원효의 비판

그러나 원효는 〈논증식4〉에서 부정인의 오류를 지적하며, 적대자의 비판을 잠재운다. 원효는 다음과 같이 말한다.

> [이품(異品)에] 심소법(心所法)[이 있음]으로 인해 부정(不定)의 허물을 이루기 때문이다.[43]

이는, 적대자가 제시한 〈논증식4〉에 사용된 인(因)의 이품변무성(異品遍無性)을 검증할 경우, 이품유(異品有)가 되기에 부정인(不定因)이 되고 만다는 비판이다. 이를 검토해 보자.

> 동품정유성의 검토: 능연성이 아닌 것 중에 육식성에 속하지 않은 것이 있는가? - 있다: 안근
> 이품변무성의 검토: 능연성인 것 중에 육식성에 속하지 않은 것이 있는가? - 있다: 심소법

이는 동품유, 이품유의 공부정인(共不定因)이다. 모든 심·심소는 견분과 상분과 자증분과 증자증분이라는 사분을 갖추고 있으며, 견분은 상분에 대해, 자증분은 견분과 증자증분에 대해, 그리고 증자증분은 자증분에 대해 능연으로서 기능한다. 즉, 모든 심·심소

---

43) 由心所法成不定故.

는 능연의 측면을 갖는다. 적대자가 제시하는 〈논증식4〉에 사용된 因이 인의 삼상을 충족시키는 타당한 인(因)이어야, 적대자는 〈논증식3〉을 유법차별상위인의 오류에 빠뜨릴 수 있는데, 능연성을 갖는 이품이면서 육식성에 속하지 않은 실례로 '심소법'을 들수 있기에 〈논증식4〉는 부정인의 오류에 빠지고 만다. 원효가 '심소법으로 인해 부정의 허물을 이룬다'고 〈논증식4〉의 타당성을 비판한 것은 이 점을 의미한다.

③ 마나식과 아뢰야식이 구유소의근을 갖는다는 점을 비판하는 원효의 논증식이 부정인의 오류에 빠짐을 지적하는 적대자

그러나 적대자는 이런 원효의 비판을 수용하지 않고 다음과 같이 〈논증식3〉을 비판한다.

> 앞의 경우도 역시 부정(不定)의 과실이 있다. 심소법(心所法)은 6식성(六識性)이 아니지만 소의(所依)를 갖기 때문이다.[44]

여기서 이해의 편의를 위해 〈논증식3〉을 다시 기술해 보자.

> 〈논증식3〉
> (종) 아뢰야식과 마나식에는 결코 구유(俱有)하는 소의근(所依根)이 없어야 한다.
> (인) 6식성(六識性)에 속한 것이 아니기 때문에.
> (유) 마치 안근(眼根)과 같이.

---

44) 若言望前亦有不定 以心所法 非六識性 有所依故.

적대자는 이 논증식의 인(因) 역시 이품유(異品有)가 되어 부정인의 오류에 빠진다고 비판하는데 왜냐하면 구유소의가 있는 것 중 육식성에 속하지 않은 예로 심소법을 들 수 있기 때문이라는 것이다. 그리고 이런 적대자의 비판은 다음과 같이 풀이된다.

> 이품변무성의 검토: 구유하는 소의가 있는 것 중에 육식성에 속하지 않은 것이 있는가? - 있다: 심소법

④ 적대자의 지적에 대한 원효의 비판

그러나 심소법의 존재를 들어 〈논증식3〉에서 부정인의 오류를 지적하는 적대자의 이런 비판은 옳지 못하다. 〈논증식3〉 중의 주장명제의 술어는 "구유하는 소의근이 없어야 한다."인데 적대자는 이를 "구유하는 소의가 없어야 한다."는 의미로 왜곡시키고 있기 때문이다. 원효는 이 점을 지적하며 다음과 같이 비판한다.

> 이는 부정인(不定因)이 아니다. 앞에서 논증식45)을 작성하며 [내(= 원효)가] 말한 것은 [소의(所依)가 아니라] 소의근(所依根)이기 때문이다. 심소(心所)의 경우 이는 소의일 뿐 소의근이 아니다. 법처(法處)에 속한 것들46)은 근(根)에 의존하지 않기 때문이다. 그러므로 위와 같이 주장하는

---

45) 논증식3.
46) 제법은 五蘊 또는 十二處 또는 十八界의 세 가지 방식으로 분류할 수 있으며 이를 三科라고 한다. 그리고 제법을 더 세분하여 유식에서는 5위 100법, 구사에서는 5위 75법으로 분류하기도 한다. 이 중 『俱舍論』의 5위 75법을 12처에 대응시킬 경우, 5위 중 색법에 해당하는 것은 '안처, 이처, 비처, 설처, 신처'의 5가지와 '색처, 성처, 향처, 미처, 촉처'의 5가지, 그리고 법처에 속하는 무표색의 1가지이며, 5위 중 심법

자는 능의와 소의의 차이는 알지만 소의와 소의근의 차이는 모른다.[47]

　적대자는, '구유(俱有)하는 소의(所依)가 있으면서 6식성(六識性)에 속하지 않는 예'의 하나로 '심소법'을 제시하며, 원효의 〈논증식3〉을 부정인의 오류로 몰고 가려 한다. 그러나 원효는 〈논증식3〉에서 주장한 것은 '소의'가 아니라 '소의근'이 없다는 것이기에, 이런 적대자의 비판은 타당할 수 없다고 반박한다. 적대자가 이품(異品)의 예로 든 심소는 소의근을 갖는 것이 아니기 때문이다. 6전식(轉識)과 제7, 제8식 그리고 심소에 이르기까지 모두 '소의'를 갖는다. 그러나 '소의근'을 갖는 것은 6전식뿐이다. 안식은 안근을, 이식은 이근을 … 의식은 의근을 소의근으로 삼는다. 제7 마나식과 제8 아뢰야식, 그리고 총8식 각각에 수반되어 발생하는 심소[48]는 '소의'는 갖지만 '소의근'은 갖지 않는다. 원효는

에 해당하는 것은 의처의 1가지이고, 5위 중 나머지 3위인 심소법과 심불상응행법과 무위법은 모두 법처에 해당한다(김동화,『구사학』, p.108). 따라서 위에서 원효가 '법처에 속한 것들은 根에 의존하지 않는다'고 말한 것은 '심소법과 심불상응행법과 무위법이 根에 의존하지 않는다'는 점을 의미한다고 볼 수 있다.

47) 此非不定 以前立言所依根故 若望心所 但是所依非所依根 法處所攝 不待根故 是故 彼宗 雖知依與所依差別 未解所依與根有異.

48)『成唯識論』에서는 심소에 대해 다음과 같이 설명한다: '항상 심왕에 의지하여 발생하고, 심왕과 상응하며, 심왕에 결부되고 심왕에 소속되기에 심소라고 이름한다. 비유하자면 나(我)에게 속한 물건을 나의 것(我所)이라고 이름하는 것과 같다. 심왕은 所緣 중 오직 總相만 파악하며 심소는 소연 중 別相도 파악하는데, 심왕을 도와 일을 하기에 심소라는 이름이 붙은 것이다. 비유하자면, 화가가 그린 彩本에 그 제자가 색칠하는 것과 같다'(… 恒依心起與心相應 繫屬於心故名心所 如屬我物立我所名 心於所緣唯取總相 心所於彼亦取別相 助成心事得心所名 如畫師資作模塡彩:『成唯識論』, 대정장31, p.26c). 제6 의식은 모든 심소와 상응하고(김동화,『유식철학』, p.64), 제7 마나식은 5변행, 4번뇌, 8수번뇌, 별경 중의 혜 등 18심소와 상응하며(同, p.76), 제9 아뢰야식은 오직 5변행 심소와만 상응한다.

이 점을 다음과 같이 지적한다.

> 소의에 대해 논한다면, 아뢰야식에서 심소에 이르기까지 모두가 그에 해
> 당된다. [그러나] 그 소의근은 심소와 제7, 제8식에는 해당되지 않는다.[49]

⑤ 원효의 비판을 다시 비판하는 적대자의 논증식

그런데 6전식 중 전 5식의 소의근과 제6 의식의 소의근은 그
성격이 다르다. 전 5식의 소의근은 우리 눈에 보이는 색근(色根)
이며, 전 5식과 공존(= 구유)하지만, 제6 의식의 소의근인 의근
(意根)은 색근도 아니며 제6 의식과 공존하지도 않는다. 『구사론』
에서는 이런 의근에 대해 다음과 같이 설명한다.

> 『구사론』, 제17송 전반: 여섯 가지 [식(識)]들 중 직전에 [과거로] 지나가
> 버린 식이 바로 의(意)이다.
> 주석: 직전에 소멸한 식은 무엇이든 의계(意界)라고 불릴 수 있다. 예를
> 들어, 동일한 아들이 달리 보면 아버지가 되며, 동일한 열매가 달리 보면
> 씨앗이 되는 것과 같다.[50]

여기서 말하는 의계(意界, manodhātu)는 의근(意根, mana ind
riya)에 해당하며, 전 찰나의 6식은 후 찰나의 6식에 대해 의근이
된다. 동일한 6식이지만 보는 관점에 따라 6식이 되기도 하고 6

---

49) 若論所依通於八識及與心所 其所依根不通心所及於七八.

50) ṣaṇṇām anantarātītaṃ vijñānaṃ yad dhi tan manaḥ / yad yat sa
manantaraniruddhaṃ vijñānaṃ tan manodhātur ity ucyeta / tad yat
hā sa eva putro 'nyasya pitā bhavati tad eva phalam anyasya bījam
iti // 由卽六識身 無間滅爲意 論曰 卽六識身無間滅已 能生後識故名
意界 謂如此子卽名餘父 又如此果卽名餘種(『俱舍論』, 대정장29, p.4b).

식의 소의근인 의근이 되기도 한다. 마치 누군가의 아들이 다시 자기 자식에 대해서는 아버지가 되며, 어떤 식물의 열매가 새롭게 싹이 틀 식물에 대해서는 씨앗이 되는 것과 같다. 전5식은 각각 별도의 소의근인 5색근을 갖지만, 제6 의식은 별도의 소의근을 갖지 않는다.[51]

의근(意根)에 대한 이러한 조망은 『성유식론』에도 소개되어 있다. 『성유식론』에서는 『유가사지론(瑜伽師地論)』을 인용하며 다음과 같이 말한다.

> 『유가사지론』에서는 "만일 이 육식이 저 육식을 위해 등무간연이 되면 가립하여 이것을 의근이라고 이름한다."라고 말한다.[52]

『유가사지론』이나 『구사론』에 의하면, 제6 의식의 소의근인 의근은 전 5식의 경우와 달리 물질적으로 이루어진 색근(色根)이 아니라 전 찰나의 6식이며, 전 찰나의 것이기에 제6 의식과 공존(= 俱有)하는 것도 아니다. 즉, 『구사론』이나 『유가사지론』에서 말하는 의근은 구유근(俱有根)이 아니라 개도근(開導根)이다. 이는 6식과 공존하는 것이 아니라 다음 찰나의 6식이 '전개되도록 이끌어주는'(開導) 근(根)이다. 그러나 의근(意根)이 개도근일 뿐만 아니라 구유근이기도 하다고 생각하는 『성유식론』의 저자, 즉

---

51) 如五識界　別有眼等五界爲依　第六意識無別所依　爲成此依故說意界(『俱舍論』, 대정장29, p.4b).
52) 瑜伽言 若此六識　爲彼六識　等無間緣. 卽施設此名爲意根(『成唯識論』(『대정장』31, p.21상)). 『瑜伽師地論』에 기술된 全文은 다음과 같다: 云何等無間緣　謂此諸心心所無間　彼諸心心所生　說此爲彼等無間緣　若此六識爲彼六識等無間緣　卽施設此名爲意根　亦名意處亦名界(『瑜伽師地論』(『대정장』30, pp.584중-하)).

적대자는 "원효가 말하듯이 법처(法處)에 속한 것인 심소가 근(根)에 의존하지 않는다고 할 경우, 제6 의식의 구유근인 의근은 능연성이 아닌 꼴이 된다."라고 비판한다. 원효는 이런 비판을 다음과 같이 소개한다.

> 어떤 사람은 이런 주장을 논파하기 위해 다음과 같이 논증식을 세워 말한다. (종) 의식의 구유하는 근은 결코 능연성이 아니다. (인) 6식의 심과 심소가 소속되어 있지 않기 때문에, 6식과 구유하는 근 중 어느 하나에 소속되어 있기 때문에. (유) 마치 안근 등과 같이.53)

앞에서 소개한 바 있듯이 호법이 주장하는 '식의 사분설'에서는, 상분(相分)과 견분(見分)과 자증분(自證分)과 증자증분(證自證分) 중 상분은 견분에 대한 소연(所緣)이 되며, 견분은 상분에 대해서는 능연(能緣), 자증분에 대해서는 소연이 되고, 자증분은 견분에 대해서는 능연, 증자증분에 대해서는 소연이 되며, 증자증분은 자증분에 대해서는 능연과 소연이 모두 된다고 말한다.54) 이렇게 4가지 측면으로 분화(分化)되는 식(識)이란 '심왕과 심소'를 가리킨다. 그런데 이런 심, 심소가 제6 의식의 구유근, 즉 '적대자가 생각하는 의근'에 소속되어 있지 않다면 의근은 능연성을 갖지 못하게 된다. 적대자는 이를 논증하는 것이다. 이는, "마치 육식과 구유하는 근 중 하나인 안근에 심, 심소가 소속되어 있지 않기에 능연성이 없듯이, 육식과 구유하는 근 중 하나이면서 심, 심소가 소속되어 있지 않은 제6 의식 역시 능연성이 없어야 한다."라는

---

53) 有破此宗 立比量云 意識俱有根 定非能緣性 六識心心所之所不攝故 六識俱有根隨一所攝故 如眼根等.
54) 『成唯識論』, 대정장31, p.10b.

귀류적 논증이다. 그리고 적대자의 이런 귀류적 논증은 다음과 같
이 정리된다.

〈논증식5〉
(종) 의식(意識)의 구유(俱有)하는 근(根)은 결코 능연성(能緣性)이 아니
다.
(인) 6식(六識)의 심과 심소가 소속되어 있지 않기 때문에, 육식과 구유하
는 근 중 어느 하나에 소속되어 있기 때문에.
(유) 마치 안근(眼根) 등과 같이.

⑥ 적대자의 논증식에 대한 원효의 비판

그러나 이런 적대자의 비판은, 앞에서 살펴보았듯이 의근(意根)
의 정체에 대한 무지에서 비롯된 것이다. 원효는 이어서 다음과
같이 비판한다.

그런 주장에서는 거꾸로 법처(法處)에 소속된 색법(色法)을 의(意)라고 보
기에 이런 비판을 하는 것이다. 이런 비판은 대승의 모든 주장을 파괴하게
된다. 그러나 이 경우[= 법처소섭색을 의근이라고 볼 경우] 상위결정(相違
決定)의 오류가 발생하게 된다. 이는 다음과 같이 작성된다. (종) 의근(意
根)은 결코 색성(色性)이 아니다. (인) 유분별식(有分別識)이 함께 의지하
지 않기 때문에. (유) 마치 제6식과 구유(俱有)하는 '작의(作意)' 심소와
같이. 이런 식의 동등한 비판으로 인해 그런 인(因)은 부정인(不定因)이
되고 만다. 이상 다섯 가지 양(量).[55]

---

55) 彼宗反以法處所攝色法爲意 故作是難 此難通破大乘諸宗 然有相違決
定過生 謂立意根必非色性 有分別識不共依故 如第六識俱有作意 由此
等難 彼因不定 四量.

〈논증식5〉에 기술된 '의식의 구유하는 근'이라는 표현에서 볼 수 있듯이 적대자는 의식은 '의식과 공존하는 근'도 갖는다고 생각한다. 그리고 의식이 이렇게 의근과 공존하기 위해서는 눈, 귀, 코 등의 다른 5색근과 마찬가지로 색법으로 이루어진 색근(色根)이어야 할 것이다. 그런데 의근은 눈, 귀, 코 등의 다른 5근과 달리 우리 눈에 보이지 않는다. 따라서 의근은 겉으로 드러나지 않는 무표색(無表色), 즉 '법처에 소속된 색'(法處所攝色, 법처소섭색)이어야 할 것이다. 적대자의 이런 주장은 다음과 같은 논증식으로 정리된다.

> (종) 의근은 색성이다.
> (인) 식(識)과 공존하기 때문에
> (유) 마치 안근 등과 같이

그러나 의근이 법처소섭(法處所攝)의 색성(色性)이라는 적대자의 이런 주장은 다음과 같은 논증식으로 인해 상위결정의 오류에 빠지고 만다.

> (종) 의근(意根)은 결코 색성이 아니다.
> (인) 유분별식(有分別識)이 함께 의지하지 않기 때문에.
> (유) 마치 제6식과 구유하는 '작의' 심소와 같이.

적대자는 의근이 제6 의식과 공존하는 것이기에, 다른 5근과 마찬가지로 색법으로 이루어진 것이라고 한다. 그러나 의근은 안근이나 이근 등 다른 5근과 달리 우리의 유분별식에 의해 파악되지 않는다. 즉, 의근은 우리 눈에 보이지 않는다. 제6 의식과 공존하지만 우리의 유분별식에 의해 파악되지 않는 것으로 '작의(作意)' 등의 심소법56)을 들 수 있다. 따라서 의근이 '작의 심소'와 같이 유분별식에 의해 파악되지 않기 때문에 색성이 아닌지, 아니면 다른 5근과 같이 제6 의식과 공존하는 것이기에 색성인 것인지 불분명하다. 원효는 의근이 유분별식에 의해 파악되지 않는다는 점을 들어 적대자의 귀류적 〈논증식5〉를 상위결정의 부정인의 오류에 빠뜨리는 것이다.

　마지막에 쓰인 '다섯 가지 양(量)'이란 ① 아뢰야식에 구유소의가 있음을 증명하는 〈논증식1〉, ② 〈논증식1〉을 상위결정의 오류에 빠뜨리는 〈논증식2〉, ③ 제7 마나식과 제8 아뢰야식에는 구유하는 소의근이 없음을 증명하는 원효의 〈논증식3〉, ④ 의근에 육식의 심, 심소가 소속되어 있지 않다면 의근은 능연성이 아닌 꼴이 된다는 적대자의 귀류적 〈논증식5〉, ⑤ 의근은 색법이라는 적대자의 주장을 상위결정의 오류에 빠뜨리는 원효의 논증식의 다섯 가지를 의미한다.

3. 기존 해석의 문제점

　앞에서 말했듯이『판비량론』제10절에 대한 심도 있는 연구는 후키하라쇼신과 신현숙에 의해 이루어진 바 있다. 본고에서는 이중 후키파라쇼신의 연구에서 잘못되었던 점을 지적해 보고자 한다.

---

56) 遍行 심소의 하나로『成唯識論』에서는 이에 대해 다음과 같이 설명한다: 作意謂能警心爲性　於所緣境引心爲業　謂此警覺應起心種引令趣境故名作意(『成唯識論』(『대정장』31, p.11하)).

〈원문 복원의 잘못〉

제10절에 대한 필자의 교정본은 후키하라쇼신의 복원문과 두 군데서 차이가 난다. 앞에서 1/4에 위치한 '약언자해고불성난(若言自害故不成難)'의 '해(害)'자를 후키하라쇼신은 판독불능자로처리하며, 끝에서 1/5에 위치한 '차난통파대승제종(此難通破大乘諸宗)'의 '난(難)'자를 후키하라쇼신은 '진(塵)'자로 복원한다. 필자는 최범술본과 『한국불교전서』를 대조하며 이를 교정하였다.

〈해석의 차이〉

후키하라쇼신과 필자의 해석은 세 곳에서 차이가 난다.

① 첫째는 '아뢰야식은 구유소의를 갖는다'는 『성유식론』의 〈논증식1〉을 상위결정의 오류에 빠뜨리는 다음과 같은 〈논증식2〉에 대한 것이다.

〈논증식2〉
(종) 아뢰야식은 결코 구유소의(俱有所依)를 갖지 않아야 한다.
(인) 근본적인 것이기 때문에
(유) 마치 진여(眞如)와 같이

후키하라쇼신은, '원효가 제8식에 구유소의가 없다는 난타(難陀)의 이론에 동조하였다'고 주장하지만, 〈논증식2〉는 다만 〈논증식1〉[57]을 상위결정의 오류에 빠뜨리기 위한 목적에서 작성된 것

---

57) 본문 내용 참조.

일 뿐이다. 그리고 나중에 제시되는 〈논증식3〉과 관계된 논의에서 보듯이 원효는 난타와 달리 '구유소의'가 아니라 '구유소의근'의 존재를 부정하고 있다. 『판비량론』에서 원효는 간혹 어떤 주장을 내세우기도 하지만, 대부분의 경우 현장이 소개한 유식계통 논서에서 발견되는 논증들의 타당성만 부정할 뿐이다.

② 둘째는 다음 문장에 쓰인 '상위(相違)의 오류'의 의미에 대한 해석이다.

> 若難此因有相違過 能成七八非能緣性 如眼根等 此亦不然
> 만일 '여기서 사용된 인(因)은 상위(相違)의 오류를 갖는다. "(종) 제7식과
> 제8식은 능연성(能緣性)이 아니다. (유) 마치 안근(眼根) 등과 같이"라는
> 점을 입증하게 된다'고 비판한다면 이 역시 옳지 못하다.

여기서 말하는 '상위(相違)의 오류'를 필자는 유법차별상위(有法差別相違)의 오류로 해석하는 반면 후키하라쇼신은 '상위결정(相違決定)의 오류'로 해석한다.[58] 어느 것이 옳은지 확인하기 위해, 이 문장에서 비판의 대상으로 삼은 논증식과 상위의 오류를 지적하는 논증식을 모두 기술해 보면 다음과 같다.

> 〈논증식A〉(비판의 대상으로 삼은 〈논증식3〉)
> (종) 제8 아뢰야식과 제7 마나식에는 결코 구유하는 소의근이 없어야 한
>   다.
> (인) 6식성에 속한 것이 아니기 때문에.
> (유) 마치 안근과 같이.

---

58) 富貴原章信, 앞의 책, p.49.

그리고 상기한 적대자의 상위의 비판은 다음과 같다.

〈논증식B〉(〈논증식3〉에 대한 상위의 논증식)
(종) 제7식과 제8식은 능연성(能緣性)이 아니다.
(인) (생략되어 있음)
(유) 마치 안근 등과 같이

만일 후키하라쇼신이 해석하듯이 〈논증식B〉가 〈논증식A〉에 대한 상위결정의 논증식이라면, 〈논증식B〉의 주장명제(宗, 종)가, '제8 아뢰야식과 제7 마나식에는 구유하는 소의근이 반드시 있어야 한다'로 되어 있어야 할 것이다. 왜냐하면 상위결정이란 '동등한 타당성을 가진 상반된 주장을 담은 논증식'을 의미하기 때문이다. 그러나 〈논증식B〉의 주장명제는 '제7식과 제8식은 능연성(能緣性)이 아니다'이다. 따라서 '상위의 오류'가 '상위결정의 오류'를 의미하는 것일 수는 없다. 필자가 앞에서[59] 설명한 바 있듯이 이는 '유법차별상위의 오류'를 의미한다. 이에 대한 부연설명은 생략한다.

③ 후키하라쇼신의 해석과 필자의 해석 간의 또 다른 차이는 다음과 같은 문장 중에 기술된 '법처소섭(法處所攝)'의 의미에 대한 것이다.

若望心所 但是所依非所依根 法處所攝 不待根故
심소(心所)의 경우 이는 소의(所依)일 뿐 소의근(所依根)이 아니다. 법처

(法處)에 속한 것들은 근(根)에 의존하지 않기 때문이다.

여기서 말하는 '법처에 속한 것들'을 후키하라쇼신은 '법처에 속한 색'이라고 해석한다.[60] 그러나 필자가 본고 각주 46)에서 밝혔듯이 이는 '심소법과 심불상응행법과 무위법'을 의미한다.

Ⅲ. 종합적 고찰

『판비량론』제10절에서 논의되고 있는 내용은 크게 두 부분으로 나누어진다. 첫째는 아뢰야식이 구유소의(= 공존하는 의지처)를 갖는다는『성유식론』의 진술에 대한 원효의 비판과 그를 둘러싸고 벌어질 수 있는 논쟁에 대한 것이고, 둘째는 전6식은 물론이고 제7 마나식과 제8 아뢰야식을 포함한 모든 심, 심소는 구유근(= 공존하는 의지처로서의 근)을 갖는다는『성유식론』의 진술에 대한 원효의 비판과 논쟁에 대한 것이다.

전자의 경우, 원효는『성유식론』의 진술을 상위결정의 부정인으로 몰고 갈 뿐 어떤 결론을 내리지 않는다. 즉, "아뢰야식은 구유소의를 갖는다."는『성유식론』의 논증만 비판할 뿐이지, "아뢰야식이 구유소의를 갖지 않는다."라는 상위결정의 주장명제를 옹호하는 것이 아니다. 그런데 후자의 논의는 전자와 성격이 다르다. 원효는 제7 마나식과 제8 아뢰야식에 구유소의근이 없음을 논증한다. 이는 "제7 마나식은 구유근에 의지한다."라거나 "모든 심, 심소는 구유근을 갖는다."라는『성유식론』의 주장을 비판하기 위

---

60) 富貴原章信, 앞의 책, p.50.

한 논의였다고 볼 수 있다. 총6식에 대해 논의하는 『구사론』에서는 제6 의식의 근, 즉 의근(意根)은 '전 찰나의 의식'이라고 말한다. 이를 『성유식론』에서는, '다음 찰나의 의식이 전개되도록 인도해 주는 근'이란 의미에서 '개도근(開導根)'이라고 부른다. 또 『유가사지론(瑜伽師地論)』의 경우도 '등무간연(等無間緣)으로서의 6식'을 의근(意根)이라고 간주할 뿐 색근(色根)으로서의 의근을 말하지는 않는다. '등무간연으로서의 6식' 역시 그 의미상 개도근에 해당한다. 이렇게 『구사론』이나 『유가사지론』에서는 '전 찰나의 의식'에 해당하는 '개도근으로서의 의근'만 말할 뿐이며 '구유근으로서의 의근'의 존재는 언급하지 않는다. 그러나 이와 달리 『성유식론』에서는 "심, 심소는 개도근과 구유근을 모두 갖는다."라고 설명한다. 다시 말해 "전(前) 6식은 물론이고 제7식과 제8식 또 그에 수반되어 발생하는 모든 심소법들이 개도근은 물론이고 구유근도 갖는다."라는 것이다. 그러나 원효는 모든 심, 심소 중 '심소법과 제7식, 제8식'은 구유근을 갖지 않는다고 주장하며 이를 논증한다. 아울러 원효는, 모든 심, 심소가 구유근도 갖는다는 적대자의 오해는 의근을 무표색(無表色)으로 착각한 데서 비롯된 것이라고 간파해 낸다. 『판비량론』 제10절의 후반 논의를 통해 원효는 의근을 구유근으로 간주하는 『성유식론』의 잘못된 교학을 비판함과 아울러 그런 오해가 발생한 이유에 대해서도 상세하게 설명하고 있는 것이다.

– 『불교학보』, 39권, 2002년

원효 저 『판비량론』의 대승불설 논증

승군의 대승불설 논증에 대한 현장의 비판과 원효의 개작

Ⅰ. 서론

　인도 유학승 현장의 문하에 들어가기 위해 입당 유학길에 올랐
다가 대오하여 유심게(唯心偈)[1]를 읊으며 발길을 돌렸던 원효(61

---

[1] '마음이 일어나니 만사가 생겨나고, 마음이 사라지니 토감과 고분이 다
르지 않구나. 또, 삼계가 오직 마음뿐이고 만법이 모두 인식의 소산이
라 마음 바깥에는 아무 것도 없는데 어찌 따로 구하겠는가?' 나는 당나
라에 들어가지 않겠다(心生故種種法生　心滅故龕墳不二　又三界唯心萬
法唯識　心外無法胡用別求　我不入唐): 『宋高僧傳』, 大正藏50, p.729a.

7-686)는 그 10여 년 후 행명사(行明寺)에서, 자신이 흠모했던[2]
삼장법사 현장과 그 문하생들의 학문에 대한 정교한 비판을 담은
『판비량론』을 탈고하였다.[3] 『판비량론』에서 원효는, 현장이 신봉
했던 호법(護法)의 사분설(四分說)이 범하는 논리적 오류를 지적
하였고,[4] 인명학의 난제였던 제5구인(第五句因)의 문제와 상위결
정인(相違決定因)의 문제에 대해 명쾌한 해답을 제시하였으며[5],
대승유식에서 말하는 제8 아뢰야식의 존재를 증명하는 논증식을
고안해 보이기도 하였다.[6][7] 그러나 『판비량론』의 테마 가운데 현
장의 학문에 대한 원효의 공격이 가장 극명히 드러나 있는 것은
'유식비량' 및 '승군비량'과 관계된 논의들이다. 이 두 가지 논의
모두 현장이 직접 고안했던 논증식을 비판의 대상으로 삼고 있는
데, 현장이 역출했던 논서들을 통해 인명학을 공부했던 원효가,
인명학을 잣대로 삼아 도리어 현장의 잘못을 지적하며 가르치려

---

2) 慕奘三藏慈恩之門 厥緣旣差息心遊往: 大正藏50, 「黃龍寺 元曉傳」, 『
   宋高僧傳』, p.730a.
3) 『판비량론』 말미의 회향게에 탈고일자가 기록되어 있다: 證成道理甚難
   思 自非笑却微易解 今依聖典擧一隅 願通佛道流三世 判比量論 一卷
   釋元曉述 咸亨二年 歲在辛未 七月十六日 住行名寺 着筆租訖(증성의
   이치에 대해 생각하는 일은 지극히 어렵지만, 내 웃으며 밀쳐버리지 않
   고 조금이나마 쉽게 풀어, 이제 성스러운 불전에 의지해 그 일부를 제
   시하니, 불도가 소통되어 언제나 계속되기를 바라옵니다. 判比量論 1
   권, 釋元曉 지음. 함형 2년, 즉 신미년, 7월 16일. 행명사에 머물며 붓
   을 잡아 부담스럽던 일을 끝마치다).
4) 『판비량론』 제8절.
5) 『판비량론』 제11, 12절.
6) 『판비량론』 제9절. 이에 대해서는 졸고, 「원효 저 판비량론 제9절의
   재검토」(『한국불교학』 제32집, 2002년 6월) 참조.
7) 이 모든 내용에 대해서는 「원효의 판비량론」(불교원전연구 제2호, 동국
   대불교문화연구원, 2001)이나, 2003년 4월 중순 출간될 예정인 '졸저,
   『원효의 판비량론 연구』'를 참조하기 바람.

했다는 점에서 우리의 흥미를 끈다.[8] 필자는 이 중 유식비량과 관계된 단편들을 수집, 번역하고 그 의미를 분석한 후 원래의 모습으로 재배열하여 「원효 저 『판비량론』의 산일부 연구Ⅰ」이란 제목의 논문으로 발표한 바 있다.[9] 본고에서는, '승군비량과 관계된 논의'에 대해 조명해 보고자 한다.

지금까지 승군비량과 관계된 『판비량론』의 산일문에 대해 연구한 학자는 일본의 후키하라쇼신뿐이었다.[10] 그의 연구는, 산일문을 수집한 후 그에 대해 1차적으로 번역하고 해석했다는 점에서 가치를 갖긴 하지만, 각 논증의 타당성에 대한 심도 있는 검토가 결여되어 있다.

필자는 규기(窺基, 632-682)의 『인명입정리론소(因明入正理論疏)』와 원효의 『판비량론』을 자료로 삼아, 승군의 대승불설 논증이 고안되기까지의 과정, 그에 대한 현장의 비판, 현장이 새롭게 고안한 논증식의 의미, 현장의 논증식에 대한 원효의 비판, 원효가 새롭게 고안한 논증식의 의미에 대해 분석해 보았다. 아울러 대승불설 논증과 관계된 다른 단편 한 가지에 대해서도 그 의미를 분석, 소개하였다.

---

8) 이 두 가지 논의 모두 일본 학승 善珠(724-797)의 『因明論疏明燈抄』와 藏俊(1104-1180)의 『因明大疏抄』(大正藏68) 등에 인용된 모습으로 현존한다.

9) 이에 대해서는 졸고, 「원효 저 판비량론의 산일부 연구Ⅰ - 유식비량과 관계된 산일부의 수집과 해석과 복원」(『한국불교학』 제33집, 2003년 2월)을 참조하기 바람.

10) 富貴原章信, 「判比量論の硏究」(神田喜一朗 編, 『판비량론』, 東京, 便利堂, 1967), pp.72-67.

Ⅱ. 대승불설을 증명하는 『섭대승론석』의 논증식과 승군비량

1. 『섭대승론석』의 논증식에서 발생하는 논리적 오류

무착(無着, Asaṅga: 395-470 경)의 『섭대승론』에 대한 무성(無性, Asvabhāva)의 주석서인 『섭대승론석(攝大乘論釋)』에는 다음과 같은 구절이 있다.

> (종1) 대승의 가르침은 진정한 불어(佛語)이다. (인1) 보특가라(pudgala)가 무아(無我)인 점에 위배되지 않기 때문에. (종2) 아뢰야식은 능전(能詮)의 가르침이다. (인2) 칭(稱)하는 소전(所詮)의 이치가 부처님께서 설하신 것이기 때문에. (유1) 마치 '찰라적으로 신속히 소멸한다'는 등을 설하는 말씀과 같이. (유2) 마치 부처님의 다른 말씀과 같이.11)

규기는 이런 『섭대승론석』의 문장 중 종1, 인1, 유2¹²)를 조합하여 논증식으로 재구성한 후 이를 『섭대승론』의 설로 간주하며 다음과 같이 말한다.

> 『섭대승론』에서는 다음과 같이 설한다.

---

11) 大乘教眞是佛語 一切不違補特伽羅無我性故 阿賴耶識能詮之教 稱所詮義佛所說故 如說刹那速滅等言 如佛餘言(無性, 『攝大乘論釋』, 大正藏31, p.396c).

12) 『攝大乘論釋』에서 말하는 '부처님의 다른 가르침'은 아함경을 의미하기에 窺基는 喩를 '『증일아함경』 등과 같이'로 풀어쓴다.

(종) 대승경전들은 모두 불설(佛說)이다.
(인) 보특가라[人我, 인아]가 무아(無我)인 이치에 위배되지 않기 때문에
(유) 마치 『증일아함경』 등과 같이13)

『섭대승론석』에서의 '대승의 가르침'(大乘敎, 대승교)이라는 표현이 '대승경전'(大乘經, 대승경)으로 바뀌어 있고, 불어(佛語)라는 표현이 불설(佛說)로 바뀌어 있는데, 이런 다른 표현들에 특별한 의미가 있는 것은 아니다. '대승의 가르침'은 '대승경전'과 혼용될 수 있고, '불어'는 '불설'과 혼용될 수 있다.

그런데 『섭대승론석』에서 채취된 이 논증식은 논리적 오류를 범하고 있다. 사인(似因) 중 하나인 수일불성(隨一不成)14)의 오류에 빠져 있는 것이다. 소승측에서는 대승의 가르침이 무아의 이치에 위배된다고 생각한다. 왜냐하면 소승측에서는 '대승에서는 상주하는 자아가 있다고 설한다'고 보기 때문이다.15) 또 설혹 대승의 가르침이 무아의 이치와 위배되지 않는다고 해도 상기한 논증

13) 攝大乘論說 諸大乘經 皆是佛說 一切不違 補特伽羅 無我理故 如增一等(窺基, 『因明入正理論疏』, 卍續藏86, p.756a / 大正藏44, p.121a).
14) 『因明入正理論』에서는 似因 중 하나인 '隨一不成因'에 대해 다음과 같이 설명한다: "만들어진 것이기 때문에'라는 것은 성현현론자(聲顯現論者)들에 대해서는 '어느 한쪽에 대해 불성립인 것(隨一不成)'이다'(所作性故 對聲顯論 隨一不成 / kṛtakatvād iti śabdābhivyaktivādinaṃ praty anyatarāsiddhaḥ//). 여기서 말하는 논증식 전체는 다음과 같다: '(종) 소리는 무상하다. (인) 만들어진 것이기 때문에'. 그런데 聲常住論을 주장하는 성현현론자의 입장에서는 소리가 만들어진 것이라는 점을 인정하지 않는다. 즉, 여기에 사용된 因은 立論者만 인정할 뿐, 대론하는 敵對者는 인정하지 않는다. 입론자와 적대자가 공히 인정하는(立敵共許) 因이 될 수가 없다. 그래서 '어느 한 쪽에 대해 불성립인 것'(隨一不成)이라고 설명하는 것이다.
15) … 他宗不許 大乘不違 無我理故 說有常我 違眞理故 …: 窺基, 『因明入正理論疏』, 卍續藏86, p.756a / 大正藏44, p.121b.

식은 부정인(不定因)의 오류를 범하게 된다. 육족론(六足論)16)은 후대에 작성된 아비달마 논서이기에 불설이 아니지만, 그 가르침은 보특가라[pudgala: 인아(人我), 개아(個我)]가 무아인 이치에 위배되지 않기 때문이다. 그래서 상기한 논증식은 동품유(同品有), 이품유(異品有)인 공부정인(共不定因)의 오류를 범하는 것이다. 이는 다음과 같이 검증된다.

> 동품정유성의 검토: 불설(佛說, 동품) 중에 보특가라가 무아인 이치에 위
> 　배되지 않는 것이 있는가? → 있다(유): 『중일아함경』
> 이품변무성의 검토: 불설이 아닌 것(이품) 중에 보특가라가 무아인 이치에
> 　위배되지 않는 것이 있는가? → 있다(유): 육족론

　그래서 현장의 스승이었던 승군은, 이러한 논리적 오류를 범하지 않으면서 대승이 불설임을 입증할 수 있는 논증식을 새롭게 고안하였던 것이다.

2. 승군(勝軍)이 새롭게 고안한 논증식

　현장은 장안을 떠난 후 약 4년째 되는 해에 마가다국의 나란다사(Nalanda寺)에 머물며 약 5년간 범어와 인명학을 연구한다. 그리곤 마가다를 떠나 동인도 참바를 거쳐 카마루파국으로 갔다가 다시 남하하여 칼링가, 닥스나코살라, 안드라, 드라비다 등의 남인도를 거쳐 서인도로 나와 약 3년 후 다시 마가다국에 돌아와 반

---

16) 有部의 아비달마 논서 중 六足論이라고 불리는, 『品類足論』, 『識身足論』, 『法蘊足論』, 『施設論』, 『界身足論』, 『集異門足論』을 말한다.

야발타라로부터 인명(因明)을 배운 후 승군(勝軍, Jayasena)[17]의 문하에 들어가 『유식결택론(唯識決擇論)』과 『무외론(無畏論)』, 『부주열반론(不住涅槃論)』, 『십이인연론(十二因緣論)』, 『장엄경론(莊嚴經論)』 등을 배우고 유식과 인명 등에 관한 의문점을 물어 그것을 통달하게 된다.[18] 그런데 현장의 스승이었던 승군은, 대승 불설을 증명하는 『섭대승론석』의 논증식을 개량하여 대승이 불설임을 입증하는 다음과 같은 논증식을 고안한다.

> 諸大乘經 皆佛說 兩俱極成非諸佛語所不攝故 如增一等阿笈摩
> (종) 대승경전들은 모두 불설이다.
> (인) 양측 모두 인정하는 〈불어들이 아닌 것〉에 포함되지 않기 때문에[19]
> (유) 증일 등의 아함경과 같이[20]

이 논증식에서 인(因)으로 사용된 '양측 모두 인정하는 〈불어가 아닌 것〉에 포함되지 않기 때문에'라는 말은 '입론자와 적대자 모두 인정하는 〈불어가 아닌 것〉에 포함되지 않는다는 점'을 의미한다. 규기의 설명에 의하면, 승군이 이렇게 독특한 인을 고안했

---

17) 勝軍은 蘇剌佗國 사람으로 安慧로부터 聲明과 대소승의 논서를 배웠고, 戒賢으로부터 『유가론』과 함께 『베다』와 천문, 지리, 의술 등을 모두 배운 바 있다(『大唐大慈恩寺三藏法師傳』, 大正藏50, p.244a).
18) 武邑尙邦, 「中國의 因明思想」, 三枝充悳 편, 심봉섭 역, 『인식론·논리학』, 불교시대사, p.310.
19) 원문은 다음과 같은 두 가지 의미로 해석될 수 있다. 첫째는, '〈양측 모두 인정하는 佛語들〉이 아닌 것에 포함되지 않기 때문에'이고, 둘째는 '양측 모두 인정하는 〈佛語들이 아닌 것〉에 포함되지 않기 때문에'이다. 첫째와 같이 해석할 경우 '소승 삼장'을 의미하게 되어 논증식의 喩가 무의미해 진다. 따라서 두 번째 해석이 옳다.
20) 窺基, 『因明入正理論疏』, 卍續藏86, p.756a / 大正藏44, p.121b. 『판비량론』에서 元曉는 이를 다음과 같이 인용한다: 諸大乘經 是佛所說 極成非佛語之所不攝故 如阿含經.

던 것은 외도나 육족론 등의 가르침을 배제시키기 위한 것이었
다.21)『섭대승론석』에 제시되었던 논증식의 경우, 육족론의 실례
로 인해 이품유(異品有)가 되어 공부정인(共不定因)의 오류를 범
하고 말았는데, 위와 같이 논증식을 작성할 경우, 이품인 육족론
이 인을 충족시키지 못하기에 이품무가 되어 부정인의 오류에 벗
어날 수 있다고 승군은 생각했던 것이다. 이런 승군의 논증은 이
중부정을 통한 '직접추리'와 유사하다. 승군비량(勝軍比量)에 사용
된 인(因)의 이품변무성은 다음과 같이 검증된다.

> 이품변무성의 검토: 불설(佛說)이 아닌 것 중에 '양측 모두 인정하는 〈불
> 어(佛語)가 아닌 것〉에 포함되지 않는 것'이 있는가? → 없다.

　대승과 소승 '양측 모두 인정하는 〈불어가 아닌 것〉'으로 우리
는 '육족론' 등을 들 수 있다. 대승측에서는 대승경전과, 아함경
등을 불어라고 간주하고, 소승측에서는 아함경 등을 불어라고 간
주한다. 대승측에서 불어라고 간주하는 것을 M, 소승측에서 불어
라고 간주하는 것을 H라고 부호화할 경우, 승군비량에서 말하는
'양측 모두 인정하는 〈불어가 아닌 것〉'이라는 표현은 'not (M a
nd H)'가 아니라 'not (M or H)'라는 의미이다. 즉, "〈대승이
인정하는 불어〉이면서 〈소승이 인정하는 불어〉"가 아닌 것'이 아
니라 "〈대승이 인정하는 불어〉이거나 〈소승이 인정하는 불어〉"
가 아닌 것'을 의미한다. 다시 말해 '〈대승이 인정하는 불어가 아
닌 것〉이면서 〈소승이 인정하는 불어가 아닌 것〉'[(not M) and

---

21)　兩俱極成非佛語所不攝者　立敵共許非佛語所不攝　卽非外道及六足等
　　教之所攝故: 窺基, 위의 책, 卍續藏86, p.756a / 大正藏44, p.121b.

(not H)]을 의미한다. 그리고 이는 다음과 같이 도시된다.

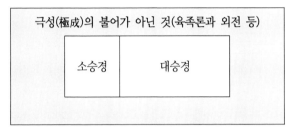

현장에게 비친 승군의 경전관

　대승에서는 육족론과 외전 등을 '불어가 아닌 것'으로 보고, 대승경과 소승경(= 아함경 등)을 불어로 간주한다. 한편 소승에서는 소승경만 불어로 간주하고, 육족론과 외전, 그리고 대승경을 불어가 아닌 것으로 본다. 따라서 대승과 소승 '양측 모두 인정하는 〈불어가 아닌 것〉'은 위의 도해 중 바깥 부분에 해당하며, '양측 모두 인정하는 불어가 아닌 것에 포함되지 않는 것' 중에는 '소승경'은 물론이고 '대승경'도 포함된다. 승군비량의 인(因)에 부가된 '양측 모두 인정하는'이라는 단서는, 이품 중 인(因)을 충족시키는 사례에서 육족론을 제외하는 기능을 하게 된다. 이러한 승군의 비량이 발표되자 오래 동안 이를 힐난하는 사람이 없었다.[22]

Ⅲ. 승군비량에 대한 현장의 비판

---

22) 時久流行 無敢徵詰: 窺基, 위의 책.

승군(勝軍)에게 인명학을 배우고 있던 현장은 『발지경』을 예로
들어 승군의 논증식에 부정인의 오류가 있음을 지적한다. 소승인
설일체유부에서는 소승경은 물론이고 『발지경』도 불설이라고 인
정한다. 그러나 승군이 소속된 대승에서는 불설이라고 인정하지
않기에,23) 대승측의 입장에서 볼 때 승군비량은 부정인의 오류를
범하는 것이다. 이런 현장의 경전관을 도시하면 다음과 같다.

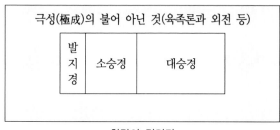

현장의 경전관

그러면 승군비량을 다시 기술한 후 그 타당성을 검토해 보자.

　(종) 대승경전들은 모두 불설이다.
　(인) 양측 모두 인정하는 〈불어들이 아닌 것〉에 포함되지 않기 때문에
　(유) 증일(增一) 등의 아함경과 같이

현장의 경전관에 의거해 승군비량을 해석할 경우, 승군비량은

---

23) '설일체유부의 논사들은 『發智論』을 佛說이라고 인정하며 다른 소승
　과 대승에서도 역시 "양측 모두 인정하는 佛語가 아닌 것"에 포함되지
　않는다고 한다. 어찌 그대의 대승에서 불설이라고 인정하겠는가?'(發智
　論薩婆多師自許佛說 亦餘小乘及大乘者　兩俱極成非佛語所不攝　豈汝大
　乘許佛說耶: 窺基, 위의 책, 卍續藏86, p.756a ／ 大正藏44, p.121b).

비단 대승경전뿐만 아니라, 『발지경』도 불설임을 논증하게 된다. 즉, 대승측에서 볼 때, 불설이 아닌 것도 불설이라고 논증하게 되는 것이다. 왜냐하면 '소승과 대승 양측이 모두 인정하는 〈불어들이 아닌 것〉'은 위의 도식에서 바깥의 채색한 부분에 해당하고, '소승과 대승 양측이 모두 인정하는 〈불어들이 아닌 것〉에 포함되지 않는 것' 중에는 아함경 등의 소승경과 대승경은 물론이고 『발지경』도 들어가기 때문이다. 이런 견지에서 볼 때 승군의 논증식은 부정인의 오류에 빠진다. 그리고 이렇게 '소승측에서 불어로 인정하는 『발지경』'의 존재로 인해 승군비량에서 발생하는 부정인의 오류는 다음과 같이 검증된다.

> 동품정유성의 검토: 불설 중에 '양측 모두 인정하는 불어들이 아닌 것에 포함되지 않는 것이 있는가? → 있다: 증일 등의 아함경
> 이품변무성의 검토: 불설이 아닌 것 중에 '양측 모두 인정하는 불어들이 아닌 것에 포함되지 않는 것이 있는가? → 있다: 『발지경』

이는 동품유, 이품유의 공부정인(共不定因)이다. 『판비량론』에는 승군비량에 대해 현장이 비판했던 과정이 다음과 같이 설명되어 있다.

> 승군논사는 비량을 세워서 다음과 같이 말한다; (종) 대승경전들은 부처님의 가르침이다. (인) 양측 모두 인정하는 부처님의 말씀이 아닌 것에 포함되지 않기 때문에. (유) 아함경과 같이. 이에 대해 소승에서는 다음과 같이 부정인의 오류를 지적한다: 『발지경』과 같은 것은 양측 공히 인정하는 〈부처님의 말씀이 아닌 것〉에 포함되지 않기 때문이다. 그러나 그대[= 대승측]는 부처님의 가르침이라고 인정하지 않기 때문이다. 즉, 『가연경』[=『발지경』]을 설일체유부에서는 부처님의 가르침이라고 인정한다. 경량부

와 대승에서는 부처님의 말씀이 아니라고 말한다. 이로 말미암아 부정인
의 과실에서 벗어나지 못한다.24)

여기서 원효가 말하는 『가연경(迦延經)』의 '가연'은 '신(身)'을
의미하는 범어 'kāya'의 음역어이다. 또, 『발지경』은 『발지론』으
로 볼 수 있는데 『품류족론』, 『식신족론』 등의 여섯 가지 논서는
발(足)과 같이 각론의 기능을 하기에 육족론(六足論)이라고 통칭
하는 데 반해, 『발지론』은 몸(身)과 같이 총론의 역할을 하기에 『
발지신론(發智身論)』이라고 불리기도 한다. 따라서 '신경(身經)'으
로 의역될 수 있는 『가연경(迦延經)』은 『발지경(發智經)』의 이명
(異名)이라고 볼 수 있다.25)26) 어쨌든, 승군비량에서 발생하는 논
리적 오류에 대한 원효의 이러한 지적의 골간은 규기가 『인명입
정리론소』에서 소개하였던 현장의 지적과 차이가 없다. 다만, 『발
지경』, 즉 『가연경』을 비단 대승뿐만 아니라 소승 경량부에서도
불어가 아니라고 주장한다는 점을 덧붙여 설명하고 있을 뿐이다.

Ⅳ. 현장이 개량한 논증식과 그에 대한 원효의 비판

---

24) 判比量云 勝軍論師 立比量言 諸大乘經 是佛所說 極成非佛語之所不
   攝故 如阿含經 此中小乘作不定過 如發智經 極成非佛語之所不攝故 而
   汝不許佛說故 謂迦延經 薩婆多宗許是佛說 經部大乘謂非佛語 由此不
   離不定過失(藏俊, 『因明大疏抄』, pp.449c-450a).
25) 善珠, 『因明論疏明燈抄』, p.345b.
26) 『大品般若波羅蜜多經』을 의역하여 그 用例가 없는 『大慧度經』이라
   고 부르는 데서 볼 수 있듯이, 元曉는 經名을 임의로 바꾸어 부르는 경
   우가 많다.

1. 현장이 개량한 '대승불설을 증명하는 논증식'의 본래 모습은 무엇일까?

이렇게 『발지경』의 존재로 인해 승군비량이 부정인의 오류에 빠짐을 지적한 현장은 승군비량의 인(因)에 단서를 부가하여 부정인의 오류를 범하지 않을 수 있는 논증식을 고안한다. 그런데 문제가 되는 것은 원효와 규기가 소개하고 있는 현장의 논증식이 서로 다르다는 점이다. 원효는 현장의 논증식의 인(因)에 '자허(自許)'라는 하나의 단서가 부가된 것으로 소개하는 반면, 규기는 '자허극성(自許極成)'이라는 두 개의 단서가 부가된 것으로 소개한다. 먼저 원효의 설명을 인용해 보자.

> 현장 삼장은 이런 오류에서 벗어나기 위해 다시 인을 세워 다음과 같이 말한다. (인) '우리측이 인정하는 부처님의 말씀이 아닌 것에 포함되지 않기 때문에'. 이렇게 할 경우 부정인의 오류에서 벗어날 수 있다.[27)]

원효가 『판비량론』에서 소개하는 현장의 논증식의 경우, 승군비량의 주장(종)과 실례(유)는 그대로 두고 인(因)에 '우리측이 인정하는'이라는 단서만 부가되어 있다. 이를 토대로 현장의 논증식을 복원하면 다음과 같다.

(종) 대승경전들은 모두 불설이다.

---

27) 玄奘三藏 爲離此過 更立因言 自許非佛語所不攝故   如是能離 不定過失(藏俊, 『因明大疏抄』, p.450a).

(인) 자허(自許)인[= 우리측이 인정하는] 〈불어가 아닌 것〉에 포함되지 않
기 때문에
(유) 중일 등의 아함경과 같이

그러나 규기의 『인명입정리론소』에 의거할 경우 현장의 논증식
은 다음과 같이 기술된다.

(종) 대승경전들은 모두 불설이다.
(인) 자허극성(自許極成)[28]인 〈불어가 아닌 것〉에 포함되지 않기 때문
에[29]
(유) 중일 등의 아함경과 같이

원효와 달리 규기가 소개하는 현장이 개량한 논증식의 인(因)
에는 '양측 모두 인정하는'(極成)이라는 단서가 추가되어 있다. 어
느 쪽이 현장이 고안했던 논증식일까? 이를 판별하기 위해서는
규기가 소개하는 논증식의 인(因)에 부가된 자허극성의 의미를 풀
이해 보아야 할 것이다. 자허극성은 다음과 같이 두 가지 방식으
로 번역될 수 있다.

① 우리측(W)이 인정하거나(= or) 양측(B) 모두 인정하는: W∪B
② 우리측(W)이 인정하면서(= and) 양측(B) 모두 인정하는: W∩B

여기서 우리측은 대승측을 의미한다. 먼저 ①의 번역이 옳다
고 간주하고 현장의 논증식의 타당성을 검토해 보자. '우리측이

---

28) 이는 앞으로의 논의를 위해 번역을 보류한다.
29) … 由此 大師 正彼因云 自許極成非佛語所不攝故 … (窺基, 『因明入
正理論疏』, 卍續藏86, p.756b / 大正藏44, p.121c.).

인정하거나 양측 모두 인정하는 〈불어가 아닌 것〉'에는 『발지경』과 외전 등이 모두 포함된다. 따라서 인을 의미하는 '우리측이 인정하거나 양측 모두 인정하는 〈불어가 아닌 것〉에 포함되지 않는 것'으로는 승군이 애초에 의도했던 것과 같이 '소승경과 대승경'만 남는다. 한편 ②의 번역이 옳다고 간주할 경우, 인(因)을 의미하는 '우리측이 인정하면서 양측 모두 인정하는 〈불어가 아닌 것〉에 포함되지 않는 것'으로는 '소승경'만 남는다. 따라서 자허극성의 의미는 ①과 같이 번역되어야 한다는 점을 알 수 있다.

그러나 원효는 현장의 논증식을 소개하면서 인에 '우리측이 인정하는'(자허)이라는 단서만 부가할 뿐이다. 그 이유는 무엇일까? 이는 '우리측이 인정하거나 양측 모두 인정하는'이라는 단서는 '우리측이 인정하는'이라는 말과 동치이기 때문이라고 생각된다. '양측 모두 인정한다'는 의미는 '우리측이 인정한다'는 말속에 내포되어 있다. '우리측이 인정하는 〈불어가 아닌 것〉에 포함되지 않는 것' 역시 '소승경과 대승경'뿐이다. 원효는 현장이 고안했던 논증식을 소개하면서 인(因)에 부가된 불필요한 단서인 '양측 모두 인정하는'이라는 말을 제거시켰던 것이다.

2. 현장이 개량한 논증식에 대한 원효의 비판

『발지경』의 존재로 인해 부정인의 오류를 범하게 되는 승군비량을 개량하여 대승불설을 논증하려 했던 현장의 논증식에 대해 소개한 원효는 이어서 이에 대해 다음과 같이 비판한다.

이제 이에 대해 설명해 보겠다. ①그런 인(因)은 다시 상위결정(相違決定)의 오류에 빠진다. 즉, 저들은 다음과 같이 논증식을 세워 말할 것이다. (종) 대승경전들은 궁극적인 가르침이 아니다. (인) 우리측에서 인정하는 불어(佛語)에 포함되지 않기 때문에. (유) 마치 승론(勝論) 등과 같이. ② 여기에 제시된 인(因)에는 부정이 있기도 하다. 마치『증일아함경』등과 같이 우리측이 인정하는 불어가 아닌 것 중에 포함되지 않기 때문에 대승경전들은 궁극적인 가르침에 포함되는가? 마치 色과 香등과 같이 우리측이 인정하는 불어가 아닌 것 중에 포함되지 않기 때문에 대승경전들은 궁극적인 가르침이 아닌 것인가?30)

① 현장의 논증식이 원효가 소개한 것과 동일한 것이라면 원효가 말하듯이 다음과 같은 상위결정의 논증식이 작성 가능하게 된다.

(종) 대승경전들은 궁극적인 가르침(至教量, 지교량)이 아니다.
(인) 우리측[= 소승측]에서 인정하는 불어에 포함되지 않기 때문에.
(유) 마치 승론(Vaiśeṣika) 등과 같이.

승군이나 현장의 논증식에서는 '주장명제의 술어'(법: dharma)가 '불설이다'라고 표현되어 있는데 원효는 이를 '궁극적인 가르침(지교량)이라고 표현하고 있다. 이는『성유식론』에 기술된 다음과 같은 논증에서 채취된 용어인 듯 하다.

---

30) 今謂 此因還有決違(違決) 謂彼立言 諸大乘經 非至教量 自許佛經 (語)所不攝故 如勝論等 又此新因 亦有不定 爲如增一等 自許非佛語所 不攝故 諸大乘經至教量攝 爲如色香等 自許非佛語所不攝故 諸大乘經 非至教量(『판비량론』: 善珠,『因明論疏明燈抄』, p.346b). 藏俊의『因 明大疏抄』(p.550b)에는 밑줄 친 글자가 괄호 안의 글자로 되어 있다.

대승경전들은, 모두 무아의 이치에 부합되고, 육취에 왕래하는 것을 멀리
하여 유전(流轉)을 등지고 환멸(還滅)로 나아가며, 불법승 삼보를 찬탄하
고 외도들을 비난하며, 오온(五蘊) 등의 법을 표방하고 승성(勝性)31) 등을
부정하며, 대승을 좋아하는 사람들이 인정하는 '전도됨 없는 이치를 나타
낼 수 있는 계경(契經)'에 포함되기 때문에, 마치 『증일아함경』 등과 같이,
궁극적인 가르침(지교량)에 포함된다.32)

　『성유식론』의 이어지는 문장에는, 대승이 '불설'임을 논증하는
'미륵의 일곱 가지 인'이 나열되어 있는데서 볼 수 있듯이,33) 『성
유식론』에서는 '궁극적인 가르침'(지교량)과 '불설'이 혼용되고 있
기에, '궁극적인 가르침'(지교량)이라는 원효의 표현은 '불설'이라
는 현장의 표현과 구별되는 특별한 의미를 갖지 않는다고 볼 수
있다.

　어쨌든 현장이 개량한 논증식의 인(因)에 '우리측에서 인정하
는'(自許, 자허)이라는 단서가 부가되어 있기에 소승측에서도 대
승측과 상반된 주장을 담은 위와 같은 상위결정의 논증식을 작성
할 수 있다. 원효는, 현장의 유식비량(唯識比量)을 비판했을 때와
마찬가지로, 소승측에서 제기할 수 있는 상위결정의 논증식을 작
성해 보임으로써 대승불설을 증명하려는 현장(玄奘)의 논증식의
타당성을 비판했던 것이다.

---

31) Pradhāna；'Prakṛti'라고도 부른다. Puruṣa와 함께 상캬(Sāṃkhya) 철
　학의 二元論을 구성하는 根本原質.
32)　諸大乘經皆順無我　違數取趣　棄背流轉趣向還滅　讚佛法僧毀諸外道
　表蘊等法遮勝性等　樂大乘者許　能顯示無顚倒理契經攝故　如增壹等　至
　教量攝(『成唯識論』, 大正藏31, p.14c).
33)　聖慈氏　以七種因　證大乘經　眞是佛說　一先不記故 … 是故大乘眞是
　佛說(『成唯識論』, 大正藏31, pp.14c-15a).

② 원효는 이어서 현장의 논증식이 부정인의 오류 역시 범하게 된다고 비판한다. 그러면, '불어'라는 용어를 '궁극적인 가르침'(지교량)이라는 용어로 대체시킨 현장의 논증식을 다시 기술한 후 원효의 설명에 의거해 그 타당성을 검토해 보자.

> (종) 대승경전들은 모두 '궁극적인 가르침'(지교량 = 불설)이다.
> (인) 우리측에서 인정하는 '불어가 아닌 것'에 포함되지 않기 때문에
> (유) 증일 등의 아함경과 같이

원효는 이에 대해 다음과 같이 비판하며 부정인의 오류를 지적한다.

> 마치 『증일아함경』등과 같이 우리측에서 인정하는 불어가 아닌 것 중에 포함되지 않기 때문에 대승경전들은 궁극적인 가르침에 포함되는가?
> 마치 色과 香등과 같이 우리측에서 인정하는 불어가 아닌 것 중에 포함되지 않기 때문에 대승경전들은 궁극적인 가르침이 아닌 것인가?

이런 원효의 설명은 다음과 같은 검토로 풀이될 수 있다.

> 동품정유성의 검토: 궁극적인 가르침 중에 우리측에서 인정하는 불어가 아닌 것에 포함되지 않는 것이 있는가? → 있다: 『증일아함경』 등
> 이품변무성의 검토: 궁극적인 가르침이 아닌 것 중에 우리측에서 인정하는 불어가 아닌 것에 포함되지 않는 것이 있는가? → 있다: 색과 향 등

대승 공사상의 견지에서 볼 때, 색, 성, 향, 미, 촉, 법과 같은 제법은 부처님의 말씀(불어) 속에 등장하는 것들이긴 하지만 궁극적으로 실재하는 것이 아니다. 무아를 가르치기 위해 도구적으로

설시된 법들일 뿐이다. 따라서 색, 성, 향 등의 제법은 '궁극적인 가르침이 아닌 것'에 속하는 이품(異品)이지만 '대승측에서 인정하는 불어가 아닌 것에 포함되지 않는 것'들이다. 즉, 이품유이다. 이렇게 이품유의 존재로 인해 상기한 논증식에서 부정인의 오류가 발생한다.

지금까지 원효의 설명에 의해 고찰해 보았듯이 현장이 개량한 논증식은 인(因)에 '우리측에서 인정하는'(자허)이라는 단서가 부가되어 있기에, 상반된 주장을 담은 상위결정의 논증식을 초래하게 될 뿐만 아니라, '색, 성, 향' 등의 제법의 존재로 인해 논증식 그 자체도 동품유, 이품유인 공부정인의 오류를 범하게 되는 것이다.

V. 승군비량을 개작한 원효의 이증적 (理證的) 논증식

이어서 원효는 논증식을 하나를 제시하는데 이는 승군비량(勝軍比量)에 기술되었던 주장명제의 일부를 바꾸고 인(因)에 약간의 조작을 가한 것이다. 원효는 다음과 같이 말한다.

> 그러므로 이제 승군논사의 비량을 풀어내어 다음과 같이 말한다. (종) 대승경전들은 올바른 이치에 부합된다. (인) 양측 모두 인정하는[34] '불어가

---

34) 규기는 '極成(prasiddha)' 의미에 대해 다음과 같이 풀이한다: 極者至也. 成者就也. 至極成就故名極成(窺基, 『因明入正理論疏』, 大正藏44, p. 98a). 따라서 '극성'이란 '궁극적으로 성립하는'이라고 풀이할 수 있겠으

아닌 것'에 포함되지 않는 가르침이기 때문에. (유) 마치『증일아함경』등
과 같이. 이와 같이 할 경우, 상위결정에서 벗어나고 또 앞뒤의 갖가지 부
정인의 오류에서 벗어난다.[35]

원효가 제시하는 논증식만 추출하여 기술하면 다음과 같다.

(종) 대승경전들은 올바른 이치에 부합된다.
(인) 양측 모두 인정하는 〈불어가 아닌 것〉에 포함되지 않는 가르침(敎,
    교)이기 때문에.
(유) 마치『증일아함경』등과 같이.

주장명제에서 승군이 기술했던 '불설이다'라는 술어(법, 능별[能
別])를 '올바른 이치에 부합된다'(契當正理, 계당정리)라는 말로
대체하고, '양측 모두 인정하는 〈불어들(諸佛語, 제불어)이 아닌
것〉에 포함되지 않기 때문에'라는 因을 '양측 모두 인정하는 〈불
어가 아닌 것〉에 포함되지 않는 가르침(敎, 교)이기 때문에'라고
바꾸어 놓았다. 원효는 이 경우 상위결정의 오류도 범하지 않고,
부정인의 오류도 범하지 않는다고 주장한다. 그러면 원효가 승군
비량에 토대를 두고 새롭게 고안했던 논증식이 '인(因)의 3상(相)'
중 제2상과 제3상을 충족시키는지 검토해 보자.

나, 이 단어가 논증식에 사용된 경우 '토론하는 양측 모두 궁극적으로
성립한다고 생각하는'을 의미하며 이는 '兩俱極成'의 의미와 차이가 없
기에, 본고에서는 이를 위와 같이 '양측 모두 인정하는'이라고 번역한
다.
35) 是故今箋勝軍比量云 諸大乘經 契當正理 極成非佛語[所]不攝之敎故
如增一等 如是則離相違決定 又離前後 諸不定(過)也(善珠, 『因明論疏
明燈抄』, p.346 / 藏俊, 『因明大疏抄』, pp.549-550). 『因明論疏明燈抄
』에는 [所]가 누락되어 있고, 『因明大疏抄』에는 (過)가 누락되어 있다.

동품정유성의 검토: 올바른 이치에 부합되는 것(동품) 중에 양측 모두 인
　정하는 〈불어가 아닌 것〉에 포함되지 않는 가르침(교)이 있는가? → 있
　다(유): 『증일아함경』
이품변무성의 검토: 올바른 이치에 부합되지 않는 것(이품) 중에 양측 모
　두 인정하는 〈불어가 아닌 것〉에 포함되지 않는 가르침(교)이 있는가?
　→ 없다(無)

　승군이나 현장의 논증식에서와 같이 주장명제의 술어가 경전을 의미하는 '불설'로 되어 있는 경우는 대소승 중의 각 학파마다 불설로 인정하는 경전 목록이 다르기 때문에, 부정인의 오류를 범하게 된다. 그러나 원효가 개작했듯이 '올바른 이치에 부합됨'을 주장명제의 술어로 삼을 경우, 대승경전은 그 가치를 인정받을 수 있다.

Ⅵ. 결론

　『성유식론』에서는 유식교학의 정통성을 두 가지 방식으로 설명한다. 하나는 '아함경 등의 삼장(三藏)'을 전거로 삼는 설명이고, 다른 하나는 '올바른 이치'에 의거한 설명이다. 전자를 교증(敎證)이라고 부르고 후자를 이증(理證)이라고 부르는데, 『성유식론』에서는 대승유식의 가르침이 불설임을 '교증 및 이증'한 후 말미에서는 다음과 같이 노래한다.

　　지금까지 '성스러운 가르침'(성교)과 '올바른 이치'(정리)에 의거하여

유식(唯識)의 성(性)과 (相)의 의미에 대해 분별해 보았으니,
얻은 공덕을 중생들에게 베풀어
모두 함께 조속히 무상(無上)의 깨달음에 오르길 바라노라.36)

　승군은 인(因)에 '양측 모두 인정하는'이라는 단서를 달고 2중
부정을 사용하여 '직접추리'와 유사한 절묘한 논증식을 고안하여
대승경전이 '성스러운 가르침'에 속하는 '경전임'을 논증하려 하였
다. 그러나 현장이 지적하듯이, '설일체유부에서 불어로 간주하지
만 대승에서는 불어로 간주하지 않는 『발지경』'이 있기에 대승의
견지에서 볼 때 승군의 논증식에서는 부정인의 오류가 발생한다.
그래서 현장은 승군의 논증식 중의 인(因)에 부가된 '양측 모두
인정하는'이라는 단서를 '우리측이 인정하는'으로 바꾸게 된다. 그
러나, 원효는 이런 현장의 논증식에서 상위결정인과 부정인의 오
류를 지적한다. 승군과 현장 양자는 대승이 불설임을 교증하려 했
다는 점에서 공통되며 이들의 교증은 모두 논리적 오류에서 벗어
나지 못했다. 이를 지적한 원효는 대승의 진리성을 증명하기 위해
다음과 같은 이증적(理證的) 논증식을 고안하였다.

　　(종) 대승경전들은 올바른 이치에 부합된다.
　　(인) 양측 모두 인정하는 〈불어가 아닌 것〉에 포함되지 않는 가르침(교)이
　　　　기 때문에.
　　(유) 마치 『중일아함경』 등과 같이.

　여기서 원효는 대승이 불설임을 증명하는 일은 대승경전이 부

---

36) 已依聖敎及正理　分別唯識性相義　所獲功德施群生　願共速登無上覺(『
　　成唯識論』, 大正藏31, p.59a).

처의 직설인지 아닌지 여부에 의해 판정되는 것이 아니라, 대승경
전의 가르침이 올바른 이치에 부합되는지 아닌지 여부에 의해 판
정되어야 한다고 말하고 있다. 원효가 말하는 부처는 화신인 석가
모니불이 아니라 법신불(法身佛)이었던 것이다.

Ⅶ. 첨부 – 대승불설 논증과 관계된 그 밖의 단편

대승불설의 논증과 관계된 것으로 생각되는 『판비량론』의 산일
문으로 두 가지를 더 들 수 있는데 하나는 상기한 논의들을 간략
히 요약한 구절이고,37) 다른 하나는 『성유식론』에 기술된 대승불
설 논증에 대해 비판하는 구절이다. 전자에 대해서는 그 전모에
대해 앞에서 상세히 논의했기에 그 설명을 생략하고, 후자에 대해
조명해 보기로 하겠다.

태현(太賢)은 『성유식론학기(成唯識論學記)』에서 다음과 같이
『판비량론』의 일부를 인용하고 있다.

> 『판비량론』에서는 다음과 같이 말한다; '제5인(因)을 논하는 것은 상위결
> 정을 갖는데 이는 다음과 같다. (종) 대승경전들은 궁극적 가르침이 아니
> 다. (인) 소승을 좋아하는 사람들이 인정하지 않는 〈전도됨 없는 이치를

---

37) 判比量云 勝軍量中 三藏所加 亦有相違決定云 大乘教非至教量 自許
非佛語所攝故 亦不爲過 理如前辨 又云 有不定 爲如增一等 自許非佛
語所不攝至教量攝 爲如色等 自許非佛語所不攝 故非至教量 此亦不爾
色等共許是非佛語攝 因於彼無不成不定(작자미상, 『成唯識論本文抄』,
大正藏65, p.525a).

나타내는 계경〉에 포함되기 때문에. (유) 마치 외도의 논서와 같이'.38)39)

여기서 원효가 말하는 '제5인'이 대승경전이 진정한 불설임을 증명하기 위해 미륵이 제시한 7가지 인40) 중 제5인이라고 볼 수 있는데 『성유식론』에서는 이런 제5인에 대해 다음과 같이 설명한다.

> 다섯 번째는 '존재함(有)'과 '존재하지 않음(無有)'에 의거한 설명이다. 만일 대승이 '존재한다면' 이런 대승의 가르침들을 부처님의 교설이라고 믿어야 한다. 이것들(= 대승의 가르침들)을 떠나서 대승은 존재할 수 없기 때문이다. 만일 대승이 '존재하지 않는다면' 성문승의 가르침 역시 존재하지 않아야 한다. 대승에서 떠날 경우 성불할 수 있는 이치가 결코 있을 수 없는데 누가 세상에 나와 성문승을 설하겠는가? 그러므로 성문승은 부처의 교설이며, 대승교가 아니라면 올바른 이치일 수가 없다.41)

그런데 제5인에 대한 이런 설명에서는 원효가 비판하고자 했던 논증식이 추출되지 않는다. 상기한 『판비량론』 인용문에 의거하여

---

38) 判比量云 論第五因 有相違決定云 諸大乘經非至教量 樂小乘者不許顯示無顚倒理契經攝故 如外道論(太賢, 『成唯識論學記』, 『大日本續藏經』 제50권, p.66a / 작자미상, 『成唯識論本文抄』, 大正藏65, p.522).

39) 이 논의가 勝軍比量과 관계된 논의 중 일부로 『판비량론』에 실려 있었는지 여부는 확인할 길이 없으나, 勝軍比量의 경우와 마찬가지로, 대승불설을 입증하는 논증에 대한 元曉의 비판이기에 여기서 함께 고찰하기로 한다.

40) 聖慈氏以七種因證大乘經眞是佛說 一先不記故 … 二本俱行故 … 三非餘境故 … 四應極成故 … 五有無有故 … 六能對治故 … 七義異文故 … 是故大乘眞是佛說(『成唯識論』, 大正藏31, pp.14c-15a).

41) 五有無有故 若有大乘卽應信此諸大乘敎是佛所說 離此大乘不可得故 若無大乘聲聞乘亦應非有 以離大乘決定無有得成佛義 誰出於世說聲聞乘 故聲聞乘是佛所說 非大乘敎不應正理(『成唯識論』, 大正藏31, p.15a).

추정할 경우 비판의 대상이 된 논증식의 주장(宗, 종)은 '대승경전들은 궁극적인 가르침이다'가 되어야 하고, 인(因)에는 '전도됨 없는 이치를 나타내는 계경(契經)에 포함되기 때문에'라는 구절이 포함되어 있어야 하기 때문이다. 그런데 미륵이 제시하는 7가지 인(因)에 대한 소개 바로 앞에 실린 문장에서 원효가 비판하고자 했던 논증식이 채취될 수 있다. 앞에서 소개한 바 있지만 이를 다시 인용해 보자.

> "[종(宗)의 주어(유법, 有法)] 대승경전들은", 모두 무아(無我)의 이치에 부합되고, 육취(六趣)에 왕래하는 것을 멀리하여 유전(流轉)을 등지고 환멸(還滅)로 나아가며, 불법승 삼보를 찬탄하고 외도들을 비난하며, 오온(五蘊) 등의 법을 표방하고 승성(勝性)[42] 등을 부정하며, "(인) 대승을 좋아하는 사람들이 인정하는 '전도됨 없는 이치를 나타낼 수 있는 계경(契經)'에 포함되기 때문에" "(유) 마치『증일아함경』등과 같이" "[종의 술어(법)] 궁극적인 가르침(지교량)에 포함된다".[43]

이 문장에서 쌍따옴표("")로 묶은 문장들을 추려낼 경우 다음과 같은 논증식이 작성된다.

> (종) 대승경전들은 궁극적인 가르침(至教量, 지교량)에 포함된다.
> (인) 대승을 좋아하는 사람들이 인정하는 '전도됨 없는 이치를 나타낼 수 있는 계경'에 포함되기 때문에
> (유) 마치『증일아함경』등과 같이

---

42) Pradhāna; 'Prakṛti'라고도 부른다. Puruṣa와 함께 상캬(Sāṃkhya) 철학의 二元論을 구성하는 根本原質.

43) 諸大乘經皆順無我 違數取趣 棄背流轉趣向還滅 讚佛法僧毀諸外道 表蘊等法遮勝性等 樂大乘者許 能顯示無顚倒理契經攝故 如增壹等 至教量攝(『成唯識論』, 大正藏31, p.14c).

상기한 『성유식론학기』에 인용되어 있는 상위결정의 논증식은 다음과 같이 정리된다.

⒮ ⒨종⒩ 대승경전들은 궁극적 가르침(지교량)이 아니다.
⒨인⒩ 소승을 좋아하는 사람들이 인정하지 않는 '전도됨 없는 이치를 나타내는 계경'에 포함되기 때문에
⒨유⒩ 마치 '외도의 논서'와 같이

이는 분명 상기한 『성유식론』의 인용문에서 추출된 논증식을 상위결정인의 오류에 빠뜨리는 논증식이다. 『성유식론학기』에 인용된 원효의 상위결정의 논증식은 미륵의 제5인에 기술된 논증이 아니라, 그 앞의 문장에서 추출된 논증식을 비판하기 위해 작성되었다. 비판의 대상이 제5인이라고 기술한 것은 원효의 착오라고 볼 수 있다.

『성유식론』에서는, 대승경전이 궁극적 가르침이라는 주장을 증명하기 위해 고안된 인(因)에 '대승을 좋아하는 사람들이 인정하는'이라는 단서를 부가하고 있는데, 『판비량론』을 통해 원효는 '바로 이런 단서로 인해 이와 상반된 주장을 담은 논증 역시 소승 측에 의해 작성될 수 있다'는 점을 지적하였던 것이다.

-『불교학연구』 제6호, 2003

오치아이 소장 『판비량론』 필사본의 교정과 분석

국문초록

　원효의 『판비량론』은 현장이 번역, 소개한 불교인식논리학[因明學] 이론에 근거하여 현장의 학문을 비판하고 재단한다는 점에서 원효의 저술 중에서 독특한 위상을 갖는다. 1967년 일본의 칸다 키이치로가 소장했던 필사본의 일부가 공개되면서 『판비량론』에 대한 본격적인 연구가 시작되었다. 본고에서는 2005년에 일본 학계에 처음 소개된 오치아이히로시가 소장한 『판비량론』 필사본의 해서체 교정본을 수정 보완하면서 그 내용을 분석하였다. 먼저 교정본의 경우 오치아이가 판독하지 못한 글자는 '증(曾)'자임을 확인하였고, 오치아이가 판독에 확신을 갖지 못했던 '결(決)'자와 '환(還)'자를 기존의 필사본의 글자체와 대조하여 옳게 판독했음을 확인하였으며, 필사본 자체의 오사(誤寫) 몇 가지를 바로 잡았다. 오치아이 소장본은 이질적인 두 절을 이어 붙여 한 장으로 만든 것으로 앞부분은 『판비량론』 제6절의 도입부인데 '올바른 인식수단'으로 현량과 비량의 두 가지만 인정하는 진나(陳那)의 현비이량설(現比二量說)에 대한 외도의 비판과 관련된 논의가 실려 있고, 뒷부분에는 삼세실유설(三世實有說)을 둘러싼 설일체유부와 경량부의 논쟁과 관련된 논의가 실려 있음을 확인할 수 있었다.

앞부분에 실린 현비이량설(現比二量說)을 둘러싼 논의의 경우 서두에 육(六)이라는 수자가 씌어 있기에 『판비량론』 제6절의 논의임이 확실한데, 진나의 현비이량설을 비판하기 위해서 외도가 제시한 추론식의 주장명제에 사용된 '비량'의 범위에 대해 원효가 묻는 데에서 자료는 끝나지만, 이런 원효의 물음에 근거하여 이후에 어떤 내용이 논의가 이어졌을지 추정해 보았으며 이는 다음과 같다. 추론식에서 주장명제[宗, 종]의 주어는 불교인식논리학 용어로 '소별(所別)'이라고 불리는데 현량과 비량 이외에 성언량 등도 별도의 인식수단이라고 생각하는 외도가 자신이 생각하는 '좁은 의미의 비량'을 염두에 두고 추론식을 작성한 것이라면 소별의 의미에 대해 토론하는 양측의 의견이 엇갈리기에 '소별불극성(所別不極成)의 오류'에 빠진 추론이 될 것이고, 이와 같은 방식으로 이어지는 논의가 망실된 부분에 실려 있었을 것으로 추정해 보았다. 뒷부분에 실린 삼세실유설을 둘러싼 논의의 경우 분량도 적지만 논의의 말미에 해당하기에 주제도 드러나 있지 않아서 분석에 어려움이 많았는데, 세친의 『아비달마구사론』에서 중현의 『아비달 마순정리론』으로 이어지는 경량부와 설일체유부 간의 삼세실유설 논쟁과 비교하면서 망실된 부분을 복원하여 논쟁을 되살려 보았 다.

Ⅰ. 『판비량론』의 성격과 내용

원효(元曉, 617-686)의 저술 가운데 『판비량론(判比量論)』은 독특한 성격을 갖는다. 『대승기신론소』나 『금강삼매경론』과 같은 불전 주석서도 아니고, 『무량수경종요』나 『열반종요』와 같이 불 전의 핵심을 요약한 저술도 아니다. 현장(玄奘, 602?-664)이 번 역하여 처음 소개한 『인명입정리론(因明入正理論)』과 『인명정리 문론(因明正理文論)』의 불교논리학 이론을 익힌 후 이를 응용하 여 그 원류인 현장의 학문을 재단(裁斷)하고 비판하는 '논쟁의 책'이다. 그 제목이 의미하듯이 '현장의 학문과 관계된 갖가지 비 량(比量)의 타당성을 비판적(批判的)으로 검토하는 독창적 논문집 (論文集)'이다.[1]

원효는 원래 현장의 학문을 흠모하여[2] 의상과 함께 두 차례에 걸쳐 당나라 유학을 시도하였는데 661년에 있었던 두 번째 시도 에서[3] 고분에서 숙박하다가 삼계유심(三界唯心)의 이치를 체득한

---

1) 『판비량론』에 대해 개관하는 본고 제Ⅰ장의 논의 중 많은 부분은 '김 성철, 『원효의 판비량론 기초 연구』(서울: 지식산업사, 2003년)'에 근거 한다.
2) "嘗與湘法師入唐 慕奘三藏慈恩之門 厥緣既差 息心遊往." 『宋高僧傳』 (『大正藏』50, p.730上).
3) 『三國遺事』(『大正藏』49, p.994中).

후 발길을 돌린다.[4] 원효가 『판비량론』을 저술한 것은 그 후 만 10년이 지난 671년으로 원효의 학문이 충분히 무르익었을 나이인 55세 때의 일이었다.[5] 그 동안 현장에 대한 흠모는 비판으로 변하였다. 『판비량론』에서 원효는 현장이 인도 유학 중 고안하여 명성을 날렸던 유식비량(唯識比量)과 대승불설논증(大乘佛說論證)에서 논리적 오류를 지적하며[6] 현장이 번역 소개했던 신역 불전에 실린 추론식의 타당성을 비판한다. 또, 『판비량론』 제11절에 등장하는 추론식에 사용된 '일향리(一向離)'의 의미에 대한 원효의 탁견은 현장의 수제자 규기(窺基, 632-682)[7]를 포함한 그 당시 당(唐)의 인명가 모두의 해석을 능가한다.[8]

인명학(因明學) 이론 가운데 진나(陳那, Dignāga, 480-540경)의 9구인(九句因) 분류에서 '동품변무(同品遍無), 이품변무(異品遍無)'인 '제5구의 인(因)'이 부정인(不定因)임을 논증하고[제11절][9], 현대논리학의 소거법(消去法)을 창안하여 상위결정(相違決定)의 인이 부정인임을 논증한다[제12절][10]. 유식학 이론의 경우

---

4) 『宋高僧傳』(『大正藏』50, p.729上).
5) 『판비량론』의 산일본 가운데 '회향게가 실린 단편' 말미에서 원효는 다음과 같이 적고 있다. "함형(咸亨) 2년[671년], 즉 신미년 7월16일 행명사(行名寺)에 머물면서 붓을 잡아 거칠게 끝마치다(着筆粗訖)." 김성철, 앞의 책, p.70.
6) 앞의 책, pp.109-212.
7) 원명은 '기(基)'.
8) '[宗] 所聞性因是不定攝. [因] 一向離故. [喩] 如共不定.'의 추론식에서 '一向離'의 의미에 대해 문비(文備)와 규기(窺基) 모두 '인(因)의 삼상(三相)' 가운데 '한 가지 상(相)이 결여되어 있다.'고 해석했는데 원효는 이런 해석을 비판하면서 이는 '한 결 같이[一向] 벗어남[離]'이라는 뜻으로 '개동불공(皆同不共)'과 같은 의미라고 주장한다. 현대 불교학의 안목으로 분석해 보면 원효의 해석이 옳음을 할 수 있다. 이에 대한 자세한 분석은 '김성철, 앞의 책, pp.324-326'을 참조하기 바람.
9) 앞의 책, pp.295-326.

호법(護法, Dharmapāla, 530-561)이 주장했던 식(識)의 사분설
(四分說)을 비판하고[제8절][11], 제8식의 존재를 증명하는 추론식
을 고안하며[제9절][12], 아뢰야식과 공존하는 지각기관에 대해 논
의하고[제10절][13], 유식학의 오성각별설(五性各別說)을 비판하는
추론식이 반박 가능함을 보여준다[제13절][14]. 『판비량론』에서 원
효는 창의적 논법으로 인명학이나 유식학 등과 관련된 불교 교학
의 난제들을 능숙하게 해결하며 현장과 그 문하의 학문을 비판한
다.

　원효가 현장의 번역서를 통해 불교논리학을 익힌 후 현장의 학
문을 비판했다는 것은 참으로 불가사의한 일이 아닐 수 없다. 지
금 이 시대의 학문에 빗대어 우화적으로 설명한다면, "독일에 유
학하여 칸트철학을 배운 후 최고의 칸트학자로 명성을 날린 대
(大) 학자[현장]가 한국으로 돌아와 칸트의 저술을 처음 번역하여
소개하면서 칸트철학의 붐을 크게 일으켰는데, 그 번역서를 통해
칸트철학을 홀로 습득한 주변국의 어떤 학자[원효]가 그 거장의
학문을 비판하였고 그 학문의 수준 역시 그를 능가했다."는 얘기
와 다를 게 없다.

　『판비량론』이 원효의 저술 가운데 이렇게 독특한 위상을 갖는
것인데 전문은 망실되었다. 당의 혜소(惠沼, 650-714)가 쓴 『성
유식론요의등(成唯識論了義燈)』, 신라의 태현(太賢, 8세기)이 저
술한 『성유식론학기(成唯識論學記)』, 일본의 경우 선주(善珠, 724

---

10) 앞의 책, pp.327-339.
11) 앞의 책, pp.215-233.
12) 앞의 책, pp.235-250.
13) 앞의 책, pp.251-280.
14) 앞의 책, pp.281-291.

-797)의 『유식분량결(唯識分量決)』과 『인명론소명등초(因明論疏明燈抄)』 및 장준(藏俊, 1104-1180)의『인명대소초(因明大疏抄)』 등 동아시아 학승들의 저술에 인용된 모습으로 그 편린을 찾을 수 있을 뿐이었다.

그러다가 1967년에 칸다키이치로(神田喜一郎)가 자신이 소장했던 『판비량론』 필사본 단편을 영인본으로 출간하면서 국내외 불교학계에서 『판비량론』에 대해 주목하기 시작하였다. 국내에서 2003년에 출간된 『원효의 판비량론 기초 연구』에는 ⓐ'칸다키이치로가 영인본으로 출간한 3장짜리 단편' 이외에 ⓑ'사카이우키치(酒井宇吉)이 소장했던 11행짜리 단편', 그리고 ⓒ'회향게가 실린 단편'의 세 가지가 모두 실려 있다. 이런 필사본에, 앞에서 거론한 동아시아 학승들의 저술에 인용된 『판비량론』의 산일문(散逸文)까지 종합하여 『원효의 판비량론 기초 연구』에 실린 『판비량론』 단편들의 내용을 정리하면 다음과 같다.15)

* 세 가지 필사본

ⓐ 칸다 소장본
제7절의 후반 일부 - 정토의 체는 드러나지 않는다는 조망에 대한 비판
제8절 - 호법의 '식의 4분설'에 대한 원효의 비판
제9절 - 제8식의 존재 증명
제10절 - 아뢰야식의 구유소의와 구유소의근에 대한 원효의 비판
제11절 - 구구인 중 제5구인이 부정인임을 논증함
제12절 - 상위결정인이 부정인임을 논증함
제13절 - 오성각별설에 대한 원효의 재비판
제14절 전반 일부 - 아집, 법집에 대한 논파와 관계된 논의

---

15) 김성철, 앞의 책, pp.369-383 참조.

ⓑ 사카이 소장본 – 쌍근은 유(類)는 같으나 상(相)은 다르다는 설에 대한
  논파
ⓒ 회향게가 실린 단편 – 회향게와 원효의 지어(識語)

* 인용된 산일문

㉠ 만법유식을 논증하는 유식비량과 관계된 문장
㉡ 대승불설을 논증하는 승군비량과 관계된 문장
㉢ 다음과 같은 단편적인 문장들

  [新羅 元曉法師 判量論云] 掌珍比量同廣百量等16)
  [判比量云] 眞如眞智 離能所故 非量所及 緣藏識難17)
  [判比量云] 報佛常住 離諸患故 猶如法身18)

이후 『판비량론』에 대한 국내외의 연구는 자료적인 면에서 특
별히 새로운 것이 없었는데, 2005년 일본의 국문학연구자료관(國
文學硏究資料館) 소속의 오치아이히로시(落合博志) 교수가 자신
이 소장했던 『판비량론』의 필사본 한 장을 『고필(古筆)에의 유혹
』19)이라는 책을 통해 소개하였고, 이는 기존에 볼 수 없었던 새
로운 자료였다.20)

---

16) 『成唯識論本文抄』(『大正藏』65, p.530下).
17) 『成唯識論學記』(『大日本續藏經』50, p.34中).
18) 『成唯識論學記』(『大日本續藏經』50, p.125中).
19) 落合博志, 「61判比量論(東寺切)」, 『古筆への誘い』, 國文學研究資
   料館 編(東京: 三彌井書店, 2005), pp134-135. 2004년 11월에 国文
   学研究資料館에서 開催된 特別展 「古筆과 和歌」를 단행본으로 묶은
   것. 함께 개최되었던 심포지엄 「古筆切硏究의 現在」에서 발표된 내
   용도 수록되어 있다. 古筆切의 연구의 의의, 재미, 귀중함, 아름다움을
   전하는 책. http://www.amazon.co.jp(검색일자: 2016.2.2.)
20) 필자에게 본 자료를 전해주신 한국과학기술대학교 정재영 교수님, 동
   국대 불교학술원 정승석 원장님, 동국대 불교학부 김호성 교수님께 깊
   이 감사드린다.

Ⅱ. 오치아이 소장본의 전모와 교정

1. 오치아이가 조사한 소장본의 전모

오치아이히로시는 『고필(古筆)에의 유혹』에서, 새로 발견된 『판비량론』 필사본 단편의 사진과 함께 서지정보에 대해 다음과 같이 적고 있다.21) (설명의 편의를 위해서 ①, ②, ③ …과 같이 번호를 붙인다.)

> 判比量論(①東寺切22)) 『鑑定』 ②감정증명서 「③弘法大師 ④陳那菩薩 [⑤琴山] ⑥뒷장, 붉은 색 ⑦간인(間印), ⑧九行切 庚午九 [⑨了意] ⑩『종이의 상태』 27.1×14.2cm 각 문장의 세로 길이: 21.3cm (글자를 적은 칸의 세로 길이 21.4cm, 가로 간격 1.6cm) ⑪茶毘紙 (白麻紙) 『글쓴이라고 알려진 인물』 ⑫구우카이(空海) 『글을 쓴 시대』 ⑬나라(奈良)시대 (일설로는 신라시대) 『소장자』 ⑭오치아이히로시(落合博志)

이를 다시 설명하면 다음과 같다. 이 필사본의 소장자는 ⑭오치아이히로시인데 글씨는 ⑩구우카이(空海, 774-835)의 ①'동사절(東寺切)'이라고 알려져 왔다. ⑤킨장(琴山)23) ⑨코히츠리요오이(古筆了意, 1751-1834)24)는 이 필사본의 필적을 감정한 사람인

---

21) 落合博志, 앞의 책, pp.134-135.
22) 홍법대사(弘法大師) 구우카이의 초서체 글씨를 부르는 이름. 김성철, 앞의 책, p.31 각주12.
23) 킨장(琴山)은 고필감정가 코히츠리요오이(古筆了意)의 별호. 대대로 감정을 직업으로 하는 古筆의 宗家로서 근대에 이른다. http://www.weblio.jp(검색일자:2016.2.2.)

데 ②감정증명서에 이 필사본의 제목을 ③'홍법대사(弘法大師) ④
진나보살(陳那菩薩)'이라고 적었고 ⑤'킨장(琴山)'이라는 자신의
별호가 새겨진 도장을 찍어 이를 확인하였다. ⑫구우카이의 별호
인 ③'홍법대사'와 이 필사본 시작부의 첫 어구(語句)인 ④'진나보
살'로 제목으로 삼은 것이다. ⑥뒷장에는 붉은 색으로 광명황후
(光明皇后, 701-760)의 소유물 표식인 내가사인(內家私印)의 도
장 자국이 있는데 전부가 아니라 반 정도만 찍힌 ⑦간인(間印)
자국이다. 또 전체 문장은 총 ⑧9행으로 이루어져 있다. 칸다 소
장본의 경우, 각 장의 세로 길이는 27.4cm, 가로는 56cm 정도이
고 종이는 다비지(茶毘紙)였는데,25) 오치아이 소장본도 ⑪재질이
같았고 ⑩종이의 세로 길이(27.1cm) 역시 그와 크게 다르지 않지
만, 가로 길이의 경우 21.3cm로 그 절반도 안 된다. 이 글씨를
쓴 시기는 ⑬일본의 나라시대(729-749)로 추정되지만, 신라에서
제작되었다는 설도 있다.26)

그런데 오치아이가 소장한 필사본의 가로 길이가 원래의 절반
도 안 되는 것은 어째서일까? 이어지는 오치아이의 설명을 보면
그 이유를 알 수 있다. 이 필사본은 서로 다른 필사본 두 장을
이어 붙여서 만들어진 것이기 때문이다. 총 9행 가운데 제5행과
제6행 사이의 종이가 끊어져 있으며, 그 앞과 뒤는 문맥도 이어
지지 않는다고 한다. "六 陳那菩薩(육 진나보살) ……"로 시작하
는 앞부분의 제1, 2, 3, 4, 5행은 『판비량론』 제6절의 전반부이고,

24) 위에 적은 킨장(琴山)의 본명.
25) 김성철, 앞의 책, p.33.
26) 이는 3장짜리 『판비량론』 필사본에서 발견된 각필(角筆) 자국 연구에
근거한 고바야시의 추정이다. 김성철, 앞의 책, pp.30-31 참조.

뒷부분의 제6, 7, 8, 9행은 왼쪽 맨 아래에 "…… 七量(칠량)"[27)]
이라고 적혀 있기에 이와 다른 어떤 절의 후반부에 해당한다는
것이다.[28)]

　오치아이가 소장한 필사본과 그에 대한 해서체 복원본 전체를
소개하면 '그림1' 및 '그림2'와 같다.

그림3 - 초서체 필사본

9	8	7	6	5	4	3	2	1
害最後一量顯彼敵量其文自彰不須重解　七量	言去來實有不簡■故立已成今云現有故無自	過若立已成還自害々々於二過取隨一也或前直	當實有若尔彼立去來實有則離如前立已成	別量者爲取汝宗徧局比量爲取我宗遍攝比量	故猶如現量此中應決定問外人汝言比量不攝餘	故猶如比々量必有現量不攝餘別量体以是量	破此宗言現量必有比量不攝餘別量体以是量	六陳那菩薩但立二量聖言量等比量攝故有立比量

그림2 - 오치아이의 교정본

　'그림2 - 오치아이의 교정본'에서 '々' 기호는 반복을 의미하며,
'■' 표시는 복원하지 못한 문자다. '그림2'의 아랫줄의 번호는 설

---

27) 『판비량론』의 각 절 말미에는 '三量', '五量' 등과 같이 각 절에 등장
　하는 추론식(量)의 개수가 적혀 있다.
28) 落合博志, 앞의 책, p.134.

명의 편의를 위해 필자가 각 행에 매긴 번호다. '그림2'에서 보듯
이 오치아이의 복원본에서 제4행, 10번째 글자인 '決(결)'자와 제
7행, 6번째 글자인 '還(환)'자의 오른쪽 여백에 조그맣게 물음표
[?]를 달아 놓았다. 해서체로 복원은 했지만, 확신이 가지 않는다
는 의미일 것이다.

2. 오치아이 교정본에 대한 검토와 보완

『판비량론』 오차아이 소장본의 내용을 정확히 이해하기 위해서
먼저 해야 할 일은 ⓐ오치아이가 해서체로 복원한 내용 가운데
잘못된 것이 없는지 검토하고, ⓑ글자 오른 쪽에 물음표가 달려
있는 '決(결)'자와 '還(환)'자가 제대로 복원된 것인지 확인하며,
ⓒ반복을 의미하는 'ヾ' 기호를 그대로 풀어써서 문맥이 통하는지
살피고, ⓓ오치아이가 복원하지 못하고 '검은 네모(■)'로 표시한
글자가 무엇인지 추정하며, ⓔ문맥으로 보아 애초에 잘못 필사된
글자가 있는지 면밀히 검토해야 할 것이다.

ⓐ 먼저 오치아이가 해서체로 복원한 글자들 낱낱을 '칸다(神
田) 소장본'이나 '사카이(酒井) 소장본'의 초서체 필사본 및 그에
대한 해서체 복원본29)과 대조, 비교해 보았는데 판독하지 못한
글자는 두 개 있었고 이를 '검은 네모(■)'로 표시해 놓았으나 잘
못 복원된 글자는 없었다.

ⓑ 오른쪽에 물음표를 표시한 글자에서 오치아이 소장본의 '決
(결)'자는 칸다 소장본의 여러 곳에서 찾을 수 있었고 '還(환)'자

---

29) '김성철, 앞의 책, pp,60-70'의 해서체 교정본.

는 사카이 소장본에 하나가 실려 있었는데 두 글자 모두 이 두 소장본의 글자체와 비교해 볼 때 올바른 복원이었다. 오치아이 소장본[O본]의 '決'자와 '還'자를 칸다 소장본[K본]과 사카이 소장본[S본]의 해당 글자와 병치하면 다음과 같다.

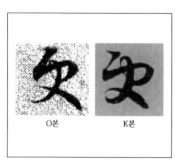

'決'의 초서체

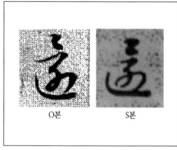

'還'의 초서체

ⓒ 반복을 의미하는 'ヾ' 기호로 대체한 문구의 경우 이를 그대로 풀어쓰면 문맥이 통하지 않는다. 'ヾ' 기호가 사용된 원문은 "比ヾ量ヾ(비ヾ량ヾ)"인데, 앞의 'ヾ'는 '比(비)'의 생략이고, 뒤의 'ヾ'는 '量(량)'의 생략이기에 이를 노출시키면 "比比量量(비비량량)"이기에 앞뒤의 문장과 함께 기술하면 다음과 같이 된다.

現量必有比量不攝餘別量体 以是量故 猶如比比 量量必有現量不攝餘別量体 以是量故 猶如現量[30]

불교논리학 특유의 삼지작법의 추론식 두 가지가 이어진 문장

---

30) 본고 앞의 '그림-2 해서체 교정본'에서 제2, 3, 4행의 문장.

인데 번역하여 정리하면 다음과 같다.

주장[宗]: 현량은 반드시 비량에 포함되지 않는 다른 별도의 양체(量體)를
갖는다.
이유[因]: 양(量)이기 때문이다.
실례[喩]: 마치 비비(比比)와 같이.

주장[宗]: 양량(量量)은 반드시 현량에 포함되지 않는 다른 별도의 양체
(量體)를 갖는다.
이유[因]: 양(量)이기 때문이다.
실례[喩]: 마치 현량과 같이.

그런데 어떤 불교논리학 문헌에서도 앞의 추론식의 '실례[喩]'
로 제시된 '比比(비비)'나, 뒤의 추론식의 '주장[宗, 종]'의 주어인
'量量(량량)'이라는 용어가 사용되는 경우는 없으며 문맥에도 어
긋난다. 그런데 장준의 『인명대소초(因明大疏抄)』에서 취지가 이
와 동일한 추론식을 발견할 수 있으며 이는 다음과 같다.

주장[宗, 종]: 현량은 반드시 비량에 포함되지 않는 다른 별도의 양체(量
體)를 갖는다.
이유[因, 인]: 양(量)이기 때문이다.
실례[喩, 유]: 마치 비량(比量)과 같이[31]

이는 온전한 추론식이다. 따라서 오치하이 소장본의 "比々
量々"은 "比比量量"이 아니라 "比量比量(비량비량)"이라고 풀어
야 할 것이다.

---

31) "現量必有比量不攝餘別量體 以是量故 猶如比量" 『因明大疏抄』(『大
正藏』68, p.746上).

ⓓ 그러면 오치하이 교정본에서 판독하지 못하여 '검은 네모
(■)'로 표시한 글자는 무엇일까? '검은 네모' 표시를 한 곳은 필
사본에서 제6행의 첫 글자와 제8행의 9번째 글자의 두 가지인데,
다음에서 보듯이 두 글자는 같은 글자다.

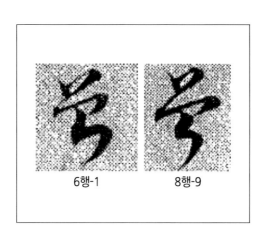

6행-1   8행-9

그런데 다음에서 보듯이 두 곳 모두에 인접하여 '去來實有[거
래실유, 과거와 미래가 실재한다.]'라는 문구가 있다.

6-1 ■當實有 若尒 彼立 去來實有
8-9 <u>去來實有</u> 不簡現■

또, 이 글자의 앞뒤에 붙어 있는 '當(당)'자나 '現(현)'자 모두
시간과 관계된 글자이기에 이 글자 역시 '시간'의 의미를 가질 것
이라고 추정할 수 있다. 이런 추정을 토대로 원효의 저술에서 '曾
當(증당)'이란 문구를 찾을 수 있었고[32] '서법자전(書法字典)'에서

위의 글자가 '曾(증)'의 초서체라는 점 역시 확인할 수 있었다. 명
필들이 썼던 '曾'자의 초서체 글씨 몇 가지를 소개하면 다음과 같
다.[33)]

'曾'의 초서체

ⓔ 그런데 이상과 같은 분석에 근거하여 오치아이 소장본의 해
서체 교정본을 완성할 경우 문제가 되는 글자가 하나 남는데 이
는 제5행의 '徧(편)'자다. 앞뒤 문장과 함께 이를 인용하면서 번역
하면 다음과 같다.

問 外人 汝言 比量不攝餘別量者 爲取汝宗徧局比量 爲取我宗遍攝比量
외인에게 묻는다. 그대가 "비량에 포함되지 않는 다른 별도의 양"이라고
말한 것은, 그대 이론의 '편국(徧局) 비량'을 취한 것인가, 우리 이론의 '편

---

32) 『大慧度經宗要』(『大正藏』33, p.71上) ; 『金剛三昧經論』(『大正藏』34,
   p.971上).
33) 左上으로부터 시계방향으로 徐伯淸, 祝枝山, 王羲之, 孙过庭의 초서
   체 '曾'자다. '書法字典', http://www.shufazidian.com(검색일자: 2016.
   2.3.)

섭(遍攝) 비량'을 취한 것인가?

먼저 여기서 말하는 '편섭 비량'이란 일반적으로 사용되는 논리학 용어는 아니지만, 문자 그대로 번역하면 '두루 포함하는 비량'이라는 뜻이 된다. 그런데 여기서 제기되는 "그대 이론의 '편국 비량'을 취한 것인가, 우리 이론의 '편섭 비량'을 취한 것인가?"라는 물음이 양자택일의 방식이기에, 추정컨대 '편국 비량'은 '편섭 비량'과 상반된 의미를 가져야 할 것 같다. 그런데 '편국(偏局)'을 문자 그대로 해석한다면 '두루 하면서 국한된'이라는 뜻이 되어 전혀 의미가 통하지 않는다. 또 '편섭'은 칸다 소장의 『판비량론』은 물론이고 다른 한문 불전에서도 흔히 사용되는 용어이지만, 편국(偏局)은 이 문장 이외의 한문 불전 그 어디에도 용례가 없다. 그런데 '두인변의 두루 편(遍)'자를 '사람인변의 치우칠 편(偏)'자로 대체할 경우 여러 가지 난제가 쉽게 풀린다. 먼저 '편국(偏局) 비량'이라고 수정을 한 후 '치우치게 국한된 비량'이라고 번역할 경우 '두루 포함하는 비량'이라고 번역되는 '편섭(遍攝) 비량'과 의미가 상반되기에 이 문구가 속한 양자택일 방식의 물음과 조화를 이룬다.

그런데 이 용어에서 필사본의 초서체 '편(偏)'자는 한자 초서체에 무지한 사람도 읽을 수 있을 정도로 해서체 '편(偏)'자와 모양이 거의 같기에 교정본의 '편(偏)'자가 오치아이의 오독일 수는 없다. 그러면 『판비량론』의 필사자(筆寫者)가 애초에 편국의 '偏'자를 '遍'자로 오사한 것일까? 물론 그럴 수도 있을 것이다. 그러나 또 다른 가능성도 있다. 한문자전에서 보듯이 '遍'자는 대개 '遍'을 뜻하지만 '偏'자의 의미도 갖는다.[34] 따라서 원래부터 원효

가 '치우치게 국한된'이라는 의미에서 '偏局(편국)'이라고 기술했
을 수도 있다. 어쨌든 '편국 비량'은 '치우치게 국한된 비량'이란
뜻을 가져야 한다. 그러면 '편'자의 현대적 용례에 맞추어 '徧局'
을 '偏局'으로 교정하는 것이 바람직할 것이다. 이는 내용과 맥락
에 의거한 교정이며 이에 대해서는 다음 절에서 다시 상세하게
논의하겠다.

이상과 같은 분석을 반영하여 오치아이 소장 『판비량론』의 해
서체 교정본을 수정, 보완하면 다음과 같다.

[앞부분] 六 陳那菩薩 但立二量 聖言量等 比量攝故 有立比量 破此宗言
現量必有 比量不攝 餘別量体 以是量故猶如比量 比量必有 現量不攝
餘別量体 以是量故 猶如現量 此中應決定 問外人 汝言 比量不攝餘別
量者 爲取汝宗 偏局比量 爲取我宗 遍攝比量 …
[뒷부분] … 曾當實有 若爾 彼立去來實有則離如前立已成過 若立已成還
自害故 故於二過 取隨一也 或前直言 去來實有 不簡現曾故立已成 今
云 現有故無自害 最後一量 顯彼敵量 其文自彰 不須重解 七量

Ⅲ. 오치아이 소장본의 내용 분석

본고 제Ⅱ장 제1절에서 소개한 오치아이의 조사 기록에서 보듯
이 오치아이 소장의 『판비량론』 필사본은 서로 무관한 내용이 실
린 두 장의 종이를 이어 붙여서 한 장으로 만든 것이기에 앞부분
[제1행-제5행]과 뒷부분[제6-제9행]의 내용이 전혀 다르다. 먼저

34) '國際電腦漢字及異體字知識庫', http://chardb.iis.sinica.edu.tw/mean
compare/5fa7/504f(검색일자: 2016.2.3.)

앞부분을 보자.

1. 앞부분 - 인식수단의 종류에 대한 논의

오치아이 소장본 앞부분을 번역하면 다음과 같다.

> 제6절. 진나 보살은 오직 두 가지 인식수단[量]만을 내세운다. 성언량 등
> 은 비량에 포함되기 때문이다. 비량을 세워서 이런 주장을 논파하여 다음
> 과 같이 말하는 경우가 있다. 현량은 반드시 '비량에 포함되지 않는 다른
> 별도의 양체(量體)'를 갖는다. 인식수단이기 때문이다. 마치 비량과 같이.
> 비량은 반드시 '현량에 포함되지 않는 다른 별도의 양체(量體)'를 갖는다.
> 인식수단이기 때문이다. 마치 현량과 같이. 이 [두 가지 추론식] 중에서 결
> 정해야 한다. 외인(外人)에게 묻는다. 그대는 "비량에 포함되지 않는 다른
> 별도의 양(量: 인식수단)"이라고 말하는데, 그대 이론의 '편국(偏局) 비량'
> 을 취한 것인가, 우리 이론의 '편섭(遍攝) 비량'을 취한 것인가? …35)

주지하듯이 진나(Dignāga)는 인명학, 즉 불교인식논리학의 기초
를 확립한 인물이다. 진나의 불교인식논리학이 그 이전의 불교논
리학이나 외도의 이론과 다른 점 가운데 하나는 현량(現量, Praty
akṣa)과 비량(比量, Anumāna)의 두 가지만 '올바른 인식수단(Pra
māṇa)'으로 간주했다는 점이다. 진나 이전의 불교인식논리학에서
는 현량과 비량 이외에 성언량(聖言量, Śabda) 또는 지교량(至教
量, Buddhāgama)을 별도의 인식수단으로 간주하였고36) 니야야

---

35) "六 陳那菩薩 但立二量 聖言量等 比量攝故 有立比量 破此宗言 現
量必有 比量不攝 餘別量体 以是量故 猶如比量 比量必有 現量不攝 餘
別量体 以是量故 猶如現量 此中應決定 問外人 汝言 比量不攝餘別量
者 爲取汝宗 偏局比量 爲取我宗 遍攝比量 …"

학파의 경우는 현량과 비량과 성언량의 삼량(三量)에 비유량(比喩量, Upamāna)37)을 추가하여 4가지 인식수단이 있다고 주장하였다. 그밖에 '짐작을 통한 인식'인 의준량(義准量)38), '없음에 대한 인식'인 무체량(無體量)39)이 별개의 인식수단으로 취급되기도 했다.

그런데 위의 인용문 서두에서 보듯이 진나는 인식수단은 오직 현량과 비량의 두 가지뿐이며 성언량 등 다른 인식수단들은 비량에 포함된다고 주장하였다. 원효는 먼저 이를 소개한다. 이어서 원효는 이런 진나의 생각을 논파하기 위한 논적의 추론식 두 가지를 제시하는데 이는 다음과 같이 정리된다.

추론식1
[주장, 宗] 현량은 반드시 '비량에 포함되지 않는 다른 별도의 양체(量體)'
　　를 갖는다.
[이유, 因] 인식수단이기 때문이다.
[실례, 喩] 마치 비량과 같이40)

---

36) "古說或三　現量　比量　及聖教量　亦名正教及至教量　或名聲量　觀可信聲而比義故" 『因明入正理論疏』(『大正藏』44, p.95中).
37) "或立四量　加譬喩量　如不識野牛　言似家牛　方以喩顯故" 위의 책, p. 95中.
38) "或立五量　加義准量　謂若法無我准知必無常　無常之法　必無我故", 위의 책, p.95中.
39) "或立六量　加無體量　入此室中見主不在　知所往處　如入鹿母堂不見苾芻　知所往處", 위의 책, p.95中.
40) 앞에서 필사본의 '比比量量'을 '比量比量'으로 교정하면서 언급한 바 있지만 藏俊은 이 추론식이 현장의 제자인 문비(文備)가 저술한 『因明正理門論抄』에도 실려 있다고 말한다. "然准　備法師　理門抄　亦叙此量　彼云　外人爲明二量之外別有餘量　立比量云　現量必有　比量不攝餘別量體　以是量故　猶如比量." 『因明大疏抄』(『大正藏』68, p.756上). 『판비량론』 제11절에서도 원효는 문비의 말을 인용한 적이 있기에 이 추론식도 원효가 문비의 『인명정리문론초』에서 채취한 것으로 추정된다.

추론식2
[주장, 宗] 비량은 반드시 '현량에 포함되지 않는 다른 별도의 양체(量體)'
　　를 갖는다.
[이유, 因] 인식수단이기 때문이다.
[실례, 喩] 마치 현량과 같이

　원효는, 이 두 가지 추론식 중에 어느 하나를 논적이 선택해야
할 것[此中應決定, 차중응결정]이라고 말한 다음에, '추론식1'의
주장명제의 술어(述語)에 적힌 '비량'의 정체에 대해 논적에게 다
음과 같이 묻는다.

　　그대는 "비량에 포함되지 않는 다른 별도의 양(量: 인식수단)"이라고 말하
　　는데, 그대 이론의 '편국(偏局) 비량'을 취한 것인가, 우리 이론의 '편섭(遍
　　攝) 비량'을 취한 것인가?

　즉, 추론식1의 주장명제의 술어에 적힌 '비량'이 '치우치게 국한
된 비량'인지, 아니면 '두루 포함하는 비량'인지 묻는 것이다. 다
시 말해 '성언량 등을 배제시킨 좁은 의미의 비량'인지, '성언량
등을 포함하는 넓은 의미의 비량'인지 묻는 것이다. 전자는 니야
야와 같은 외도나 진나 이전의 불교의 논리가들이 생각하던 비량
이고[汝宗, 여종], 후자는 현비이량설(現比二量說)을 주장하는 진
나 이후의 불교논리가들이 생각하는 비량이다[我宗, 아종]. 그러
면 원효는 어째서 이런 질문을 던진 것일까? 필사본은 여기에서
끝나지만, 망실된 부분에서 어떤 논의가 이어졌을지 추정해 보자.
　어떤 추론식이 타당하기 위해서는 논리적 오류를 범하지 않아

야 한다. 추론식은 주장[宗, 종], 이유[因, 인], 실례[喩, 유]의 세 부분으로 이루어져 있기에 논리적 오류 역시 '주장의 오류[似立宗, 사립종]', '이유의 오류[似因, 사인]', '실례의 오류[似喩, 사유]'의 셋으로 대별된다. 『인명입정리론』에는 논리적 오류 33가지가 소개되어 있는데, 주장의 오류는 9가지로 그 가운데 능별불극성(能別不極成, aprasiddha-viśeṣaṇa)과 소별불극성(所別不極成, aprasiddha-viśeṣya) 그리고 자교상위(自教相違, āgama-viruddha)의 오류가 지금 분석하는 오치아이 소장본 앞부분의 논의와 유관할 것 같다. 어떤 추론식이 타당하기 위해서는 주장명제의 술어인 '능별(能別, viśeṣaṇa)'과 주어인 '소별(所別, viśeṣya)' 모두 일반적으로 인정되는 것[極成, 극성, prasiddha]이어야 하며, 그 주장이 자기 학파에서 전승되는 가르침[自教, 자교, āgama]과 모순되지(相違, 상위, viruddha) 않아야 한다. 그렇지 못할 경우 차례대로 능별불극성, 소별불극성, 자교상위의 오류를 범한다. 먼저 능별불극성에 대한 『인명입정리론』의 설명을 인용하면 다음과 같다.

> 한정자[能別, 능별]가 일반적으로 인정되지 않는 것은[不極成, 불극성] 예를 들어 불교도가 상캬논사에 대하여 '음성은 소멸한다.'고 하는 것과 같다.[41]

　여기서 '음성은 소멸한다.'는 주장명제에서 주어인 '음성'은 '한정되는 것[소별]'이고 술어인 '소멸한다.'는 '한정자[능별]'다. 상캬의 경우 '음성은 영원하다.'는 성상주론(聲常住論)을 주장하는데

---

41) "能別不極成者 如佛弟子 對數論師 立聲滅壞(aprasiddhaviśeṣaṇo yathā bauddhasya sāṃkhyaṃ prati vināśī śabda iti)." 『因明入正理論』(『大正藏』32, p.11下). 산스끄리뜨문은 필자 추가(이하 마찬가지).

한정자인 능별의 의미에 대해 토론하는 양측의 견해가 일치하지 않기에 이는 '한정자가 일반적으로 인정되지 않는' '능별불극성'의 주장명제가 되는 것이다. 원효가 '추론식1'에서 "현량은 반드시 '비량에 포함되지 않는 다른 별도의 양체(量體)'를 갖는다."는 주장명제에서 술어[한정자]에 적힌 '비량'의 의미에 대해 물었던 이유 역시 이런 능별불극성의 오류를 지적하려고 했기 때문으로 추정된다. 이 주장명제에서 한정자, 즉 능별에 해당하는 것은 '비량에 포함되지 않는 다른 별도의 양체(量體)'라는 문구다. 그런데 이 문구에 적힌 '비량'의 범위에 대한 논적의 생각은 진나의 생각과 다르다. 그래서 원효는 '추론식1'에서 주장명제의 술어인 능별에 기술된 '비량'이 논적이 생각하는[汝宗, 여종] '편국(偏局) 비량'인지, 진나의 불교논리학[我宗, 아종]에서 말하는 '편섭(偏攝) 비량'인지 논적에게 묻는 것이다[問外人, 문외인]. 앞 장에서 보았듯이 '편국 비량'이란 '치우치게 국한된 비량'이고, '편섭 비량'이란 '두루 포함하는 비량'이다. 진나가 생각하듯이 인식수단의 종류가 현량과 비량의 두 가지뿐이라면 성언량 등이 모두 비량에 포함되기에 비량의 범위가 넓어지고, 이와 달리 진나 이전의 불교논리가나 외도들이 생각하듯이 현량과 비량 이외에 성언량, 의준량 등을 별도의 인식수단으로 구분한다면 그런 틀 속에서 비량의 범위는 좁아질 것이다. 따라서 '편국 비량'은 논적의 이론에서 말하는 '범위가 좁은 비량'을 의미하고, '편섭 비량'은 진나의 이론에서 말하는 '범위가 넓은 비량'을 의미한다. 원효는 가상의 논적이 작성한 추론식에 사용된 '비량'의 의미를 묻는 것이다. 만약 그것이 '편국 비량'을 염두에 둔 것이라면 위에서 소개한 능별불극성

의 오류를 범하게 된다. 주장명제의 술어가 진나 측에 의해서 인
정되지 않기 때문이다.42) 더 세밀하게 명명하면 능별일분불극성
(能別一分不極成)의 오류로 '주장명제의 술어[能別, 능별] 전체가
아니라 그 가운데 일부분[一分]이 일반적으로 인정되지 않는[不極
成] 오류'다. 그 일부분[一分]은 '비량'이다. 또 일부분 그 자체가
아니라 '비량의 범위'라는 일부분의 독특한 의미[差別]에 대해 서
로 인정하는 바가 다르기 때문에 보다 엄밀히 말하면 '능별일분차
별불극성(能別一分差別不極成)'의 오류라고 해야 할지도 모른다.
그러나 불교인식논리학에서는 그 정도로까지 논의를 진전시키지
는 않는다.

또 혹시 논적이 '편섭 비량'을 염두에 두고 주장명제를 작성한
것이라면, 비량에 대한 자기 학파의 이론[自敎, 자교]에 어긋난[相
違, 상위] 내용을 주장명제에 담고 있기에 '자교상위의 오류'43)를
범한다고 비판받을 수 있을 것이다.

이상은 '추론식1'에 대해 원효가 벌였을 수 있는 그 다음의 논
의를 추정해 본 것이다. 그런데 이런 추정이 옳다면, 이어서 '추
론식2'의 논리적 타당성도 검토되었을 것이다. '추론식2'의 경우
주장명제의 주어[所別, 소별]가 '비량'이고, 위에서 보았듯이 '비
량'에 대한 논적과 진나의 생각이 다르기에 이는 소별불극성(所別
不極成, 소별불극성)의 오류를 범한 추론이 된다. 『인명입정리론』

---

42) 이상의 논의는 장준(藏俊)의 『因明大疏抄』(『大正藏』68, p.746上)에
  인용된 '추론식1' 직후에 이어지는 "疏准此量故云能別不成也."라는 문
  장에 근거한 추정이다.
43) "自敎相違者 如勝論師 立聲爲常(āgamaviruddho yathā vaiśeṣikasya
  nityaḥ śabda iti sādhayataḥ//))." 『因明入正理論』(『大正藏』32, p.11
  中).

에서는 소별불극성에 다음과 같이 설명한다.

> 한정되는 것[所別, 소별]이 일반적으로 인정되지 않는 것[不極成, 불극성]
> 은 예를 들어 상캬논사가 불교도에 대해 '아뜨만은 마음이다'라고 하는 것
> 과 같다.44)

'아뜨만은 마음이다'라는 주장명제에서 주어[所別]인 아뜨만은 불교도가 인정하지 않는다. 불교의 특징적 교리 가운데 하나가 무아설(無我說, Anātmavāda)이기 때문이다. 그래서 논적이 '불교도가 인정하지 않는 아뜨만'을 주어로 삼아 불교도를 향해서 어떤 주장을 하게 되면 이런 주장은 '소별불극성의 오류'에 빠진 주장이 된다. 이와 마찬가지로 상기한 『판비량론』의 '추론식2'의 "비량은 반드시 '현량에 포함되지 않는 다른 별도의 양체(量體)'를 갖는다."라는 주장명제의 경우도, 주어인 '비량'이 '편국 비량'이라면 소별불극성의 오류에 빠진다. 또 비량의 '독특한 의미(差別, 차별)'에 대한 생각이 다른 주장이기에, 보다 엄밀히 말하면 '소별차별불극성(所別差別不極成)의 오류'에 빠진 주장이 될 것이다. 이와 달리 '편섭 비량'이라면 앞에서와 마찬가지로 '자교상위의 오류'에 빠진다. 『판비량론』 제6절의 후반 망실부에 실려 있었을 것으로 추정할 수 있는 논의들이다.

2. 뒷부분 - 삼세실유의 문제에 대한 논의

<hr/>

44) "所別不極成者 如數論師 對佛弟子 說我是思(aprasiddhaviśeṣyo yathā sāṃkhyasya bauddhaṃ prati cetanā ātmeti)" 『因明入正理論』(『大正藏』32, p.11下). 마지막 문구의 원문은 '我是思'. 窺基 疏에는 '說我是思'로 되어 있기에 위와 같이 교정한다.

　오치아이 소장본 뒷부분의 경우 전반부가 망실되었기에 그 주제가 무엇이었는지 정확히 알 수는 없지만, '증당실유(曾當實有)'나, '거래실유(去來實有)' 등의 문구가 사용되는 것으로 미루어 보아 경량부 세친(世親, Vasubandhu, 4-5세기 경)의 『아비달마구사론』에서 설일체유부 중현(衆賢, 5세기 경)의 『아비달마순정리론』으로 이어졌던 삼세실유설(三世實有說) 논쟁과 관계된 내용이 실려 있었을 것으로 짐작된다. 주지하듯이 설일체유부의 경우 "과거, 현재, 미래의 삼세가 실재한다."라고 본 반면 경량부에서는 "현재만 실재할 뿐이고 과거와 미래는 실체가 없다."라고 보았다. 그렇다고 해서 경량부에서 과거와 미래가 아예 없다고 주장한 것은 아니었다. 세친은 설일체유부의 반박을 예상하면서 과거와 미래의 존재에 대한 경량부의 이론에 대해 다음과 같이 설명한다.

> 그들[= 설일체유부]은 "세존께서 설하셨기 때문에 과거와 미래[去來, 거래]의 두 가지 시간대가 실재한다."고 말하는데 우리들[경량부]도 역시 과거와 미래의 시간대가 존재한다고 말한다. 이는 다음과 같다. "과거의 시간대는 '일찍이 있던 것[曾有, 증유]'이어서 존재한다고 말하고, 미래는 '앞으로 있을 것[當有, 당유]'이니 결과를 갖는 원인이기 때문이다." 이와 같은 이치에 의해서 과거와 미래가 있다고 설하는 것이지, 과거[去, 거]와 미래[來, 래]가 지금[現, 현]과 같이 실재한다는 것이 아니다.45)

　여기서 설일체유부 측에서 말하는 '세존께서 설하셨기 때문에'

---

45) "彼所言世尊說故　有燈先無實有者　我等亦說有去來世　謂過去世曾有名有　未來當有　有果因故　依如是義說有去來　非謂去來如現實有." 『阿毘達磨俱舍論』(『大正藏』29, p.105中).

의 전거가 되는 경문은 삼세에 대한 논의가 시작되는 『아비달마
구사론』 분별수면품(分別隨眠品) 제5절 제2항에 실려 있는데 이
는 다음과 같다.

> 비구들이여 마땅히 알아라. 만일 과거의 색법이 존재하지 않는다면, 다문
> (多聞)의 성스러운 제자들이 과거의 색법을 '싫어하고 버리는 수행'을 부
> 지런히 닦지 않아야 하리라. 과거의 색법이 존재하기 때문에 다문의 성스
> 러운 제자들이 과거의 색법에 대해서 '싫어하고 버리는 수행'을 부지런히
> 닦아야 하느니라. 만일 미래의 색법이 존재하지 않는다면, 다문의 성스러
> 운 제자들이 미래의 색법을 '추구하거나 욕망하지 않는 수행'을 부지런히
> 닦지 않아야 하리라. 미래의 색법이 존재하기 때문에 다문의 성스로운 제
> 자들이 미래의 색법에 대해서 '추구하거나 욕망하지 않는 수행'을 부지런
> 히 닦아야 하느니라.46)

　　이는 『잡아함경』의 경문47)으로 설일체유부에서는 이 중에서
'과거의 색법이 존재하기 때문에'라거나 '미래의 색법이 존재하기
때문에'라는 구절에 근거하여 삼세실유설은 세존의 가르침이라고
주장하는 것이다. 그러나 앞에 인용한 『아비달마구사론』의 경문에
서 보듯이 경량부에서는 과거와 미래는 '일찍이 있던 것[曾有, 증
유]'과 '앞으로 있을 것[當有, 당유]'으로서 존재하는 것이지, 실체
(dravya)로서 실재하는 것은 아니라고48) 말하면서 설일체유부의

---

46) "苾芻當知　若過去色非有　不應多聞聖弟子眾於過去色勤脩厭捨　以過
　　去色是有故　應多聞聖弟子眾於過去色勤脩厭捨　若未來色非有　不應多聞
　　聖弟子眾於未來色勤斷欣求　以未來色是有故　應多聞聖弟子眾於未來色
　　勤斷欣求." 위의 책, p.104中.
47) 『雜阿含經』(『大正藏』2, p.20上).
48) "na tu punar dravyataḥ(非謂去來如現實有)." 『阿毘達磨俱舍論』(『大
　　正藏』29, p.105中). 산스끄리뜨문은 필자 추가.

삼세실유설을 비판한다.

이상과 같은 예비지식을 갖고 오치아이 소장본의 뒷부분을 번역하면 다음과 같다. (설명의 편의를 위해서 각 문구마다 ①, ②, ③ … 등의 번호를 붙인다.)

> … ①[과거와 미래]는 '일찍이 있던 것[曾, 증]'과 '앞으로 있을 것[當, 당]'으로서 실재한다[曾當實有, 증당실유]. ②만일 그렇다면 그가 "과거와 미래가 실재한다[去來實有, 거래실유]."고 내세웠던 것은, 앞에서와 같은 '이미 성립된 것을 내세우는 오류[立已成過, 입이성과]'49)에서 벗어난다. ③만일 '이미 성립된 것을 내세운다.'면 도리어 스스로를 해치기[自害, 자해] 때문이다. ④따라서 두 가지 오류 가운데 어느 한 가지를 취해야 한다. ⑤혹은 앞에서 "과거와 미래가 실재한다[去來實有, 거래실유]."고 단도직입적으로 말한 것이, "지금 있는 것[現, 현]과 일찍이 있던 것[曾, 증]을 제외시키지[簡, 간]50) 않았기 때문에 이미 성립된 것을 내세우게 된다[立已成, 입이성]."면, ⑥나[今, 금]51)는 "지금[現] 있기 때문에 스스로를 해치는 일[自害, 자해]은 없다."고 말하겠다. ⑦마지막 한 가지 추론식[量, 량]52)은 저 논적의 추론식[量]을 나타낸다. 그 문장[의 뜻]이 스스로 뚜렷하니 다시 해석할 필요가 없다. ⑧일곱 가지 논의[量].53)

---

49) 已成過는 淸辯의 『大乘掌珍論』에서 자주 거론하는 '주장명제[宗]의 오류' 중 하나다. 『大乘掌珍論』(『大正藏』30, p.268下 ; p.269下 ; p.271上 등).

50) 인명학 문헌에서 簡은 '방지함(遮)'을 의미한다. 김성철, 앞의 책, p.130 참조.

51) 『판비량론』 제12절의 다음과 같은 문장에서 보듯이 원효는 자신의 고안을 제시할 때 '今'이라는 용어를 사용한다. "今者通曰 違決之因 非正因攝 有等難故 如相違因 由此顯彼有不定過."

52) 『판비량론』에서 '量'은 '宗, 因, 喩'로 구성된 추론식을 의미한다.

53) "… 曾當實有 若爾 彼立去來實有則離如前立已成過 若立已成還自害故 故於二過 取隨一也 或前直言 去來實有 不簡現曾故立已成 今云 現有故無自害 最後一量 顯彼敵量 其文自彰 不須重解 七量."

삼세실유의 문제를 놓고 경량부와 설일체유부 간에 벌어졌을 논쟁에 원효가 개입하여 논쟁의 승부를 결정하는 내용이다. 『아비달마구사론』에서 『아비달마순정리론』으로 이어지는 삼세실유에 대한 논쟁에 근거하여 망실된 부분을 추정, 복원하여[54] 삼세실유와 관련한 양 학파 간의 논쟁과 그에 대한 원효의 판정을 순서대로 정리하면 다음과 같다.

> ⓐ[경량부: 우리도 '과거와 미래가 존재한다.'고 말한다.]
> [설일체유부: 그렇다면 '이미 성립된 것을 내세우는 오류'에 빠진다.]
> [경량부: 우리가 '과거와 미래가 존재한다.'고 말하는 것은 설일체유부에서 주장하듯이 실체로서 존재한다는 것이 아니라] ①'일찍이 있던 것[曾]'과 '앞으로 있을 것[當]'으로서 존재한다는 말이다.
> ②원효: 그렇다면 [경량부에서] 앞에서 내세웠던 ⓐ'과거와 미래가 실재한다.'는 주장[宗]은 '이미 성립된 것을 내세우는 오류'에서 벗어난다. ③'이미 성립된 것을 내세우는 오류'를 범하면 도리어 스스로를 해친다. ④따라서 두 가지 오류 가운데 어느 한 가지를 취해야 한다.
> ⑤설일체유부: [경량부에서] 과거와 미래가 존재한다고 말했지만, 지금 있는 것[現]과 일찍이 있던 것[曾]을 제외시키지[簡] 않았기에 '이미 성립된 것을 내세우는 오류'를 범한다.
> ⑥원효: [경량부에서 말하는 '일찍이 있던 것'은 실체로서 존재하는 것이 아니며] '지금 있는 것'을 인정하기에 '이미 성립된 것을 내세우는 오류'를 범한 것이 아니다. 따라서 스스로를 해치는 일도 없다. ⑦마지막의 한 가지 추론식은 논적[인 설일체유부 측]이 고안한 것인데, 그 의미가 분명하기에 다시 해석하지 않는다. ⑧이 절(節)에서는 총 7가지 논의가 소개되었다.

이 가운데 ④번 문장에서 말하는 '두 가지 오류', ⑦번 문장 가

---

54) 추정, 복원한 내용은 [ ] 괄호 속에 넣었다.

운데 '마지막의 한 가지 추론식' 그리고 ⑧번 문장의 '총 7가지 논의(量)'이 무엇을 의미하는지, 이 절(節)에서 망실된 앞부분이 발견되어야 정확히 알 수 있을 것이다.

Ⅳ. 오치아이 소장본의 가치와 앞으로 의 과제

오치아이가 소장한 『판비량론』 필사본은, 내용이 전혀 다른 두 부분을 이어서 한 장으로 만들어 놓은 것인데, 앞부분인 제6절에서는 불교인식논리학에서 인정하는 인식수단의 종류를 논의의 소재로 삼았고, 몇 절인지 알 수 없는 뒷부분에는 설일체유부의 삼세실유설과 관계된 논의가 실려 있었다. 두 가지 모두 일부가 망실되었기에 논의의 전모를 알 수는 없지만, 『판비량론』에서 소재로 삼았던 불교교리의 종류에 대한 새로운 정보를 제공한다는 점에서 큰 가치를 갖는다.

현존 『판비량론』 단편 가운데 분량이 가장 많은 '칸다 소장본'의 경우 제7절에서는 정토를 논의의 소재로 삼았고, 제8, 9, 10절의 소재는 유식학의 교리였으며, 제11절과 제12절에서 불교인식논리학의 난제로 소재가 바뀌었다가, 제13, 14절에서는 다시 유식학의 교리에 대해 논의한다. 즉, 각 절들이 소재 별로 함께 묶여있지 않았다. 오치아이 소장본의 앞부분인 제6절의 경우 불교인식논리학[인명학]의 문제를 다루긴 하지만 소재가 같은 제11, 12절에서 멀리 배치되어 있기에 원효가 『판비량론』을 저술하면서 각 절의 순서에 큰 의미를 부여하지 않았다는 점이 더욱 확인된다. 또 본고 서두에서 소개했듯이 기존의 『판비량론』 단편들 가운데 '사카이 소장본'에 아비달마 교학과 관계된 논의가 실려 있었는데, '오치아이 소장본'의 뒷부분에서도 설일체유부의 삼세실유설을 소재로 삼아 논의를 벌인다는 점에서 유식, 인명과 아울러 아비달마의 여러 문제들이 『판비량론』의 큰 주제 가운데 하나였다는 점역시 확인된다.

이렇게 인명학의 오류론을 도구로 삼아 '인식수단의 종류'나 '삼세실유(三世實有)의 문제'에 대해 벌이는 논의는 자은(慈恩) 기(基)의 『인명입정리론소(因明入正理論疏)』는 물론이고, 이에 대한 일본 학승들의 주석서인 선주(善珠)의 『인명론소명등초(因明論疏明燈抄)』, 장준(藏俊)의 『인명대소초(因明大疏抄)』의 여러 곳에서 발견된다. 따라서 오치아이 소장본의 망실부의 내용에 대해 보다 정확히 추정하기 위해서는 이들 문헌에 실린 유관 논의에 대해 충분히 숙달한 후 이를 현존 자료의 논의와 대조하면서 그 의미에 대해 다시 면밀히 검토해 보아야 할 것이다. 이에 대한 연구는 후일로 미룬다.

- 『불교학보』 제74권, 2016

참고문헌

『雜阿含經』(『大正藏』2).

『阿毘達磨俱舍論』(『大正藏』29).

『大乘掌珍論』(『大正藏』30).

『因明入正理論』(『大正藏』32).

『因明入正理論疏』(『大正藏』44).

『三國遺事』(『大正藏』49).

『宋高僧傳』(『大正藏』50).

　『成唯識論本文抄』(『大正藏』65).

『因明大疏抄』(『大正藏』68).

『成唯識論學記』(『大日本續藏經』50).

김성철, 『원효의 판비량론 기초 연구』, 서울: 지식산업사, 2003.

落合博志, 「61判比量論(東寺切)」, 『古筆への誘い』, 國文學硏究資料館 編, 東京: 三彌井書店, 2005.

‘國際電腦漢字及異體字知識庫’, http://chardb.iis.sinica.edu.tw/meancompare/5fa7/504f(검색일자: 2016.2.3.)

‘書法字典’, http://www.shufazidian.com(검색일자: 2016.2.3.)

‘weblio辞書’ http://www.weblio.jp(검색일자:2016.2.2.)

http://www.amazon.co.jp(검색일자: 2016.2.2.)

『판비량론』 신출 필사본의 해독과 유식비량 관련 단편의 내용 분석

한글요약

본고는 최근에 일반인들에게 공개된 원효의 『판비량론』 필사본 단편 4가지의 원문을 해서체로 복원, 번역하고 그 가운데 유식비량(唯識比量)과 관계된 논의를 분석하는 것을 목적으로 삼는다. 4가지 단편 가운데 고토미술관 소장본은 두 조각을 이어붙인 것으로 앞부분은 유식비량, 뒷부분에는 정토에 대한 내용이 담겨 있고, 바키에이 구장본의 경우 유식비량에 대한 논의가 실려 있는데, 서두의 한 줄 반 분량은 『인명론소명등초(因明論疏明燈抄)』에 인용되어 있는 부분이지만 나머지 3줄 반에는 원효에 대한 문궤(文軌)의 비판이 인용되어 있다. 미쓰이기념미술관 소장본의 경우도 두 조각을 이어 붙인 것인데, 앞부분에서는 비량(比量)의 효용에 대해 논의하고, 뒷부분에서는 비량의 인(因)에 부가된 '자허(自許)'라는 단서에 대해 설명한다. 도쿄국립박물관 소장본의 특징은 『인명정리문론(因明正理門論)』의 문장들이 인용되어 있다는 점인데, 이에 근거하여 과거에 '혜(惠)'자와 '이(耳)'자로 알던 글자를 '명(名)'자와 '호(互)'자로 수정할 수 있었다. 또 유식비량에 대한 분석에서 문궤가 원효에 대해 비판적이었다는 점을 알게 되었다. 또 미쓰이기념미술관 소장본의 경우 인명학과 관계된 새로운 논의가 담겨 있기에 원효의 학문적 폭과 깊이를 더욱 확인할 수 있었다.

I. 신출 단편의 종류와 성격

동아시아 학승들의 저술에 인용된 모습으로 극히 일부만 알려졌던 원효의 『판비량론』은 1967년 간다키이치로(神田喜一郎)가 소장했던 필사본이 영인, 출판되면서[1] 세간의 주목을 받게 된다. 곧이어 사카이우키치(酒井宇吉)의 다도용(茶道用) 족자에 표구된 글이 『판비량론(判比量論)』의 일부라는 점이 확인되었다.[2] 이 두

---

* 본고는 2017년 8월7일 투고한 논문으로, 『한국불교학』 제83집 게재가 확정되었지만, 동국대 불교문화연구원 HK연구단과 가나자와문고의 실무자들의 발표 延期 요청이 있었기에 이를 일부 수용하여 제84집으로 게재를 미루었고, 심사평을 반영한 최종원고를 9월15일에 제출한 후 그 내용에 加減한 것이 없음을 밝힌다.
1) 神田喜一朗 編(1967).
2) 富貴原章信(1969).

자료와 함께 에도(江戶)시대 말기에 간송거사(看松居士)라는 사람
이 모각(模刻)하여 보급했던 '회향게가 실린 단편'3)이 근 30년 이
상 일반인들에게 알려진 『판비량론』 필사본들의 전부였다. 그러던
중 지난 2004년 11월에 일본의 오치아이 히로시(落合博志)가, 국
문학연구자료관에서 개최한 '고필(古筆)과 화가(和歌)'라는 특별전
에서 자신이 소장하고 있던 『판비량론』 단편을 소개하면서4) 『판
비량론』은 다시 학계의 주목을 받게 된다.5) 그리고 2015년에 동
국대학교 불교문화연구원 HK연구단이 가나자와문고와 공동으로
'원효 탄신 1400주년 기념 프로젝트'를 시작하면서, 일본 도처에
흩어져 있던 『판비량론』 필사본들을 취합하여 2017년 6월에 가나
자와문고에서 전시회와 학술대회를 개최함으로써6) 새로운 단편들
의 존재가 세상에 알려지게 되었다.7) 전시회 도록8)에 실린 『판비
량론』 필사본 가운데 '간다키이치로 소장본과 회향게(廻向偈)가
실린 단편'을 함께 묶은 '오타니대학 소장본'9) 및 '오치아이 소장
본'10)은 기존의 것이지만, 바키에이(梅渓)가 소장했던 필사본11)과

---

3) 高橋正隆(1985), 143.
4) 이듬해 다음과 같은 단행본에 실린다. 落合博志(2005), 134-135.
5) 김성철(2016), 276.
6) 일본 요코하마의 가나자와문고(金沢文庫)에서 'アンニョンハセキ！元暁
   法師－日本がみつめた新羅・高麗仏教－'라는 제목의 전시회가 개최되
   고 있으며[2017. 6.23-8.20], 6월24일에 '원효와 신라불교사본'이라는
   주제로 한일공동학술대회가 열렸다.
7) 『판비량론』 新出 필사본들을 취합한 후 이를 秘藏하지 않고, 누구나
   연구할 수 있도록 公表해 준 이번 행사의 관계자 諸位와 일본의 연구
   자들께 깊이 감사드린다.
8) 神奈川県立金沢文庫(2017).
9) 神奈川県立金沢文庫(2017), 25-27의 사진 15. 칸다키이치로(神田喜一
   郎) 가족이 오타니(大谷)대학에 기증한 필사본.
10) 神奈川県立金沢文庫(2017), 28의 사진 16-1.
11) 神奈川県立金沢文庫(2017), 28의 사진 16-2. 바키에이 舊藏本이라고

고토(五島)미술관 소장본12) 그리고 미쓰이(三井)기념미술관 소장
본13)은 이번에 새롭게 알려진 단편들이다. 그리고 가나자와문고
에서 열린 학술대회에서 「신출자료 바키에이 구장본·원효찬 판비
량론 단간(新出資料　梅渓 旧蔵本·元曉撰 『判比量論』 断簡)에
대하여」라는 제목의 논문을 발표했던 오카모토는 또 한 장의 『판
비량론』 단편이 도쿄국립박물관에 소장되어 있다고 밝힌 바 있는
데14) 필자 역시 도쿄국립박물관의 화상 검색 사이트15)에 공개되
어있는 이 단편의 사진16)을 확인할 수 있었다. 이상에서 보듯이
최근에 일반인들에게 새롭게 알려진 『판비량론』의 단편은 총 4가
지이며 이를 다시 열거하면서 각각의 분량을 병기(併記)하면 다음
과 같다.

①고토(五島)미술관 소장본 - 7줄
②바키에이(梅渓) 구장본(旧蔵本) - 5줄
③미쓰이(三井)기념미술관 소장본 - 15줄
④도쿄(東京)국립박물관 소장본 - 5줄

부름.
12) 神奈川県立金沢文庫(2017), 28의 참고도판(2). 古筆手鑑 「染紙帖」 속
   에 (東寺切)로 분류되어 있다.
13) 神奈川県立金沢文庫(2017), 28의 참고도판(1). 古筆手鑑 「高松帖」에
   들어 있음.
14) 岡本一平(2017), p.2.
15) 東京國立博物館 사이트, http://webarchives.tnm.jp/imgsearch/show/
   E0059947 [2017.7.26].
16) 위의 사이트에서 '本文4__弘法大師〈東寺切　コロコロ切〉·智證大
   師〈巻物切〉·慈覚大師〈経切〉' 가운데 弘法大師〈東寺切　コロコ
   ロ切〉로 되어 있는 우측의 사진이 『판비량론』의 새로운 단편이다.

이 가운데 ①고토미술관 소장본의 경우 두 조각을 이어 붙여 한 장으로 만든 것인데 앞부분의 내용은 유식비량(唯識比量), 뒷부분은 정토(淨土)에 대한 것이다. ②바키에이 구장본에는 유식비량에 대한 논의가 실려 있으며 앞부분의 일부가 선주의 『인명론소명등초(因明論疏明燈抄)』에도 그대로 인용되어 있다. ③미쓰이 기념미술관 소장본 역시 두 조각을 이어붙인 것으로 앞부분에서는 비량의 효용에 대해, 뒷부분에서는 추론식의 인(因)에 부가하는 '자허(自許)'라는 한정사(限定詞)에 대해 논의한다. ④도쿄국립박물관 소장본에서는 추론식의 요건에 대해 논의하는데 2/3정도의 분량이 『인명정리문론』의 인용문이다.

본고에서는 이들 신출 단편들의 초서체를 해독하여 해서체로 복원하고 번역한 후, 이들 단편 가운데 고토미술관 소장본과 바키에이 구장본에 실린 유식비량과 관계된 논의에 대해 분석해 보고자 한다.

Ⅱ. 신출 필사본의 복원과 번역

1. 고토(五島)미술관 소장본

고토미술관 소장본에 대한 필자의 해서체 복원문은 표1과 같다. 17) 이 표에서 보듯이 고토미술관 소장본은 총 일곱 줄로 이루어져 있는데, 오카모토가 지적하듯이 앞의 다섯 줄은 유식비량에 대

---

17) 복원문의 각 글자를 지목하기 위해서 각 줄의 상단에 번호를 매겼다.

한 것이고,18) 뒤의
두 줄은 정토교와
관계된 것이다.19) 즉
오치아이[落合] 소장
본과 마찬가지로 『
판비량론』 단편 두
조각을 붙여서 한
장으로 만든 것이다.
앞의 다섯 줄[1, 2,
3, 4, 5]의 경우 선
주의 『인명론소명등
초』에서 인용하는 『

	7	6	5	4	3	2	1
	比量非彼所計彼因不定此決定故設求此因有不	淨土教能顯正義極成外論所不攝故如中土教如是	此難作不定過此極成色爲如眼根自許初三攝眼	識之色自許初三攝識不攝故猶如眼根我遮	於前謂若爲我作相違過云極成之色應非離	識不攝故猶如眼根遮相違難避不定過㝵類	量言眞故極成色定離於眼識自許初三攝眼

표1 - 고토미술관 소장 필사본과 복원문

판비량론』의 산일문에 그대로 인용되어 있으며, 뒤의 두 줄[6, 7]
은 그 어디에도 인용되지 않았던 새로운 단편인데, 오카모토가 밝
히듯이 정토교 관련 내용을 담은 오타니대학 소장본에 실린 제7
절의 후반부와 유관하다. 그 내용으로 볼 때 그 바로 앞의 두 줄
로 추정된다.

　『판비량론』 필사본은 동대사(東大寺)에서 화엄종을 개창한 신
라의 승려 심상(審祥)이 740년 경 광명황후(光明皇后)에게 기증
한 것으로 알려져 있는데,20) 필사 과정에서 누락된 글자가 있을
경우 이를 누락된 위치의 우측에 작은 글씨로 적어서 첨가하였다.
몇 가지 예를 들면 표2와 같다.

---

18) 岡本一平(2017), 4.
19) 岡本一平(2017), 5의 각주 14.
20) 小林芳規(2002), 4-6.

누락된 글자를 추가하는 방식			
위치	4-8-19[21]	3-8-5	2-5-4
첨가한 글자	根	識	分
복원한 문구	依根故若	轉識攝	心分所

표2 - 『판비량론』에서 누락된 글자를 추가한 예

'4-8-19'의 경우 세로로 쓴 '依故若(의고약)'에서 '依(의)'자와 '故(고)'자 사이 우측에 '根(근)'자가 적혀 있기에 '依根故若(의근고약)'으로 복원되고, '3-8-5'의 경우는 '轉攝(전섭)'의 우측에 '識(식)'자가, '2-5-4'의 경우는 '心所(심소)'의 우측에 '分(분)'자가 부기(附記)되어 있기에 각각 '轉識攝(전식섭)'과 '心分所(심분소)'로 복원된다.

고토미술관 소장본의 경우도 이렇게 부기한 글자가 두 개 있는데[고토-6-17, 19] 이어붙인 앞부분의 종이에 일부가 가려져 있어서 판독이 쉽지 않다. 현존하는 『판비량론』 필사본의 글자들과 그 모양을 대조해 보면 이 두 글자는 '中(중)'자와 '敎(교)'자였을 것으로 추정된다. 이 부분을 확대한 모습과 『판비량론』 '오타니대

---

21) 오타니대학 소장본에 실린 글자의 경우 이와 같이 세 개의 숫자로 그 위치를 표시하는데, 맨 앞의 숫자는 '김성철(2003)'에 매겨진 필사본의 번호다. 따라서 위에 적힌 '4-8-19'는 오타니대학 소장 필사본 4번의 8째줄, 19번째 글자를 의미한다.

학 소장본'에서 채취한 '中'자와 '敎'자는 아래의 표3과 같다. (설명의 편의를 위해서 반이 가려진 이들 두 글자를 a와 b로 지목한다.)

			中		敎	
	如土如是	許初三攝眼	제9절	제9절	제7절	제9절
	a b					
고토-6-16,17,18,19			3-4-2	3-4-15	1-3-10	3-3-8

표3 - 고토미술관 소장본에 부기(附記)한 글자의 확대와 추정

여기서 보듯이 제9절에 실린 '中'자[3-4-2]의 좌측과 a의 글씨가 유사하며, '敎'자의 좌상부(左上部)와 b의 글씨가 유사하다. 따라서 이 부분은 '如中土敎如是(여중토교여시)'로 복원할 수 있다. 이렇게 복원할 경우 앞뒤의 문장과 의미가 통한다.

또 고토미술관 소장본에서 마지막 줄에 독특한 서체의 글자가 보이는데[고토-7-6[22)] 전후의 의미 맥락으로 볼 때 이는 '計(계)'자의 오사로 추정된다. 이 글자와 '計'자의 일반적인 초서체[23)]를 비교하면 다음의 표4와 같다.

---

22) 이는 '고토미술관 소장본, 7째줄, 6번째' 글자임을 의미한다. 앞으로 낱장만 현존하는 다른 판본의 경우도 이와 같은 방식으로 표기한다.

23) 以下, 중국의 書法字典 사이트(http://www.shufazidian.com [2017.7. 5-2017.8.5])에서 일반적인 초서체를 채취하였다.

	고토-7-6	필자	蔡襄(채양)	王羲之(왕희지)
글자	?	글자	計	計
절	제7절	시대	宋代	晉代
초서		초서		

표4 - 고토미술관 소장본의 난독자와 '計(계)'자의 초서체

왼쪽의 '고토-7-6' 글자는 해서체의 '千'자나 '干'자와 유사하지만, 전후의 맥락으로 볼 때 결코 '千'이나 '干'으로 복원할 수는 없다. 이와 유사한 글자 가운데 의미상 가장 어울리는 것은 '計'자다. 이 글자를 넣어서 앞뒤의 글자를 함께 쓰면 "如是比量 非彼所計 彼因不定(여시비량 비피소계 피인부정)"과 같이 되는데, '彼所計[그가 생각한 바]'는 한문불전에서 자주 사용되는 정형구이다. 이와 같이 복원할 경우 "이와 같은 비량(比量)은 그가 생각한 바가 아니다. 그런 인(因)은 부정인(不定因)이다."로 번역되기에 그 의미가 자연스러워진다.

『판비량론』의 필사자는 인명학에 정통했던 사람은 아니었던 것 같다. 앞에서 보았듯이 필사 과정에서 누락되어 다시 추가한 글자도 적지 않을 뿐만 아니라, 오사한 글자도 더러 발견되는데 이는 필사자가 『판비량론』의 내용은 파악하지 못한 상태에서 원본을 기계적으로 옮겨 썼기 때문이었을 것이다. 이 글자의 경우 원본에 적힌 '計(계)'자 좌측에 있는 '말씀 언(言)'변의 초서체의 위치가 애매했기에 필사자가 그 내용을 이해하지 못한 상태에서 옮겨 적

으면서 위와 같이 '千(천)'자나 '干(간)'자와 유사한 모습으로 변형
시켰을 것으로 짐작된다.

　『판비량론』 필사본에서 오사한 글자 가운데 대표적인 예가 '聞
(문)'자다. 『판비량론』의 초서체 '聞'자는 그 모양이 '皆(개)'자와
전혀 구별되지 않기에, 전후 맥락을 파악하여 어떤 글자인지 확정
해야 한다. 『판비량론』의 '聞'자와 '皆'자를 일반적인 초서체와 비
교하면 다음과 같다.

聞		皆	
『판비량론』 제11절	제7절	제9절	
5-8-12	5-10-9	1-7-17	3-9-8
唐代	晉代	唐代	晉代
孫過庭	王羲之	孫過庭	王羲之

표5 - 『판비량론』의 '聞(문)'자와 '皆(개)'자

　『판비량론』의 '皆'자는 일반적인 초서체와 유사하다. 그러나
'聞'자는 많이 다르다. 『판비량론』의 내용에 무지(無知)했던 필사
자가 '聞'자를 '皆'자로 오독했거나, 원효의 필체에서 '皆'자와 '聞'
자가 잘 구별되지 않아서 이런 오사(誤寫)가 일어났을 것이다. 이
런 오사의 사례에 비추어 볼 때 고토미술관 소장본의 난독자[고

토-7-6] 역시 오사이고, 원래의 글자는 '計(계)'자였을 것으로 추정할 수 있는 것이다.

   이상과 같은 분석에 근거하여 난독자와 첨가자를 확정하여 고토미술관 소장본의 복원문을 가로로 쓰면서 번역하면 아래와 같다.24)

> 앞부분: (··· 彼小乘 立比)量言 眞故 極成色 定離於眼識 自許初三攝 眼識不攝故 猶如眼根 遮相違難 避不定過 屛類於前 謂若爲我作相違過云 極成之色 應非離識之色 自許初三攝 眼識不攝故 猶如眼根 我遮此難 作不定過 此極成色 爲如眼根 自許初三攝眼(識不攝故 ···)
> (··· 저 소승 측에서는 비)량을 작성하여 다음과 같이 말할 것이다. '(종) 승의에 의거할 때, 양측 모두 인정하는 색은 반드시 안식에서 벗어난 것이다. (인) 우리 측에서 인정하는 초삼(初三)에 포함되면서 안식에는 포함되지 않기 때문에. (유) 마치 안근과 같이.' [이 경우] 상위인의 오류에 빠진다는 비판도 방지하고 부정인의 오류도 피하게 되는데, [그 이치는] 앞의 것보다 까다로운 편이다. 이를 설명하면 다음과 같다. 만일 [적대자가] 나를 위해 [상기한 소승 측의 비량에 대해 [유법차별]상위인의 오류를 작성하여, '(종) [승의에 의거할 때] 양측 모두 인정하는 색은 식에서 벗어난 색이 아니어야 하리라. (인) 우리 측에서 인정하는 초삼에 포함되면서 안식에는 포함되지 않기 때문에. (유) 마치 안근과 같이'라고 말한다면, 나는 이런 비판을 차단하며 [이런 비판이 다음과 같이] 부정인의 오류에 빠진다는 점을 지적할 수 있다. [동품유] 여기서 말하는 '양측 모두 인정하는 색'은 '안근'과 같이, 우리 측에서 인정하는 초삼에 포함되면서 안(식에는 포함되지 않기 때문에 ···)
>
> 뒷부분: ··· 淨土敎 能顯正義 極成外論 所不攝故 如中土敎 如是比量 非彼所計 彼因不定 此決定故 設求此因 有不25)(定過 亦能破彼 是等難故

---

24) 앞부분에 대한 번역문은 '김성철(2003), 151-152'에 근거한다.
25) 이후 괄호 속의 문장으로 시작하는 오타니대학 필사본으로 이어진다.

…)

'(종) … 정토의 가르침은 올바른 이치를 드러낼 수 있다. (인) 양측 모두 인정하는 외도의 이론에 포함되지 않기 때문에. (유) 중토(中土)의 가르침과 같이.' 이와 같은 비량은 그가 생각해 본 것이 아니다. 그의 [비량에 사용된] 인(因)은 부정[인]이다. 설혹 이 인을 살려내어도 부(정인의 허물이 있어서 역시 능히 그것을 논파할 수 있다. 동등한 비판이 있을 수 있기 때문이다. …)

2. 바키에이(梅渓) 구장본(旧蔵本)

바키에이 구장본의 필사본은 오카모토에 의해 면밀히 연구된 바 있는데,[26] 오카모토의 해서체 복원문은 표6과 같다.

오카모토가 지적하듯이 이 가운데 첫째 줄[1] 전체(非 … 三)와 둘째 줄의 열 번째 글자(難[2-10])까지는 선주(善珠, 724-797)의 『인명론소명등초(因明論疏明燈鈔)』에 인용된 『판비량론』 산일문의 마지막 부분에 해당한다.[27] 그런데 오카모토의 복원문에서 첫 줄의 셋째, 넷째, 다섯째 글자[바키에이-1-3, 4, 5]는 '識眼類(식안류)'인데,[28] 선주의 인용문에는 '眼識耶(안식야)'로 되어 있다. 앞의 두 글자는 순서가 바뀌어 있고 끝 글자는 글자 자체가 다르다. 무엇이 옳을까?

---

26) 本 節에서 거론하는 오카모토의 주장은 未完의 발제문에 근거한다. 앞으로 학술지에 게재할 논문에서는 오카모토의 복원문이나 주장이 달라질 수 있을 것이다.

27) 善珠, 『因明論疏明燈鈔』(T68, 321a), "非離眼識耶 若爲避此不定過 故 須言極成初三等者 則不得遮彼相違難 (云云),"

28) 岡本一平(2017), 4.

표6 - 바키에이 구장본과 오카모토의 복원문

먼저 오카모토가 '類(류)'자로 해독한 마지막 글자[바키에이-1-5]의 경우 '耶(야)'자로 복원하는 것이 옳다. '類(류)'자는 기존의 『판비량론』 필사본 가운데 사카이(酒井) 소장본에만 3회 등장하며 '耶(야)'자는 오타니(大谷)대학 소장본의 제7, 10, 14절에 각각 1회씩 총3회 등장하는데, 바키에이 구장본의 '바키에이-1-5 글자'와 함께 이들을 비교하면 다음과 같다.

	바키에이 구장본	오타니대학 소장본			사카이 소장본		
글 자	?	耶			類		
절	미상	제7절	제10절	제14절	미상		
위 치	바키에이-1-5	1-2-17[29]	4-4-12	10-6-12	11-1-4	11-4-15	11-6-5
초 서							

표7 - 『판비량론』 필사본의 '耶(야)'자와 '類(류)'자

여기서 보듯이 바키에이 구장본의 '바키에이-1-5' 글자는 오타
니대학 소장본의 '耶'자인 '4-4-12' 글자와 흡사하다. 『판비량론』
필사본을 보면 동일한 글자인데도 다양한 형태로 필사한 경우가
적지 않다. 위의 표1에서 보듯이 '耶'자의 3가지 필사체도 모두
다르지만, 다른 예를 들면 다음과 같은 글자들이다.

緣			相		
是			疑		
能			違		

표8 - 『판비량론』 필사본의 이체자(異體字)들

---

29) 여기에 쓴 '1-2-17'에서 앞의 '1'자는 '김성철(2003), 37-48'에 실린
『판비량론』 필사본 영인본들의 위에 적힌 〈 〉 괄호 속의 숫자이며, 중
간의 '2'는 列數, '17'은 각 列 내에서의 順序다. 즉, 1번 영인본의 2째
줄, 17번째 글자임을 의미한다.

이 가운데 표8에서 '緣(연)'자의 좌변인 '실 糸(사)'변의 변형을 표7에서 '耶(야)'자의 좌변인 '귀 耳(이)'변의 변형과 비교할 때 표7의 '바키에이-1-5'가 '耶'자임을 알 수 있다. 선주(善珠)의 『인명론소명등초』에서 이 글자를 '耶'자로 쓰고 있다는 점에서 더욱 확인된다.

그 다음에 바키에이 구장본에서 '識眼(식안)'으로 되어 있는 '바키에이-1-3, 4' 글자에 대해 검토해 보자. 분명한 것은 이 두 글자에 대한 오카모토의 해서체 복원에는 문제가 없다는 점이다.30) 그러나 『인명론소명등초』에는 '眼識(안식)'으로 그 배열이 바뀌어 있는데 『인명론소명등초』에 실린 앞부분의 내용을 분석해 보면 이는 필사본 쪽의 오기(誤記)임을 알 수 있다.

또 오카모토가 복원하면서 미심쩍어하는 글자가 '바키에이-3-7'의 '散(산)'자인데 다른 필사본을 조사해 보면 이는 '敵(적)'으로 복원해야 함을 알 수 있다. 현존하는 필사본 어느 곳에서도 '散'자는 보이지 않지만, '敵'자는 오치아이 소장본에 1회 등장한다.

	바키에이 구장본	오치아이 소장본		필자	송렴 (宋濂)	왕희지 (王羲之)
글자	?	敵		글자	敵	散
절	미상	제6절		시대	明代	晉代
위치	바키에이-3-7	오치-9-8				
초서				초서		

표9 - '敵(적)'자와 '散(산)'자의 초서체 비교

30) 현존하는 『판비량론』 필사본 가운데 오타니대학 소장본, 사카이 소장본, 그리고 오치아이 소장본을 조사해 보면 '眼'자는 7회, '識'자는 34회 등장하며 이들 모두 상기한 바키에이 구장본의 두 글자와 일치한다.

일반적인 초서체31)의 '敵'자 및 '散'자와 비교해 보아도 '바키에이-3-7'은 '敵'으로 복원해야 함을 알 수 있으며 그 내용을 분석해 보면 이는 더욱 확인된다. 따라서 바키에이 구장본의 최종 복원문과 그에 대한 번역은 다음과 같다. (필자가 교정한 글자를 진하게 쓰고 밑줄을 그음)

… 非離**眼識耶** 若為避此不定過故 須言極成初三等者 則不得遮彼相違難 文軌法師 通此難云 此因不定故非為**敵** 謂小乘宗 自許眼根 定離眼識 若 大乘宗 自在菩薩 六識互用 眼識亦得 緣彼眼根 現其相分 及成所作智 亦 緣眼根 現眼相分 如此眼根 是 …

… 안식을 벗어난 것이 아닌 것인가? 만일 이런 부정인의 오류를 피하기 위해 '양측 모두 인정하는[極成] 初三에 포함되면서…'라고 말할 필요가 있다면, 상위에 의거한 상대방의 비판을 막을 수 없다. 문궤(文軌)법사는 이런 비판을 종합하여 다음과 같이 말한다. 이러한 인(因)은 부정인(不定因)의 오류를 범하기에 적론(敵論)이 되지 못한다. 말하자면, 소승의 宗旨에서는 자기들이 인정하는 안근(眼根)이 안식(眼識)에서 완전히 벗어나 있고, 만일 대승의 종지라면 자재보살(自在菩薩)이 6식(六識)을 서로 바꿔서 사용하여 안식도 역시 저 안근을 대상으로 삼아서 그 상분(相分)을 나타내며 또한 성소작지(成所作智)도 역시 안근을 대상으로 삼아서 안식의 상분을 나타낸다. 이러한 안근은 … 이다.

3. 미쓰이(三井)기념미술관 소장본

미쓰이기념미술관 소장본의 필사본은 표10과 같고 필자의 해서체 복원문은 표11과 같다. 현존하는『판비량론』필사본 가운데 오치아이 소장본이나 고토미술관 소장본의 경우 서로 다른 내용

---

31) 中國의 書法字典 사이트, http://www.shufazidian.com/ [2017.7.23].

의 단편 두 장을 이어서 한 장으로 만든 것이었는데, 실물을 접하
진 못했지만 미쓰이기념미술관 소장본 역시 두 장을 이어서 한
장으로 만든 것으로 보인다. 앞부분은 10째 줄까지이며, 11째 줄
이후는 이어 붙인 부분으로 전혀 다른 내용이 실려 있을 뿐만 아
니라, 사진 상으로도 이를 확인할 수 있다. 이음매 부분[10, 11째
줄]의 하단을 확대한 사진은 표12와 같다.

표10 - 미쓰이기념미술관 소장 필사본

15	14	13	12	11	10	9	8	7	6	5	4	3	2	1
許言言無實有故無過生此說非理所以者何若爾無	離他不成者亦說他許離自不成也雖有立因不存	有實自性自宗所許世所攝故猶如現世既言自許	許故如廣百論立比量云過去未來非離現在	破有說此中有許言故無不成過我許彼因彼所	執言者所不能破當知比量有大勝能能破衆邪	因方成故諸所有能破比量豈不成立離言之宗諸	皆得成故解云離言是遮破言便立餘執有表轉	言宗既無立因無宗成比量無用餘無因宗	不得以此疑前比量問非破他宗便自宗立於離	比量皆成是故比量非不爲證非無與無皆假施設	能破彼立比量得成如立外境比量不成能破彼立	爲證解云若立內識如言有者違道理故比量不成	應非無如是內外不異而言非無與無是則比量不並	識非無有者破外境有比量得成而離言外境亦

표11 – 미쓰이기념미술관 소장본의 복원

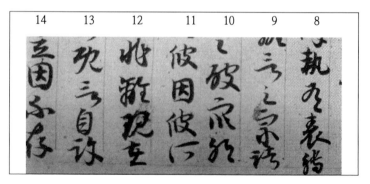

표12 – 미쓰이기념미술관 소장본의 연결부[10-11] 확대

『판비량론』 필사본에는 줄과 줄을 구분하기 위해 세로로 그은 가는 줄이 있는데 표12의 사진에서 10째 줄과 11째 줄 사이의 세로 줄이 보이지 않는다. 또 10번 칸과 11번 칸의 좌우 길이를 합한 너비는 다른 두 칸을 합한 너비에 비해 약간 좁다. 또『판비량론』의 문장은 대부분 4음절 단위로 끊어 읽게 되어 있는데, 연결부의 전후 문장을 의미 단위로 끊어 읽어 보면 10번째 줄 마지막 문장의 경우 4음절로 끝나지만, 11번째 줄의 첫 문장은 3음절로 시작하기에 이런 통례와 어긋난다.

이상과 같은 분석에 근거하여 미쓰이기념미술관 소장본을 복원한 후 번역하면 다음과 같다.

> 앞부분: (問 … 破內識有 比量得成 而離言內)[32]識 非無有者 破外境有 比量得成而 離言外境 亦應非無 如是內外 不異而言 非無與無 是則比量 不並爲證 解云 若立內識 如言有者 違道理故 比量不成 能破彼立 比量得成 如立外境 比量不成 能破彼立 比量皆成 是故比量 非不爲證 非無與無 皆假施設 不得以此 疑前比量 問 非破他宗 便自宗立 於離言宗 旣無立因 因無宗成 比量無用 餘無因宗 皆得成故 解云 離言是遮 破言便立 餘執有表 轉因方成 故諸所有 能破比量 豈[33]不成立 離言之宗 諸執言者 所不能破 當知 比量 有大勝能 能破衆邪 …
>
> (묻는다. … 내식(內識)의 존재를 논파하는 일은 비량이 성립할 수 있지만 말에서 벗어난 내)식이 없는 것이 아니라면, 외경(外境)의 존재를 논파하는 일이 비량으로 성립할 수 있지만, 말에서 벗어난 외경도 역시 없지 않아야 하리라. 이와 같이 내외가 다르지 않지만 '없지 않음'과 '없음'을 말

---

32) 괄호 속의 문장은 이어지는 필사본의 내용에 근거하여 필자가 추정한 것이다.
33) 이 글자는 '答'자[8-1-18, 8-1-15]와 유사하지만, '答'으로 복원할 경우 의미가 통하지 않기에 필사자의 誤寫로 간주하고, 因明學 문헌에서 사용 가능한 글자 가운데, 이와 모양이 유사하고 의미 상 가장 타당한 '豈'로 복원하였다.

한다. 그렇다면 비량이 그 모두에 대해서 증명이 되지 못한다. 풀어서 말
한다. 만일 내식이 앞의 말과 같이 존재한다고 내세운다면 도리에 어긋나
기 때문에 비량으로서 성립하지 않으며 그런 내세움을 논파하는 비량이
성립할 수 있다. 이는 마치 외경을 내세움이 비량으로서 성립하지 않으며
그런 내세움을 논파하는 비량들이 모두 성립하는 것과 같다. 그러므로 비
량은 증명하지 못하는 것이 아니며, '없지 않음'과 '없음'은 모두 거짓되게
시설(施設)한 것이니, 이[런 논의]에 의해서 앞의 비량을 의심할 수는 없
다. 묻는다. 다른 이의 주장을 논파하지 않아도 자기주장이 성립한다. 말에
서 벗어난 주장의 경우 원래 이유를 제시하는 일이 없다. 이유가 없이 주
장이 성립하면 비량이 쓸모가 없게 된다. 이유를 갖지 않는 다른 주장들이
모두 성립할 수 있기 때문이다. 풀어서 말한다. 말에서 벗어난 것은 차(遮)
함이라서 논파하는 말이 그냥 성립한다. 표(表)함을 갖는 다른 주장은 因
이 작용해야 비로소 성립한다. 따라서 존재하는 갖가지 능파(能破)의 비량
들이 어찌 성립하지 않는 것이겠는가? 말에서 벗어난 주장은 갖가지 주장
의 말을 해도 논파할 수 없다. 마땅히 알아야 한다. 비량에는 크고 뛰어난
능력이 있어서 갖가지 삿됨을 논파할 수 있다.

뒷부분: … 破 有說 此中有許言故 無不成過 我許彼因 彼所許故 如廣百
論 立比量云 過去未來 非離現在 有實自性 自宗所許 世所攝故 猶如現世
旣言自許 離他不成者 亦說他許 離自不成也 雖有立因 不存許言 言無實
有 故無過生 此說非理 所以者何 若爾無 …

… 파(破)한다. 어떤 이들은 다음과 같이 설명한다. 이 가운데 '인정하는
[許, 허]'라는 말이 있기 때문에 불성인(不成因)의 오류는 없다. 나는 그
[비량에 달린] 이유를 인정한다. 그가 인정한 것이기 때문이다. [이는] 『대
승광백론석론(大乘廣百論釋論)』에서 비량을 세워서 다음과 같이 말하는
것과 같다. "과거와 미래는 현재를 떠나서 참다운 자성을 갖는 것이 아니
다. '自派의 宗旨에서 인정하는' 세속에 포함되기 때문에. 마치 현세와 같
이. 이미 "자파에서 인정하는"이라고 말했기에 타파(他派) 불성[인의 오
류]에서 벗어난다면, 또한 "타파에서 인정하는"이라고 설하여 자파 불성
[인의 오류]에서 벗어난다. "비록 因을 제시하는 일이 있을 때에 '인정하
는'이라는 말이 없어도 말에는 실재성이 없기에 오류가 발생함은 없다."

면, 이런 설명은 이치에 맞지 않다. 왜 그런가? 만일 그렇다면 …가 없는
꼴이 된다."

4. 도쿄(東京)국립박물관 소장본

도쿄국립박물관에서 소장하고 있는 『판비량론』 필사본34)과 그
에 대한 필자의 해서체 복원문은 표13과 같다. 도쿄국립박물관
소장본의 독특한 점은 그 내용 가운데 『인명정리문론』을 길게 인
용한 부분이 두 곳 있다는 점이다. 총 101字 가운데 2/3에 해당
하는 67자가 인용문에 해당한다. 앞부분은 둘째 줄 여섯 번째 글
자[唯, 도쿄-2-6]에서 셋째 줄 열두 번째 글자[故, 도쿄-3-12]까
지의 문장이고, 뒷부분은 셋째 줄 열아홉 번째 글자[頌(송), 도쿄
-3-19]에서 마지막인 다섯째 줄 스무 번째 글자[도쿄-5-20]까지
의 문장으로 다음과 같다.

『인명정리문론』 인용부
앞부분: 唯有共許 決定言詞 說名能立 或名能破 非互不成 猶豫言詞 後
轉成故
뒷부분: 頌曰 一事有多法 相非一切行 唯由簡別餘 表定能隨逐 如是能相
者 亦有衆多法 唯不越所相 能表示非餘

이 가운데 밑줄을 긋고 굵게 표기한 앞부분의 두 글자[後轉(후
전), 도쿄-3-9, 10]와 뒷부분의 한 글자[曰, 도쿄-3-20]는 『인명
정리문론』의 원문과 다른데, 뒷부분의 한 글자의 경우 '言(언)'자

---

34)　東京國立博物館 사이트, http://webarchives.tnm.jp/imgsearch/show/
E0059947 [2017.7.29]

를 '曰(왈)'자로 바꿔 쓴 것
이기에 의미에 차이가 없지
만, 앞부분의 두 글자는 원
래 '復待(부대)'인데 원효는
이를 '後轉(후전)'으로 바꿔
쓰고 있다. 따라서 원효가
『판비량론』을 저술하면서 『
인명정리문론』을 인용할 때
직접 보면서 옮겨 쓴 것이
아니라 기억에 의존했을 것
으로 추정된다.

또 도쿄국립박물관 소장
본에 실린 『인명정리문론』
의 인용문은 『판비량론』 필
사본에 대한 기존 복원본의

표13 - 도쿄국립박물관 소장본의 복원

오류를 바로 잡는 데 큰 도움을 준다. 먼저 셋째 줄 두 번째 글
자[도쿄-4-2]의 경우 『인명정리문론』과 대조해 보면 '互(호)'자의
초서체임을 알 수 있다. 이 글자는 바키에이 구장본과 사카이우키
치(酒井宇吉) 소장본에도 등장하는데, 사카이 소장본을 해서체로
복원하면서 이를 '耳(이)'자로 판독하였고35) 이어지는 연구에서도
이런 판독을 그대로 수용한 바 있다. 이 글자들을 비교하면 다음
과 같다.

	사카이 소장본	바키에이 구장본	도쿄국립박물관 소장본
글자	'耳(이)'로 오독	互	
절	미상	미상	
위치	11-1-12	바키에이-2-15-10	도쿄-3-2
초서			

표14 - 『판비량론』 필사본들의 '互'자

여기서 보듯이 도쿄국립박물관 소장본의 '互'자[도쿄-3-2]는 특히 사카이 소장본의 '11-2-12' 글자와 완전히 일치한다. 과거에는 사카이 소장본의 첫 줄을 다음과 같이 복원하여 번역하였다.36)

　… 何可言 類同相異 同異二義耳 相乖違而言體一 必不應理
　… 어떻게 類는 같으나 相은 다르다고 말할 수 있겠는가? 같음과 다름은 두 가지 의미일 따름이다. 相이 어긋나는데도 體는 하나라고 말하는 것은 결코 이치에 맞지 않다.

열두 번째 글자를 '耳(이)'로 오독한 오역이었다. 따라서 다음과 같이 복원하고 번역해야 할 것이다.

　… 何可言 類同相異 同異二義 互相乖違 而言體一 必不應理
　… 어떻게 類는 같으나 相은 다르다고 말할 수 있겠는가? 같음과 다름의 두 가지 의미가 서로 어긋나는데 체(體)는 하나라고 말하는 것은 결코 이치에 맞지 않다.

---

36) 김성철(2003), 69 ; 357.

또『인명입정리론』원문과『판비량론』도쿄국립박물관 소장본
의 인용문 초서체의 대조를 통해, 과거에 오타니대학 소장본(= 칸
다 소장본)에 실린『판비량론』제7절을 해서체로 복원하면서 후
키하라(富貴原章信) 이후 '惠(혜)'자로 판독했던[37] 글자가 '名(
명)'자임을 알 수 있다. 앞으로『판비량론』제7절은 다시 번역,
해석되어야 할 것이다. 이들 두 필사본의 초서체를 비교하면 다음
과 같다.

글자	오타니대학 소장본				도쿄국립박물관 소장본	
글자	'惠'로 오독				名	
절	제7절				미상	
위치	1-2-7	1-6-3	1-6-10	1-7-8	도쿄-2-15	도쿄-2-19
초서						

표15 - 오타니대학 소장본과 도쿄국립박물관 소장본의 '名'자

이상과 같은 분석에 근거하여 도쿄국립미술관 소장본의 복원문
을 가로쓰기 하면서 번역하면 다음과 같다.

… 量 故非共許 而無過失 是二差別 以何爲證 如理門論 悟他中言 唯有
共許 決定言詞 說名能立 或名能破 非互不成 猶豫言詞 後轉成故 後明
自悟比量 頌曰 一事有多法 相非一切行 唯由簡別餘 表定能隨逐 如是能
相者 亦有衆多法 唯不越所相 能表示非餘 …
… 량(量)이기 때문에 양측이 함께 인정하는 것이 아니지만 오류는 없다.
이 두 가지의 구별은 무엇에 의해서 입증하는가? 이는『인명정리문론(因

---

37) 김성철(2003), 60-61.

明正理門論)』에서 '다른 이를 깨닫게 하기[위한 비량]'에서 다음과 같이 말한다. "오직 양측이 함께 인정하며 확고한 말[로 이루어져 있을 때 이]를 능립(能立)이라고 명명하거나 능파(能破)라고 명명한다고 설한다. '서로에 대해 불성[인]'인 것과 '유예[불성인]의 말'은 그렇지 않다. [그런 인(因)은] 나중에 작동하여 성립하기 때문이다." '나를 깨닫게 하기[위한] 비량'에 대해서는 나중에 밝히겠다. [『인명정리문론』의] 게송에서 [다음과 같이] 말한다. "하나의 사태에 여러 속성 있으나, / 그 모두에 표상이 작용하진 않는다네. / 오로지 다른 것을 배제하기 때문에, / 확고함의 나타남이 잇따를 수 있다네. / 이와 같이 능상(能相)에도 온갖 속성 있지만, / 오직 소상(所相) 안 넘어야 남이 아님 능표(能表)하네."

Ⅲ. 유식비량 관련 신출 단편의 내용 분석

이상 최근에 일반인에게 소개된 『판비량론』 필사본 4가지의 원문을 해서체로 복원해 보았는데, 본고에서는 이 가운데 유식비량과 관련한 내용에 대해 분석해 보겠다. 원효는 『판비량론』에서 『인명입정리론』과 『인명정리문론』의 논리학에 입각하여 현장의 학문을 비판하기도 하고[38], 현장이 소개한 신역(新譯) 불전의 난제를 해결하기도[39] 하는데, 새로운 4가지 필사본 가운데 고토미술관 소장본의 앞부분과 바키에이 구장본에 현장이 고안했던 유식비량(唯識比量)에 대한 비판이 실려 있다.

현장은 인도 유학시절 계일(戒日, Śīlāditya)왕이 개최했던 무차

38) 김성철(2003), 107-212.
39) 김성철(2003), 215-339.

대회(無遮大會)에 참가하여 만법유식을 증명하기 위해서 다음과 같은 유식비량을 제시하였고 아무도 이를 비판하지 못했다고 한다.40)

眞故 極成色不離於眼識 / 自許 初三攝 眼所不攝故 / 猶如眼識
(종) 승의에 의거할 때, 양측 모두 인정하는 색은 안식을 벗어나 있지 않다.
(인) 우리 측에서 인정하는 초삼(初三)에 포함되면서 안근에는 포함되지 않기 때문에
(유) 마치 안식과 같이

이 추론식을 접한 원효는, 이와 상반된 주장이 담긴 추론식을 고안하여 제시함으로써, 유식비량을 상위결정(相違決定)의 오류에 빠뜨린다. 이는 다음과 같다.

眞故 極成色定離於眼識 自許初三攝眼識不攝故 猶如眼根
(종) 승의에 의거할 때, 양측 모두 인정하는 색은 반드시 안식에서 벗어난 것이다.
(인) 우리 측에서 인정하는 초삼에 포함되면서 안식에는 포함되지 않기 때문에.
(유) 마치 안근과 같이

소승 측에서 작성하는 이와 같은 추론식 역시 논리적 오류를 범하지 않지만, 그 내용이 유식비량과 상반되기에 유식비량을 상위결정의 오류에 빠뜨린다는 것이다. 이 추론식은 순경(順璟)이 당나라에 들어가면서 현장의 제자들에게 알려졌고, 곧이어 이들의

---

40) 이와 관련한 내용은 '김성철(2003), 113-114'에서 인용, 발췌한다.

반박과 그런 반박에 대한 원효의 비판이 이어졌다.

선주(善珠)는『인명론소명등초』에서 이러한 논란을 담은『판비
량론』의 문장을 인용하고 있는데, 고토미술관 소장본에서 앞부분
의 다섯 줄과 바키에이 구장본의 앞부분의 한 줄 반 정도를『인
명론소명등초』에서 인용한다. 그리고 바키에이 구장본에서 "문궤
법사(文軌法師) …"로 시작하는 나머지 세 줄 반 분량의 문장은
지금까지 알려지지 않았던 일문(逸文)이다. 그런데 이 문장은 장
준(藏俊)의『인명대소초(因明大疏抄)』에서 인용하는『문궤소』중
의 일부다.41) 이상과 같은 자료들에 실린『판비량론』의 문장들을
종합하면, 유식비량 관련 문장은 다음과 같이 복원된다. (설명의
편의를 위해서 ①, ②, ③ … 과 같이 번호를 붙였다.)

> ①[本是曉製 彼師 判比量云] 今謂 此因勞而無功 由須自許言 更致敵量
> 故 謂彼小乘立比②量言 眞故 極成色定離於眼識 自許初三攝眼識不攝故
> 猶如眼根 遮相違難 避不定過 屠類於前 謂若爲我作相違過云 極成之色
> 應非離識之色 自許初三攝 眼識不攝故 猶如眼根 我遮此難 作不定過 此
> 極成色 謂如眼根 自許初三攝眼③識不攝故 非離識之色耶 爲如我宗 釋
> 迦菩薩 實不善色 自許初三攝 眼識不攝故 是離識之色耶 若不須自許 作
> 不定過者 他亦爲我作不定過 爲此極成色 爲如眼根 初三所攝眼識不攝故
> 是離眼識耶 爲如我宗他方佛色 初三所攝 眼識不攝故 ④非離眼識耶 若
> 爲避此不定過故 須言極成初三等者 則不得遮彼相違難 ⑤文軌法師 通此
> 難云 此因不定故 非爲敵 謂 ⑥小乘宗 自許眼根 定離眼識 若大乘宗 自在
> 菩薩 六識互用 眼識亦得 緣彼眼根 現其相分 及 成所作智 亦緣眼根 現
> 眼相分 ⑦如此眼根 是(初三中 眼根所攝 此則大乘 不許眼根 定離眼識
> …)42)

---

41) 藏俊,『因明大疏抄』(T68, 772b) ; 文軌의 저술이지만 窺基의 저술로
포장되어 있는『因明論理門十四過類疏』(A119, 363a-b)에도 실려 있
다.

또 이 복원문에서 번호를 매긴 각 문장 군(群)의 출처를 지목하면 다음과 같다.

문장 번호 문장 출처		①	②	③	④	⑤	⑥	⑦
필사본	고토미술관 소장본		○					
	바키에이 구장본				○	○	○	○
인용부	선주, 『인명론소명등초』	○	○	○	○			
	장준, 『인명대소초』						○	△

표16 - 유식비량 관련 문장의 출처

이 가운데 ①, ②, ③, ④번의 문장은 선주의 『인명론소명등초』에 인용되어 있던 것이기에 새로울 것이 없지만 ⑤, ⑥, ⑦은 바키에이 구장본에 실려 있는 것으로 새로운 내용을 담고 있는데, 바키에이 구장본은 '此眼根 是(차안근 시)'라는 문구에서 끝나지만, 이어서 『문궤소(文軌疏)』의 해당 문장을 4×4조로 변형한 문장이 어느 정도 인용되어 있었을 것으로 추정된다. 좀 길긴 하지만 먼저 『인명론소명등초』에 실린 『판비량론』 인용부[①,②,③,④]에 단락을 나누고 제목을 붙여서 번역하면 다음과 같다.43)

    [a. 唯識比量을 비판하는 소승측의 상위결정의 비량]
    ①이제 말해 보겠다. 여기서 사용된 因은 애써서 만든 것이긴 하지만, 아

---

42) 『문궤소』에는 위의 괄호 속에서 보듯이 "⑦如此眼根 是"와 약간 다르게 "此相分眼根 並是"로 시작하는 다음과 같은 문장이 실려 있다. "此相分眼根 並是初三之中眼根所攝 ….." 『판비량론』의 문장은 대부분 4음절 단위로 끊어져 있는데, 이런 음절 박자를 맞추기 위해서 원효가 '此相分眼根'을 '如此眼根'으로 "並是初三之中"을 '是初三中'으로 변형시켰기에 바키에이 소장본 말미의 문장이 "如此眼根 是"일 것이다.

43) '김성철(2003), 151-153'의 번역과 설명을 거의 그대로 사용하겠다.

무 효력이 없다. '우리 측에서 인정하는[自許]'이라는 말이 요구되어 다시
적대자의 比量과 부딪히게 되기 때문이다. 즉, 저 소승 측에서는 比②量을
작성하여 다음과 같이 말할 것이다.
[비량1]
(종) 승의에 의거할 때, 양측 모두 인정하는 색은 반드시 안식에서 벗어난
    것이다.
(인) 우리 측에서 인정하는 初三에 포함되면서 안식에는 포함되지 않기 때
    문에.
(유) 마치 안근과 같이.
이 경우 상위인의 오류에 빠진다는 비판도 방지하고 부정인의 오류도 피
하게 되는데, [그 이치는] 앞의 것보다 까다로운 편이다.
[b. 소승 측의 상위결정의 '비량1'을 상위인의 오류로 몰고 가는 적대자]
이를 설명하면 다음과 같다. 만일 [적대자가] 나를 위해 [상기한 소승 측의
比量에 대해 유법차별] 상위인의 오류를 작성하여,
[비량2]
(종) [승의에 의거할 때] 양측 모두 인정하는 색은 식에서 벗어난 색이 아
    니어야 하리라.
(인) 우리 측에서 인정하는 初三에 포함되면서 안식에는 포함되지 않기 때
    문에.
(유) 마치 안근과 같이.
라고 말한다면,
[c. 적대자의 비판적 '비량2'에서 부정인의 오류를 지적하는 元曉]
나는 이런 비판을 차단하며 [이런 비판이 다음과 같이] 부정인의 오류에
빠진다는 점을 지적할 수 있다.
[同品有, 동품유] 여기서 말하는 '양측 모두 인정하는 색'은 '안근'과 같이,
우리 측에서 인정하는 初三에 포함되면서 안③식에는 포함되지 않기에 식
에서 벗어난 색이 아닌 것인가,
[異品有, 이품유] '우리 종파[소승]에서 말하는 석가보살의 실다운 不善의
색'과 같이 우리 측에서 인정하는 初三에 포함되면서 안식에는 포함되지
않기에 식에서 벗어난 색인가?
[d. 소승측의 상위결정의 '비량1'에서 '우리 측에서 인정하는[自許]'이라는

단서를 제거할 경우 부정인의 오류에 빠진다]

만일 [소승측에서] '우리 측에서 인정하는'이라는 단서를 쓰지 않고 부정인의 오류에 빠지게 한다면, 상대 종파(= 대승 측)에서도 역시 나를 위해 부정인의 오류를 작성하여 다음과 같이 말할 것이다.

[同品有] 여기서 말하는 양측 모두 인정하는 色은 안근과 같이, 초삼에 포함되면서 안식에는 포함되지 않기에 안식을 벗어난 것인가,

[異品有] 우리 종파[대승]에서 말하는 他方佛의 색과 같이 초삼에 포함되면서 안식에는 포함되지 않기에 ④안식을 벗어난 것이 아닌 것인가?

[e. 소승측의 상위결정의 '비량1'에서 '우리 측에서 인정하는'이라는 단서를 '양측 모두 인정하는[極成]'으로 바꾸면 相違因의 오류에 빠진다]

만일 이런 부정인의 오류를 피하기 위해 '양측 모두 인정하는(極成) 初三에 포함되면서…'라고 말할 필요가 있다면, 상위에 의거한 상대방의 비판을 막을 수 없다.

이 인용문에서 원효는 유식비량을 상위결정의 오류에 빠뜨리기 위해서 소승 측에서 고안할 수 있는 비량을 제시하고[a] 그런 비량에서 유법차별상위인의 오류를 드러내기 위해서 적대자가 작성하리라고 예상되는 비량을 제시한 후[b], 적대자가 작성할 수 있는 이런 비량은 부정인의 오류에 빠진다는 점을 비판한다[c]. 이어서 원효는 소승 측의 비량의 인(因)에 부가된 단서에 대해 논의를 벌이는데 먼저 '우리 측에서 인정하는[自許, 자허]'이라는 단서를 제거할 경우에는 (공)부정인의 오류를 에 빠진다는 점을 논증한 후[d], 그런 단서를 '양측 모두 인정하는[極成, 극성]'으로 교체한다면 상위인의 오류에 빠진다고 지적하는데[e] 이는 유법차별상위인의 오류를 의미한다.44) 『인명론소명등초』에는 이상과 같은

---

44) 이상의 내용에 대한 보다 자세한 설명은 '김성철(2003)'을 참조하기 바람.

논의만 실려 있었는데, 앞에서 보았듯이 바키에이 구장본에는 말미의 문장[④]과 더불어 이런 논란에 대한 문궤의 견해[⑤,⑥,⑦]가 인용되어 있다. 이는 **"⑤문궤법사는 이런 비판을 종합하여 다음과 같이 말한다. 이러한 인(因)은 부정인(不定因)의 오류를 범하기에 적론(敵論)이 되지 못한다. 말하자면 …"**으로 시작되며, 이어지는 문장은 앞에서 말했듯이 장준의 『인명대소초』에 인용된 '문궤소 제3권'에 그대로 실려 있는데 이를 그 앞뒤의 문장과 함께 번역하면 다음과 같다.

> 묻는다. 예를 들어, [현장이 유식]비량을 세워서 다음과 같이 말한다.
> (종) 승의에 의거할 때, 양측 모두 인정하는 색은 안식을 벗어나 있지 않다.
> (인) 우리 측에서 인정하는 초삼(初三)에 포함되면서 안근에는 포함되지 않기 때문에
> (유) "마치 안식과 같이"는 유(喩)이다.
> 어떤 사람[원효]은 이런 비량을 논파하여 상위결정을 지어서 다음과 같이 말한다.
> (종) 승의에 의거할 때, 양측 모두 인정하는 색은 반드시 안식에서 벗어난 것이다.
> (인) 우리 측에서 인정하는 초삼(初三)에 포함되면서 안식에는 포함되지 않기 때문에.
> (유) "마치 안근과 같이"는 유(喩)이다.
> 이는 4구(句) 가운데 어떤 구(句)에 포함되는가?
> 답한다. 이는 제4구여야 한다. 不定句로 定句를 논파하기 때문이다. 안근은 동품과 동유가 아니기 때문이다. ⑥소승의 종지(宗旨)에서는 자기들이 인정하는 안근(眼根)이 안식(眼識)에서 완전히 벗어나 있고, 만일 대승의 종지라면 자재보살(自在菩薩)이 6식(六識)을 서로 바꿔서 사용하여 안식도 역시 저 안근을 대상으로 삼아서 그 상분(相分)을 나타내며 또한 성소

작지(成所作智)도 역시 안근을 대상으로 삼아서 안식의 상분을 나타낸다. ⑦이러한 상분의 안근은 모두 초삼 가운데 안근에 포함된다. 이와 같기에 대승에서는 안근이 안식에서 완전히 벗어나 있다는 점을 인정하지 않는다. 따라서 이러한 안근은 자파(自派)에 대해서 비록 동품(同品)이지만 타파(他派)에 대해서는 이품(異品)이다. 그러나 [소승과 대승이] 공유하는 동품이 없기에 동품무에 해당하며 안식으로써 이품을 삼는 일이 다시 존재하지 않는다. 이렇게 '우리 측에서 인정하는 초삼(初三)에 포함되면서 안식에는 포함되지 않음'이라는 인(因)은 동품과 이품에 이미 모두 존재하지 않는다. 따라서 여섯 가지 부정인 가운데 불공부정인(不共不定因)이다.[45]

이는 문답 형식의 문장으로, 유식비량을 상위결정(相違決定)의 오류에 빠뜨리기 위해서 원효가 고안했던 추론식의 타당성에 대해서 묻자, 문궤는 그런 추론식은 '부정구(不定句)로 정구(定句)를 논파하는 제4구'라고 답한다. 문궤는 상위결정에도 참된 상위결정이 있고 사이비 상위결정이 있다고 구분하면서 상위결정의 종류를 다음과 같이 네 가지로 분류한다.[46]

① 확고한 추론식[定句]으로 확고하지 않은 추론식[不定句]을 논파하는 것

---

45) 藏俊, 『因明大疏抄』(T68, 772b), "問 如立量云 眞故極成色非定離眼識 自許初三攝眼根不攝故 如眼識 喩 有人破此比量作相違決定云 眞故極成色 定離於眼識 宗 自許初三攝 眼識不攝故 因 如眼根 喩 此四句中何句所攝 答 此當第四以不定破定句攝 以眼根非同品同喩故 望小乘宗 自許眼根定離眼識 若大乘宗 自在菩薩 六識互用 眼識亦得緣彼眼根現眼根相分 及成所作智亦緣眼根現眼根相分 此相分眼根 並是初三之中眼根所攝 此則大乘不許眼根定離眼識 即此眼根 望自雖是同品 望他即是異品 然無共同品故 是同品無 以眼識爲異品 復 非有 此自許初三攝眼識不攝因 於同異品既遍非有 即六不定中不共不定也.";『因明論理門十四過類疏』(A119, 362a-b).

46) 藏俊, 『因明大疏抄』(T68, 772a);『因明論理門十四過類疏』(A119, 362b).

② 확고한 추론식으로 확고한 추론식을 논파하는 것

③ 확고하지 않은 추론식으로 확고하지 않은 추론식을 논파하는 것

④ 확고하지 않은 추론식으로 확고한 추론식을 논파하는 것

　문궤는 이 가운데 ①, ②, ③이 올바른 논파[能破, 능파]이고 ④는 사이비 논파[似破, 사파]라고 설명한다. 위의 인용문에서 "이는 4구 가운데 어떤 구(句)에 포함되는가?"라는 질문은, "원효가 고안한 상위결정의 추론식이 이런 네 가지 가운데 어디에 해당하느냐?"는 물음이었다. 문궤는 이에 대해 "부정구로 정구를 논파하는 제4구"라고 답한다. 즉 현장이 고안했던 유식비량은 확고한 추론식인데 원효는 확고하지 않은 추론식으로 이를 논파하기에 원효의 논파는 '사이비 논파'라는 것이다. 문궤는 원효가 고안한 상위결정의 추론식에 사용된 인의 동품정유성(同品定有性)에 대해 다음과 같이 분석한다.

> '우리[소승] 측에서 인정하는 초삼(初三)'에 포함되면서 안식에는 포함되지 않는 것 중에 안식에서 벗어난 것이 있는가?
> 소승 - 있다[안근].
> 대승 - 없다.

　초삼은 18계(界) 가운데 처음의 세 가지인 '안계[안근], 색계[색경], 안식계[안식]'를 의미한다. 소승의 가르침에 의하면 이러한 세 가지 가운데 '안식에는 포함되지 않는 것'은 안근과 색경이고, 주장명제의 주어인 색경을 제외한 안근을 실례로 제시할 수 있다.

그러나 대승의 가르침에 의하면 이러한 '안근' 역시 '안식에 포함
되는 것'일 수 있다. 6식을 바꿔서 사용할 수 있는 자재보살이나,
부처의 경지에서 전(前) 5식이 성소작지로 전환될 경우 안근은
'안식의 사분(四分)' 가운데 상분(相分)에 해당하기 때문이다. 그
래서 원효가 제시한 상위결정의 추론식에 사용된 인(因)은 대승의
입장에서는 동품무(同品無), 이품무(異品無)인 불공부정인(不共不
定因)의 오류를 범한다는 것이다. 『판비량론』에서 문궤의 이러한
비판을 인용하고 있기에, 원효가 이런 비판을 수용했을 리는 없
다. 이어지는 논의가 실린 새로운 자료가 발견되어야 원효가 이를
어떻게 반박했는지 알 수 있을 것이다.

VI. 신출 단편의 가치와 의의

『판비량론』은 1967년 이후 30년 이상 자료 면에서 새로운 것
이 전혀 없었는데, 2004년 오치아이 소장본이 공개된 이후, 원효
탄신 1,400주년이 되는 올해[2017년]에 네 가지 단편이 한목에
일반에 공개되었다. 본고에서는 복원과 내용 분석이 이미 완료
된[47] 오치아이 소장본을 제외한 이들 네 가지 단편들의 초서체
문장을 해서체로 복원하여 번역하였고, 그 가운데 유식비량과 관
계된 두 단편[고토미술관 소장본과 바키에이 구장본]의 내용을 종
합하여 분석해 보았다.

이를 통해 먼저 『판비량론』의 저술이 원효의 유식비량 비판보

다 후대에 이루어진 것임을 알 수 있다. 문궤가 『인명론이문십사
과류소(因明論理門十四過類疏)』[48]에서 원효가 고안한 상위결정의
추론식을 비판하는데, 바키에이 구장본에 이런 문궤의 비판이 그
대로 인용되어 있기 때문이다. 또 문궤가 원측과 가까운 신라승으
로 추정되며,[49] 『판비량론』 제12절에서 보듯이 원효는 인명학의
난제와 관련하여 문궤에게 가르침을 주려고 했지만, 문궤는 원효
에 대해 이렇게 비판적이었다. 본 연구를 통해 원효의 학문을 대
하는 문궤의 태도에 대해서 새롭게 알게 된 사실이다.

　도쿄국립박물관 소장본 발견의 가장 큰 소득은 『판비량론』 필
사본 특유의 초서체 가운데, '名(명)'자와 '互(호)'자를 확정함으로
써 지나간 연구의 오류를 시정할 수 있다는 점이다. 원문이 확실
한 『인명정리문론』이 두 차례에 걸쳐 인용되고 있기 때문에 이를
대조함으로써 과거의 오독(誤讀)을 시정할 수 있었다.

　두 조각을 이어붙인 고토미술관 소장본의 경우, 앞부분에 유식
비량과 관계된 내용이 실려 있지만 그 전체가 선주(善珠)의 『인
명론소명등초(因明論疏明燈抄)』에 인용되어 있었으며 그 내용에
대한 연구는 이미 충분히 이루어졌기에[50] 새로울 것이 없지만,
'정토의 가르침'에 대해 논의하는 뒷부분은 오타니대학 소장본 서
두에 실린 제7장으로 이어지는 단편이기에 제7장의 내용에 대한
보다 정확한 분석을 위하여 좋은 자료가 된다. 아울러 그 동안

---

48) 이는 『인명정리문론』에 실린 십사과류(14가지 jāti)에 대한 설명을 주
　석한 저술로, 그 제목이 『인명정리문론십사과류소』 또는 『인명정리문십
　사과류소』이어야 한다. 이 책의 필사과정에서 누군가가 論(론)을 正(정)
　으로 오기(誤記)하였고, 그 후 지금까지 상기한 제목으로 전승되고 있
　는 것으로 짐작된다.
49) 石井公成(1990), 468.
50) 김성철(2003), 151-156.

'惠(혜)'자로 오독했던 제7장의 글자가, 도쿄국립박물관 소장본에 근거하여 '名'자임을 알게 되었기에 제7장의 취지가 보다 명확해질 것이다.

미쓰이기념미술관 소장본의 경우 10줄과 5줄 분량의 두 조각을 이어서 한 장으로 만든 것인데, 새로운 내용을 담고 있기에 원효 사유의 폭과 깊이를 알 수 있다. 앞부분에서는 비량의 효용에 대해 논의하며, 뒷부분은 삼지작법의 인(因)에 부가한 '우리 측에서 인정하는[自許, 자허]'이라는 단서에 대해 설명한다. 논의의 전모를 짐작하기가 쉽지 않지만, 두 조각 모두의 소재는 인명학이다.

이상에 정리해 보았듯이 이번에 새롭게 세상에 공표된 『판비량론』의 단편들은 기존의 연구 성과의 잘못을 시정하게 하면서 동아시아 불교계에서 원효의 입지와 학문적 깊이에 대한 보다 구체적인 정보를 담고 있다는 점에서 소중한 가치를 갖기에 그 발견의 의의는 자못 크다 하겠다.

－『한국불교학』 제84권, 2017

참고문헌

H: 韓國佛教全書
T: 大正新修大藏經
A: 金藏

『판비량론』(H1).
善珠, 『因明論疏明燈抄』(T68).

藏俊,『因明大疏抄』(T68).

『因明論理門十四過類疏』(A119).

岡本一平(2017),「新出資料　梅溪 旧蔵本·元曉撰『判比量論』斷簡에 대하여」, 학술대회 발제문.

高橋正隆(1985),「本朝目錄史考 – 紫微中台遺品『判比量論』の研究 –」,『大谷大學研究年報』38, 京都: 大谷大學校.

김성철(2003),『원효의 판비량론 기초 연구』, 서울: 지식산업사.

김성철(2016),「오치아이 소장『판비량론』필사본의 교정과 분석」,『불교학보』74, 서울: 동국대불교문화연구원.

落合博志(2005),　「61判比量論(東寺切)」,　國文學研究資料館 編,『古筆への誘い』, 東京: 三彌井書店.

富貴原章信(1969),「元曉, 判比量論の研究」,『日本仏教』, 29, 東京: 日本仏教研究会.

石井公成(1990),「朝鮮佛教における三論教學」, 平井俊榮 監修,『三論教學の研究』, 東京: 春秋社.

小林芳規(2002),「大谷大學藏新出角筆文獻について」,〈大谷大學圖書館報〉(2002.6.28), 新圖書館開館記念特別号.

神奈川県立金沢文庫(2017),　『アンニョンハセヨ！元曉法師－日本がみつめた新羅·高麗仏教－』, 神奈川県横浜市: 神奈川県立金沢文庫.

神田喜一朗 編(1967),『판비량론』, 東京: 便利堂.

東京國立博物館 사이트, http://webarchives.tnm.jp/imgsearch/

show/E0059947

書法字典 사이트, http://www.shufazidian.com/

원효 저 『판비량론』의 산일부 연구
유식비량과 관계된 산일부의 해석과 확정과 배열

Ⅰ. 『판비량론』의 현존자료와 문제점

원효(617-686)의 『판비량론』은 칸다키이치로(神田喜一朗)의 필사본[1] 출간과 함께 학계에서 본격적으로 연구되기 시작하였다. 일본의 경우 유식학 전공자인 후키하라쇼신(富貴原章信)이 「判比量論の硏究(판비량론의 연구)」라는 제목의 논문[2]을 통해 현존하는 『판비량론』의 내용 대부분을 분석 소개한 이래, 필사본 중 제8, 11, 12절의 내용에 대해 다시 인명학적으로 정밀하게 분석한 나가사키호쥰(長岐法潤)[3], 『판비량론』의 일본 전래와 유포과정에 대해 연구한 타카하시마사타카(高橋正隆)[4], 산일부 중 유식비량

---

* 본 논문은 동국대학교 2002년도 논문게재 연구비 지원 하에 작성되었음.
1) 神田喜一朗 編, 『판비량론』(東京: 便利堂, 1967).
2) 富貴原章信, 「判比量論の硏究」, 『판비량론』, 위의 책.
3) 長崎法潤, 「元曉大師と因明について -判比量論-」, 『元曉硏究論選集』 제7권(서울: 중앙승가대학교불교사학연구원).

과 관계된 논의에 대해 간략히 분석한 나카무라하지메(中村元) 등의 연구5)가 이어졌다. 우리나라에서는 최범술에 의해 초서체 필사본에 대한 재교정 작업이 이루어진 이후, 이영무가 이 교정본을 소개하면서 『판비량론』의 내용에 대해 나름대로 개관한 바 있다6). 그리고 10여 년이 지난 후 각 절의 내용을 간략히 요약 소개한 원의범,7) 『원효의 인식과 논리』라는 제목의 단행본을 발간한 신현숙,8) 유식비량의 비판자의 정체에 대해 역사적으로 연구한 김상현9)등의 연구와 일본학자들의 연구성과를 종합 해설한 전치수10), 제9절과 11, 12절의 의미를 분석한 김치온,11) 『판비량론』의 내용을 서구 논리철학과 비교연구한 김상일12) 등의 연구가 이어졌다. 그 후 필자는 후키하라쇼신 등의 연구성과에 토대를 두고, 『판비량론』의 초서체 필사본을 다시 교정한 후 번역 주석하여 발표하였으며,13) 제8 아뢰야식의 존재를 논증하는 제9절에서 그

4) 高橋正隆, 「本朝目錄史考 - 紫微中台遺品 『判比量論』の硏究 -」, 『大谷大學硏究年報』 第38号(京都: 大谷大學校, 1985), pp.135-187.
5) 中村元, 「元曉の思惟方法の一考察 - 唯識無境比量について」, 『元曉硏究論叢』(서울: 국토통일원조사연구실, 1987), pp.865-870.
6) 이영무, 「元曉大師 著 『판비량론』에 대한 考察」, 『건국대학교학술지』 제15집(서울: 건국대학교출판부, 1973), pp.165-197.
7) 원의범, 「判比量論의 因明論理的 分析」, 『佛教學報』 제21집(서울: 동국대학교불교문화연구원, 1984), pp.1-16.
8) 신현숙, 『元曉의 認識과 論理』(서울: 민족사, 1988).
9) 김상현, 『元曉硏究』(서울: 민족사, 2000).
10) 전치수, 「元曉大師의 判比量論」, 『민족불교』 제3집(서울: 청년사, 1992), pp.211-229.
11) 김치온, 「아뢰야식의 존재에 대한 인명논리적 증명과 그 소재에 관한 고찰」, 『보조사상』 제15집(서울, 보조사상연구원, 2001년), pp.163-192 / 김치온, 『불교논리학의 성립과 전용 연구』(서울: 동국대박사학위논문, 1997).
12) 2001년 12월, 보조사상연구원 정기학술발표회의 발표문집.
13) 김성철, 「元曉의 『판비량론』」, 『불교원전연구』 제2호(서울: 동국대학

동안 잘못 복원되었던 부분을 교정한 후 그 내용을 분석한 논문을 발표한 바 있다.[14]

원효의 『판비량론』은 제7절의 뒷부분과 제8절-제13절, 그리고 제14절 앞부분, 그리고 마지막 회향게와 나중에 발견된 단편잔간이 필사본으로 남아 있다. 그런데 이에 포함되지 않는 몇 가지 논의들이 당(唐)과 신라, 그리고 일본 승려들의 저술 중 여러 곳에서 발견된다. 특히 일본 학승 선주(善珠, 724-797)의 『인명론소명등초(因明論疏明燈抄)』[15]와 장준(藏俊, 1104-1180)의 『인명대소초(因明大疏抄)』[16]에서 산일부 중 많은 부분을 채취할 수 있는데, '현장(玄奘, 602-664)의 유식비량에 대해 비판한 부분'과 '승군논사(勝軍論師)와 현장의 대승불설 논증을 비판한 부분'은 논의의 전모를 파악할 수 있을 정도로 그 분량이 많다.

이 중 '승군논사와 현장의 대승불설 논증을 비판한 부분'에 대해서는 후키하라쇼신에 의한 기초적 연구 이후 아직껏 본격적인 연구가 이루어진 바 없으며[17], '현장의 유식비량에 대해 비판한 부분'에 대해서는 후키하라쇼신의 포괄적 연구 이외에 나카무라하지메의 간략한 사상적 연구[18]와 김상현[19]과 신현숙[20], 그리고 이

  교불교문화연구원, 2002), pp.1-42.
14) 김성철, 「元曉의 『판비량론』 제9절에 대한 재검토」, 『韓國佛敎學』 제32집(서울: 한국불교학회, 2002), pp.75-92.
15) 『因明論疏明燈抄』(『大正藏』 68, pp.201-436).
16) 『因明大疏抄』(『大正藏』 68, pp.437-778).
17) 필자는 이에 대해 2003년 3월에 개최되는 불교학연구회 월례 세미나에서 발표할 예정임.
18) 中村元, 앞의 책, pp.865-870.
19) 김상현, 「元曉, 진나보살후신설의 검토」(한국사연구회 143회 월례발표회 발표요지).
20) 신현숙, 「元曉, 진나보살후신설의 재검토」, 『한국불교학』 제13집(서

만21)의 역사적 연구가 있다.22)

　　그런데 선주(善珠)의 『인명론소명등초』와 『유식분량결(唯識分量決)』, 그리고 태현(太賢, 景德王代[742-764])의 『성유식론학기(成唯識論學記)』에 인용된 '유식비량과 관계된 『판비량론』의 산일부'에 대해 가장 심도 있는 연구 성과를 발표한 바 있는 후키하라 쇼신은 그것들이 모두 한 가지 논제 속에 포함되는 것인지, 아니면 여러 논제로 나누어지는 것인지 알 수 없으며, 하나의 논제 속에서도 그 전후가 어떻게 이어지는 것인지, 무엇이 생략되어 있는지 정확히 해석할 수 없다고 토로한 바 있다.23)

　　본고는 이렇게 『판비량론』의 내용 중 아직 연구가 미진한 '유식비량과 관계된 논의'의 전모를 파악함을 목적으로 한다. 이를 위해 먼저 현장이 고안했던 유식비량에 대해 소개한 후(제Ⅱ장), 후키하라쇼신이 상기한 문헌에서 수집한 6가지 단편들 각각을 정확히 번역하고 해석하면서 『판비량론』과 무관한 부분, 또는 유식비량과 관계되지 않은 내용을 솎아낼 것이다(제Ⅲ장). 그 후 각 단편들의 선후 관계를 결정하고, 누락되었을 것으로 추정되는 부분을 보완한 후 각 단편을 원래의 순서대로 재배열해 볼 것이다(제Ⅳ장).

　울: 한국불교학회, 1988), pp.33-62.

21) 이만, 『한국유식사상사』(서울: 장경각, 2000), pp.105-107.

22) 이는 상위결정의 논증식을 통해 玄奘의 유식비량을 비판한 사람이 누구인지에 대한 연구이다. 富貴原章信의 경우는 결정을 보류하고, 김상현은 그가 元曉일 것이라고 주장하며, 신현숙은 순경이라고 주장한다.

23) 富貴原章信, 앞의 책, p.72.

II. 현장이 고안했던 유식비량과 그에 대한 원효의 비판

현장은, 인도에서 생활한 지 10여 년 정도 되었을 무렵, 계일 (戒日)왕이 개최했던 무차대회(無遮大會)에서 만법이 유식임을 증명하는 유식비량(唯識比量)의 논증식을 고안하여 발표하게 되는데, 무차대회에 참석했던 그 누구도 이를 비판하지 못했다고 한다.24) 현장이 고안했던 논증식은 다음과 같다.

第1量: 眞故 極成色不離於眼識 / 自許 初三攝眼所不攝故 / 猶如眼識
(종) 승의에 의거할 때, 일반적으로 인정하는 색은 안식에서 벗어나 있지 않다.
(인) 우리측에서 인정하는 초삼(初三)25)에 포함되면서 안근(= 안계)에는 포함되지 않기 때문에
(유) 마치 안식과 같이

이 논증식에서 현장은 색경(色境), 즉 소승측에서 외계에 실재하는 대상으로 간주하는 형상(色)이 안식(眼識)에서 벗어난 것이 아님을 논증하는데, 현장은 원래 다음과 같은 논증식들을 차례차례 작성하려 했다고 한다.26)

第2量: 眞故 極成聲不離於耳識 / 自許 二三攝耳所不攝故 / 猶如耳識

---

24) 窺基, 『因明入正理論疏』(『卍續藏經』86, p.743上).
25) 十八界 중 처음의 셋, 즉 眼根, 色境, 眼識을 가리킨다: 藏俊, 『因明大疏抄』(『大正藏』68, p.520中).
26) 善珠, 『因明論疏明燈抄』(大正藏86, p.319下).

(종) 승의에 의거할 때, 일반적으로 인정하는 성(聲)은 이식(耳識)에서 벗
    어나 있지 않다.
(인) 우리측에서 인정하는 이삼(二三)²⁷⁾에 포함되면서 耳根에는 포함되지
    않기 때문에
(유) 마치 耳識과 같이
第3量: 眞故 極成香不離於鼻識 / 自許 三三攝鼻所不攝故 / 猶如鼻識
第4量: 眞故 極成味不離於舌識 / 自許 四三攝舌所不攝故 / 猶如舌識
第5量: 眞故 極成觸不離於身識 / 自許 五三攝身所不攝故 / 猶如身識
第6量: 眞故 極成餘法不離於意識 / 自許 後三攝意所不攝故 / 猶如意識

색, 성, 향, 미, 촉, 법의 6경(六境) 모두가 각각에 대응하는 식
(識)에서 벗어난 것이 아님을 증명하는 이러한 여섯 가지 논증식
중 어느 한 가지 논증식의 타당성이 입증될 수 있다면 나머지 논
증식의 타당성 역시 같은 방식에 의해 입증될 것이고 결과적으로
만법유식(萬法唯識)이 입증될 것이다. 그리고 이들 중 '색이 안식
을 벗어나 있지 않음'을 논증하는 제1량의 타당성을 놓고 당과
신라, 그리고 일본의 학승들이 논의를 벌였던 것이다. 제1량은 다
음과 같이 풀이할 수 있다.

불교의 가르침에는 승의제와 세속제가 있는데, 세속제는 일반적인 세간
사람들의 상식에 의거한 가르침이며, 승의제는 세간 사람들의 상식을 초
월한 진정한 가르침이다. 그런데 그런 승의적 가르침에 의거할 경우 대승
과 소승 양측에서 공통적으로 인정하는 시각대상(色, 색)들은 시각 인식
(眼識, 안식)에서 벗어난 것이 아니다. 즉, 대승 유식에서 말하듯이 안식이
변화하여 시각대상처럼 착각되어 나타난 것일 뿐이다[주장: 宗, 종]. 왜냐
하면, 대승측에서 말하는 십팔계 중의 처음 세 가지인 안근(안계), 색경(색

---

27) 十八界 중 두 번째 셋, 즉 耳根, 聲境, 耳識을 가리킨다. 이하는 이에
    준해 이해하기 바람.

계), 안식(안식계)에 포함되어 있으면서 안근에는 포함되지 않기 때문이다
[이유: 因, 인]. 이런 사실은 안식(眼識)을 벗어난 것이 아닌 안식(眼識)이,
십팔계 중 처음 세 가지인 안근, 색경, 안식에 포함되어 있으면서 안근에
는 포함되지 않는다는 실례를 통해 알 수 있다[실례: 喩, 유].

그런데 원효[28]는 이런 유식비량에 대해 소승측에서 작성하리라
고 예상되는 상위결정의 논증식을 제시함으로써 유식비량의 타당
성을 비판하는 데 이는 다음과 같다.

眞故 極成色定離於眼識 自許初三攝眼識不攝故 猶如眼根
(종) 승의에 의거할 때, 일반적으로 인정하는 색은 반드시 안식에서 벗어
　나 있다.
(인) 우리측에서 인정하는 초삼에 포함되면서 안식에는 포함되지 않기 때
　문에
(유) 마치 안근과 같이

상위결정의 논증식이란 대립된 주장을 성립시키는 인(因)을 갖
는 논증식이다. '상위(相違)'란 주장(宗)이 상반된다는 의미이고
'결정(決定)'이란 이유[因]가 확실하다는 의미이다.[29] 여기서 현장
이 고안한 유식비량이나, 원효가 제시하는 상위결정의 논증식 각

28) 또는 順憬. 유식비량에 대한 相違決定의 比量의 작성자에 대해 窺基
　의『因明入正理論疏』에서는 順憬이라고 말하고 있으며, 이에 토대를
　두고 저술되었을 것으로 생각되는『宋高僧傳』에서도 역시 順憬이라고
　말한다. 그러나『元曉和尙緣起』와 唐 定賓(-733-)의『因明正理門論疏
　』에서는 元曉라고 말한다. 이에 대한 상반된 견해는 다음의 두 가지 논
　문을 참조하기 바람: 김상현, 「元曉陳那後身說의 검토」, 『元曉硏究』(서
　울: 민족사, 2000), pp.235-249 / 신현숙, 「元曉, 陳那菩薩後身說의
　재검토」, 『韓國佛敎學』 제13집(서울: 한국불교학회, 1988), pp.33-62.
29) 善珠, 『因明論疏明燈抄』, 앞의 책, p.362中.

각은 '인(因)의 3상(相)'을 갖춘 타당한 논증식이다. 그러나 그 주장은 상반된다. 현장은 "일반적으로 인정하는 색은 안식을 벗어나 있지 않다."라고 주장하지만, 소승측에서는 이와 반대로 "일반적으로 인정하는 색은 반드시 안식을 벗어나 있다."라고 주장하는 것이다. 이렇게 하나의 세계관 내에서 상반된 주장이 담긴 논증식이 작성 가능할 경우 두 논증식 중 어느 것이 옳다고 확정할 수 없기에, 이런 두 논증식에 사용된 각각의 인(因)은 상위결정의 부정인이 되고 만다. 『판비량론』을 통해 원효는 이렇게 '현장의 유식비량'의 문제점을 지적하면서 자신이 고안한 소승측의 상위결정의 논증식에 대해 제기되리라 예상되는 여러 가지 논란에 대해 검토하고 있다.

그러면 이런 예비지식에 토대를 두고 후키하라쇼신이 수집한 6가지 단편들을 하나하나 분석해 보자.

Ⅲ. 유식비량과 관계된 원문의 번역과 해석과 확정

후키하라쇼신은 유식비량과 관계된 일문(逸文)으로 6가지 단편을 드는데, 논의 전체의 복원을 위해 이를 하나하나 번역, 해석하면서 그 산일문 여부를 검토해 보자.

1. 단편①

[원효 법사의 『판비량론』에서는 소승논사의 유법차별상위적(有法差別相
違的) 비판을 다음과 같이 말한다.] 일반적으로 인정하는 색(色)은 즉식
(卽識)의 색(色)이 아니어야 하리라. 인(因)과 유(喩)는 앞과 같다.30)

이는 유식비량과 관계된 『판비량론』의 일문(逸文) 중 가장 짧
은 구절이다. 따라서 전체 논의가 무엇에 대한 것이었는지 추측하
기가 쉽지 않다. 그런데 여기에 기술된 '일반적으로 인정하는 색
(色)은 즉식(卽識)의 색(色)이 아니어야 하리라'라는 문장은 문궤
(文軌)31)의 『인명입정리론소(因明入正理論疏)』에서도 발견된다.
문궤는 다음과 같이 말한다.

… 이는 상위(相違)를 차단하기 위함이다. 그래서 '우리측에서 인정하는'
이라는 말이 필요한 것이다. 즉, 타파(他派)에서 상위의 비판을 지어서 다
음과 같이 말한다; (종) 일반적으로 인정하는 색은 즉식의 색이 아니어야
하리라. (인) 우리측에서 인정하는 초삼(初三)에 포함되면서 안근에는 포
함되지 않기 때문에. (유) 마치 안식과 같이. 이 때 이런 비판을 차단하며
다음과 같이 말한다; 이렇게 일반적으로 인정하는 색은 마치 안식과 같이
우리측에서 인정하는 초삼에 포함되면서 안근에 포함되지 않기 때문에 즉
식의 색이 아닌 것인가, 마치 우리 종파에서 인정하는 타방불(他方佛)의
색(色)과 같이 우리측에서 인정하는 초삼에 포함되면서 안근에는 포함되
지 않기 때문에 즉식의 색인 것인가? 만일 '우리측에서 인정하는'이라고
말하지 않는다면 타파에 대해 부정인의 오류를 지어 상위의 비판을 차단
하는 일을 할 수가 없다.32)

---

30) [曉法師 判比量中 述小乘師 有法差別相違難云] 極成之色 應非卽識
之色 因喩同前: 위의 책, 318下.
31) 『因明入正理論疏』 3권을 저술함. 唐 因明學에 대한 이설을 제창하여
正系로부터 비난을 받았다: 김상현, 『元曉硏究』(서울: 민족사, 2000),
p.242.
32) 此爲遮相違故須自許言 謂他作相違難云 極成之色應非卽識之色 自許
初三攝眼所不攝故 如眼識 今遮此難 云 此極成色 爲如眼識 自許初三

　『판비량론』 제12절[33])과 장준(藏俊)의 『인명대소초(因明大疏抄)』[34])에서 보이듯이 원효와 문궤는 서로의 존재를 알고 있었다. 따라서 상기한 인용문에서 문궤가 말하는 '타파에서 지은 상위의 비판'은 원효의 『판비량론』에서 채취된 것일 수도 있으며, 만일 그렇다고 가정할 경우 유식비량에 대한 원효의 논의 중에는 유식비량에 사용된 '우리측에서 인정하는'(自許, 자허)이라는 단서의 역할에 대한 설명이 담겨 있었을 것으로 추측된다. 그리고 문궤가 말하는 '상위의 비판'은 상기한 인용문 서두에서 선주(善珠)가 말하듯이 '유법차별상위'의 비판이었을 것이다. 이런 논의에 토대를 두고 원효가 『판비량론』을 통해 소개했을 소승측의 '유법차별상위의 비판'을 완전한 논증식으로 구성하면 다음과 같이 된다.

　　(종) 일반적으로 인정하는 색은 즉식의 색이 아니어야 하리라.
　　(인) 초삼에 포함되면서 안근에는 포함되지 않기 때문에.
　　(유) 마치 안식과 같이.

　攝眼所不攝故　非卽識之色耶　爲如我宗所許他方佛色　自許初三攝　眼所不攝故　是卽識之色耶　若不云自許卽　不得與他　作不定過　遮相違難(文軌, 『因明入正理論疏』, p.686).

33) '相違決定의 [似因의] 경우 두 가지 추론식이 작성되는데 文軌법사가 [다음과 같이] 스스로 문답을 지은 바 있다. 문: [因의] 三相을 갖추고 있으니 이는 正因이어야 한다. 그런데 어째서 이에 대해 不定因이라고 했을까? 답: 이런 의문은 아직 해결되지 않았으며 이를 풀이할 엄두도 내지 못한다. 이를 의미가 소통되게 해석하는 사람이 있다면, 나는 그를 따르며 臣下가 되겠다.'(元曉, 「判比量論」, 제12절).

34) 藏俊이 인용하는 『元曉화상연기』에서는 다음과 구절이 발견된다: '文軌 스님은 다음과 같이 誓願하며 말하였다. "진나 보살이 아니고서 이 비량을 해석할 사람은 없다. 만일 이 비량의 허물을 지적하는 사람이 있다면 나는 그를 위해 臣下가 되겠다."'(藏俊, 『因明大疏抄』, pp.525b-c).

따라서 '단편①'은, 인(因)에 '우리측에서 인정하는'(자허)이라는 단서를 부가하지 않고 유식비량을 작성할 경우, 소승측에서는 위와 같은 유법차별상위의 논증식을 제시하며 유식비량을 비판하게 될 것이라는 원효의 설명 중 일부일 것으로 추측된다.

2. 단편②

두 번째 단편을 과문(科文), 번역하면 다음과 같다.

[a. 유식비량을 비판하는 소승측의 상위결정의 논증식]

이제 말해 보겠다. 여기서 사용된 인(因)은 애써서 만든 것이긴 하지만, 아무 효력이 없다. '우리측에서 인정하는'이라는 말이 요구되어 다시 적대자의 비량과 부딪히게 되기 때문이다. 즉, 저 소승측에서는 비량을 작성하여 다음과 같이 말할 것이다.

[논증식1]
(종) 승의에 의거할 때, 일반적으로 인정하는 색은 반드시 안식에서 벗어난 것이다.
(인) 우리측에서 인정하는 초삼(初三)에 포함되면서 안식에는 포함되지 않기 때문에.
(유) 마치 안근과 같이.

이 경우 상위인의 오류에 빠진다는 비판도 방지하고 부정인의 오류도 피하게 되는데, [그 이치는] 앞의 것보다 까다로운 편이다.

[b. 소승측의 상위결정의 '논증식1'을 상위인의 오류로 몰고가는 적대자]

이를 설명하면 다음과 같다. 만일 [적대자가] 나를 위해 [상기한 소승측의 비량에 대해 유법차별]상위인의 오류를 작성하여,

[논증식2]
(종) [승의에 의거할 때] 일반적으로 인정하는 색은 식에서 벗어난 색이 아니어야 하리라.
(인) 우리측에서 인정하는 초삼에 포함되면서 안식에는 포함되지 않기 때문에.
(유) 마치 안근과 같이.

라고 말한다면,

[c. 적대자의 비판적 '논증식2'에서 부정인의 오류를 지적하는 원효]

나는 이런 비판을 차단하며 [이런 비판이 다음과 같이] 부정인의 오류에 빠진다는 점을 지적할 수 있다.

[동품유] 여기서 말하는 '일반적으로 인정하는 색'은 '안근'과 같이, 우리측에서 인정하는 초삼에 포함되면서 안식에는 포함되지 않기에 식에서 벗어난 색이 아닌 것인가,
[이품유] '우리 종파에서 말하는 석가보살의 실다운 불선(不善)의 색'과 같이 우리측에서 인정하는 초삼에 포함되면서 안식에는 포함되지 않기에 식에서 벗어난 색인가?

[d. 소승측의 상위결정의 '논증식1'에서 자허(自許)라는 단서를 제거할 경우 부정인의 오류에 빠진다]

만일 [소승측에서] '우리측에서 인정하는'이라는 단서를 쓰지 않고 부정인의 오류에 빠지게 한다면, 상대 종파(= 대승측)에서도 역시 나를 위해 부정인의 오류를 작성하여 다음과 같이 말할 것이다.

[동품유] 여기서 말하는 일반적으로 인정하는 색은 안근과 같이, 초삼에
　　포함되면서 안식에는 포함되지 않기에 안식을 벗어난 것인가,
[이품유] 우리 종파(= 대승)에서 말하는 타방불의 색과 같이 초삼에 포함
　　되면서 안식에는 포함되지 않기에 안식을 벗어난 것이 아닌 것인가?

[e. 소승측의 상위결정의 '논증식1'에서 자허(自許)라는 단서를 극성(極成)
으로 바꾸면 상위인의 오류에 빠진다]

만일 이런 부정인의 오류를 피하기 위해 '일반적으로 인정하는(極成) 초삼
에 포함되면서…'라고 말할 필요가 있다면, 상위에 의거한 상대방의 비판
을 막을 수 없다.[35]

　이 두 번째 단편에서 원효는 먼저 [a] 현장의 유식비량을 상위
결정의 오류에 빠뜨리는 소승측의 논증식[= 논증식1]을 제시한다.
[b] 그리곤 소승측의 상위결정의 '논증식1'을 유법차별상위의 오
류에 빠지게 하려는 대승측의 논증식[= 논증식2]을 기술한 후,
[c] 소승에서만 인정하는 석가보살의 불선색을 예로 들어 대승측
의 '논증식2'를 공부정인의 오류에 빠뜨린다.
　이 중 [c]는 다음과 같이 설명된다: 소승측에서는 석가보살의
몸은 불선색이라고 주장한다. 왜냐하면 부인이 있었고 데바닷따를

---

35) 今謂 此因勞而無功 由須自許言 更致敵量故 謂彼小乘立比量言 眞故
　　極成色定離於眼識 自許初三攝眼識不攝故 猶如眼根 遮相違難 避不定
　　過 屠類於前 謂若爲我作相違過云 極成之色 應非離識之色 自許初三攝
　　眼識不攝故 猶如眼根 我遮此難 作不定過 此極成色 謂如眼根 自許初
　　三攝眼識不攝故 非離識之色耶 爲如我宗 釋迦菩薩 實不善色 自許初三
　　攝 眼識不攝故 是離識之色耶 若不須自許 作不定過者 他亦爲我作不定
　　過 謂此極成色 爲如眼根 初三所攝眼識不攝故 是離眼識耶 爲如我宗他
　　方佛色 初三所攝 眼識不攝故 非離眼識耶 若爲避此不定過故 須言極成
　　初三等者 則不得遮彼相違難: 위의 책, p.321上-中.

꾸짖기도 했고, 아들 라후라에게 애착을 보였기 때문이라는 것이
다.36) 그러나 대승의 견지에서 이는 인정되지 않는다. 따라서 대
승측의 견지에서 볼 때, '석가보살의 불선색'은 '식(識)에서 벗어
난 색'이다. 그러나 이는 '소승측에서 인정하는(= 자허) 초삼에 포
함되면서 안식에 포함되지 않는다'는 인(因)을 충족시킨다. 즉, 석
가보살의 불선색의 존재로 인해 '논증식2'는 공부정인의 오류에
빠지게 되는 것이다.

[d] 이어서 원효는 소승측의 상위결정의 '논증식1' 중의 因에
부가된 자허(自許, 우리측에서 인정하는)라는 단서의 역할에 대해
설명한다. 즉, '논증식1'에서 자허라는 단서를 제거할 경우, 대승
측에서 타방불(他方佛)의 색신(色身)을 예로 들며 '논증식1'을, 공
부정인의 오류에 빠뜨릴 수 있다는 것이다. 소승측에서는 타방불
의 존재를 인정하지 않는다. 대승에서 말하는 타방불은, 예를 들
어 '거북이털'이라는 말을 들을 때 우리의 식(識)이 변하여 '거북
이털'의 모습이 떠올려지는 것과 같은 것일 뿐 실재하는 것이 아
니라고 비판한다.37) 그런데 이러한 비판으로 인해, 소승측은 '타
방불의 색이 안식에서 벗어난 것이 아니라는 점'을 인정하는 꼴이
된다. 따라서, 대승에서 말하는 타방불은, 소승의 견지에서 볼 때,
안식에서 벗어나지 않은 것(= 이품)이기도 하지만 대승에서 말하
는 초삼에 포함되면서 안식에는 포함되지 않는 것이기도 하다. 이

---

36) 小乘後身菩薩 納妻有子 訶調達 愛羅睺 是染也 佛十五界 一向是有
　　漏 此等諸色 小乘許 大乘不許 : 智周,『因明入正理論疏前記』(香港:『
　　卍續藏經』, 제86권, p.935上).

37) 他本不立他方佛色 言他方佛色而 是識變 由如 龜毛之類 雖無其體
　　言龜毛時而 是識變 不離於識(智周,『因明入正理論疏前記』(香港:『卍
　　續藏經』, 제86권, pp.935下-936上).

렇게 인(因)에서 자허(自許)라는 단서를 제거하고 소승측에서 유
식비량에 대한 상위결정의 논증식1을 작성할 경우 공부정인의 오
류가 발생한다. 그러나 인에 자허(= 소승측에서 인정하는)라는 단
서가 부가될 경우, 타방불의 색이 이품에서 제외되기에 공부정인
의 오류가 방지된다.

[e] 끝으로 원효는, 소승측의 '논증식1' 중의 인(因)에 부가된
자허를 극성(極成, 일반적으로 인정하는)으로 바꾸게 되면 '상위
에 의거한 상대방의 비판(彼相違難, 피상위난)'을 막을 수 없다고
말하는데 여기서 말하는 '상위'는 유법차별상위이다. 상대방, 즉
대승측에서 제시할 유법차별상위의 비판은 다음과 같이 기술된다.

> (종) 승의에 의거할 때 일반적으로 인정하는 색은 식에서 벗어난 색이 아
> 니어야 하리라.
> (인) 일반적으로 인정하는(극성) 초삼에 포함되면서 안식에는 포함되지 않
> 기 때문에
> (유) 마치 안근과 같이

이는 인(因)의 삼상(三相)을 갖춘 타당한 논증식으로 그 타당성
은 다음과 같이 검증된다.

> 동품정유성의 검토: 식에서 벗어난 색이 아닌 것 중에 일반적으로 인정하
> 는 초삼에 포함되면서 안식에 포함되지 않은 것이 있는가? → 있다: 안
> 근
> 이품변무성의 검토: 식에서 벗어난 색 중에 일반적으로 인정하는 초삼에
> 포함되면서 안식에 포함되지 않은 것이 있는가? → 없다.

소승측에서 볼 때 '식(識)에서 벗어난 색(色)'은 18계(十八界)

중의 색계(色界)이기에[38] '식에서 벗어난 색이 아닌 것'(동품) 중
하나로 안근을 들 수 있다. 따라서 상기한 논증식은 동품정유성을
충족한다. 이품(異品)의 경우 '식에서 벗어난 색'(이품) 중에 '일반
적으로 인정하는 초삼 중의 색'에 포함되는 것은 없다. 만법유식
을 주장하는 대승의 경우 '식에서 벗어난 색'이라는 이품 자체의
존재가 아예 인정되지 않으며, 소승의 경우 '대승에서 말하는 식'
에서 벗어난 색으로 '보살의 불선색이나, 부처의 유루색'을 들고
있긴 하지만, 그것들이 '일반적으로 인정하는 초삼(初三) 중의 색
(色)'에는 포함될 수가 없기에 이품무(異品無)로 귀결된다. 따라서
상기한 유법차별상위의 논증식은 타당한 논증식이라는 점을 알
수 있다. 그래서 원효는 "만일 이런 부정인의 오류를 피하기 위해
'일반적으로 인정하는(極成, 극성) 초삼에 포함되면서…'라고 말할
필요가 있다면, 상위에 의거한 상대방의 비판을 막을 수 없다."라
고 말했던 것이다.

3. 단편③

---

38) 玄奘이 유식비량을 작성할 때, 육경 하나하나의 유식소변을 증명하는
여섯 가지의 유식비량을 계획했었다고 한다(善珠, 『因明論疏明燈抄』,
p.319c: 三藏本意具作六量 今擧色量 影顯餘五). 그러나 동아시아의 인
명학에서 논의의 대상으로 삼고 있는 유식비량은 이 중 색경 하나에 대
한 것이기에, 유식비량의 주장명제의 주어로 쓰인 '극성의 색'은 오온설
에서 말하는 색법 전체를 의미하는 것이 아니라, 18계 중 색계, 즉 색
경을 의미한다고 볼 수 있다. 따라서 '식에서 벗어난 색이 아닌 것'의
범위 내에는 위에서 필자가 기술했듯이 안근, 안식, 이근, 성경, 이식
… 모두를 의미한다고 보아야 한다. 또 이렇게 이해해야 元曉의 지적이
타당할 수가 있다.

후키하라쇼신이 소개하는 '단편③' 전체를 번역하면 다음과 같
다.

[a. '오근의 호용을 주장하는 대승의 한 종파(또는 주장)'의 유식비량을 비
판하는 상위결정의 논증식]

이에 대한 해석은 아직 완벽한 것이 아니다. [원효 스님은『판비량론』에서
소승측에서 지은 결정상위의 오류에 대해 기술하면서 다음과 같이 말한
다.] 만일 오근실호용종을 대한다면 다음과 같이 비량을 작성하여 말해야
할 것이다.

(종) 승의에 의거할 때, 일반적으로 인정하는(극성) 색은 일반적으로 인정
    하는(극성) 안식에서 벗어나 있다.
(인) 우리측에서 인정하는 초삼에 포함되면서 안식에는 포함되지 않기 때
    문에.
(유) 마치 안근과 같이.

만일 이런 식으로 [유식비량을] 비판해도 부정인의 오류에서 벗어날 수 있
다. 대승종에서 일반적으로 인정하는(극성) 안식은 결코 안근에 의존하는
것이 아니기 때문에, 여기서 말하는 안근은 그것의 동품이 되고, '[우리측
에서 인정하는 초삼에 포함되면서 안]식에 포함되지 않는 것'이라는 因은
여기에만 존재한다. 일반적으로 인정하는(극성) 안식은 그것의 이품이 되
고 ['식에 포함되지 않는 것'이라는 인(因)은] 여기에 전혀 존재하지 않는
다. 그래서 부정인의 오류에 빠지지 않으며 올바른 비량이 된다.

[b. '부처의 유루색을 인정하는 대승의 한 종파'의 유식비량을 비판하는 상
위결정의 논증식]

만일 '우리측에서 인정하는 부처의 유루색'으로 '앞의 공량(共量)'을, 다른
측에서 부정인의 오류에 빠지게 한다면, 다시 因을 바꾸어 '우리측에서 인

정하면서 일반적으로 인정하는(自許極成, 자허극성) 초삼에 포함되면서
… 등'으로 말하면 된다. 무루색(無漏色)이나 이식(耳識) 따위의 연(緣)과
같은 것들은 비록 안식에서 벗어난 것이긴 하지만, 일반적으로 인정하는
초삼에 포함되지 않기 때문에 부정인의 오류를 이루지 않는다.

[c. 후키하라쇼신이 『판비량론』의 일문(逸文)이라고 오해한 부분]

이런 비판은 옳지 않다. 비록 因을 개량하여 '우리측에서 인정하면서 일반
적으로 인정하는 초삼에 포함되면서 … 등'이라고 말해도 안식에 포함되
지 않는다는 말을 대승에서는 인정하지 않는다. 만일 유식교학의 견지에
서 본다면 색은 안식에 포함된다. 대승에서는 일반적으로 인정하는 색이
안식에 포함되지 않는다는 점을 인정하지 않는다. 따라서 인에는 수일불
성의 오류가 있게 된다.[39)]

이상과 같은 단편③은 그 해석에 논란의 소지가 많은 부분이다.
우선, [c]의 경우, 후키하라쇼신은 『판비량론』의 산일문에 포함
시키지만[40)], 이는 옳지 않다. 이는 『인명론소명등초』의 저자 선주
(善珠)가 『판비량론』을 인용한 후, 그에 대해 비판하는 내용이기
때문이다. 왜냐하면 앞에서 원효는 '… 다른 측에서 부정인의 오
류에 빠지게 한다면, 다시 인(因)을 바꾸어 "우리측에서 인정하면

---

39) 此通未盡 ［曉法師判比量中 簡小乘所作決定相違過云］ 若對五根實互
   用宗 則應立言 眞故 極成色離極成眼識 自許 初三攝眼識不攝故 猶如
   眼根 若作是難 亦離不定 以大乘宗 極成眼識 必不緣眼 故此眼根 爲其
   同品 識不攝因 於此定有 極成眼識 爲其異品 於彼遍無 故非不定 能作
   適量 若以自許 佛有漏色 於前[前]共量 他作不定 更改因云 自許 極成
   初三攝等 如無漏色 耳識等緣 雖離眼識 而非極成 初三攝故 不成不定
   此判非也 雖改因云 自許 極成初三攝等 而眼識不攝言大乘不許 若唯識
   門中 色卽眼識攝 大乘不許 極成之色眼識不攝 是故因有隨一不成: 藏
   俊, 『因明大疏抄』(『大正藏』68, p.528上) / 善珠, 『因明論疏明燈抄』(p.
   322中-下).
40) 富貴原章信, 앞의 책, 『判比量論の研究』, p.67.

서 일반적으로 인정하는(自許極成, 자허극성) 초삼에 포함되면
서… 등"으로 말하면 된다'고 말했는데, [c]에서는 '… 비록 因을
개량하여 "우리측에서 인정하면서 일반적으로 인정하는 초삼에
포함되면서… 등"이라고 말해도 안식에 포함되지 않는다는 말을
대승에서는 인정하지 않는다'고 말하며 이를 비판41)하고 있기 때
문이다.

따라서 후키하라쇼신이『판비량론』의 산일문으로 간주하는 '단
편③'에서 [a]와 [b]만이『판비량론』의 산일문이라고 확정할 수
있다. 그런데 남은 [a]와 [b] 역시 그 해석이 쉽지 않다. 문제가
되는 것은 두 가지인데, 첫째는 [a]에서 말하는 오근실호용종(五
根實互用宗)의 정체이고, 둘째는 [b]에 기술된 '앞의 공비량'(前
[前]共量)의 정체이다.

먼저 [a]에 대해 검토해 보자. 오근실호용종에 대해 후키하라쇼
신은 '대승'이라고 간단히 설명하지만,42) 나카무라하지메는 '수행
이 깊은 보살은 5근을 호용하여 눈으로 볼 뿐만 아니라, 눈으로
듣기도 하고, 울기도 하고, 맛보기도 하는 것이 가능하다는 대승
의 주장'을 가리킨다고 설명한다.43) 다시 말해 눈으로 보고, 듣고,
맛볼 수가 있고, 귀로도 보고 듣고 맛볼 수가 있다는 주장이다.
이 때 안식은 비단 안근에 의해서만 발생하는 것이 아니라 이근
(耳根)이나, 비근(鼻根), 설근(舌根)을 통해서도 발생한다. 그런데
만일 소승측에서 이런 오근실호용종을 상대로 유식비량을 비판하

---

41) 앞으로 다시 검토해 보겠지만, 이는 善珠의 誤讀에서 비롯된 잘못된
    비판이다.
42) 富貴原章信, 앞의 책, p.66.
43) 中村元,「元曉の思惟方法の一考察」,『元曉研究論叢』(서울: 국토통일
    조사연구실, 1987), p.870.

는 상위결정의 논증식을 제시할 경우, 오근실호용종에서는 그 논증식을 다음과 같이 검토하며 부정인의 오류에 빠트리게 된다.

> 동품정유성의 검토: [오근실호용종의] 안식에서 벗어난 것(동품) 중에 우리측(= 소승측)에서 인정하는 초삼에 포함되면서 [소승측에서 인정하는] 안식에는 포함되지 않는 것이 있는가? – 있다(유): 안근.
> 이품변무성의 검토: [오근실호용종의] 안식에서 벗어나지 않은 것(이품) 중에 우리측(= 소승측)에서 인정하는 초삼에 포함되면서 [소승측에서 인정하는] 안식에는 포함되지 않는 것이 있는가? – 있다(유): 이근(耳根)을 통한 안식(眼識), 비근(鼻根)을 통한 안식(眼識) 등.

이는 동품유, 이품유의 공부정인이다. 그러나 원효가 제안하듯이 주장명제의 술어에 '일반적으로 인정하는'(極成, 극성)이라는 단서를 부가하여 그 의미에 제한을 가함으로써, 이근(耳根)을 통한 안식(眼識)이나 비근(鼻根)을 통한 안식 등을 안식에서 제외시킬 경우, 이런 부정인의 오류에서 벗어날 수가 있는 것이다.

그러면 [b]에 대해 검토해 보자. 여기서 문제가 되는 것은 후반부에 기술된 '앞의 공량'(前[前]共量)의 정체에 대한 것이다. 우선, 선주(善珠)가 이해했듯이 '앞의 공량'이 [a]에서 말하는 '오근실호용종의 유식비량에 대한 소승측의 상위결정의 논증식'이라고 볼 경우 논의의 앞뒤의 맥락이 통하지 않는다. 뒤이어 기술된 '비록 안식에서 벗어난 것이긴 하지만, 일반적으로 인정하는 초삼(初三)에 포함되지 않기 때문에 부정인의 오류를 이루지 않는다'는 문장에 의거할 때 '앞의 공량'의 주장명제(= 宗: pratijñā)의 술부(述部)는 '… 안식에서 벗어난 것이 아니다'가 되어야 하기 때문이다. '소승측의 상위결정의 논증식'의 주장명제의 술부는 '… 안식에서

벗어나 있다'로 되어 있으며, '⋯ 안식에서 벗어난 것이 아니다'를
술부로 갖는 주장명제는 현장의 유식비량뿐이다.

  그러나 이 경우도 문제가 발생한다. 현장의 유식비량이, 이어진
설명에서 말하듯이 '부처의 유루색'의 실례에 의해 부정인의 오류
에 빠질 리가 없기 때문이다. 왜냐하면, 대승에서는 불신(佛身)은
모두 무루색(無漏色)이라고 보며 부처의 색신이 유루색이라고 보
는 것은 소승이기 때문이다. 소승에서는 부처의 18계(界) 중 5근
(根)과 5경(境)은 유루색(有漏色)이라고 말한다.[44] 그러면, 이를
어떻게 이해해야 할까?

  '유루색의 예를 들어 앞의 공량을 부정인의 오류에 빠지게 만드
는 다른 측의 논자'를 '부처에게도 유루색이 있다고 주장하는 대
승의 한 부류'라고 볼 경우에만 위 인용문에 기술된 논리적 술어
(術語, technical term)들의 의미가 모두 살아난다.

  지금까지 고찰해 보았듯이 원효는 단편③을 통해, 먼저 '오근
(五根)은 호용(互用)한다'는 점을 주장하는 오근실호용종(五根實
互用宗)의 유식비량을 상대로 상위결정의 논증식을 제시하였고,
이어서 '부처에게도 유루색이 있다'고 주장하는 대승인에게도 통
용될 수 있는 유식비량을 고안해 보였던 것이다.

4. 단편④

  단편④는 다음과 같이 번역된다.

---

44) 善珠, 『因明論疏明燈抄』, pp.315下-316上.

적대자가 말하는 '우리측에서 인정하는'이라는 단서 역시 '유법차별상위'
의 오류를 방지한다. 즉, 적대자가 인정하는 바른 앎은 '안식에서 완전히
벗어난 색법'인데, 대승논사가 [유법차별]상위의 비량을 작성하여,

(종) 일반적으로 인정하는 색은 안식에서 완전히 벗어난 색이 아니어야 한
다.
(인) 초삼에 포함되면서 안식에는 포함되지 않기 때문에.
(유) 마치 안근과 같기 때문에.

라고 말하는 경우, 우리측(= 소승측)에서 인정하는 부처의 유루색을 끌어
들여 부정인의 오류에 빠지게 만든다. 그래서 '우리측에서 인정하는'이라
는 단서를 다는 것이다.[45]

여기서 원효는, 유식비량을 상위결정의 오류에 빠뜨리기 위해
작성된 소승측의 논증식 중의 인(因)에 부가된 자허(自許, 우리측
에서 인정하는)라는 단서의 역할에 대해 설명하고 있다.

인용문 서두에서 말하는 적대자는 소승측을 의미한다. 규기(窺
基)는, 현장의 유식비량 중 인(因)에 '우리측에서 인정하는[자허]'
이라는 단서를 단 것은 유법차별상위인에 의한 소승측의 비판을
부정인의 오류에 빠뜨리기 위한 것이라고 설명한다. 규기의 설명
을 인용해 보자.

[문] 그렇다면 어째서 '우리측에서 인정하는(자허)'이라는 말이 필요한가?
[답] 유법차별상위의 오류를 방지하기 위해서 '우리측에서 인정하는'이라
 는 말을 한 것이지, '양측 모두 인정하는 색이 초삼에 포함되면서 안근에

---

45) 敵言自許亦遮有法差別相違 謂敵意許量定離眼識之色 大乘師作 相違
   量云 極成之色 應非定離眼識之色 初三所攝 眼識不攝故 由如眼根 爲
   引 自許佛有漏色作不定過故言自許: 藏俊, 『因明大疏抄』(『大正藏』 68,
   p.521下). / 善珠, 『因明論疏明燈抄』(『大正藏』 68, p.322下).

는 포함되지 않음이 타파에서 성립하지 않고 오직 자파에서만 인정한다는 점'을 나타내기 위한 것이 아니다. 즉, '승의에 의거할 때의 양측 모두 인정하는 색'은 유법(有法)의 자상(自相)이다. '안식을 벗어나 있지 않음'은 법의 자상이다. '안식을 벗어난 색(色)'과 '안식을 벗어난 색이 아닌 것'은 유법의 차별이다. 입론자는 이것이 '안식을 벗어난 색이 아님'을 인정하는데, 다른 학파에서는 그에 대해 차별상위를 지어 다음과 같이 말한다: '양측 모두 인정하는 색은 안식을 벗어나지 않은 것이 아닌 색이다. 초삼에 포함되면서 안근에 포함되지 않기 때문에, 마치 안식과 같이'. 이런 오류를 방지하기 위해 '우리측에서 인정하는[자허]'이라는 말을 한 것이다.46)

여기서 규기는, '자허'라는 단서가 인(因) 전체를 수식하는 것이 아니라고 말한다. 왜냐하면, 대소승 모두 '양측 모두 인정하는 색이 초삼에 포함되면서 안근에 포함되지 않는다'는 사실을 인정하고 있기 때문이다. 따라서 '자허초삼섭(自許初三攝)'을 '우리측에서 인정하는 바에 의하면, 초삼에 포함되면서…'라고 해석해서는 안 된다. '자허'는 '초삼'만을 한정하는 단서이기에 '自許初三攝'은, '우리측에서 인정하는 초삼에 포함되면서…'라고 해석되어야 한다. 그러면 '자허(自許)란 유법차별상위의 오류를 방지하기 위한 장치'라는 규기의 설명을 검토해 보자.

먼저 '우리측에서 인정하는'이라는 단서를 제거하고 현장의 유식비량을 기술하면 다음과 같다.

---

46) 若爾 何須自許言也 爲遮有法差別相違過故言自許 非顯 極成色初三 所攝眼所不攝他所不成唯自所許 謂 眞故極成色 是有法自相 不離於眼 識 是法自相 定離眼識色 非定離眼識色 是有法差別 立者意許 是不離 眼識色 外人遂作差別相違言 極成之色 非是不離眼識色 初三所攝 眼所 不攝故 猶如眼識 爲遮此過故言 自許(窺基, 『因明入正理論疏』, p.744 a).

> (종) 승의에 의거할 때, 양측 모두 인정하는 색은 안식을 벗어나 있지 않
>   다.
> (인) 초삼에 포함되면서 안근(= 안계)에는 포함되지 않기 때문에
> (유) 마치 안식과 같이

　상기한 인용문에서 규기가 설명하듯이, 이 논증식에서 '안식을 벗어난 색[定離眼識色, 정리안식색]'과 '안식을 벗어나지 않은 색(非定離眼識色, 비정리안식색)'은 '유법(有法)의 차별(差別)'이다. 여기서 입론자는 '안식을 벗어나지 않은 색'을 염두에 두고서, '초삼에 포함되면서 안근에는 포함되지 않는다'는 인(因)을 기술하고 있지만, 소승측의 입장에서 볼 때 이런 인(因)은 '안식을 벗어난 색'에 대해 논증하는 인(因)이 될 수 있을 뿐이다. 그래서 소승측에서는 상기한 논증식에 대해 유법의 차별이 상위한 논증식을 작성하여 다음과 같이 비판하게 된다.

> (종) 양측 모두 인정하는 색은 '안식을 벗어나 있지 않은 색'이 아니다.
> (인) 초삼에 포함되면서 안근에는 포함되지 않기 때문에,
> (유) 마치 안식과 같이

　그런데 유식비량 중의 인(因)에 '자허(自許)'라는 단서를 부가할 경우 이런 유법차별상위의 논증식은 부정인의 오류를 범하게 되며, 이는 다음과 같이 검토된다.

> 동품정유성의 검토: '안식을 벗어나 있지 않은 색'이 아닌 것(동품) 중에,
> 우리측(= 대승측)에서 인정하는 초삼에 포함되면서 안근에는 포함되지 않
> 는 것이 있는가? → 있다(유): 안식
> 이품변무성의 검토: '안식을 벗어나 있지 않은 색'(이품) 중에 우리측(= 대

승측)에서 인정하는 초삼에 포함되면서 안근에는 포함되지 않는 것이 있
는가? → 있다(유): 타방불의 색

　동품정유성이 충족된다는 점은 어렵지 않게 이해할 수 있기에,
이품변무성을 어기게 된다는 점에 대해서만 설명해 보겠다. 소승
에서는 대승에서 말하는 타방 부처의 몸(他方佛色, 타방불색)을
인정하지 않는다. 앞에서 말한 바 있지만, 소승에서는 타방 부처
의 실재성을 비판할 때, '타방불의 색신은 식(識)이 변하여 우리
에게 나타나 보이는 것으로 마치 거북이의 털과 같은 것'이라고
설명한다. 즉, 타방불의 색신은 안식에서 벗어난 것이 아니란 말
이다. 소승측에서는 비판적 입장에서 이렇게 설명했으나, 만법유
식을 주장하는 대승에서는 긍정적 입장에서 타방불의 색신은 안
식에서 벗어난 것이 아니라고 말한다. 따라서 대소승 공히 인정하
는 '안식에서 벗어나 있지 않은 색'[= 異品, 이품] 중에 '대승측에
서 인정하는[= 自許, 자허] 초삼에 포함되면서 안근에는 포함되지
않은' 실례로 '타방불'을 들 수 있기에(有, 유), 상기한 유법차별상
위의 논증식은 공부정인의 오류를 범하게 되는 것이다.
　이렇게 소승측에서 대승의 유식비량을 논박하기 위해 내세운
유법차별상위의 논증식은, 유식비량의 인에 자허(自許)라는 단서
를 부가함으로 인해, 동품유, 이품유인 공부정인(共不定因)의 오
류에 빠지고 만다. 현장의 유식비량 중의 인에 부가된 자허라는
단서는 소승측의 공격을 막아내기 위한 방어장치였던 것이다.
　그런데 상기한 『판비량론』의 '단편④'에서 원효는 '적대자가 말
하는 "우리측에서 인정하는"이라는 단서 역시 "유법차별상위"의
오류를 방지한다'고 말한다. 여기서 원효가 '역시'란 말을 사용한

점으로 미루어 볼 때, 원효는 '현장의 유식비량에 부가된 자허라는 단서가 유법차별상위의 오류를 방지하기 위한 장치'라는 점을 숙지하고 있었음을 알 수 있다. 즉, 현장의 유식비량을 비판하기 위해 소승측에서 고안하리라 예상되는 상위결정의 논증식 중의 因에 부가된 '우리측에서 인정하는'이라는 단서 는, 현장의 유식비량에 사용된 자허라는 단서가 유법차별상위에 의한 소승측의 공격을 막아내는 역할을 하듯이, 유법차별상위에 의한 대승측의 공격을 막아내는 역할을 한다는 것이다.

현장의 유식비량을 비판하는 소승측의 상위결정의 논증식에서 '우리측에서 인정하는'(自許, 자허)이라는 단서를 제거하면 논증식은 다음과 같이 기술된다.

> (종) 승의에 의거할 때, 일반적으로 인정하는 색은 반드시 안식에서 벗어
> 나 있다.
> (인) 초삼에 포함되면서 안식에는 포함되지 않기 때문에
> (유) 마치 안근과 같이

여기서 '일반적으로 인정하는 색'이 유법(有法, dharmin)에 해당한다. 그리고 '유법의 차별'은 '안식에서 벗어난 색'과 '안식에서 벗어난 색이 아닌 것'이다. 소승측에서는 '안식에서 벗어난 색(色)임'을 염두에 두고 있지만 '대승측에서는 안식에서 벗어난 색(色)이 아님'을 염두에 두고 있기 때문이다. 즉, '유법'에 대한 대승과 소승의 독특한 인식[差別, 차별]이 상반된다[相違, 상위]. 그래서 원효가 제시하듯이, 대승측에서는 소승측에서 작성한 상기한 논증식과 동일한 인(因)과 유(喩)에 근거하면서 '상반된 유법의 특질'

을 입증하는 다음과 같은 논증식을 작성할 수 있다.

> (종) 일반적으로 인정하는 색은 안식에서 벗어난 색이 아니다.
> (인) 초삼에 포함되면서 안식에는 포함되지 않기 때문에
> (유) 마치 안근과 같이

이 논증식의 타당성은 다음과 같이 검증된다.

> 동품정유성: 안식에서 벗어난 색이 아닌 것(동품) 중에 초삼에 포함되면서
>   안식에는 포함되지 않는 것이 있는가? → 있다(유): 안근
> 이품변무성: 안식에서 벗어난 색(이품) 중에 초삼에 포함되면서 안식에는
>   포함되지 않는 것이 있는가? → 없다(무)

이렇게 유식비량을 비판하기 위해 소승측에서 작성한 논증식 중의 인에 '자허'라는 단서를 달지 않을 경우 대승측에 의해 유법 차별상위인의 오류를 지적받을 수 있다. 그러나 '자허'라는 단서가 달릴 경우 소승과 상반된 유법의 특질을 입증하려는 대승측의 논증식은 부정인의 오류에 빠지고 만다. 먼저 '우리측에서 인정하는'(自許, 자허)이라는 단서가 부가된 대승측의 유법차별상위적 논증식을 기술해 보자.

> (종) 양측 모두 인정하는 색은 안식에서 벗어난 색이 아니다.
> (인) '우리측에서 인정하는'(自許) 초삼에 포함되면서 안식에는 포함되지
>   않기 때문에.
> (유) 마치 안근과 같이

이 논증식의 타당성을 검토해 보자.

> 동품정유성: 안식에서 벗어난 색이 아닌 것(동품) 중에 우리측(= 소승)에
> 서 인정하는 초삼에 포함되면서 안식에는 포함되지 않는 것이 있는가?
> → 있다(유): 안근
> 이품변무성: 안식에서 벗어난 색(이품) 중에 우리측(소승)에서 인정하는
> 초삼에 포함되면서 안식에는 포함되지 않는 것이 있는가? → 있다(유):
> 부처의 유루색

소승에서는 부처의 18계 중 의계(意界), 법계(法界), 의식계(意識界)의 3계만 무루(無漏)이고 나머지 15계는 모두 유루(有漏)라고 주장한다. 그래서 유루인 15계 중 정신[名, 명]에 해당하는 안식계, 이식계, 비식계, 설식계, 신식계의 5계를 제외한 나머지 10계는 유루색신[色, 색]인 것이다.[47] 그러나 대승측에서는 부처의 몸과 마음은 모두 무루라고 주장한다. 대승에서는 모든 색이 안식에서 벗어난 것이 아니라고 보지만, 소승에서 말하는 이러한 부처의 유루색은 그 존재 자체가 인정되지 않기에 '안식에서 벗어난 색'(이품)이다. 그리고 이는 색법의 일종이기에 '소승측에서 인정하는(= 자허) 초삼에 포함되면서 안식에는 포함되지 않는다'는 인(因)을 충족시킨다. 즉, 이품에서도 인(因)을 충족시키는 사례가 발견된다(有). 그래서 대승측에서 작성한 유법차별상위의 논증식은, 소승측의 입장에서 볼 때 동품유, 이품유인 공부정인의 오류에 빠지게 된다.

지금까지 고찰해 보았듯이, '단편④'를 통해 원효는, '현장의 유식비량에서 사용된 자허(自許)라는 단서가 소승측에서 제시하는

---

47) 善珠, 『因明論疏明燈抄』, p.316.

유법차별상위의 논증식을 부정인의 오류에 빠지게 만드는 역할을 하듯이, 현장의 유식비량을 비판하기 위해 소승측에서 작성한 상위결정의 논증식에 사용된 자허라는 단서 역시 대승측에서 제시하는 유법차별상위의 논증식을 부정인의 오류에 빠지게 만드는 역할을 한다'는 점을 역설(力說)하고 있다.

5. 단편⑤

후키하라쇼신(富貴原章信)은 선주(善珠)의 『유식분량결(唯識分量決)』에서 채취하여 '단편⑤'를 『판비량론』의 산일문으로 소개하고 있는데, 그 앞뒤의 문장[48]을 포함하여 번역하면 다음과 같다.

> a. [묻는다. 이미 그러하다면, 어째서 자허라는 말을 설할 필요가 있는가? 답한다. 그것에 대해서는 세 가지 해석이 있다. 첫째는 다음과 같다. 현응(玄應) 스님과 원효 스님 모두 다음과 같이 말한다.]
> b. 타파(他派)의 부정을 방지하기 위해 '우리측에서 인정하는'(自許, 자허)이라는 말을 한 것이다. 설일체유부(說一切有部) 등에서는 이런 인(因)을 위해 부정의 오류를 지어 '[일반적으로 인정하는 색은] 우리 종파에서 말하는 후신보살의 실(實)다운 불선색과 같이 초삼에 포함되면서 안근에는 포함되지 않기 때문에 안식에서 확실히 벗어난 것인가, 아니면 안식과 같이 초삼에는 포함되면서 안근에는 포함되지 않기 때문에 안식에서 전혀 벗어나지 않은 것인가?'라고 말한다. 이런 식의 부정을 방지하기 위해 '우리측에서 인정하는'(自許)이라는 말을 한 것이다. 그가 지적하는 것은 후신보살의 실(實)다운 불선색이기 때문에, 이를 성립하지 않게 하는 것은 '우리측에서 인정하는(自許) 초삼에 포함되면서 안근에는 포함되지 않는 것'이기 때문이다. 그것[= 후신보살의 실불선색(實不善色)]은 이런 인(因)

---

48) 下記한 번역문 중 [a], [c], [d]로 이들은 善珠의 설명이다.

= 자허라는 단서가 부가된 인)에는 존재하지 않기 때문에 부정이 아니다. 공(共)비량이기 때문에 비단 자파(自派)에서 희구하는 주장을 성립시킬 뿐만 아니라, 타파를 논파하기 때문이다. 따라서 타파(他派)의 부정은 사능파(似能破)⁴⁹⁾라고 불린다. 공(共)비량이 이미 이러하므로, 타(他)비량 역시 그러하다.

c. [둘째는 규기 법사의 설이다. 유법차별상위의 오류를 방지하기 위해 자허라는 말을 한 것이다. 다른 학파의 사람이 그에 대해 차별상위를 지어 다음과 같이 말한다. (종) 일반적으로 인정하는 색은 '안식에서 벗어나지 않은 색[不離眼識色, 불리안식색]'이 아니다. (인) 초삼에 포함되면서 안근에는 포함되지 않기 때문에. (유) 마치 안식과 같이. 이런 오류를 방지하기 위해 자허라고 말한 것이다. …]

d. [셋째는 문궤(文軌) 스님의 설이다. 인(因)에서 말하는 '자허'란 것은 타파의 부정과 유법차별상위의 오류를 막기 위한 것이기 때문이다. 즉, 타파에서 상위의 비판을 지어 다음과 같이 말한다. (종) 일반적으로 인정하는 색은 '즉식의 색[卽識之色, 즉식지색]'이 아니다. (인) 우리측에서 인정하는 초삼에 포함되면서 안근에는 포함되지 않기 때문에. (유) 마치 안식과 같이. 이제 이런 비판을 차단하며 다음과 같이 말한다.…]⁵⁰⁾

그러나 이런 '단편⑤' 역시 『판비량론』의 일문으로 보기에는 문제가 되는 점이 많다.

---

49) 원문은 '不□'이나 문맥으로 볼 때 '似破', 즉 '似能破'가 되어야 한다. '□'뿐만 아니라 '不'자도 재교정을 요한다.

50) [問 旣爾何須說自許言耶 答 有三釋 一云 應師元曉師等 皆云] 遮他不定 說自許言 薩婆多等 爲此因作不定過云 (極成之色) 爲如我宗後身菩薩實不善色 初三所攝眼所不攝故 定離眼識 爲如眼識 初三所攝眼所不攝故 非定離眼識耶 爲遮此不定故 說自許言 由彼所指 後身菩薩實不善色 非是立者 自許初三所攝眼所不攝 彼無此因故非不定 由共比量 非但成自所樂宗 亦破他故 故他不定卽名不□ 共量旣然 他量亦爾 [二 基法師說 爲遮有法差別相違過故言自許 外人遂作差別相違言 極成之色非是不離眼識色 初三所攝眼所不攝故 猶如眼識 爲遮此過 故言自許 三 文軌師說 因云自許者 爲遮他不定及有法差別相違過故 謂他作相違難 云 極成之色應非卽識之色 自許初三攝眼所不攝故 如眼識 今遮此難 云…]: 善珠, 『唯識分量決』(『大正藏』 71, pp.452下-453上).

  우선 [a]에서 선주(善珠)가 '현응 스님과 원효 스님 모두 다음
과 같이 말한다. …'라고 말하며 서두를 시작하고 있기에, '단편
⑤'가『판비량론』의 원문 그대로일지, 아니면 현응과 원효의 주장
을 종합하여 선주가 재구성한 것인지 모호하다.

  또, 선주는 [d]에서 유식비량 중의 인(因)에 부가된 '자허'라는
단서의 역할에 대한 문궤의 설명을 인용하면서 '타파의 부정과 유
법차별상위의 오류를 막기 위한 때문'이라고 해석한다. 그러나 위
에서 보았듯이 문궤의 설명은 유법차별상위의 오류에 대한 것일
뿐이지, 부정인의 오류에 대한 것은 없다. 즉, 문궤는 '유식비량'
을 비판하기 위해 고안된 적대자의 유법차별상위의 논증식을 소
개할 뿐이며, 이런 유법차별상위의 논증식이 자허라는 단서로 인
해 부정인의 오류에 빠지고 만다는 점을 말할 뿐이다. 그리고 문
궤의 이런 설명은 'c'에서 인용한 규기의 설명과 그 맥락이 동일
하다. 규기가 고안한 유법차별상위의 논증식에 기술된 '안식에서
벗어나지 않은 색[不離眼識色, 불리안식색]'은 문궤가 고안한 유
법차별상위의 논증식에 기술된 '즉식의 색'(卽識之色, 즉식지색)과
그 의미가 동일하기 때문이다.

  또, 앞에서 '단편①'에 대해 설명하며 고찰한 바와 같이 원효는
유식비량 중의 因에 부가된 자허라는 단서는 유식비량이 유법차
별상위의 오류에 빠지지 않도록 하기 위한 논리적 방어장치로 사
용된 것이라는 점에서 문궤와 의견을 같이하였다. 그리고 위에서
살펴 보았듯이 문궤와 규기의 견해 역시 일치한다. 따라서 선주가
이해한 바와 달리, 자허라는 단서의 기능에 대해 원효와 규기와
문궤는 동일한 견해를 갖고 있었다고 볼 수 있다.

   또 앞에서 '단편③'을 소개할 때 그 말미에 선주의 비판적 설명이 덧붙여져 있는 것을 보았는데, 그 비판적 설명은 『판비량론』에 대한 오독에서 비롯된 잘못된 것이었다. 왜냐하면 '단편③'의 후반부에서 말하는 '앞의 공량(共量)'은 문맥에 의거할 경우 '현장의 유식비량'을 가리키는 것이라고 보아야 하는데 선주는 이를 오해하여 '유식비량을 비판하는 소승측의 상위결정의 논증식'이라고 간주하며 그에 대해 비판적으로 논의하고 있기 때문이다.

   선주의 이런 실수들로 미루어 볼 때, 인명학 전반에 대한 선주의 조망 중 잘못된 부분이 많이 있을 것으로 짐작된다.

   또 상기한 '단편⑤'에서 유식비량 중에 사용된 '자허'라는 단서가 부정인에 의한 설일체유부의 공격을 막기 위한 것이라고 말하는데, 이것이 『판비량론』의 산일문이라면 원효가 자허의 역할에 대해 두 가지 견해를 갖고 있었다는 말이 된다. 하나는 문궤나 규기가 말하듯이 '유법차별상위인에 의한 적대자의 비판을 막기 위한 것'이고 다른 하나는 '단편⑤'에서 말하듯이 '부정인에 의한 적대자의 비판을 막기 위한 것'이다. 그러나 그럴 수는 없다. 따라서 '단편⑤'는 『판비량론』의 산일문이 아니라, 현응(玄應)의 저술에서 인용된 내용, 또는 현응의 저술과 선주가 오독한 『판비량론』의 내용을 종합하여 선주가 재구성한 문장일 것으로 추정된다.

6. 단편⑥

   후키하라쇼신(富貴原章信)은 다음과 같은 문장 역시 『판비량론』의 산일문일 것이라고 추정하며 유식비량과 관계된 논의들과 함께 취급하고 있는데,51) 이는 유식비량과 관계된 산일문이 아니다.
후키하라쇼신이 인용하는 전문은 다음과 같다.

　양측 모두 인정하지 않는 것과 양측이 똑같이 인정하는 것을 제외시키기
위해서 극성(極成)이라고 말한 것이다. '유법불성(有法不成)의 오류'와 '상
부(相符)의 오류'에서 벗어나기 위함 때문이다. 양측이 똑같이 인정한다는
것은 동유(同喩)이기 때문이다. 이(耳) 등의 식(識)을 거론하여 동유(同喩)
로 삼게 되면 상위(相違)의 오류에 빠진다. '즉체색(卽體色)을 친연(親緣)
으로 삼는 것이 아니다'라는 점을 증명하게 되기 때문이다. 만일 극성(極
成)이 아니어서 부정(不定)을 이루기 때문이라면 앞의 소립 역시 부정을
이루기 때문이다. 그래서 여기서 비유하여 말하기를 '다른 나머지와 같다'
고 한 것이다. 예안이란 것은 [눈병이 들에] 터럭 등이나 두 개의 달을 보
는 것이다.52)

　그런데 이 단편이 인용되어 있는 태현(太賢)의 『성유식론학기
(成唯識論學記)』의 설명을 보면 이는 『성유식론』 중 다음과 같은
구절에 대한 비판임을 알 수 있다.

　일반적으로 인정되는 안등(眼等)의 식(識)은 다섯 가지 [식(識)] 중의 하나
이기 때문에, 나머지와 같이 자체에서 벗어난 색(色) 등을 직접적인 대상
으로 삼지 않는다.53)

---

51) 富貴原章信, 앞의 책, p.68.

52) 除不共許及二同許 故言極成 爲離 有法不成相符過故 二同許者 爲同
喩故 擧耳等識爲同喩者 卽相違過 能成不緣卽體色故 若以不極成而作
不定故者 卽於前所立亦作不定故 故今喩云 如餘 翳眼者見毛等二月:
太賢, 『成唯識論學記』(『大日本續藏經』, pp.97下-98上). 富貴原章信은
이 문장의 말미를 다음과 같이 誤譯한다: '故に今の喩に餘の如しとは
餘の翳眼者の毛等 二月を見るが如しといふなり'.

53) 極成眼等識 五隨一故 如餘 不親緣離自色等: 『成唯識論』(『大正藏』 3
1, p.39上).

이는 다음과 같은 논증식으로 정리된다.

> (종) 극성(極成)인 안(眼) 등의 식(識)은 자체에서 벗어난 색[= 離體色, 이
>   체색]등을 직접적인 대상[= 親緣, 친연]으로 삼지 않는다.
> (인) 다섯 가지 [식(識)] 중의 하나이기 때문에.
> (유) 다른 나머지[= 4식(識)]와 같이.

'단편⑥'에서는 『성유식론』에 기술된 이 논증식 중의 주장명제 [= 宗, 종]에 사용된 '극성(極成)'이라는 단서에 대해 설명하고 있다. 그리고 마지막의 '예안(翳眼)이라는 것은 …'이하의 구절은 이 논증식과 무관한 것이다. 따라서 '단편⑥' 역시 『판비량론』의 일문(逸文)에서 제외된다.

이상을 종합하면, 유식비량과 관계된 『판비량론』의 산일부는 후키하라쇼신이 수집한 단편 중에서 '③의 후반부와 ⑤, 그리고 ⑥'을 제외한 '①, ②와 ③의 전반부, 그리고 ④'뿐임을 알 수 있다.

Ⅳ. 현존하는 단편들의 배열

그러면 유식비량과 관계된 『판비량론』의 일문(逸文)들을 원래의 순서대로 배열해 보기로 하자.

유식비량과 관계된 『판비량론』의 논의 중 가장 앞에 배열되었을 것은 당연히 현장의 유식비량일 것이다. 그 후 원효는 현장의 유식비량 중의 인(因)에 부가된 자허(自許)라는 단서의 역할에 대

해 설명했을 것이고, 이어서 '유식비량에서 자허라는 단서를 제거할 경우 소승측으로부터 유법차별상위의 비판을 받게 된다는 점을 지적하는 '단편①'을 기술했을 것이다.

유식비량에 자허(自許)라는 단서를 부가한 것은, 대승측에서 인정하는 타방불의 색을 실례로 들어 소승측에서 제시하는 유법차별상위의 논증식을 부정인의 오류에 빠뜨리기 위한 것이었긴 했지만, 그런 단서로 인해 유식비량은 오히려 소승측으로부터 상위결정의 비판을 받게 된다. 원효는 '단편②'를 통해 이 점을 지적하며 소승측에서 제시할 수 있는 상위결정의 논증식을 제시한다. 아울러 그런 상위결정의 논증식에 사용된 자허의 역할에 대해 설명한다.

이어서 '단편④'에서 보듯이, 원효는, '자허라는 단서 역시 현장의 유식비량에서와 같이, 소승측의 상위결정의 논증식이 유법차별상위의 오류에 빠지지 않게 하기 위한 방어장치의 역할을 한다'는 점에 대해 설명한다.

여기까지의 논의를 통해 일반적인 대승유식에서 내세우는 유식비량에 대해 설명하고, 상위결정의 논증식으로 소승측에 의해 그런 유식비량이 비판될 수 있다는 점을 설명한 원효는 '단편③'을 통해 '오근은 호용된다는 점을 주장하는 독특한 대승학파'의 유식비량에 대한 상위결정의 논증식을 고안해 보여주고 '부처의 유루색의 존재를 인정하는 대승유식'에서 작성할 수 있는 유식비량을 고안해 보여주면서 전체 논의를 마친다.

이런 과정을 간략히 요약하면 다음과 같다.

1. 현장의 유식비량에 대한 소개

2. 단편①: 현장의 유식비량 중의 인(因)에 '우리측에서 인정하는'(自許, 자허)이라는 단서를 달지 않을 경우 소승측으로부터 받게 되는 유법차별상위의 비판.

3. 단편②: 현장의 유식비량에 대한 소승측의 상위결정적 비판 → 이에 대한 대승측의 유법차별상위적 비판 → 이런 비판을 부정인의 오류에 빠뜨림 → 소승측의 상위결정의 논증식에 사용된 '자허'의 역할 → 소승측에서 고안할 상위결정의 논증식 중의 자허를 극성(極成)으로 바꾸었을 때의 오류.

4. 단편④: 소승측에서 고안한 상위결정의 논증식 중의 '자허'도 유법차별상위의 오류를 막기 위한 것임을 설명.

5. 단편③: 오근실호용종의 유식비량에 대한 소승측의 상위결정적 비판 → 부처의 유루색을 인정하는 특정 대승측을 위한 유식비량을 고안해 보임.

-『한국불교학』 33호, 2003

『판비량론』에서 보이는
원효와 규기의 논쟁[*]

Ⅰ. 문제의 제기

　원효의 『판비량론』은 인도 유학승 삼장법사 현장이 번역한 경
전과 그의 학문을 비판하기 위해 작성된 치열한 논쟁의 책이다. 『
판비량론』의 원효는 화쟁가가 아니라 논쟁가였다. 원효가 『판비량
론』에 실린 논쟁 가운데 가장 큰 반향을 일으켰던 것은 현장의
유식비량(唯識比量)과 관계된 논쟁이었다. 현장은 인도 유학 시절

* 2004년 5월 1일과 2일 양일간 중앙승가대학에 열렸던 불교학결집대회
  에서 발표한 논문.

계일왕이 개최한 무차대회에서 '만법유식'을 증명하는 논증식을 고안하여 공표한 적이 있는데, 인도와 중국의 그 어떤 논사도 비판하지 못했던 이 논증식을 보고 원효가 논리적 오류를 지적하였다. 원효는 소승의 입장에 서서 만법유식을 부정하는 논증식을 작성해 보여줌으로써 현장의 유식비량을 상위결정의 오류에 **빠뜨렸다**. 다시 말해, 현장의 논증식을 이율배반으로 몰고 갔다.

이런 원효의 논증식은 신라승 순경을 통해 현장의 제자 규기에게 보여졌고, 규기는 『인명입정리론소』라는 자신의 저술 속에서 이 논증식을 소개한 후 여섯 가지 이유를 들어가며 논리적 오류를 지적하였다. 표면적으로는 논쟁이 여기서 막을 내린 듯이 보인다. 그러나 유식비량과 관계된 『판비량론』의 일문을 검토해 보면, 이런 규기의 비판에 대해 원효가 다시 반박하였음을 알게 된다. 본 논문에서는 원효의 이런 반박을 소개함과 아울러, 순경을 통해 간접적으로 이루어졌던 원효와 규기의 논쟁에서 누가 이기고 누가 진 것인지 그 승부를 가름해 보고자 한다.

Ⅱ. 자료

1. 현장이 인도에서 고안했던 유식비량

　眞故 極成色不離於眼識 自許初三攝 眼所不攝故 猶如眼識
　(종) 승의에 의거할 때 양측 모두 인정하는 색은 안식에서 **벗어나 있지 않다.**

(인) 우리측에서 인정하는 초삼(初三)에 포함되면서 **안근**에는
포함되지 않기 때문에.

(유) 마치 **안식**과 같이.

2. 현장의 유식비량을 상위결정의 오류에 빠뜨리기 위해 원효가 고안한 상위결정의 논증식

眞故 極成色定離於眼識 自許初三攝 眼識不攝故 猶如眼根

(종) 승의에 의거할 때 양측 모두 인정하는 색은 안식에서 **벗어
나 있다.**

(인) 우리측에서 인정하는 초삼(初三)에 포함되면서 **안식**에는
포함되지 않기 때문에.

(유) 마치 **안근**과 같이.

3. 원효가 고안한 상위결정의 논증식에 대한 규기의 여섯 가지 비판[1]

① 時爲釋言 凡因明法 若自比量 宗因喻中皆須依自 他共亦爾
立依自他共 敵對亦須然 名善因明無疏謬矣 前云唯識 依共比量
今依自立 卽一切量皆有此違 如佛弟子對聲生論 立聲無常 所作性
故 譬如瓶等 聲生論言聲是其常 所聞性故 如自許聲性 應是前量
決定相違 彼旣不成 故依自比 不可對共而爲比量: 이 때 [나 규기

---

1) 窺基, 『因明入正理論疏』, 『大正藏』 44, pp.116a-中/『卍續藏經』 86,
   p.744下.

(窺基)는] 다음과 같이 해석하여 말하였다; 일반적으로 인명법(因明法)에서 자비량(自比量)의 경우 '종, 인, 유'는 모두 자파(自派)[의 세계관]에 의거할 필요가 있다. 타비량(他比量)과 공비량(共比量)도 이와 마찬가지다. 입량(立量)이 자(自), 타(他), 공(共)에 의지하면 적대자 역시 그럴 필요가 있으며, 이를 '소원(疏遠)함이나 오류가 없는 좋은 인명(因明)'이라고 부른다. 그런데 앞에서 말했던 유식[= 유식비량]은 공비량에 의거한 것이지만 지금[= 순경이 소개한 상위결정의 비량]의 경우 자파(自派)의 세계관에 의거해 내세워진 것이다. 이것이 옳다면 모든 비량(比量)이 다 이런 상위결정의 오류에 빠지게 된다. 예를 들어, 불제자(佛弟子)가 성생론(聲生論)을 상대하여 '(종) 소리는 무상하다. (인) 만들어진 것이기 때문에. (유) 마치 항아리 등과 같이'라고 [논증식을] 세우면, 성생론에서도 '(종) 소리는 상주한다. (인) 들리기 때문에. (유) 자파(自派)에서 인정하는 소리성(性)과 같이'라고 말하게 되는데 이는 앞의 비량과 상위결정의 관계에 있어야 하겠지만, 상대 측에 대해 이미 이것이 성립하지 않기 때문에 자파(自派)의 세계관에 의거한 비량은 [자타] 양측(共)이 인정하는 비량이 될 수가 없다.

② 又宗依共已言極成 因言自許 不相符順: 또, 종(宗)은 양측[共, 공]에 의거한 것이어서 양측 모두 인정하는 것[極成, 극성]이라고 말했지만, 인(因)에서 자허(自許)라고 말한 것을 양측에서 동의하는 것이 아니다.

③ 又因便有隨一不成 大乘不許 彼自許 眼識不攝故因 於共色轉故: 또, 인(因)에 수일불성(隨一不成)의 오류가 있다. 대승에서

는 상위결정의 추론식에서 말하는 '자허(自許)'(= 소승측에서 인
정하는 것)를 인정하지 않으며, [소승에서 말하는] '안식에 포함되
지 않기 때문에'라는 인(因)은 모든 색(色)에 대해 적용되기 때문
이다.

④ 又同喩亦有所立不成 大乘眼根 非定離眼識 根因識果 非定
即離故 況成事智 通緣眼根 疏所緣緣 與能緣眼識 有定相離義:
또, 동유(同喩) 역시 소립불성(所立不成)의 오류에 빠진다. 대승에
서 말하는 안근은 안식에서 완전히 벗어난 것이 아니다. 근(根)은
인(因)이고 식(識)은 과(果)이기에 완전히 동일한 것[即, 즉]도 완
전히 벗어난 것도 [離, 리]아니기 때문이다. 하물며 성소작지(成所
作智)의 경지에서 모든 대상을 파악하는 안근임에랴. 소소연연(疏
所緣緣)만이 능연(能緣)인 안식에서 완전히 벗어난 것이라고 볼
수 있다.

⑤ 又立言自許 依共比量 簡他有法差別相違 敵言自許 顯依自
比眼識不攝 豈相符順: 또, 유식비량(唯識比量)에서 말하는 자허
(自許)라는 단서는 공(共)비량에 의거한 것으로 유법차별상위에
의거한 타파의 공격을 방지하는 역할을 한다. 그러나 적대자가
[상위결정의 논증식에서] 말하는 자허(自許)는 자비량에 의거해
'안식에 포함되지 않음'을 나타낸 것인데 어찌 양측 모두 동의하
는 것이겠는가?

⑥ 又彼比量宗喩二種皆依共比 唯因依自 皆相乖角: 상위결정
의 논증식에 기술된 종(宗)과 유(喩) 두 가지는 모두 공(共)비량
에 의거한 것이고, 오직 인(因)만이 자(自)비량에 의거한 것이기
에 [종과 인과 유 모두]가 서로 어긋난다.

4. 규기의 여섯 가지 비판에 대한 원효의 반박

위에 소개한 규기의 여섯 가지 비판은 다음과 같이 요약, 분류된다.

①, ②, ⑥: 상위결정의 논증식은 자비량(自比量)이기에 대승측을 설득할 수 없다.
③: 상위결정의 논증식 중의 인(因)은 수일불성(隨一不成)의 사인(似因)의 오류를 범한다.
④: 상위결정의 논증식 중의 유(喩)는 소립법불성(所立法不成)의 사동법유(似同法喩)의 오류를 범한다.
⑤: 유식비량(唯識比量) 중의 인(因)에 사용된 '자허(自許)'는 유법차별상위(有法差別相違)의 오류에 의한 공격을 막기 위한 것이다.

그리고 『판비량론』에서는 이 가운데 ④와 ⑤의 비판에 대해 원효가 다시 반박하는 내용이 다음과 같이 발견된다.

④에 대한 반박[2]
此通未盡 [曉法師判比量中　簡小乘所作決定相違過云] 若對五根實互用宗　則應立言　眞故　極成色離極成眼識　自許　初三攝眼識

---

[2] 善珠, 『因明論疏明燈抄』(『大正藏』68, p.322中-下) / 藏俊, 『因明大疏抄』(『大正藏』68, p.528上).

不攝故 猶如眼根 若作是難 亦離不定 以大乘宗 極成眼識 必不緣
眼故 此眼根 爲其同品 識不攝因 於此定有 極成眼識 爲其異品
於彼遍無 故非不定 能作適量 若以自許 佛有漏色 於前[前]共量
他作不定 更改因云 自許 極成初三攝等 如無漏色 耳識等緣 雖離
眼識 而非極成 初三攝故 不成不定 此判非也 雖改因云 自許 極
成初三攝等 而眼識不攝言大乘不許 若唯識門中 色卽眼識攝 大乘
不許 極成之色眼識不攝 是故因有隨一不成

[a. '오근(五根)의 호용(互用)을 주장하는 대승의 한 종파(또는
주장)'의 유식비량을 비판하는 상위결정의 논증식]

이에 대한 해석은 아직 완벽한 것이 아니다. [원효 스님은 『판
비량론』에서 소승측에서 지은 결정상위의 오류에 대해 기술하면
서 다음과 같이 말한다.] 만일 **오근실호용종**을 대한다면 다음과
같이 비량을 작성하여 말해야 할 것이다.

(종) 승의에 의거할 때, 양측 모두 인정하는[極成, 극성] 색은
양측 모두 인정하는[극성] 안식에서 벗어나 있다.

(인) 우리측에서 인정하는 초삼(初三)에 포함되면서 안식에는
포함되지 않기 때문에.

(유) 마치 안근과 같이.

만일 이런 식으로 [오근실호용종의 유식비량을] 비판하면 부정
인의 오류에서 벗어날 수 있다. 대승종에서 일반적으로 인정하는
[極成, 극성] 안식은 결코 안근에 의존하는 것이 아니기 때문에,
여기서 말하는 안근은 그것의 동품이 되고, '[우리측에서 인정하
는 초삼(初三)에 포함되면서 안식에 포함되지 않는 것]'이라는 인
(因)은 여기에만 존재한다. 양측 모두 인정하는[극성] 안식은 그것

의 이품이 되고 ['식에 포함되지 않는 것'이라는 인(因)은] 여기에
전혀 존재하지 않는다. 그래서 부정인의 오류에 빠지지 않으며 올
바른 비량이 된다.

[b. '부처의 유루색을 인정하는 대승의 한 종파'의 유식비량을
비판하는 상위결정의 논증식]

만일 '우리측에서 인정하는 부처의 유루색'으로 '앞의 공량(共
量)'을, 다른 측에서 부정인의 오류에 빠지게 한다면, 다시 인(因)
을 바꾸어 '우리측에서 인정하면서 양측 모두 인정하는[自許極成,
자허극성] 초삼(初三)에 포함되면서 … 등'으로 말하면 된다. 무루
색(無漏色)이나 이식(耳識) 따위의 연(緣)과 같은 것들은 비록 안
식에서 벗어난 것이긴 하지만, 양측 모두 인정하는 초삼(初三)에
포함되지 않기 때문에 부정인의 오류를 이루지 않는다.

→ (여기서 원효가 말하는 오근실호용종은 앞의 ④에서 규기가
말했던 성소작지와 관계되기에 이를 ④에 대한 원효의 반박으로
볼 수 있다[3])

⑤에 대한 반박[4]

[判比量云] 敵言自許亦遮有法差別相違　謂敵意許量定離眼識之

---

3) 『成唯識論』에서는 자유자재한 부처의 경지가 되면, 모든 감관을 호용
(互用)하게 되기에, 한 가지 감관에서 발생한 식(識)으로 모든 감각적
대상을 감지할 수 있다고 설명한다(諸佛等於境自在. 諸根互用任運決定
不假尋求: 大正藏31, 『成唯識論』, p.21a. / 若得自在諸根互用　一根發
識緣一切境　但可隨根無相濫失　莊嚴論說如來五根一一皆於五境轉者:
같은 책, p.26a). 따라서 오근실호용종이란 '부처가 되면 눈으로 듣고,
냄새맡고, 맛보고, 감촉하고, 생각하게 된다는 주장'을 의미하며 이는
轉識得智 가운데 前五識이 변한 成所作智에 대한 설명이다.
4) 藏俊, 『因明大疏抄』(『大正藏』 68, p.521下). / 善珠, 『因明論疏明燈抄
』(『大正藏』 68, p.322下).

色 大乘師作 相違量云 極成之色 應非定離眼識之色 初三所攝 眼
識不攝故 由如眼根 爲引 自許佛有漏色作不定過故言自許

[『판비량론』에서는 다음과 같이 말한다.]

적대자가 말하는 '우리측에서 인정하는'이라는 단서 역시 '유법
차별상위'의 오류를 방지한다. 즉, 적대자가 인정하는 바른 앎은
'안식에서 완전히 벗어난 색법'인데, 대승논사가 [유법차별]상위의
비량(比量)을 작성하여,

(종) 양측 모두 인정하는 색은 안식에서 완전히 벗어난 색이 아
니어야 한다.

(인) 초삼(初三)에 포함되면서 안식에는 포함되지 않기 때문에.

(유) 마치 안근과 같기 때문에.

라고 말하는 경우, 우리측(= 소승측)에서 인정하는 부처의 유루
색을 끌어들여 부정인의 오류에 빠지게 만든다. 그래서 '우리측에
서 인정하는'이라는 단서를 다는 것이다.[5]

→ (소승측의 상위결정의 논증식에 사용된 자허(自許)라는 단서
역시 유법차별상위의 오류에 의한 대승측의 공격을 막아내는 역
할을 한다고 설명하기에 이 단편은 '규기의 비판 ⑤'에 대한 반박
이라고 볼 수 있다)

Ⅲ. 논쟁의 승부

---

5) [判比量云] 敵言自許亦遮有法差別相違 謂敵意許量定離眼識之色 大乘
師作 相違量云 極成之色 應非定離眼識之色 初三所攝 眼識不攝故 由
如眼根 爲引 自許佛有漏色作不定過故言自許: 藏俊,『因明大疏抄』(『大
正藏』 68, p.521下). / 善珠,『因明論疏明燈抄』(『大正藏』 68, p.322
下).

이렇게 '현장 → 원효(순경) → 규기 → 원효'로 이어지는 유식비량과 관계된 논쟁에서 승부를 결정짓는 관건은 유식비량을 비판하기 위해 작성된 상위결정의 논증식의 타당성 여부에 있다 하겠다. 규기는 유식비량이 대소승 모두 인정할 수 있는 공비량(共比量)이라고 주장한다. 유식비량의 인(因)에 자허(自許)라는 단서를 부가한 것은 이것이 대승측의 자비량(自比量)임을 의미하는 것이 아니라, 소승측에서 제시할 유법차별상위의 논증식을 부정인의 오류에 빠뜨리기 위함이다. '서로 다른 세계관을 갖는 학파에서 각각 제시하는 논증식', 즉 '양 학파의 자비량'이 상반된 주장을 담고 있을 때, 그 두 논증식이 상위결정의 관계에 있다고 볼 수는 없다. 규기가 말하듯이 그런 식으로 상위결정을 규정한다면, 모든 비량이 다 상위결정의 오류에 빠진다고 보아야 할 것이기 때문이다. '상위결정의 오류'란 '동일한 세계관 하에서, 상반된 주장을 담은 두 개의 논증식이 작성 가능한 경우'를 말한다. 이렇게 볼 때 규기가 지적하듯이, '소승측의 세계관에 입각하여 현장의 유식비량에 대한 상위결정의 논증식을 작성하는 것은 옳지 않다'고 볼 수 있을지도 모른다. 그렇다면, 유식비량에 대한 원효의 비판은 '상위결정'의 의미에 대한 무지에서 비롯된 실패한 비판일까?

현장이 고안했던 유식비량 중의 인(因)에 자허(自許)라는 단서가 부가되어 있음에도, 규기는 유식비량이 대소승 모두 인정할 수 있는 '공비량'이라고 말한다. 유식비량 중의 인에 부가된 자허라는 단서를 '대승측에서 인정하는'이라고 해석하면서, 소승의 견지에서 유식비량의 타당성을 검토해도 전혀 논리적 오류가 발생하지 않는다고 보았기 때문이다. 또, 유식비량을 비판하는 상위결정의 논증식의 경우도, 그 인에 부가된 '자허'라는 단서로 인해 소승측의 자비량이 되는 것이 아니다. 원효가 말하듯이 '상위결정의 논증식' 중의 인(因)에 부가된 '자허'라는 단서 역시 유법차별상위에 의한 대승측의 공격을 방어하기 위한 논리적 장치일 뿐이다. 소승측의 상위결정의 논증식 역시 유식비량과 마찬가지로, 대소승 모두 인정하는 공비량으로 작성되었다. 그럼에도 불구하고 규기가 상위결정의 논증식을 소승측의 자비량이라고 비판하는 이유는 무엇일까? 이는 상위결정의 논증식에 사용된 '[색(色)이] 안식(眼識)에 포함되지 않기 때문에'라는 인(因)이 소승측에 의해서만 인정되는 것이기 때문이다. 대승의 입장에서 볼 때, 모든 색은 안식에서 벗어난 것이 아닌데, 원효는 '색이 안식에서 벗어난 것'임을 의미하는 "[색이] 안식에 포함되지 않는다."라는 판단을 인(因)으로 삼고 있으며 이런 판단은 대승측에 의해 인정될 수 없기에 상위결정의 논증식은 수일불성(隨一不成)의 오류에 빠지고 만다는 것이다.

그러면 원효가 패배한 것일까? 원효는 유식비량을 비판하는 상위결정의 논증식이 수일불성의 오류를 범하고 있음에도 불구하고, 이를 타당한 논증식으로 착각했던 것일까?

그렇지 않다. 상위결정의 논증식에 대한 규기의 비판은 '벗어남'(離, 리)과 '포함됨'(攝, 섭)의 의미 혼동에서 비롯된 오판이었던 것으로 생각된다.[6] 규기는, 유식비량을 비판하는 소승측의 상

---

6) 만일 '不離'와 '攝'의 의미가 동일하다면, 玄奘은 唯識比量을 '眞故 極成色不離於眼識 / 自許 初三攝眼所不攝故 / 猶如眼識'이 아니라 다음과 같이 기술했을지도 모른다: '眞故 極成色不離於眼識 / 不離自許 初

위결정의 논증식 중의 주장명제에 사용된 '리(離)'의 의미와 이유명제에 사용된 '불섭(不攝)'의 의미가 같다고 보았고, 원효는 이를 다르다고 보았다. 그런데 현장의 유식비량을 분석해 보면 이를 다르다고 간주한 원효가 옳았음을 알 수 있다. 유식비량의 주장명제에 기술된 '[색법이] 안식에서 벗어난 것이 아니다'[不離於眼識, 불리어안식]라는 말은 색법이 '안식에서 변화된 것'[眼識所變, 안식소변]임을 의미하지만, 이유명제에서 말하는 '[색법이] 안근에 포함되지 않는다'[안소불섭(眼所不攝)= 안근소불섭(眼根所不攝)]라는 말은, 18계설의 '처음 세 가지 항목'(初三) 중 색법이라는 항목은 안근이라는 항목과 별개라는 점을 의미할 뿐이다. 다시 말해, '벗어나지 않음'[不離, 불리]은 '내재적 관계(internal relation) 하에서의 소속'을 의미하고 '포함됨'[攝, 섭]은 '외재적 관계(external relation) 하에서의 소속'을 의미한다. 상위결정의 논증식 중의 이유명제에 기술된 '[색법은] 안식에 포함되지 않는다'는 판단은 단순히 '[색법은] 18계 중 안식과 별개의 항목이다'라는 점을 의미할 뿐이지, '색법은 안식에서 벗어난 것이 아니라는 대승유식의 세계관'을 부정하는 판단은 아니었던 것이다. 따라서, 상위결정의 논증식은 수일불성의 오류를 범하지 않으며, 유식비량을 비판하는 원효의 '상위결정의 논증식'에 대한 규기의 반박은 성공하지 못했다고 볼 수 있다.[7]

- 2004년 제2회 불교학결집대회 자료집

三 離於眼根故 / 猶如眼識'또는, '眞故 極成色包攝於眼識 / 自許 初三攝眼所不攝故 / 猶如眼識'.
7) 이상의 내용은 '김성철, 『원효의 판비량론 기초 연구』(지식산업사, 2003) pp.179-817에 실린 내용을 재편집한 것이다.

원효의 『판비량론』에서 배우는 학문의 자세*

Ⅰ. 『판비량론』이란?

파계(破戒)라는 고육책(苦肉策)을 통해 화광동진(和光同塵)의 보살도를 살아간 원효(617-686). 동아시아 불교계에서 원효가 오늘날까지 계속 중시되며 연구되는 이유는, 학행불이(學行不二)의 그의 성인적(聖人的) 삶 때문이기도 하지만 무엇보다 그가 남긴 초인적인 저술 때문일 것이다. 원효의 저술은 양과 질 모든 면에서 우리의 상상을 초월한다. 원효는 총 100여 부 240여 권의 방대한 저술을 남긴 것으로 알려져 있으며, 그 범위도 반야, 삼론, 유식, 인명, 여래장, 화엄, 열반, 법화, 정토, 계율 등 불교의 거의 모든 분야를 망라한다. 이러한 원효의 저술들 중 현존하는 것은 20부 22권뿐인데,[1] 이 중 『판비량론(判比量論)』은 인명학(因明學)

---

* 2003년 2월 '우리말로 학문하기' 세미나에서 발표.

과 관계된 내용을 담고 있다.

인명학이란 '불교적 인식론과 논리학', 또는 '불교인식논리학'이라고 풀이할 수 있으며 이는 디그나가(Dignāga: 480-540경)에 이르러 집대성되었다. 디그나가(陳那)는 6세기 초, 인도 사상계에 유포되어 있던 불교 내외의 인식논리학 이론들을 수집한 후, 이를 '연기'(緣起)와 '공'(空), 그리고 '무아'(無我)라는 불교적 세계관에 의거하여 재조직함으로써 '불교적 인식논리학', 즉 인명학을 창출해 내었다.[2] 고래로 이때를 기점으로 삼아 과거의 논리학을 고(古)인명, 디그나가를 포함하여 그 이후의 논리학을 신(新)인명이라고 불렀다. 그리고 인도유학을 마치고 당으로 돌아온 삼장법사 현장(602-664)[3]이 『인명입정리론』(因明入正理論: 647년 출간)과 『인명정리문론』(因明正理門論: 650년 출간)을 역출함으로써 신인명 사상은 동아시아 불교계에 소개되었다.

---

1) 『法華經宗要』, 『大慧度經宗要』, 『涅槃經宗要』, 『無量壽經宗要』, 『彌勒上生經宗要』, 『菩薩瓔珞本業經疏』, 『華嚴經疏』, 『金剛三昧經論』, 『阿彌陀經疏』, 『菩薩戒本持犯要記』, 『菩薩戒本私記』, 『大乘起信論疏』, 『大乘起信論別記』, 『中邊分別論疏』, 『판비량론』, 『遊心安樂道』, 『大乘六情懺悔』, 『發心修行章』, 『二障義』, 『十門和諍論』: 이 중에는 그 부분만 전하는 것이 많다. 『판비량론』 역시 그 일부만 현존한다.
2) 예를 들어, 바라문철학 6派 중 하나인 니야야학파에서는 인식수단을 현량과 比量(anumāna)과 比較量(upamāna)과 證言(śabda)의 네 종류로 나누었던 반면, 陳那는 비교량과 증언을 比量에 포함시킨 후 眞俗 二諦說에 의거해 現·比 二量說을 주장하였으며, 니야야논사는 現量知가 감관과 대상의 접촉에서 발생한다고 본 반면, 불교논리가는 인식수단과 인식대상의 분할을 전제로 하지 않는 現量論을 창출하였다. 또, 니야야논사는 보편개념의 지각가능성을 주장한 반면 陳那는 개념이란 그 자체가 실재하는 것이 아니라 '他의 排除'를 통해 성립된다는 아뽀하(apoha)론을 제시하였다.
3) 현장은 629년, 28세에 唐을 출발하여 1년 후인 630년 인도에 도착한다. 그 후 15년간의 유학 생활을 마치고 645년 長安으로 돌아온다.

원효의 저술 중 인명학과 관계된 것으로 『판비량론』과 함께 『인명입정리론기(因明入正理論記)』와 『인명론소(因明論疏)』가 있었는데, 현존하지는 않지만 나중의 두 가지 저술은 그 제목으로 보아 『인명입정리론』에 대한 해설서, 또는 주석서였던 것으로 추측된다. 그리고 전체의 1/5 가량4)이 남아 있는 『판비량론』은 원효의 나이 55세 되던 해(671년) 저술된 것으로5) 인명학과 관계된 저술이긴 하지만 이 두 가지 주석서와 그 성격을 달리한다. 원효는 『판비량론』에서 인명학에 대해 해설하는 것이 아니라 인명학에서 말하는 오류론에 근거하여 유식학(唯識學)이나 인명학 관계 문헌에 등장하는 다양한 논증식들의 논리적 타당성을 비판적으로 검토하고 있기 때문이다. 특히 현장이 직접 고안했던 논증식, 또는 역출했던 논서에 실린 논증식[= 比量, 비량]들이 검토의 대상이 된다는 점에서 흥미를 끈다.

『판비량론』은, 그 제목이 의미하듯이 치밀한 논리적 분석을 통해 갖가지 논증식[비량]들의 타당성을 비판(批判)하는 논서(論書)이다. 『판비량론』은 주석서가 아니라 논쟁서이며, 이론서가 아니라 응용서인 것이다.

---

4) 이는 동아시아 학승들의 저술에 인용된 단편들과, 1967년 영인되어 출간되어 세상에 모습을 드러낸 3장짜리 필사본 단편(제7절의 후반부, 제8절-제13절 전체, 제14절의 전반까지가 실려 있다), 그리고 영인본 출간 직후 그 존재가 알려진 11행 짜리 필사본 단편 모두를 합한 분량이다.

5) 『판비량론』 말미의 회향게에 탈고일자가 기록되어 있다: 證成道理甚難思 自非笑却微易解 今依聖典擧一隅 願通佛道流三世 判比量論 一卷 釋元曉述 咸亨二年 歲在辛未 七月十六日 住行名寺 着筆租訖.

Ⅱ. 『판비량론』을 통해 본 논쟁가 원효

흔히 원효 사상의 특징은 화쟁(和諍)에 있다고 말한다. 그러나
『판비량론』에서 우리는 화쟁가가 아니라 논쟁가로서의 원효의 모
습을 보게 된다. 『판비량론』의 원효는 난해하기로 이름난 인명학
이론에 의거하여 그런 인명학을 동아시아에 처음 소개해 준 현장
은 물론이고 그 문하의 제자, 그리고 호법이나 승군과 같은 인도
의 논사들까지 비판하고 있는데,[6] 이 중 11가지 논의가 동아시아
학승들의 저술에 인용된 모습으로, 또는 필사본 단편으로 현존한
다.

현장이 직접 고안했던 논증식 중 원효에 의해 비판되는 것은 2
가지이다. 하나는 '만법유식(萬法唯識)을 증명하는 논증식'[= 유식
비량(唯識比量)]이고, 다른 하나는 '대승불설(大乘佛說)을 증명하
는 논증식'이다. 이 모두 현장이 인도 유학 시절 고안했던 것으
로, 전자는 계일(戒日, Śīlāditya)왕이 개최했던 무차대회(無遮大
會)에서 공표했던 논증식이고, 후자는 현장이 자신에게 인명학을
가르쳤던 스승 승군(勝軍, Jayasena)의 '대승불설 논증'을 비판하
며 개작했던 논증식이다. 이 두 가지 논의는 일본 학승 선주(善

---

6) 인명학이 난해한 것은, 그 내용 때문이 아니라, 인명학의 원전언어인
산스끄리뜨어와 그에 대한 번역어인 중국어의 언어적 차이에 기인한다
고 볼 수 있다. 산스끄리뜨어는 '인도-유럽어족'에 속하는 굴절어(inflec
ted language)이기에 문장 내에서 각 단어의 역할이 분명하게 표현된
다. 그러나 고립어(isolating language)인 중국어의 경우 각 단어의 역할
이 모호한 경우가 많다. 한문은 '직관'을 위해서는 뛰어난 도구가 되지
만 '분석'에는 취약하다. 이러한 언어적 장벽 때문인지 몰라도, 玄奘이
번역했던 佛典 중 인명학과 관계된 것은 『因明入正理論』과 『因明正理
門論』의 두 가지뿐이었다.

珠, 724-797)와 장준(藏俊, 1104-1180)의 저술 등에 인용된 모습으로 현존한다. 그리고 9가지 논의가 필사본으로 전해오며, 그 대부분은 현장이 역출했던 논서에 실렸던 다양한 논증식들을 소재로 삼고 있다. 이런 9가지 논의 중 전모를 알 수 있는 논의는 6가지인데 4가지는 호법(護法)의 유식사상과 관계된 논의[7]이고 2가지는 인명학과 관계된 논의[8]이다. 나머지 3가지 논의[9]는 필사본의 일부가 망실되어 있기에 그 취지를 정확히 파악하기가 쉽지 않다.

그러면 원효가 학문했던 자세를 조명하기 위해 이 중 대표적인 논의 두 가지를 소개해 보기로 하겠다.

먼저, 동아시아 학승들 사이에 큰 반향을 불러일으켰던 '현장의 유식비량에 대한 원효의 비판'에 대해 소개해 본다.[10] 유식비량이란, '세상을 이루고 있는 구성요소(法)들은 모두 마음이 변화한 것'이라는 대승 유식의 교리를 증명하는 3단 논법적 추론식으로, '세상을 이루고 있는 구성요소(法)들은 각각 독립적으로 실재한다'고 간주하는 소승불교도를 설득하기 위해 고안된 것인데, 현장은

---

7) 제8절: 護法의 '識의 四分說'에 대한 비판 / 제9절: 第八識의 존재에 대한 증명 / 제10절: 아뢰야식은 俱有하는 所依, 또는 所依根을 갖는다는 護法의 주장에 대한 논파 / 제13절: '五姓各別說 비판'에 대한 元曉의 재비판.

8) 제11절: 九句因 중 第五句(同品無·異品無)의 因이 不定因임을 논증 / 제12절: 相違決定 논증식의 두 가지 因이 不定因임을 논증.

9) 제7절: '淨土는 드러나지 않는다'는 조망에 대한 논파 / 제14절: 아집(我執), 법집(法執)에 대한 논파와 관계된 논의 / 11行 짜리 단편: 『俱舍論』과 『順正理論』의 '쌍근(雙根)의 경우 유(類)는 같으나 상(相)은 다르다'는 설에 대한 비판.

10) 圓測의 제자 道證, 窺基와 그 제자 惠沼, 신라의 太賢, 일본의 善珠와 藏俊 등의 저술에서 유식비량에 대한 원효의 비판을 인용하며 그 타당성에 대해 논의한 바 있다.

인도 유학시절 무차대회(無遮大會)에서 이를 공표하여 명성을 날린 바 있다. 현장이 고안했던 논증식은 다음과 같다.

> (종) 승의에 의거할 때, 양측 모두 인정하는 色은 안식에서 벗어나 있지 않다.
> (인) 우리측에서 인정하는 초삼(初三)11)에 포함되면서 안근(眼根= 眼界)에는 포함되지 않기 때문에
> (유) 마치 안식과 같이12)

이는 다음과 같이 풀이된다.

> [종: 주장 = 결론] 진리의 차원에서 본다면, 토론자 양측 모두 '시각대상'(色)이라고 간주하는 것들은 '시각'에서 벗어난 것이 아니다.
> [인: 이유 = 소전제] 세상을 이루고 있는 열여덟 가지 요소 중, 우리 대승측에서 인정하는 처음의 세 가지인 '시각대상'(色界), '눈'(眼界), '시각'(眼識界)에 포함되면서, '눈'에는 포함되지 않기 때문에.
> [유: 실례 = 대전제] "세상을 이루고 있는 열여덟 가지 요소 중, 우리 대승측에서 인정하는 처음의 세 가지인 '시각대상'(色界), '눈'(眼界), '시각'(眼識界)에 포함되면서 '눈'에는 포함되지 않는 것"은 "'시각'에서 벗어난 것"이 아닌데, 그 실례로 '시각'(眼識)을 들 수 있다.13)

일반인들은 '이 세상 만물이 우리의 인식과 무관하게 외계에 실재한다'고 생각한다. 그러나 불교 유식학에서는 모든 것이 우리

---

11) 十八界 중 처음의 셋, 즉 眼根, 色境, 眼識을 가리킨다.
12) 眞故 極成色不離於眼識 / 自許 初三攝眼所不攝故 / 猶如眼識.
13) 불교 인명학 또는 인도논리학의 삼단논법에서는, 아리스토텔레스 논리학에서 말하는 '대전제(major premise), 소전제(minor premise), 결론(conclusion)'을 위와 같이 '실례(dṛṣṭānta: example), 이유(hetu: reason), 주장(pratijñā: thesis)'이라는 이름 하에 逆으로 배열한다.

인식의 소산일 뿐이라고 가르친다. 다시 말해 마음 바깥에 한 물건도 없다는 것이다. 눈에 보이는 형상이든, 귀에 들리는 소리든, 코로 맡아지는 냄새든 모든 것이 마음의 소산이지, 실재하는 것이 아니란 말이다. 유식학에서는 이런 조망을 '유식무경'(唯識無境: 오직 마음만 있을 뿐이며 대상은 없다), 또는 '만법유식'(萬法唯識: 세상을 이루고 있는 구성요소들은 모두 마음일 뿐이다)이라고 표현한다. 그런데, 이런 유식의 가르침이 옳다는 사실을 남에게 전달해주기 위해서는 오류를 범하지 않는 논증식을 통해 이를 증명해야 한다. 여기서 말하는 논리적 오류는 디그나가(Dignāga)의 신(新)인명에서 말하는 '33가지 오류[三十三過, 삼십삼과]를 의미한다. 인명학적 삼단논법(syllogism)에서, 잘못된 주장을 내세우거나(9가지), 잘못된 이유를 대거나(14가지), 잘못된 실례를 들 경우(10가지) 논증식은 오류를 범하게 된다. 위에 인용한 현장의 논증식에서 보이는 '승의에 의거할 때', '양측 모두 인정하는', '우리측에서 인정하는' 등과 같은 단서들은 바로 이런 논리적 오류를 범하지 않는 논증식을 작성하기 위해 부가된 방어 장치인 것이다.

당은 물론이고 인도의 학승들 역시 이런 유식비량의 절묘함에 감탄했을 뿐 감히 비판하지 못했다고 한다. 그런데 변방 신라에서 현장의 번역물을 통해 신인명의 이론을 독학한 원효는, 유식비량에서 논리적 오류를 지적하여 동아시아 불교계에 파란을 일으킨다. 중국 최고의 역경승 삼장법사 현장을 꾸짖는 원효의 논조를 보자.

이제 말해 보겠다. 여기에 사용된 인(因)은 애써서 만든 것이긴 하지만, 아무 효력이 없다. '우리측에서 인정하는'이라는 말이 요구되어 다시 적대자

의 논증식(比量)과 부딪히게 되기 때문이다. 즉, 저 소승측에서는 논증식
을 작성하여 다음과 같이 말할 것이다.

> [주장: 宗, 종] 승의에 의거할 때, 양측 모두 인정하는 색은 반드시 안식에
>   서 벗어나 있다.
> [이유: 因, 인] 우리측에서 인정하는 초삼(初三)에 포함되면서 안식(眼識)
>   에는 포함되지 않기 때문에
> [실례: 喩, 유] 마치 안근(眼根)과 같이[14]

   여기서 원효가 지적하는 논리적 오류는 '상위결정'(相違決定: v
iruddhāvyabhicārin)의 오류이다.[15]   상위결정이란, 신인명에서 말
하는 33과(過) 중 하나로 '서로 모순되지만 그 자체로서는 확고한
두 개의 논증식'이 작성 가능할 때 발생하는 논리적 오류이다. 칸
트(Kant)적 용어를 빌어 표현하면, 어떤 사태에 대해 '정립적 명
제와 반정립적 명제가 모두 증명 가능한 이율배반(Antinomy)적
상황'이 발생하는 경우를 의미한다. 현장의 유식비량은, '세상을
이루고 있는 구성요소(法)'들 각각이 실재한다고 믿는 소승불교도
들에게 대승유식에서 주장하는 '만법유식'(萬法唯識: 세상을 이루
고 있는 구성요소들은 모두 마음일 뿐이다)을 증명해 보여주기
위해 작성된 논증식이었으며, 부가된 몇 가지 단서들로 인해 논리
적 오류가 방지된다고 간주되었다. 그런데 원효는 소승측의 입장
에 설 경우 위와 같이 상반된 주장을 담은 논증식 역시 작성 가

---

14) 今謂 此因勞而無功 由須自許言 更致敵量故 謂彼小乘立比量言.
15) 『인명입정리론』에서 말하는 33종의 논리적 오류 중, 잘못된 이유를
    댈 경우 발생하는 '因[= 소전제]의 오류'(似因: hetvābhāsa)는 다시 '근
    거 없는 인'(不成因), '동요하는 인'(不定因), '모순된 인'(相違因)의 세
    가지로 분류되는데, 이 중 '동요하는 인'에 속해 있는 것이 바로 상위결
    정의 인이다.

능하다는 사실을 보여줌으로써 유식비량을 이율배반의 궁지로 몰
고 갔던 것이다.

이후 원효가 고안한 상위결정의 논증식은 건봉년(乾封年, 666-
667) 중에 순경(順憬)이 당(唐)으로 가져갔지만, 현장은 이미 작
고하여 없었기에 그 제자 규기(窺基, 632-682)에게 논증식이 전
달된다. 이를 순경이 작성한 것으로 착각한 규기는 이 논증식에서
여섯 가지 논리적 오류를 지적하였는데, 비판의 골간은 상위결정
의 논증식에 사용된 인(因, 이유= 소전제)이 '수일불성(隨一不成)
의 오류'를 범한다는 점이었다. 수일불성의 오류란 토론하는 양측
중 '어느 한 측[隨一]에서 인정하지 않는[不成] 인(因)'을 사용하
여 논증식을 작성할 경우 범하게 되는 논리적 오류를 의미한다.
어떤 주장을 누군가에게 납득시키기 위해서는, 자신은 물론이고
대론자의 견지에서도 오류를 범하지 않는 논증식을 작성하여 상
대를 설득해야 할 것이다. 그러나 규기에게는, 순경이 보내온 상
위결정의 논증식에 사용된 인(因)이 소승측에게만 인정될 뿐 대승
의 견지에서는 인정될 수 없는 인으로 생각되었던 것이다. 이에
대한 규기의 설명은 다음과 같다.

> 또, 인(因)에 수일불성(隨一不成)의 오류가 있다. 대승에서는 상위결정의
> 추론식에서 말하는 '우리측에서 인정하는 것'(自許= 소승측에서 인정하는
> 것)을 인정하지 않으며, [소승측에서 말하는] '안식에 포함되지 않기 때문
> 에'라는 인(因)은 모든 색(色)에 대해 적용되기 때문이다.16)

---

16) 又 因便有隨一不成 大乘不許 彼自許眼識不攝故因 於共色轉故: 窺
　基, 『因明入正理論疏』(『大正藏』 44, pp.116a-中/『卍續藏經』 86, p.7
　44下).

　　상위결정의 논증식에 사용된 인[= 소전제]은 '[양측 모두 인정하는 색이] 우리측에서 인정하는 초삼(初三)에 포함되면서 안식에는 포함되지 않는다'는 것이었는데, "색은 안식에 포함되지 않는다."라는 판단은 '만법유식'을 주장하는 대승의 견지에서 볼 때 인정될 수 없다는 것이다. 일견 규기의 비판이 옳은 듯하다. 또 유식비량에 대한 『판비량론』의 비판을 자신의 저술에서 인용하고 있는 일본의 선주(善珠) 역시 규기의 견해를 그대로 추종하며 원효의 비판은 옳지 못하다고 비판한 바 있다.[17] 그렇다면 '현장 → 원효 → 규기'로 이어지는 논쟁에서 원효가 패배한 것일까? 『인명입정리론』에서 말하는 '33가지 논리적 오류'(33過, 과)의 하나인 '수일불성의 오류'의 의미에 대해 원효가 무지하였기에 오류를 범했던 것일까? 그렇진 않을 것이다. 그렇다면 인명학에 깊은 식견을 갖추었을 이 두 대가(大家)의 의견이 갈렸던 이유는 무엇일까? 이는 상위결정의 논증식에 기술된 '벗어남'(離, 리)와 '포함되지 않음'(不攝, 불섭)의 의미에 대해 양자가 견해를 달리했기 때문이었을 것으로 생각된다. 이 두 개념의 의미가 같다고 볼 경우, 규기가 비판하듯이, 원효가 고안했던 상위결정의 논증식은 '수일불성의 오류'를 범한 꼴이 되고, 다르다고 볼 경우, 규기의 비판은 '잘못된 논박'(似能破: dūṣaṇābhāsa)이 된다.

　　그런데 현장의 유식비량을 분석해 보면 논쟁의 승자는 원효였음을 알 수 있다. 유식비량의 주장명제에 기술된 '[색법이] 안식에서 벗어난 것이 아니다[不離於眼識, 불리어안식]'라는 말은 색법

---

17) 此判非也 雖改因云 自許 極成初三攝等 而眼識不攝言大乘不許 若唯識門中 色卽眼識攝 大乘不許 極成之色眼識不攝 是故因有隨一不成: 善珠, 『因明論疏明燈抄』, 大正藏68, p.322b-c.

(色法)이 '안식에서 변화된 것[眼識所變, 안식소변]'임을 의미하지만, 이유명제에서 말하는 '[색법이] 안근에 포함되지 않는다[眼所不攝, 안소불섭= 眼根所不攝, 안근소불섭]'라는 말은, 18계설의 '처음 세 가지 항목[初三, 초삼]' 중 색법이라는 항목은 안근이라는 항목과 별개라는 점을 의미할 뿐이다. 다시 말해, '벗어나지 않음[不離, 불리]'은 '내재적 관계(internal relation) 하에서의 소속'을 의미하고 '포함됨[攝, 섭]'은 '외재적 관계(external relation) 하에서의 소속'을 의미한다. 상위결정의 논증식 중의 이유명제에 기술된 '[색법은] 안식에 포함되지 않는다'는 판단은 단순히 "[색법은] 18계 중 안식과 별개의 항목이다."라는 점을 의미할 뿐이지, '색법은 안식에서 벗어난 것이 아니라는 대승유식의 세계관'을 부정하는 판단은 아니었던 것이다. 따라서, 상위결정의 논증식은 수일불성의 오류를 범하지 않으며, 유식비량을 비판하는 원효의 '상위결정의 논증식'에 대한 규기의 반박은 성공하지 못했다고 볼 수 있다.

현장과 그 문하생들을 대하는 원효의 자신만만한 태도를 극명히 드러내 주는 또 다른 예로 상위결정과 관계된 다음과 같은 논의를 들 수 있다.

이율배반에 빠진 두 개의 논증식 각각에 사용된 상위결정인의 경우 부정인으로 분류되긴 하지만, 두 논증식 각각은 '인으로서 갖추어야 할 세 가지 조건[인(因)의 3(相)]18)을 모두 갖춘 타당한

---

18) '因의 三相'이란, '小前提(minor premise)중의 小名辭(minor term)가 반드시 갖추어야 할 세 가지 조건'이다. 첫째 반드시 中名辭(middle term)의 속성이어야 하고(遍是宗法性: pakṣadharmatā), 둘째 대명사(major term)와 동질적인 경우에만 소명사가 존재해야 하며(同品定有性: sapakṣe sattva), 셋째 대명사(major term)와 이질적인 경우에는 결코 소

논증식이다. 현장의 제자 문궤(文軌)는 상위결정의 논증식에 사용된 인이 삼상을 갖추고 있음에도 불구하고 왜 부정인에 속하는지 알 수 없다고 한탄한 바 있다. 『판비량론』에서는 이를 다음과 같이 소개한다.

> 상위결정의 경우 두 가지 논증식이 작성되는데 문궤스님이 스스로 문답을 지은 바 있다. 문: 삼상을 갖추고 있으니 이는 정인이어야 한다. 그런데 어째서 이에 대해 부정인이라고 했을까? 답: 이런 의문은 아직 해결되지 않았으며 이를 풀이할 엄두도 내지 못한다. 이를 의미가 소통되게 해석하는 사람이 있다면, 나는 그를 따르며 신하가 되겠다.[19][20]

"상위결정이 부정인인 이유를 알려 주는 사람이 있으면 그의 신하가 되겠다."라는 문궤의 푸념을 굳이 소개한 원효는 이를 논증하기 위해 소거법(消去法)을 사용한다. 인(因)은 '정인(正因: 올바른 因)'과 '사인(似因: 잘못된 因)'으로 양분되며 사인은 다시 '불성인(不成因: 근거 없는 因)'과 '부정인(不定因: 동요하는 因)'과 '상위인(相違因: 모순되는 因)'의 세 가지로 분류된다. 인은 이렇게 정인, 불성인, 부정인, 상위인의 네 가지 뿐이기에 상위결정의 인이 정인도 아니고 불성인도 아니며 상위인도 아님이 증명된다면, 상위결정의 인은 마지막 남은 하나 즉 부정인임이 자연히 증명될 것이다. 이것이 원효의 착상이었다. 그래서 원효는 먼저

명사가 존재해서는 안 된다(異品遍無性: vipakṣa asattva)

19) 다음과 같은 文軌의 발언을 염두에 두고 쓰여진 글이라고 볼 수 있다: 文軌師誓願言 不陳那菩薩無是量釋 若有是量果因 我爲其作臣也 (大正藏68, 藏俊, 『因明大疏抄』, p.525c).

20) 相違決定 立二比量 文軌法師 自作問答 問 具足三相 應是正因 何故 此中而言不定 答 此疑未決 不敢解之 有通釋者 隨而爲臣: 『판비량론』.

다음과 같은 논증식을 고안하여 상위결정인이 그런 세 가지 인
(因)일 수 없음을 하나하나 논증한다.

(종) 상위결정의 인은 정인에 포함되지 않는다.
(인) 동등한 비판이 있을 수 있기 때문이다.
(유) 마치 상위인과 같이[21]

(종) 이런 두 가지 인[= 상위결정인]은 상위인에 포함되지 않는다.
(인) 동품이 존재하기 때문에
(유) 마치 정인과 같이[22]

(종) 이런 두 가지 인은 불성인에 포함되지 않는다.
(인) 양측 모두 인정하는 것이기 때문에
(유) 마치 불공인과 같이[23]

이어서 원효는 이 논증식들에 담긴 주장들을 종합하여, 상위결
정의 인이 부정인임을 증명하는 다음과 같은 논증식을 작성한다.

(종) 이와 같은 두 가지 인[= 상위결정의 인]은 부정인에 포함된다.
(인) 정인도 아니고 상위인도 아니고 불성인도 아니기에
(유) 마치 다른 다섯 가지의 부정인과 같이[24]

기발한 발상으로 현대논리학에서 말하는 소거법에 의한 논증이
다.

『판비량론』의 원효는 화쟁가가 아니라 논쟁가였다. 다양한 이견

---

21) 違決之因 非正因攝 有等難故 如相違因.
22) 又 此二因 非相違攝 同品有故 猶如正因 .
23) 又 此二因 非不成攝 是共許故 如不共因.
24) 如是二因 不定因攝 非正 非違 非不成故 如餘五種不定因也 六量.

들을 화해 회통시키는 것이 아니라, 삿된 것을 논파[破邪, 파사]하고 바른 것을 드러낸다[顯正, 현정]. 『판비량론』의 파사현정은 구름이 제거됨과 동시에 맑은 하늘이 나타나는 것에 비유되는 중관적(中觀的) 파사즉현정(破邪卽顯正)이 아니라, 인명학적 견지에서 오류에 빠진 논증식을 비판한 후 올바른 논증식을 제시하는 '파사 이후의 현정'(破邪後顯正, 파사후현정)이다.

Ⅲ. 『판비량론』에서 배우는 학문의 자세 – 의연함

인명학은 인도 유학승 현장에 의해 당에 소개된 후 다시 신라에 수입된 외래 학문이었다. 원효는 이를 깊이 연구하여 현장 이상의 식견을 갖춘 후 현장조차 비판하는, 어찌 보면 무모하다고까지 보이는 일을 벌였던 것이다. 그러나 앞에서 검토해 보았듯이 현장의 유식비량에 대한 원효의 비판은 정확하였다. 뿐만 아니라 원효는 '소거법'이라는 기발난 방법을 고안하여, 인명학의 난제 중 하나였던 '상위결정인이 부정인에 속한다는 사실'을 증명하였다. 그 후 이를 전해 들은 당의 학승들은 원효를 진나의 환생이라고까지 생각하게 되었다.[25]

이런 원효에게서 우리는, 현장의 명성과 권위에 주눅 들지 않는 '의연함'이라는 학문의 자세를 보게 된다. 물론 '의연함'이란 원효만이 갖추고 있던 성품이 아니다. 일제(日帝)의 압제(壓制)에 정

---

25)「元曉和尙緣起」, 藏俊, 『因明大疏抄』, 大正藏68, p.525에 인용됨.

신적으로 항거했던 만해, 만공, 한암 등은 물론이고 모든 고승에게서 우리는 '의연함'이라는 공통된 성품을 발견하게 된다. 그리고 이런 '의연함'은 목불을 불살라버린 단하 천연, 부처를 만나면 부처를 죽이고 조사를 만나면 조사를 죽이라고 부르짖었던 임제 의현, 그리고 천상천하유아독존(天上天下唯我獨尊)을 외쳤던 석가모니의 '절대적 의연함'과 닿아 있다.

원효는 의상(義湘: 625-702)과 함께 두 차례에 걸쳐 입당을 시도한 바 있다. 첫 번째 시도에서는 고구려의 순라군에게 발각되어 발길을 돌렸다고 한다. 그러나 두 번째는 원효의 나이 44세의 일로 고분에서 하루 밤을 지낸 후 다음과 같이 유심게(唯心偈)를 읊으며 스스로 발길을 돌렸다.

> 마음이 일어나니 만사가 생겨나고, 마음이 사라지니 토감과 고분이 다르지 않구나. 또, 삼계가 오직 마음뿐이고 만법이 모두 인식의 소산이라 마음 바깥에는 아무것도 없는데 어찌 따로 구하겠는가? 나는 당나라에 들어가지 않겠다[26]

의상은 입당하여 지엄(智儼: 602-668)의 문하에 들어가 화엄을 공부하였지만, 의상과 이별한 원효는 신라에 머물며 현장이 역출한 경론들을 독학하였다. 원효가 당으로 가려고 했던 것은 현장을 사모하여 그 문하에 들어가기 위해서였다.[27] 그러나 원효는 학문의 지향점과 나침판은 바깥이 아니라 자신의 내면에 있다는 사실

---

26) 心生故種種法生 心滅故龕墳不二 又三界唯心萬法唯識 心外無法胡用別求 我不入唐:『宋高僧傳』, 大正藏50, p.729a.
27) 慕奘三藏慈恩之門 厥緣旣差息心遊往: 大正藏50,「黃龍寺 元曉傳」,『宋高僧傳』, p.730a.

을 확신하게 된다. 사람이 하는 일 중에는 특별난 것도 있을 수 없고 심오한 것도 있을 수 없다. 모두 코앞에서 벌어지는 일들이다. 문제의식만 투철하다면 어디 멀리 가서 누구에게 배울 필요가 없다. 불교적 견지에서 볼 때, 모든 생명체는 불성을 갖추고 있기에 자신에게 잠재된 불성을 계발할 경우, 이 세계의 정체를 정확히 파악할 수 있으며, 삶과 죽음의 끝까지 도달할 수 있다. 그리고 불성을 계발하는 방법은 자신의 마음을 있는 그대로 관찰하는 것이다. "자신의 마음만 관찰하면 만사를 알게 된다[觀心一法 總攝諸行, 관심일법 총섭제행]."라고 하듯이 …. 이런 자각이 올 때, 우리 마음속에는 '의연함'이라는 심성이 자리 잡는다.

　변방 신라에서 불교를 독학했음에도 불구하고 그를 전해 준 현장을 능가하는 조망을 갖추고서 그 제자들에게까지 가르침을 주었던 원효의 의연한 모습과 비교할 때, 현재 우리의 학문하는 자세는 부끄럽기 그지없다. 근대화 이후 지난 100년간 우리는 외래 학설을 수입하기에 급급하였고, 채 소화도 시키지 못한 상태에서 물밀 듯이 들어오는 신사조에 허우적대왔다. 이런 우리 학계의 상황은 아직껏 강대국 사이에서 허우적대는 현재 우리의 정치 현실을 반영하는 듯하다.

　삼국 통일기의 신라인들이 대국 당을 물리칠 수 있었던 것은, 삼장법사 현장을 농락했던 대 사상가 원효가 신라인들에게 심어 주었던 민족적 자긍심 때문이었을지도 모른다.

- 『수다라』 15호, 해인사승가대학, 2003

부록

『판비량론』과
같은 글씨체의 필사본

Ⅰ. 작자 미상의 유식학 관련 단편

일본에 보존되어있는 고문서 중에서 『판비량론』 필사본과 글씨체가 같은 낱장 몇 가지가 있다. 그 형식으로 볼 때 『판비량론』의 산일문은 아닐 것 같지만, 유식학과 관련된 하나의 저술에서 떨어져 나온 낱장들로 짐작된다. 『판비량론』 필사본 초서체 해독에 참조할 수 있는 소중한 자료가 아닐 수 없다. 그러면 이들 낱장의 초서체 원문을 해서체로 복원하면서 우리말로 번역해 보겠다.

『판비량론』 필사본과 글씨체가 같은 낱장들

도쿄국립박물관(東京國立博物館)에서는 소장품의 사진을 게시한 웹사이트를 운영하고 있다. 『판비량론』 필사본 사진 가운데, 이 책 160쪽에 실린 '도쿄(東京)국립박물관 소장본'은 이곳에서 게시되어 있던 것이다.[1] 이 점에 착안하여 『판비량론』 필사본의 사진을 더 찾아보기 위해 일본의 인터넷 사이트를 검색하던 중에 도쿄국립박물관의 화상검색 사이트와 일본의 골동품 경매 사이트(aucfree.com)에서, 다음에서 보듯이 기존의 『판비량론』과 글씨체가 동일한 필사본 낱장 3가지의 사진을 수집할 수 있었다.

---

[1] 이를 처음 찾아낸 학자는 한국기술교육대학의 정재영 교수였다고 한다. 이를 전해 들은 일본 게이오 대학의 오카모토잇페이(岡本一平) 선생은, 원효스님 탄신 1400년을 기념하여, 2017년 6월 24일에 '원효와 신라불교사본'이라는 주제로 열린 한일공동학술대회에서 「신출자료 바키에이 구장본·원효찬 판비량론 단간(新出資料 梅渓 旧蔵本·元暁撰 『判比量論』 斷簡)에 대하여」라는 제목의 논문을 통해 이를 학계에 알렸다.

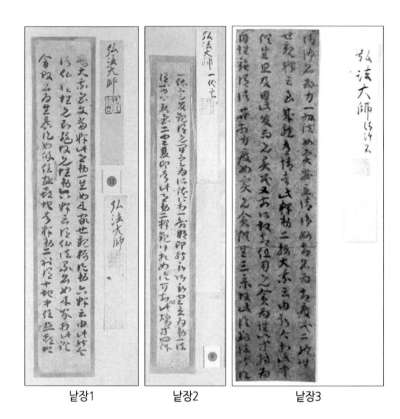

| 낱장1 | 낱장2 | 낱장3 |

　‘낱장1’과 ‘낱장2’는 도쿄국립박물관의 화상검색 사이트에 게시
되어 있던 사진인데 이들 낱장과 관련하여 도쿄국립박물관에서
올린 정보는 아래와 같다.

낱장1[2)]
　　B-3063
　　手鑑(수감)_桃花水(도화수)
　　画像番号(화상번호): C0083701

---

2) https://webarchives.tnm.jp/imgsearch/show/C0083701

撮影部位(촬영부위): 11 弘法大師(홍법대사)

列品番号(열품번호): B-3063

時代(시대): 奈良(나라) - 江戸(에도)時代(시대)_8c

数量(수량): 1帖(첩)

フィルムサイズ(Film size): 4×5

撮影日(촬영일): 2005-09-01

낱장2[3]

B-12

古筆手鑑(고필수감)

画像番号: C0083665

撮影部位: 9 弘法大師

列品番号: B-12

時代: 奈良 - 室町(무로마치)時代_8-16c

数量: 1帖

フィルムサイズ: 4×5

撮影日: 2005-09-01

'낱장3'은 Google 포탈에서 '홍법대사(弘法大師)', '동사절(東寺切)'[4] 등의 용어를 검색하여 찾은 것으로, 일본의 경매 사이트인 aucfree.com에 게시되어 있던 사진인데, "弘法大師 空海 筆 東寺切 神田道伴 極札付(홍법대사 공해의 글씨, 동사절, 신전도반의 감정서)"라는 글귀가 이 사진과 함께 적혀 있었다.

이 세 가지 낱장이 『판비량론』 필사본일 것 같지는 않다. 기존의 『판비량론』 필사본에는 세로로 18-22자의 글자(평균 20자)가

---

3) https://webarchives.tnm.jp/imgsearch/show/C0083665
4) 『판비량론』의 필사본을 일본 진언종의 창시자 홍법대사(弘法大師)의 친필인 동사절(東寺切)로 간주하여 전해오는 경우가 많기에, 이 두 용어를 검색어로 사용하였다.

적혀 있는 반면에, 이 세 가지 필사본의 경우 그보다 2-10자(평균 6자) 많은 24-28자(평균 26자)의 글자가 적혀 있기 때문이다.

이들 낱장에는 세친의 『섭대승론석』(낱장1, 낱장3), 미륵의 『유가사지론』(낱장3), 호법의 『성유식론』(낱장2) 등 세 낱장 모두에 유식학 문헌에 실린 문구가 인용되어 있으며, 세로줄에 적힌 글자의 수가 대체로 비슷하기에(24-28자), 유식학과 관계된 어떤 하나의 저술에서 유래한 낱장들로 추정된다.

이들 낱장이 『판비량론』 필사본은 아니지만, 앞으로 혹시 『판비량론』의 새로운 필사본이 발견될 경우, 그 초서체 판독을 위해서 좋은 참고 자료가 될 것이다.

세로줄의 글자수
26자 25자 27자

복원	복원	수정	복원
會故名為生廣說如彼住極喜地者釋第二初謂十地中住極喜地	諸佛種性之斷絕故之性第六釋云謂佛法界名如來家於此證	無 無	攝大乘至文當釋此卽第一生如來家世親攝論第六釋云由此能令

낱장1

낱장1

번역과 인용문의 출처 및 연관 자료

攝大乘 至文當釋 此卽 第一 ①生如來⁵⁾家 世親 攝論 第六釋云 ②"由此能令
諸佛種性 無⁶⁾斷絶故" 無⁷⁾性 第六釋云 ③"謂 佛法界名如來家 於此證
會故名爲生" 廣說如彼 ④"住極喜地"者 釋第二初 謂 ⑤"十地中住極喜地"
…『섭대승론』이다. 문장에 대해서 해석하겠다. 이것은 첫 번째인 '여래의 집
안에 태어남'이다. 세친은 『섭대승론』 제6장의 해석에서 "이로 말미암아 부처
가 될 갖가지 씨앗과 같은 성품이 끊어지지 않도록 할 수 있기 때문이다."라
고 말하였다. 무성의 제6장 해석에서는 "말하자면 부처님의 법계를 여래의 집
안이라고 말한다. 여기서 증득을 만나기에 태어남이라고 말한다." 자세한 설
명은 저와 같다. "극희지에 머문다."라는 것은 다음과 같다. 『섭대승론석』제2
장 초두에서는 "10지 가운데 극희지에 머문다."라고 말한다.

　①,④의 인용문 - 호법(護法) 등, 『성유식론(成唯識論)』 제9권
(대정신수대장경31, p.50c)에 실린 "菩薩得此二見道時 ①生如來
家 ④住極喜地"
　②의 인용문 - 세친(世親), 『섭대승론석(攝大乘論釋)』 제6권(대
정신수대장경31, p.325b)에 실린 "釋曰 生如來家者 由此能令諸
佛種性無斷絶故"
　③의 인용문 - 무성(無性), 『섭대승론석(攝大乘論釋)』 제6권(대
정신수대장경31, p.416b)에 실린 "釋曰 善達法界者 於此法界深
作證故 生如來家者 謂 佛法界名如來家 於此證會故名爲生"

---

5) 本처럼 보이나, 來의 오사.
6) 之처럼 보이나, 無의 오사.
7) 之처럼 보이나, 無의 오사.

⑤의 연관 자료 - 규기(窺基)의 『성유식론술기(成唯識論述記)』 제9권(대정신수대장경43, p.573a)에 실린 "論 住極喜地 述曰 於 <u>十地中住極喜地</u>也 下當釋此"

'낱장1'과 연관된 내용이 실린 문헌

아래 인용한 세 가지 문헌에서 밑줄 친 부분이 낱장1에 실려 있다.

(1) 호법(護法, 530-561) 등의 『성유식론(成唯識論)』

菩薩得此二見道時 <u>生如來家 住極喜地</u>[8]

(2) 규기(窺基, 632-682)의 『성유식론술기(成唯識論述記)』

論 菩薩得此至<u>生如來家</u>
述曰 自下第四入地功德 世親第六云 <u>由此能令諸佛種姓無斷絕故 無性云</u>
<u>謂佛法界名如來家 於此證會故名為生</u> 於此所緣勝智生故 轉先所依生餘
依故 紹繼佛種令不斷絕 乃至般若證真法界 名於中生 名真佛子 由此般
若樹自相續故
論 <u>住極喜地</u>
述曰 <u>於十地中住極喜地</u>也 下當釋此 四十七說分十王位 多作轉輪聖王
王此洲化果也[9]

(3) 원측(圓測, 613-696)의 『해심밀경소(解深密經疏)』

---

8) 대정신수대장경31, p.50c.
9) 대정신수대장경31, p.573a.

[經文(경문)] 由得此故 名入菩薩正性離生 生如來家 證得初地 又能受用
此地勝德

釋曰 自下第二釋其勝利 於中有二 初明四種勝利 後彼於下 明事邊際所
緣勝利 此即初也 然此勝利 依成唯識第九卷中 見道勝利 有其八種 故彼
論云 菩薩得此二見道時 生如來家 住極喜地 善達法界 得諸平等 常生諸
佛大集會中 於多百門已得自在 自知不久證大菩提 能盡未來利樂一切 依
攝大乘 有六勝利 故攝論云 入極喜地 善達法界 生如來家 得一切有情平
等心性 得一切菩薩平等心性 得一切佛平等心性 六種勝利 若廣分別 如
無性世親釋論第六 八種勝利 如梁論第八 十種勝利 如梁論第十 今依此
經 有四勝利 一入菩薩正性離生 二生如來家 三證得初地 四又能受用此
地勝德 言正性離生者 正性即是無漏聖道 言離生者 見道所斷分別煩惱
能生六道四生等類 猶如生食能生諸病 從喩立號 名之為生 見道生時 離
彼如生分別煩惱 故名離生 若依俱舍第二十三 苦法智忍見有其二名 故彼
論云 即此名正性離生 亦復名正性決定 由此是初入正性離生 亦是初入正
性決定故 經說正性 所謂涅槃 或正性言 目諸聖道 生謂煩惱 或根未熟 聖
道能越 故名離生 能決取涅槃 或決了諦相 故諸聖道得決定名 至此位中
說名為入 解云 俱舍正性二種涅槃聖道 生有二義 一煩惱生猶如生食 二
聖道未熟 名之為生 順正理六十三 顯宗第七 大同俱舍 依毗婆沙 亦有二
義 一者見所斷惑 猶如生食 故大婆沙第三卷云 復次 見所斷惑 令諸有情
墮諸惡趣 受諸劇苦 譬如生食久在身中 能作種種極苦惱事 是故此惑說名
為生 見道能滅 故名離生 復次有身見等 剛強難伏 如狩籠戾 故說名生 見
道能滅 故名離生 或復善根未熟名生 故婆沙云 復次一切煩惱 或諸貪愛
能令善根不得成就 及令諸有潤令起過 皆名為生 見道起已 摧彼勢力 令
不復為增上生過 由此見道 獨名離生 廣說如彼 大乘說處 如第八卷疏記
中釋 言生如來家者 無性釋云 謂佛法界 名如來家 於此證會 故名為生 世
親釋云 生如來家者 由此能令諸佛種性不斷絕故 依十住婆沙第一卷云 是
諸佛家 名如來家 今是菩薩行如來道相續不斷故如來家 廣如彼論 多復次
說 證得初地者 如下當釋 又能受用此地勝德者 此攝唯識餘六勝利[10]

---

[10] 卍新續藏21, p.349a-b.

낱장2

세로줄의 글자수
27자   28자

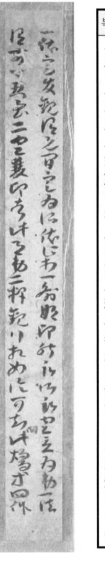

복원	복원	수정
謂前上忍至二空雙印者此卽第二釋觀行相如論可知問此煩等四作	一依定發觀謂之間定為所依止於一緣如印能取所取空立爲第一法	無

복원기(復元記)

一 依定發觀 謂無[11]②間定爲所依止於一③緣 如印能取所取空 立爲第一法
謂前上忍至二空雙印者 此卽 第二 釋觀行相 如論可知 問 此④煥等四⑤作

①緣

낱장2의 ①	『판비량론』	서법자전[12)

서법자전 서체의 출처는 "晋 · 王羲之 · 逸民帖"

상기한 ①과 유사한 글자를 찾을 수 없는데, 그 의미상 '삼매
(定, 정)의 대상(所緣)'을 의미하는 '緣(연)'이 되어야 할 것 같다.
위에서 보듯이 『판비량론』이나 서법자전의 '緣(연)'자와 그 모양
이 좀 다르긴 하지만, 붓글씨에서 '삐침'이나 '꺾음', '치킴' 등의
운필(運筆) 방식이 유사하다.

②煥 = 煖

낱장2의 ②	『판비량론』, 而(이)	서법자전, 煖(원)

서법자전 '煖'자 서체의 출처는 "怀素"

---

11) '之'처럼 보이나 '無'의 오사.
12) 한자 붓글씨의 각종 서체를 검색할 수 있는 사이트: 書法字典, http://
/www.shufazidian.com/.

　'낱장2'는 『판비량론』 필사본은 물론이고 초서 사전에서도 그 용례를 찾을 수 없는 난독자(難讀字)인데, '낱장2'에 난(煖), 정(頂), 인(忍), 세제일법(世第一法)의 사선근(四善根) 관련 내용이 실려 있다는 점과 맥락으로 볼 때 위의 ②번 글자는 '煖(난)'자가 되어야 한다. 그런데 사선근의 '煖'은 '煗(난)'으로 쓰기도 한다. ②번 글자(煗)의 좌측은 '火(화)'자이고, 우측에는 '而(이)'자의 초서체를 아래위로 중첩해 놓았다. '煗'자의 이체자(異體字)인 '煗(난)'자의 우측 위가 '而'자이기에 위의 글자는 이를 필사한 것이라고 볼 수 있다. 그런데 '煗'자의 우측 아래가 '大(대)'자인데, ②번 글자는 '大'자가 아니라 '而'자의 초서체(5)와 다르지 않다. 그러면 이는 어떤 글자일까? 위의 사진에서 보듯이 '서법자전'에 실린 '瑗(원)'자의 초서체'에서 '우측 아래'에 동그라미로 표시한 부분이 '而'자의 초서체와 유사하다. 이 부분은 '煖'자의 우측 아래와 같다. 따라서 ②번 글자의 우측 아래는 '煖'자의 우측 아래 부분을 필사한 것으로 짐작된다. 요컨대 '낱장2'의 ②번 글자는 다음과 같이 '煗'자와 '煖'자를 혼합한 필사일 것으로 추정된다.

$$煗 + 煖 = 煗煖$$

③作

낱장 2의 ③	『판비량론』	서법자전

서법자전 서체의 출처는 "晉 · 王羲之 · 逸民帖"

　③번 글자의 경우도 『판비량론』의 용례와 많이 다르긴 하지만, 『판비량론』의 필사자가 동일한 글자를 다른 서체로 필사한 예가 여럿 있다는 점에 비추어 볼 때, 이를 '作(작)'으로 복원해도 무방하리라.

번역 및 인용문의 출처

　一依定發觀 謂無間定為所依止於一緣 如印能取所取空 立為[世]13)第一法 謂前上忍至二空雙印14)者 此即 第二 釋觀行相 如論可知 問15) 此煖等四作

　첫째, 삼매에 의지해서 관이 발생한다. 말하자면, 무간정(無間定)이 하나의 대상[緣, 연]에 의지하는 바가 된다. 마치 능취(能取)와 소취(所取)가 공(空)함을 인(印)하는 것이 세제일법을 건립함과 같다.
　[『성유식론』의] '前上忍(전상인)'에서 '二空雙印(이공쌍인)'까지[의 문장]을 말한 것은 다음과 같다. 이것은 제2 '행상에 대한 관찰'을 해석한 것으로 [『성유식론』과 같으니 알 수 있으리라. 묻는다. 이런 난(煖) 등의 네 가지는 … 를 짓는가?

　위의 밑줄 친 문장은 『성유식론』의 아래와 같은 문장에서 유래한다.

　依無間定發上如實智印二取空立世第一法　謂前上忍唯印能取空　今世第一法二空雙印

---

13) 필사과정에서 '世(세)'자가 누락된 듯하다.
14) "謂前上忍唯印能取空 今世第一法二空雙印"
15) 필사과정에서 누락된 '問(문)'자를 행간에 적어 넣은 것으로 간주하여 위와 같이 복원, 번역하였다.

낱장3

26자　26자　24자　25자

복원		복원	수정	복원	수정	복원	수정
自性施謂諸菩薩於力度如實之貪俱生三業故此論對法皆說	④⑧⑨	俱生思及因此發爲之異義又前所權知但用之貪爲性以等轉爲	⑤①⑥智無⑦	世親釋云急成就有情者此釋第二攝大乘云由取今於此中	能②熟③成①④	清淨名爲力一切法如實安立清淨妙知名爲知度義二體性一	智智①

복원기(復元記)

淸淨名爲力一切法如實安立淸淨妙智[16]名爲智[17]度①義二體性一
世親釋云能②成熟③有情[18]者此釋第二攝大乘云由取今④於此中
俱生思及因此發爲之⑤異義又前所⑥權智[19]但用無[20]貪爲性以等轉爲
自性施謂諸菩薩於力度如實之貪俱生三業⑥故此論則法皆論

①義

낱장3의 ①	『인명입정리론약초』의 '義'자

『판비량론』이나 여러 초서(草書) 사전에서도 이런 모습의 글자
를 찾을 수 없었다. 획순과 맥락에 근거하여 '義(의)'자로 복원하
였다. 위에서 보듯이 『인명입정리론약초』의 '義'자 가운데 비슷한
글자가 있으나 똑같지는 않다.

---

16) 필사본의 글자는 '知'로 읽히지만 이 문장은 『유가사지론(瑜伽師地論)
』의 "於一切法如實安立淸淨妙智 當知名智波羅蜜多"(T30, p.565c)를
변형하여 인용한 것이기에 '智'로 수정하였다.

17) 이 역시 위의 각주와 마찬가지.

18) 필사본의 글자는 "急成就有情"으로 읽히지만, 현존하는 漢譯 대장경
에 수록된 세친의 저술 그 어디에도 이런 글귀는 없다. 그런데 세친의
『섭대승론석(攝大乘論釋)』을 보면, 대승 보살의 삼취정계(三聚淨戒) 가
운데 요익유정계(饒益有情戒)를 설명하면서 "復能建立益有情戒 由此故
能成熟有情"이라고 쓰고 있다. 이에 근거하여 필사본의 "急成就有情"을
위와 같이 "能成熟有情"으로 수정하였다.

19) 이 역시 위의 각주1의 설명과 마찬가지로 '知'로 읽히지만 '智'로 수
정하였다.

20) 필사본은 "但用之貪爲性"으로 되어 있지만, 의미상 '之'는 '無'의 오
기인 듯하여 "但用無貪爲性"로 수정하였다.

②成

낱장3의 ②	『판비량론』	서법자전

서법자전 서체의 출처는 "宋 · 赵构 · 养生论卷"

③有

낱장3의 ③	『판비량론』	서법자전

서법자전 서체의 출처는 "宋 · 米芾 · 好事家帖"

④於

낱장3의 ④	『판비량론』	서법자전

서법자전 서체의 출처는 "唐 · 张旭 · 李清莲序"

⑤異

낱장3의 ⑤	『판비량론』	서법자전

서법자전 서체의 출처는 "唐 · 高闲 · 千字文残卷"

⑥權

낱장3의 ⑥	『판비량론』	서법자전	간체자
	×		

서법자전 서체의 출처는 "毛泽东"

⑦轉

낱장3의 ⑦	『판비량론』	서법자전	『인명입정리론약초』21)

서법자전 서체의 출처는 "王献之"

⑧故

낱장3의 ⑧	『판비량론』	서법자전

서법자전 서체의 출처는 "宋 · 文天祥 · 谢昌元座右自警辞"

⑨對

낱장3의 ⑨	『판비량론』	『인명입정리론약초』

---

21) 『판비량론』의 필사자가 쓴 것으로 추정되는 당(唐)나라 정안(淨眼)의 저술로 돈황의 막고굴 장경동에서 펠리오(Pelliot)가 발견(P.2063)하였다. 본서의 부록2에서 이에 대해 자세히 설명할 것이다.

앞의 각주 17, 18, 19, 20에서 보듯이 '낱장3'에는 오사(誤寫)
된 글자가 많다. 또 ⑥'權(권)'자는 '낱장1'에서 좌측의 위에서 두
번째 글자(𢓝)와 유사하기에 ⑧과 같이 '故(고)'자일 수 있다. 그
러나 '故'로 복원하면 의미가 통하지 않는다. 이 이외에도 많은
글자가 잘못 복원되었을 것이다. '낱장3'에는 오사가 많기에 정확
한 복원이 어렵지만, 억지로 다음과 같이 번역하였다.

번역

… 清淨名爲力 一切法 如實安立 清淨妙智 名爲智度 義二 體性一
世親釋[22]云 能成熟有情者 此釋 第二 攝大乘云 由取 今於此中
俱生思及因此發爲之異義 又前所權智 但用無貪爲性 以等轉爲
自性施 謂諸菩薩 於力度 如實之貪 俱生三業故 此論則法皆說
… 청정한 것을 역(力)이라고 이름한다. 모든 법이 여실하게 안립하는 청정하
고 신묘한 지혜를 '지(智)바라밀다'라고 이름한다. 뜻은 두 가지이지만 체성은
하나다. 세친의 주석에서 "능히 유정을 성숙시킨다."라고 말하는 것에 대해 설
명해 보겠다. 이것은 제2『섭대승론』에서 "취(取)로 말미암는다."라고 말한 것
을 해석한 것이다. 이제 여기서 함께 생하는 사(思)와 이것으로 인해서 발하는
것이 다른 뜻이 된다. 또한 앞의 곳의 방편의 지혜는 다만 무탐을 그 자성으로
삼아서 쓰는데, 동등하게 전환하여 자성으로서의 베풂이 된다. 말하자면 보살

---

22) 이 문장을 "一切法 如實安立 清淨妙智 名爲智度義 二體性 一世親釋
云"으로 끊어 읽을 경우 "모든 법이 여실하게 안립하는 청정하고 신묘
한 지혜를 지(智)바라밀다의 뜻이라고 이름한다. 둘째는 체성(體性)이
다. 첫째 세친의 주석에서 말하는 …"이라는 번역이 가능하다. 동아시아
불교문헌에서 불교전문술어를 풀이할 때 '체성'이 과문(科文)의 표제어
로 사용되기도 하기 때문이다. 예를 들면 다음과 같다. "一釋名辨相
二體性 三就處分別 四約對餘門辨定優劣"(慧遠, 『大乘義章』) ; "一
釋名 二體性 三建立 四種類 五修相 …"(法藏, 『華嚴經探玄記』) ; "一
釋名 二體性 三種類 四出因 五積成 …"(澄觀, 『大方廣佛華嚴經隨疏演
義鈔』).

들은 [10바라밀다 가운데] 역(力)바라밀다에서 참다운 탐욕이 그와 함께 세 가
지 업을 생하기 때문이다. 이 논서는 바로 법이 모두 … 을 설한다.

II. 정안(淨眼)의 『인명입정리론약초』
와 『인명입정리론후소』

1900년대 초에 프랑스의 동양학자 폴 펠리오(Paul Pelliot, 187
8-1945)가 둔황의 막고굴 장경동에서 수집한 두루마리 문서 가운
데 유려한 초서체 필사본이 있었다. 현장(玄奘) 문하로 자문사(慈
門寺)의 정안(淨眼)이 저술한 『인명입정리론후소(後疏)』와 『인명
입정리론약초(略抄)』[23]로 현재 프랑스 파리의 국립도서관에 보관
되어 있다(문서번호 P2063)[24]. 『후소』 앞부분과 첫 줄에 적힌 글
자, 그리고 두루마리의 사진은 다음과 같다.

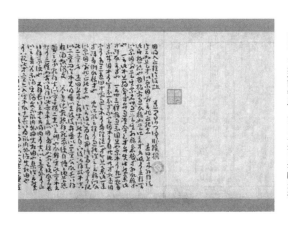

因明入正理論後疏　慈門寺沙門淨眼續撰

---

23) 이하 『후소』 및 『약초』로 표기한다.
24) Bibliothèque Nationale de Paris, number Pelliot chinois 2063.

'P2063 두루마리'를 모두 펼치면 나타나는 『후소』의 끝부분은 다음과 같다.

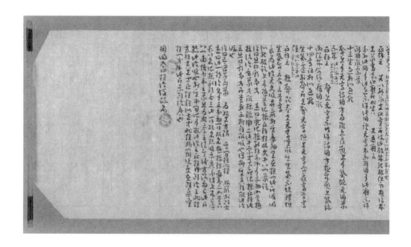

'P2063 두루마리'가 시작하는 『약초』의 앞부분은 다음과 같다.

   P2063 필사본은 『약초』와 『후소』를 이어붙인 문서인데 두루마리를 펼치면 전체 길이가 1,396.4cm, 세로 길이는 29cm다. 가로로 근 14m에 달하는 두루마리 종이에 앞의 사진에서 보듯이 초서(草書)체 한자가 가득 적혀 있다. 그런데 그 필체가 일본에서 수집된 원효의 『판비량론』 필사본의 그것과 많이 닮아있다. 두 문서의 일부를 비교하면 다음과 같다.

『후소』 徐榴堂 대조본의 15번 문서   『판비량론』 제8절의 일부 초서체로 작성한 아래와 같은 여러 문서의 글씨체와 대조해 보면 앞의 두 문서의 글씨체가 거의 같다는 점이 더더욱 확인된다.

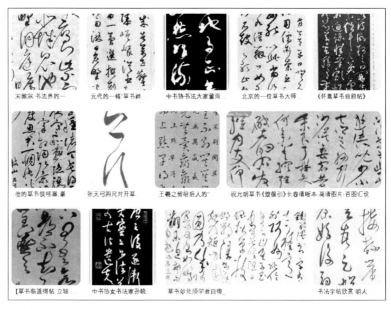

송휘종(宋徽宗) 서법계적일   元代的一幅'草书'神   中书协书法大家董尚   北京的一位草书大师   《怀素草书自叙帖》

他的草书很哇塞,豪   张天弓四尺对开草   王羲之留给后人的"   祝允明草书《垫猴引》长春清斌本-高清图片-百度汇设

【草书临逸得帖 立轴   中书协女书法家孙晓   草书妙处须学者自得_   书法字帖欣赏 明人

중국의 Bai du(百度) 포탈의 검색창에 '草書'를 입력하여 나타난 첫 화면 상단

현대 중국의 서예가들이 『약초』와 『후소』가 실린 P2063을 둔황의 초서체 필사본 가운데 최고의 걸작으로 칭송하는데, 그 글씨체가 일반적인 초서와 많이 다를 뿐만 아니라, 그 내용이 불교 교학 가운데 난해하기로 이름난 인명학(因明學)과 관련되기에, 현대의 연구자들이 이를 해서체로 정확히 복원하기가 쉽지 않았다.

일찍이 일본의 정토진종(淨土眞宗) 본원사파(本願寺派)의 승려겸 불교학자인 타케무라쇼호(武邑尚邦)가 『후소』와 『약초』의 해서체 교정본을 만들어 『만신찬속장경(卍新纂續藏經)』에 수록한

바 있다.25) 타케무라쇼호는 이들 문헌과 관련하여 다음과 같은
두 편의 논문을 발표하였다.

「燉煌寫本 '淨眼의 因明書'에 대해서」(『印度學佛教學硏究』, 제21권 1호,
1972년.
「日本에서의 因明學 - 燉煌寫本 『因明入正理論略抄』의 硏究」, 『龍谷大
學佛教文化硏究所紀要』 제14권 , 1975년

　이 가운데 위의 논문인 「둔황사본 '정안의 인명서'에 대해서」에
서 타케무라쇼호는 『인명입정리론약초』에 대해 설명하면서, "그
문장 가운데 '소(疏) 중에서 말한다.'거나 '소에서 해석하여 말한
다.' 등의 문구가 자주 나타"나는데, "이것은 명확히 이 책이 어떤
소(疏)에 근거한 약초(略抄)라는 점을 시사"하지만 "그 소가 무엇
인지 명료하지 않다."고 토로하였다.　그런데 『인명입정리론약초』
에 실린 다음과 같은 문장을 통해, 그 소(疏)는 문궤(文軌)의 『인
명입정리론소』임을 알 수 있다.

又 疏中問答云 問 具足三相 應是正因 何故 此中而言不定 答 此疑未決
不敢解之 有通難者 隨空爲注也
또한 소(疏) 중의 문답에서 다음과 같이 말한다. 문: [인(因)의] 삼상(三
相)을 갖추고 있으니 이는 정인(正因)이어야 한다. 그런데 어째서 이에 대
해 부정인이라고 했을까? 답: 이런 의문은 아직 해결되지 않았으며 이를
풀이할 엄두도 내지 못한다. 이런 어려움을 소통시키는 사람은 공(空)을
따라서 주석을 한다.

　이 문장의 일부를 원효의 『판비량론』 제12절에서 다음과 같이

─────────
25)『卍新纂續藏經』은 일본의 國書刊行會에서 1975-1979년에 출간.

인용하고 있다.

> 相違決定 立二比量 文軌法師 自作問答 問 具足三相 應是正因 何故 此
> 中而言不定 答 此疑未決 不敢解之 有通釋者 隨而爲臣
> 상위결정의 [사인(似因)의] 경우 두 가지 추론식이 작성되는데 문궤법사가
> [다음과 같이] 스스로 문답을 지은 바 있다. 문: [인(因)의] 삼상(三相)을
> 갖추고 있으니 이는 정인(正因)이어야 한다. 그런데 어째서 이에 대해 부
> 정인이라고 했을까? 답: 이런 의문은 아직 해결되지 않았으며 이를 풀이
> 할 엄두도 내지 못한다. 이를 의미가 소통되게 해석하는 사람이 있다면,
> 나는 그를 따르며 신하가 되겠다.26)

앞의 인용문에서 정안(淨眼)이 '소(疏) 중의 문답'이라고 썼는
데, 여기서 원효가 이 문답을 그대로 인용하면서 '문궤법사가 스
스로 지은 문답'이라고 명기(明記)하고 있기에 정안이 지목한 '소'
는 문궤의 『인명입정리론소』임을 알 수 있는 것이다. 이어서 정안
의 약초에서는 "이런 어려움을 소통시키는 사람은 공(空)에 따라
서 주석을 한다(有通難者 隨空爲注)."라고 인용하는데, 원효는
"이를 의미가 소통되게 해석하는 사람이 있다면, 나는 그를 따르
며 신하가 되겠다(有通釋者 隨而爲臣)."라고 인용한다. 서로 다르
게 인용하는 것이다. 『판비량론』 필사본 가운데 '바키에이(梅渓)
구장본(舊藏本)'에서 보듯이27) 문궤가 원효에 대해 대결 의식을
갖고 있었다는 점에 비추어 볼 때, 문궤 주변의 누군가가 문궤의
『인명입정리론소』를 필사하면서 '有通釋者 隨而爲臣'을 '(有通難
者 隨空爲注'로 수정했고, 정안은 이를 그대로 인용했던 것으로

---

26) 본서, pp.194-196 참조.
27) 본서, pp.211-212.

짐작된다.

중국에서는 인명학 연구자인 후아동(華東)사범대학(師範大學)의 션지엔잉(沈劍英) 교수가 P2063에 실린 『약초』와 『후소』를 해서체로 복원한 바 있고(2002년)[28], 난징(南京)사범대학 미술학원(美術學院)의 후앙정(黃征) 교수가 타케무라쇼호와 션지엔잉의 연구를 참조하면서 보다 정확하게 『약초』의 복원본을 제작한 바 있다(2014년).[29] 후앙정은 P2063 두루마리에서 우연히 무후신자(武后新字)[30] 가운데 '月'자에 해당하는 '子'자를 발견하였고, 이에 근거하여 P2063은 측천무후 집권 이후에 필사된 것으로 추정한다. 그렇다면 P2063은 무후신자를 공포한 689년 이후에 필사된 것이리라. 최근에는 쉬리우탕(徐榴堂)이라는 연구자가 이들의 복원을 참조하면서 해서체로 새롭게 복원한 후 필사본 사진과 복원문을 병치한 대조본을 만들어 '道法自然zsk'라는 웹사이트에 '法藏敦煌草书《因明入正理论略抄》分页释文版'이라는 제목으로 게시한 바 있다.[31]

『후소』의 경우 P2063에 그 필사본 전문이 실려 있지만, 『약초』의 경우 필사본의 앞부분이 손상되어 있는데, 『인명입정리론』에 대한 다른 주석서와 대조해 볼 때 망실된 부분은 그 분량이 그리 많지 않을 것으로 추정한다.

---

28) 沈劍英, 『敦煌藏經之淨眼法師兩種因明寫卷』, 華寶齋書社(線裝書), 2002.
29) 黃征, 「法藏敦煌草书写本P2063净眼《因明入正理论略抄》殘卷校录整理」, 『艺术百家』, 2014年 第2期(总 第137期) ; https://www.fx361.com/page/2014/0718/2239333.shtml
30) 측천무후가 집권하면서 제정하여 사용되었던 문자.
31) 2022년 5월, 후난성(河南省)에서 발표. http://www.360doc.com/content/22/0509/11/727311_1030463294.shtml [2022/09/23].

『판비량론』 초서체와 P2063 초서체의 비교

앞에서 제시한 사진에서 보았듯이 원효의 『판비량론』과 P2063
에 실린 정안의 『인명입정리론후소』(와 『약초』)의 서체가 많이 유
사하기에, 이 두 문서의 필사자는 동일이었을 것으로 추정된다.[32)]
낱낱 글자를 비교해 보더라도 두 문서에서만 보이는 독특한 초서
체가 여럿 발견되기 때문이다. 예를 들면 다음과 같다.

①'境(경)'

'境'자의 초서체

사진 좌측에서 보듯이 『판비량론』이나 『인명입정리론후소』에서는 '境'자를 독특하게 쓴다. 우측에 열거한 서법자전의 일반적인 글씨체와 전혀 다르다. 두 문서의 필사자가 동일인이 아니라면 거의 있을 수 없는 일이다.

②'第(차례 제)'를 '弟(아우 제)'로 오사(誤寫)

'第'자와 '弟'자의 초서체

앞의 사진에서 보듯이 『판비량론』과 '유식학 관련 단편'과 『인
명입정리론후소』모두 '第1, 第2, 第3 …'과 같이 순서를 의미하는
'차례 第(제)'자를 동생을 의미하는 '아우 弟(제)'자의 초서로 잘못
적고 있다. 물론 '弟'자에도 '순서'의 뜻이 있기에, 이들 문서의 원
본에 '第'자로 적혀 있었다고 해도 '弟'자로 바꾸어 필사할 수 있
기는 하다. 그러나 고의(故意)든 고의가 아니든 세 가지 문서에서
모두 똑같이 오사(誤寫)하고 있다는 점은 이들 문서의 필사자가
동일인일 것이라는 추측을 뒷받침한다.

③'色(색)'

'色'자의 초서체

여기에 제시한 표 우측의 사진들은, 앞의 글자들과 마찬가지로 '서법자전'에서 '色'자의 초서체를 검색하여 나타난 첫 화면의 상단을 그대로 캡처한 것이다. 표 좌측에서 보듯이 『판비량론』과 『인명입정리론후소』에 실린 '色'자 초서체는 거의 비슷하지만, 우측 사진에 열거한 일반적인 초서체와 그 모양이 판이(判異)하다.

④'不(불)'

'不'자의 초서체

앞의 사진에서 『판비량론』의 '不'자의 서체가 『인명입정리론후소』의 '不'자와 똑같지는 않지만, 우측에 제시한 '서법자전'에 실린 '不'자의 일반적인 초서체에 비하면 양자의 유사점이 많다. 이를 통해 짐작할 수 있는 것은 『판비량론』과 『인명입정리론후소』의 필사자가 한 사람이긴 하지만 두 문헌이 같은 시기에 필사된 것이 아니라는 점이다. 이 이외에도 必(필), 通(통), 淨(정), 識(식) 등 많은 글자의 초서체가 두 문헌에서만 고유(固有)하다.

물론 『판비량론』과 P2063 문서의 초서체 글자의 필체는 대부분 그 모양이 같다. 몇 글자만 간략히 비교하면 다음과 같다.

해서체	판비량론	인명입정리론후소	서법자전
能(능)			
量(양)			
定(정)			
者(자)			
言(언)			
而(이)			
外(외)			
攝(섭)			

특별할 게 없는 초서체 글자들

이 이외에 理(이), 所(소), 因(인), 過(과), 果(과), 論(논), 是
(시) 등 대부분의 글자에서 두 문헌의 서체가 동일하지만, 일반적
인 초서체 역시 그 모양이 다르지 않기에『판비량론』과 P2063문
헌의 필사자가 동일인임을 확증하는 증거로 삼을 수는 없다.

한편, 같은 글자인데도 두 문헌에서 전혀 다르게 필사한 글자
또한 적지 않다. 예를 들면 다음과 같은 것들이다.

해서체	판비량론	인명입정리론후소
故(고)		
前(전)		
有(유)		
聲(성)		
分(분)		
立(립)		
義(의)		
無(무)		

『판비량론』과 『인명입정리론후소』의 이체 초서

그런데 두 문헌 속의 몇 가지 한자의 서체가 다르다는 점이 그 필사자가 동일인이 아니라는 증거가 될 수는 없을 것이다. P2063의 서체(書體)는 초서에서 장초(章草)[34]와 금초(今草)[35]의 중간 정도에 위치하는데[36] 특히 왕희지(王羲之, 307-365)의 글씨체와 닮은 글자가 많이 보인다. 그런데 서성(書聖)이라고 불리는 왕희지의 글씨체 역시 일관된 것은 아니었다. '故(고)'자를 예로 들면 다음과 같다.[37]

서체				
출처	冬中帖	为定帖	乡里人帖	十七帖
서체				
출처	前至帖	忧悬帖	长素帖	豹奴帖

왕희지의 초서 중 '故'자의 이체자

이런 예에서 보듯이 한 사람의 서예가라고 하더라도, 전 생애에 걸쳐서 그가 쓴 글자의 필체가 모두 같지는 않았을 것이다. 서예

---

34) 필획이 연이어져 있지 않은 초서.
35) 필획이 연이어진 초서.
36) 黃征, 『法藏敦煌草书写本P2063 净眼《因明入正理论略抄》残卷 校录 整理』, 2014. https://www.fx361.com/page/2014/0718/2239333.shtml [2022/09/25].
37) 書法字典, http://www.shufazidian.com/s.php [2022/09/25].

에 대한 식견(識見)이 깊어지고, 미적(美的) 감각이 변화함에 따라서 그의 서체 역시 점차 완숙해갔을 것이다. 『판비량론』의 필사자 역시 그러했으리라. 『판비량론』과 둔황사본 P2063의 필체가 아주 비슷하긴 하지만 이체(異體)의 초서가 더러 눈에 띈다는 점으로 미루어 볼 때, 두 문헌의 필사 시점(時點)은 많이 달랐을 것으로 짐작된다. 『판비량론의 경우 한 글자, 한 글자 꼼꼼히 필사한 것으로 보이고, P2063은 조금 더 굵은 붓을 사용하여 일필휘지(一筆揮之)로 빠르게 써 내려간 것 같다. 얼핏 보기에도 P2063은 『판비량론』에 비해 필체가 비해서 소략(疏略)하며, 먹물이 마른 채 필사한 글자(『후소』 徐榴堂 대조본의 2, 3, 4쪽)도 간혹 보인다.

『판비량론』과 P2063(『인명입정리론후소』와 『인명입정리론약초』)의 초서체 필체가 유사하다는 점에 덧붙여, 이들 모두 인명학(因明學)이라고 불리는 불교인식논리학과 관계된 문헌이라는 점, P2063의 저자인 정안(淨眼)이 『판비량론』을 저술한 원효와 동시대의 인물이었다는 점 역시 P2063의 필사자와 『판비량론』의 필사자가 동일 인물이었을 것이라는 추정을 뒷받침한다.

이렇게 『판비량론』과 유사한 초서체로 필사한 둔황사본 P2063은 그 분량이 방대하기에 기존의 『판비량론』, 또는 앞으로 새로 발견될 『판비량론』 필사본의 난독자(難讀字)를 바르게 복원하는 데 도움을 주는 초서체 한자의 보고(寶庫)가 될 것이다.

※ 중국의 불교 연구자 쉬리우탕(徐榴堂) 선생이 『약초』는 56쪽, 『후소』는 64쪽의 단편(斷片)으로 만든 후 낱낱 단편의 초서체를 그에 해당하는 해서체 복원문과 대조한 웹문서로 제작하여 공개한

바 있다(잘못 복원된 글자도 간혹 보인다). 『인명입정리론후소』의 첫 쪽과 끝 쪽을 소개하면 다음과 같다.

끝 쪽　　　　　　　　　　　　　첫 쪽

필자는 이들『약초』와『후소』의 단편들을 모아서 두 권의 PDF 소책자로 편집한 후 **김성철 교수의 체계불학** Daum 카페의 **'불교학습자료'** 게시판에 올려놓았다. 게시판 링크는 아래와 같다. 다운로드하여 공부와 연구에 참조하기 바란다.

『인명입정리론약초(略抄)』- 초서 해서 대조본
https://cafe.daum.net/buddhology/UAEl/39

『인명입정리론후소(後)疏』- 초서 해서 대조본
https://cafe.daum.net/buddhology/UAEl/40

원효의 논리사상과 판비량론
부록: 판비량론과 같은 글씨체의 필사본

초 판 2022년 10월 9일

지은이 김성철
펴낸이 김용범
펴낸곳 도서출판 오타쿠

주 소 (우)04374 서울특별시 용산구 이촌로18길 21-6 이촌상가 2층 203호
전 화 02-6339-5050 otakubook@naver.com www.otakubook.org

출판등록 2018.11.1 **등록번호** 2018-000093
ISBN 979-11-976180-9-3 (93220)

가격 30,000원 [eBook으로도 판매합니다(가격: 20,000원)]

이 도서의 국립중앙도서관 출판예정도서목록(CIP)은 서지정보유통지원시스템 홈페이지(http://seoji.nl.go.kr)와 국가자료종합목록 구축시스템(http://kolis-net.nl.go.kr)에서 이용하실 수 있습니다.

※ 이 책에는 네이버 글꼴이 적용되어 있습니다.